EL TOPÓGRAFO
DESCALZO

EL TOPÓGRAFO DESCALZO
Manual de topografía aplicada

Fernando García Márquez

EDITORIAL
PAX MÉXICO

EL LIBRO MUERE CUANDO LO FOTOCOPIAN

80 03

© 1994 Árbol Editorial S.A. de C.V.
© 2005 Editorial Pax México, Librería Carlos Cesarman, S A
Av. Cuauhtémoc 1430
Col. Santa Cruz Atoyac
México D.F. 03310
Tel. 5605 7677
Fax 5605 7600
www.editorialpax.com

Primera edición en esta editorial
ISBN 978-607-9346-82-9
Reservados todos los derechos
Impreso en México / Printed in Mexico

PROLOGO

Este libro está dirigido particularmente a los estudiantes y profesores de las carreras de ingeniería topográfica y de ingeniería civil. Su finalidad es presentar los problemas en tal forma que la atención del alumno se enfoque sobre los resultados prácticos de su aplicación.

Los capítulos se han dispuesto en el orden que se consideró ser el más conveniente para la enseñanza y el aprendizaje de esta asignatura; y los problemas, basados en situaciones y datos reales, permiten al maestro escoger los que mejor se adapten a su plan de enseñanza y sirven para poner a prueba los conocimientos del alumno, quien no podrá resolverlos sin haber comprendido bien los principios en que se fundan y las operaciones que exigen.

Mi agradecimiento personal a los señores Javier Bonilla Espinoza y Ramiro Ramírez Rosas, estudiantes de la carrera de ingeniería civil de la Escuela Superior de Ingeniería y Arquitectura del Instituto Politécnico Nacional, quienes realizaron las ilustraciones de esta obra.

CONTENIDO

Capítulo IV

CAPITULO I

LEVANTAMIENTOS TAQUIMETRICOS

Taquimetría.

La TAQUIMETRIA (del gr. *taquis*-rápido, *metron*-medida) comprende los procedimientos topográficos empleados para determinar a la vez, en posición y altura los puntos del terreno, ya que hace simultáneos los levantamientos planimétrico y altimétrico.

La medición de las distancias se realiza indirectamente, empleándose para su evaluación estadia y telémetro, que responden a determinados principios físicos y matemáticos. La estadia da la medida de la distancia entre la estación y el punto observado, con la condición de que éste último tenga una magnitud conocida, en tanto que el telémetro resuelve el mismo problema sin necesidad de conocer la magnitud del objeto visado.

Estadia

La ESTADIA (del gr. *stadia*, unidad de longitud que se usó para medir distancias en competencias de atletismo) es un procedimiento empleado para la medida indirecta de distancias y consiste en el uso combinado de un anteojo telescópico, con dos hilos reticulares horizontales paralelos al central, y de una regla dividida en metros, decímetros y centímetros que se denomina mira o estadal.

La retícula de un tránsito (Fig. N° 1), para la medición de distancias con estadia, además del hilo horizontal medio, tiene otros dos hilos, superior e inferior, horizontales y equidistantes del hilo medio, que se llaman hilos estadimétricos.

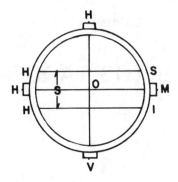

Figura Nº 1

HV — hilo vertical
HS — hilo superior ⎫ horizontales
HM — hilo medio ⎬ y equidistantes
HI — hilo inferior ⎭
    O — centro de la retícula (cruzamiento de los
        hilos vertical y horizontal medio)
    S — distancia entre los hilos estadimétricos

Teoría de la Estadia.

La estadia se funda en el teorema geométrico que establece que "en triángulos semejantes los lados homólogos son proporcionales."

En efecto, si se pretende medir la distancia AB (Fig. Nº 2) y se trazan las rectas cd y CD, perpendiculares a la misma, en los triángulos semejantes Acd y ACD, se tiene:

$$\frac{AB}{Ab} = \frac{CD}{cd}$$

$$AB = \frac{Ab}{cd} \, CD$$

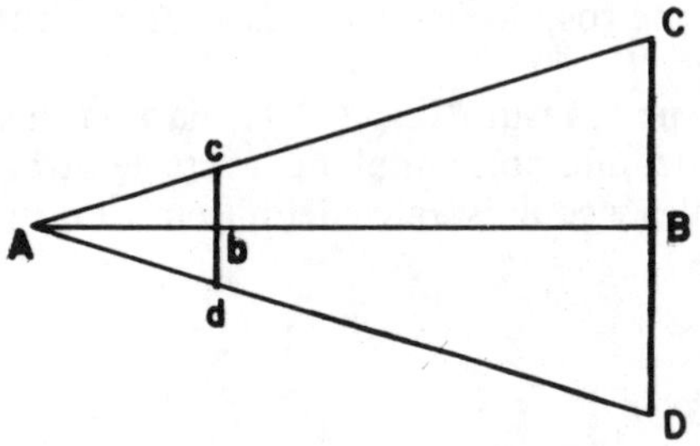

Figura Nº 2

quedando determinada AB si se conocen Ab, cd y CD. Pero AB es la distancia que se desea medir, CD es la parte de estadal comprendida entre los hilos c y d de la retícula y la relación Ab/cd es una constante en cada aparato, dependiente de las características del anteojo.

2

Estadia Simple.

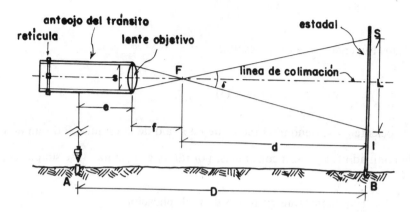

Figura N⁰ 3

En terreno plano, el procedimiento empleado para la medida de las distancias se conoce con el nombre de estadia simple. Este caso, en el cual las visuales dirigidas a la mira se consideran horizontales, se ilustra en la Fig. N° 3.

A = estación
B = punto visado
D = distancia de la estación A al punto visado B
e = distancia entre el centro del instrumento (en el eje azimutal) y el centro de la lente objetivo
f = distancia focal de la lente objetivo
d = Distancia entre el foco de la lente objetivo y el estadal
s = separación de los hilos estadimétricos
F = Foco principal de la lente objetivo o punto analático
δ = ángulo diastimométrico
L = distancia interceptada sobre el estadal por los hilos estadimétricos

Deducción de la Fórmula General de la Estadia para visuales horizontales.

En la Fig. N° 3, se tiene:

$$D = d + e + f \dots\dots\dots\dots\dots\dots\dots\dots\dots \quad (1)$$

Los rayos de luz procedentes de los puntos S e I, forman un par de triángulos semejantes, uno de base s y el otro de base L, y como resultado de la comparación de estos triángulos, se obtiene la proporción:

3

$$\frac{d}{L} = \frac{f}{s} \quad .: d = \frac{f}{s} L \ldots (2)$$

y substituyendo (2) en (1), resulta:

$$D = \frac{f}{s}L + e + f \ldots\ldots\ldots\ldots (3)$$

El cociente $\frac{f}{s}$ se denomina factor de intervalo de la estadia. Para un aparato determinado f, s y e son constantes, por tanto, la fórmula (3) se simplifica, haciendo:

$$C = \frac{f}{s} = \text{constante grande ó de multiplicación}$$

$c = e + f = $ constante chica ó de adición
y así se obtiene la fórmula general de la estadia para visuales horizontales:

$$D = LC + c \quad \ldots\ldots\ldots\ldots(I)$$

Luego, para calcular la distancia D, medida con la estadia, habrá que multiplicar por C la lectura del estadal L y agregar al producto el valor de la constante chica c.

En los anteojos de enfoque interno, es decir, en aquellos de punto analático central, c = o. En este caso la fórmula (I) se reduce y queda como sigue:

$$D = LC \quad \ldots\ldots\ldots\ldots(II)$$

En cada instrumento viene ya determinada la constante grande que es, por lo general, igual a 100.

El valor de la constante chica varía de 25 cm a 35 cm en los anteojos de enfoque externo: c es de 25 cm, en anteojos de 6 a 9 pulgadas, de 30 cm en anteojos de 9 a 12 pulgadas y de 35 cm en anteojos de 14 pulgadas.

PROBLEMAS:

1.-Con la línea de colimación horizontal, la lectura de estadal del hilo superior es de 2.174 m y la del hilo inferior es de 0.872 m. Las constantes de estadia son C = 99.8 y c = 30 cm.

¿Cuál es la distancia entre la estación y el punto visado?

SOLUCION:

DATOS:
HS = 2.174 m
HI = 0.872 m
C = 99.8
c = 30 cm
D = ?

$$L = HS - HI = 2.174 - 0.872 = 1.302 \text{ m}$$

$$D = LC + c = 1.302 \ (99.8) + 0.30 = 130.239$$

$$D = 130.24 \text{ m}$$

2.-Calcule la distancia estadimétrica con los siguientes

DATOS:
L = 2.832 m
C = 100
c = 35 cm
D = ?

SOLUCION:

$$D = LC + c = 2.832(100) + 0.35 = 283.55$$

$$D = 283.55 \text{ m}$$

3.-Con los datos de la Fig. N° 4, calcule la distancia de estadia.

C = 99.92

c = 25.5 cm

D = ?

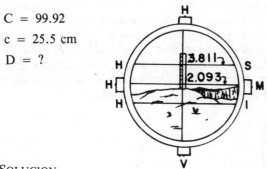

SOLUCION:

Figura Nº 4

$$L = 2(HS - HM) = 2(3.811 - 2.093) = 3.436 \text{ m}$$

$$D = LC + c = 3.436(99.92) + 0.255 = 343.58$$

$$D = 343.58 \text{ m}$$

DETERMINACION DE LAS CONSTANTES DE ESTADIA.

Es necesario determinar las constantes de estadia antes de la realización del trabajo, porque no siempre se emplean aparatos nuevos. Además, el procedimiento a seguir para obtener el valor de las constantes varía según el tipo de enfoque del anteojo.

5

1.-*Aparatos con anteojo de enfoque externo.*

a) Constante chica: Hemos visto (Fig. Nº 3) que:

$$c = e + f \ \dots\dots (III)$$

siendo: c = constante chica

e = distancia entre el centro del instrumento y el centro de la lente objetivo

f = distancia focal de la lente objetivo.

luego, para hallar el valor de c, directamente sobre el anteojo, se mide e del objetivo al centro del instrumento, en el eje azimutal; y f, del objetivo a la retícula.

b) Constante grande: Debe determinarse la constante C, aún cuando no varía el valor exacto que señala el fabricante, a no ser que se cambien los hilos reticulares, la retícula o las lentes.

El valor de C se encuentra comparando distancias medidas con cinta de acero, con lecturas de estadal correspondientes a dichas distancias.

Para el efecto, se elige un terreno sensiblemente horizontal y se materializan los extremos de una línea AB, cuya longitud sea prácticamente igual a la mayor distancia a que se usará el instrumento para hacer lecturas con la estadia (Fig. Nº 5). En el punto A se centra el instrumento y desde ahí, sobre la línea AB, se mide la pequeña distancia c, previamente determinada, y se clava la estaca 0 (cero); a partir de este punto y hacia B, se miden, con cinta de acero, distancias cualesquiera, procurando que no sean iguales para evitar la sugestión que se tiene en las lecturas múltiples, y se clavan las estacas respectivas. Después, colocando la mira en posición vertical, en cada una de las estacas, se toman con mucho cuidado las lecturas de estadal.

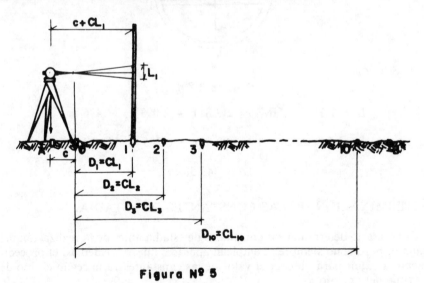

Figura Nº 5

6

En la Fig. N° 5, D_1, D_2, D_3, ...D_{10}, son las distancias medidas con cinta de acero, a partir de la estaca 0, y L_1, L_2, L_3, ...L_{10}, son las lecturas de estadal correspondientes.

$$D_1 = CL_1$$
$$D_2 = CL_2$$
$$D_3 = CL_3$$
$$\cdots \quad \cdots$$
$$D_{10} = CL_{10}$$

$$\overline{\Sigma D = C(\Sigma L)}$$

$$C = \frac{\Sigma D}{\Sigma L} \quad \cdots\cdots\cdots\cdots \quad (IV)$$

Las distancias, medidas con cinta de acero, y las lecturas de estadal se anotan en forma clara y ordenada, en el registro de campo, como se indica en el ejemplo siguiente:

DETERMINACION DE LA CONSTANTE GRANDE.			
Puntos	Distancias, en metros	Lecturas de Estadal, en m	Observaciones
1	20	0.203	c = 30 cm
2	45	0.452	
3	72	0.719	
4	87	0.874	
5	101	1.015	
6	115	1.148	
7	133	1.332	
8	158	1.578	
9	173	1.725	
10	200	2,005	
Σ =	1104	11.051	

Es evidente que no habrá error en admitir que a la suma de todas las distancias corresponde la suma de todas las lecturas y se podrá establecer un promedio con la proporción siguiente:

$$\frac{11.051}{1104} = \frac{1}{C}$$

$$\therefore \quad C = \frac{1104}{11.051} = 99.90$$

por consiguiente, un metro del estadal ó de lectura generadora corresponderá a una distancia de 99.90 m contados desde la estaca cero, siendo 99.90 la constante grande del instrumento.

2.-*Aparatos con anteojo de enfoque interno.*

La lente objetivo de un anteojo de enfoque interno se mantiene fija en cuanto a posición mientras que una lente llamada colectora, de enfoque movible, ubicada entre la lente objetivo y el plano de los hilos de la retícula cambia la dirección de los rayos de luz. Como resultado, la constante chica en estos anteojos de punto analático central, es tan pequeña que generalmente se puede suponer igual a cero, pero *si se desea* determinar las constantes de estadia, se procede por tanteos, en la forma siguiente:

a) En un terreno sensiblemente horizontal se miden con cinta de acero, 3 ó 4 distancias, de 80 a 200 metros, desde el centro del aparato; se toman las lecturas de estadal correspondientes a dichas distancias y, despreciando la constante chica, se obtiene un valor aproximado C^1 para la constante grande.

La fórmula general de la estadia es:

$$D = LC + c \ldots\ldots\ldots(I) \qquad\qquad \therefore \quad C = \frac{D - c}{L}$$

y despreciando c, resulta:

$$C^1 = \frac{D}{L} = \text{valor aproximado de C}$$

Si se designan por D_1, D_2, D_3, $\ldots D_n$ las distancias medidas con cinta y por L_1, L_2, L_3, $\ldots L_n$, las lecturas de estadal correspondientes, los valores aproximados de C, serán:

$$C'_1 = \frac{D_1}{L_1}, \; C'_2 = \frac{D_2}{L_2}, \; C'_3 = \frac{D_3}{L_3}, \; \ldots \; C'_n = \frac{D_n}{L_n}$$

y el promedio de los valores C'_1, C'_2, C'_3... será el valor aproximado de la constante grande:

$$C' = \frac{C'_1 + C'_2 + C'_3 + \ldots + C'_n}{n}$$

b) En seguida, se miden con cinta 3 ó 4 distancias pequeñas, de 3 a 10 metros, tomándose las lecturas de estadal correspondientes a esas distancias y con estos datos y el valor aproximado C^1 de la constante grande, se calcula la constante chica, aplicando en cada caso la fórmula:

$$c = D - C^1L$$

El promedio de los valores c_1, c_2, c_3, ...c_n, hallados para la constante chica es el valor definitivo de c.

$$c = \frac{c_1 + c_2 + c_3 + ... + C_n}{n}$$

c) Por último, se calculan nuevamente los valores de la constante grande, con las distancias y lecturas de estadal que se indican en el inciso a, pero ahora considerando el valor definitivo de la constante chica. Así se obtienen los valores:

$$C_1 = \frac{D_1 - c}{L_1}, \quad C_2 = \frac{D_2 - c}{L_2}, \quad C_3 = \frac{D_3 - c}{L_3}, \quad ...., C_n = \frac{D_n - c}{L_n}$$

Y el valor definitivo para la constante grande será:

$$C = \frac{C_1 + C_2 + C_3 + ... + C_n}{n}$$

PROBLEMAS:

1.-Obtener los valores de las constantes de estadia de un instrumento con anteojo de enfoque externo, con los siguientes datos:

REGISTRO DE CAMPO

Puntos	Distancias, en metros	Lecturas de estadal en m	Observaciones
1	19	0.190	—Distancia entre el centro del instru-
2	38	0.379	mento y el objetivo = 12 cm.
3	57	0.571	—Distancia focal de la lente objeti-
4	81	0.812	vo = 18.5 cm.
5	104	1.039	
6	135	1.351	
7	143	1.428	
8	161	1.612	
9	187	1.869	
10	202	2,022	
SUMAS	1127	11.273	

9

DATOS: SOLUCION:
  e = 12 cm
  f = 18.5 cm   *a)* Constante chica:
ΣD = 1127 m
ΣL = 11.273 m $c = e + f = 12 + 18.5 = 30.5$ cm
  c = ? $c = 30.5$ cm
  C = ?

                                b) Constante grande:

$$C = \frac{\Sigma D}{\Sigma L} = \frac{1127}{11.273} = 99.97$$

$$C = 99.97$$

2.-Determinar las constantes de estadia con los siguientes datos:

$D_1 = 126.00$ m, $L_1 = 1.257$ m c = ?
$D_2 = 283.50$ m, $L_2 = 2.832$ m C = ?

SOLUCION:

Para hallar los valores de las constantes de estadia se resuelve el sistema de ecuaciones simultáneas:

$$D_1 = L_1 C + c \dots\dots\dots(1)$$
$$D_2 = L_2 C + c \dots\dots\dots(2)$$

o bien:

$$126.00 = 1.257\ C + c \dots\dots\dots\dots\dots\dots\dots\dots\dots\dots (1)$$
$$283.50 = 2.832\ C + c \dots\dots\dots\dots\dots\dots\dots\dots\dots\dots (2)$$

y restando la (1) de la (2), resulta:
$$157.50 = 1.575\ C$$
$$\therefore \quad C = 100$$

Finalmente, substituyendo el valor de C en la (1), se tiene:

$$126.00 = 1.257(100) + c$$
$$\therefore \quad c = 126.00 - 125.70 = 0.30 \text{ m}$$
$$c = 30 \text{ cm}$$

El cálculo de las constantes se comprueba substituyendo sus valores en la ecuación (2):

$$283.50 = 2.832(100) + 0.30$$
$$283.50 \cong 283.50$$

3.- Con los datos del registro de campo siguiente, calcular las constantes de estadia de un instrumento con anteojo de enfoque interno.

REGISTRO DE CAMPO.

Puntos	Distancias en metros	Lecturas de estadal, en m	Observaciones
1	3	0.029	
2	5	0.048	Datos para calcular
3	8	0.079	la constante chica
4	9	0.088	
5	85	0.849	
6	117	1.168	Datos para calcular
7	142	1.421	la constante grande
8	179	1.787	

SOLUCION

a) Cálculo del valor aproximado de la constante grande.

Se aplica la fórmula: $C = \dfrac{D}{L}$

$$C_1 = \frac{85}{0.849} = 100.118$$

$$C_2 = \frac{117}{1.168} = 100.171$$

$$C_3 = \frac{142}{1.421} = 99.930$$

$$C_4 = \frac{179}{1.787} = 100.168$$

$$C \text{ aprox} = \frac{100.118 + 100.171 + 99.930 + 100.168}{4} = 100.097$$

b) Cálculo de la constante chica.

$$c = D - CL \quad \begin{cases} c_1 = 3 - 0.029(100.097) = 0.10 \\ c_2 = 5 - 0.048(100.097) = 0.20 \\ c_3 = 8 - 0.079(100.097) = 0.09 \\ c_4 = 9 - 0.088(100.097) = 0.19 \end{cases}$$

$$c = \frac{0.10 + 0.20 + 0.09 + 0.19}{4} = 0.145 \text{ m}$$

$$c = 15 \text{ cm} \qquad \text{Valor definitivo de la constante chica.}$$

c) Cálculo de la constante grande.

Con los datos del inciso a y tomando en cuenta el valor definitivo de la constante chica, se obtienen nuevos valores para la constante grande y el promedio de ellos es el valor definitivo de C.

Ahora se emplea la fórmula:

$$C = \frac{D - c}{L}$$

$$C_1 = \frac{85 - 0.15}{0.849} = 99.94$$

$$C_2 = \frac{117 - 0.15}{1.168} = 100.04$$

$$C_3 = \frac{142 - 0.15}{1.421} = 99.82$$

$$C_4 = \frac{179 - 0.15}{1.787} = 100.08$$

$$C = \frac{99.94 + 100.04 + 99.82 + 100.08}{4} = 99.97$$

$$C = 99.97 \qquad \text{Valor definitivo de la constante grande.}$$

4.-A una distancia de 97.00 m, se tomó una lectura de estadal de 0.968 m. Directamente sobre el anteojo se midió la distancia del centro del instrumento al objetivo y ésta resultó de 12.5 cm.- La distancia focal de la lente objetivo es de 17.5 cm. ¿Cuáles son los valores de las constantes de estadia?

DATOS:

$D = 97.00$ m
$L = 0.968$ m
$e = 12.5$ cm
$f = 17.5$ cm
$c = ?$
$C = ?$

se deduce:

SOLUCION:

a) *Constante chica*

$$c = e + f = 12.5 + 17.5 = 30 \text{ cm}$$
$$c = 30 \text{ cm}$$

b) *Constante grande*

De la fórmula:

$$D = CL + c$$

$$C = \frac{D - c}{L} = \frac{97.00 - 0.30}{0.968} = 99.90$$

$$C = 99.90$$

5.-Determinar el valor de la constante grande de un instrumento con anteojo de enfoque interno, con los datos del registro siguiente:

Puntos	Distancias, en metros	Lecturas de estadal, en m	Observaciones
1	24	0.241	
2	49	0.488	$c = 0$
3	67	0.670	
4	82	0.821	
5	103	1.032	
6	125	1.248	
7	141	1.410	
8	168	1.682	
9	189	1.888	
10	201	2,010	
SUMAS	1149	11.490	

SOLUCION:

$$C = \frac{\Sigma D}{\Sigma L} = \frac{1149}{11.490} = 100$$

$$C = 100$$

ESTADIA COMPUESTA.

En la medida de distancias con estadia en terreno quebrado, se encuentran pendientes más o menos fuertes y las visuales son inclinadas y como las lecturas de mira se hacen sobre el estadal colocado verticalmente y no perpendicular a la visual, esta lectura será siempre mayor que la verdadera. En consecuencia, es necesario establecer las fórmulas para calcular las componentes horizontal y vertical de la distancia inclinada, entre la estación y el punto visado, en función de la lectura de estadal tomada, del ángulo de inclinación de la visual y de las constantes de estadia.

Deducción de las fórmulas empleadas para reducir al horizonte las distancias medidas con estadia y para el cálculo de los desniveles.

La Fig. Nº 6 ilustra una línea de colimación inclinada, así como las componentes horizontal y vertical de la distancia inclinada. La componente horizontal es la distancia reducida al horizonte entre la estación y el punto visado y la componente vertical es el desnivel entre dichos puntos.

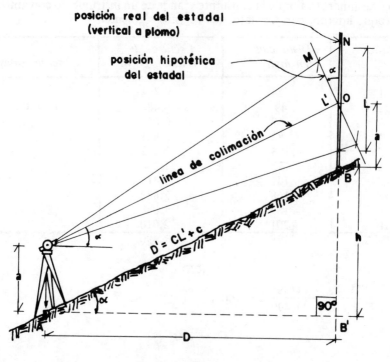

Figura Nº 6

14

A = estación
B = punto visado
D^1 = distancia inclinada, entre el instrumento y el estadal.
D = distancia horizontal ó reducida al horizonte, del centro del instrumento al estadal.
h = desnivel entre los puntos A y B.
α = ángulo vertical ó de inclinación del terreno.
a = altura del aparato en la estación.
L^1 = lectura que se tomaría en el estadal si éste pudiera sostenerse normal a la visual, en el punto B.
L = lectura que se toma en el estadal colocado en posición vertical, a plomo.

Si pudiera tomarse la lectura L^1, la distancia inclinada sería:

$$D^1 = CL^1 + c \dots\dots\dots\dots(1)$$

Ahora bien, en el triángulo rectángulo ABB', por trigonometría, se tiene:

$$D = D^1 \cos \alpha \quad = (CL^1 + c) \cos \alpha \quad = CL^1 \cos \alpha \quad + c \cos \alpha \quad \dots\dots\dots(2)$$

y, sin error apreciable, se puede considerar que el triángulo OMN es rectángulo, por tanto:

$$L^1 = L \cos \alpha \quad \dots\dots\dots\dots (3)$$

valor que substituído en la (2), da:

$$D = CL \cos^2 \alpha \quad + c \cos \alpha \quad \dots\dots\dots\dots \text{(V) Distancia horizontal}$$

Por otra parte, para obtener el desnivel entre la estación y el punto visado, del triángulo rectángulo ABB', por trigonometría, se obtiene:

$$h = D^1 \operatorname{sen} \alpha \quad = (CL^1 + c) \operatorname{sen} \alpha \quad = CL^1 \operatorname{sen} \alpha \quad + c \operatorname{sen} \alpha \quad \dots\dots\dots(4)$$

y substituyendo (3) en (4), resulta:

$$h = CL \operatorname{sen} \alpha \ \cos \alpha \quad + c \operatorname{sen} \alpha \quad \dots\dots\dots\text{(VI) Desnivel}$$

Para anteojos de enfoque interno, puede considerarse: c = 0; y entonces las fórmulas (V) y (VI) se reducen y quedan como sigue:

$$D = CL \cos^2 \alpha \quad \dots\dots\dots \text{(VII) Distancia Horizontal}$$
$$h = CL \operatorname{Sen} \alpha \ \cos \alpha \quad \dots\text{(VIII) Desnivel}$$

Las identidades trigonométricas:

$$\cos^2 \alpha = \frac{1 + \cos 2\alpha}{2}$$

$$\operatorname{sen} \alpha \cos \alpha = \frac{\operatorname{sen} 2\alpha}{2}$$

permiten transformar las fórmulas (VII) y (VIII), en las siguientes:

$$D = CL \frac{1 + \cos 2\alpha}{2} \qquad \dots \text{(IX) Distancia horizontal}$$

$$h = CL \frac{\operatorname{sen} 2\alpha}{2} \qquad \dots \text{(X) Desnivel}$$

PROBLEMAS

1.-Con un tránsito cuyas constantes de estadia son: c = 0.30 m y C = 99.98, se toma una lectura de estadal de 1.918 m. El ángulo vertical es de + 7°42'. Determínese la distancia reducida al horizonte y el desnivel, entre la estación y el punto visado.

DATOS:
L = 1.918 m
α = + 7°42'
C = 99.98
c = 0.30 m
D = ?
h = ?

SOLUCION:

a) Distancia horizontal

$D = LC \cos^2 \alpha + c \cos \alpha$
$\quad = 1.918(99.98) \cos^2 7°42' + 0.30 \cos 7°42'$
$\quad = 188.319 + 0.297 = 188.616$

$$D = 188.62 \text{ m}$$

b) Desnivel:

$h = LC \operatorname{sen} \alpha \cos \alpha + c \operatorname{sen} \alpha$
$\quad = 1.918(99.98) \operatorname{sen} 7°42' \cos 7°42' +$
$\quad \quad + 0.30 \operatorname{sen} 7°42'$
$\quad = 25.461 + 0.040 = 25.501$

$$h = + 25.50 \text{ m}$$

2.-Calcule la distancia horizontal y el desnivel con los siguientes datos:

L = 1.562 m

α = —5°18'

C = 99.9

c = 0

D = ?

h = ?

a) *Distancia horizontal:*

$D = LC \cos^2 \alpha = 1.562(99.9) \cos^2 5°18'$

$= 1.562 (99.9) (0.9914676) = 154.712$

$$D = 154.71 \text{ m}$$

b) *Desnivel:*

$h = LC \text{ sen } \alpha \cos \alpha$

$= 1.562(99.9) \text{ sen } 5°18' \cos 5°18'$

$= 1.562(99.9) (0.0923706) (0.9957247) =$

$= 14.352$

$$h = —14.35 \text{ m}$$

3.-¿Cuál es la lectura de estadia para los siguientes datos?

Distancia horizontal = 148.50 m

Angulo vertical = + 8°12'

Constante grande = 100.2

Constante chica = 0

Se emplea la fórmula: $D = CL \cos^2 \alpha$

$$L = \frac{D}{C \cdot \cos^2 \alpha} = \frac{148.50}{100.2 \cos^2 8° 12'}$$

$$L = 1.512 \text{ m}$$

4.- Con los datos de la Fig. N° 7, calcule:

a) Distancia horizontal entre A y B,

b) Desnivel entre A y B, y

c) Cota del punto B.

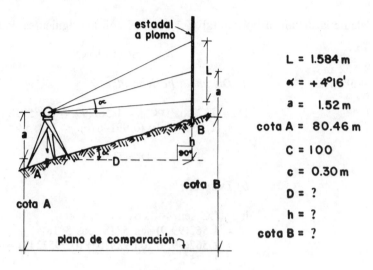

estadal a plomo

$L = 1.584\,m$

$\alpha = +4°16'$

$a = 1.52\,m$

cota A $= 80.46\,m$

$C = 100$

$c = 0.30\,m$

$D = ?$

$h = ?$

cota B $= ?$

Figura Nº 7

SOLUCION:

a) Distancia horizontal:

$D = LC \cos^2 \alpha + c \cos \alpha = 1.584(100) \cos^2 4°16' + 0.30 \cos 4°16'$
$= 157.523 + 0.299 = 157.822$
$$D = 157.82\,m$$

b) Desnivel:

$h = LC \operatorname{sen} \alpha \cos \alpha + c \operatorname{sen} \alpha = 1.584(100) \operatorname{sen} 4°16' \cos 4°16' +$
$+ 0.30 \operatorname{sen} 4°16'$
$= 11.752 + 0.022 = 11.774$
$$h = +11.77\,m$$

c) Cota del punto B:

cota B $=$ cota A $+ h = 80.46 + 11.77 = 92.23$
$$\text{cota B} = 92.23\,m$$

5.- Determine la distancia horizontal AB y la cota del punto B, con los siguientes datos:

18

Cota A = .924.80 m

L = 2.806 m

α = —4°36'

C = 100

c = 0

a) *Distancia horizontal:*

$$D = LC \cos^2 \alpha = 2.806(100) \cos^2 4°36' =$$
$$= 278.795$$
$$D = 278.80 \text{ m}$$

b) *Desnivel:*

$$h = LC \frac{\text{sen}2\,\alpha}{2} = 2.806\,(100)\,\frac{\text{sen } 9°12'}{2}\ 22.431$$
$$h = —22.43 \text{ m}$$

c) *Cota del punto B.*

$$\text{cota B} = \text{cota A} — h = 924.80 — 22.43 = 902.37$$
$$\text{cota B} = 902.37 \text{ m}$$

Determinación del desnivel cuando algún obstáculo impide ver el hilo medio en el estadal a la misma altura que tiene el aparato en la estación.

En algunas ocasiones no es posible medir el ángulo vertical correcto para obtener el desnivel porque algún obstáculo impide llevar el hilo horizontal medio sobre el estadal a la misma altura que el aparato tiene en la estación. Cuando este caso ocurre se toma otra lectura cualquiera, que se anota, y con el ángulo vertical que se mida se calcula el desnivel. Este desnivel se corrige agregándole ó restándole la diferencia que haya entre la lectura tomada con el hilo medio y la altura del aparato y así se obtiene el desnivel requerido. (Figuras N° 8 y N° 9)

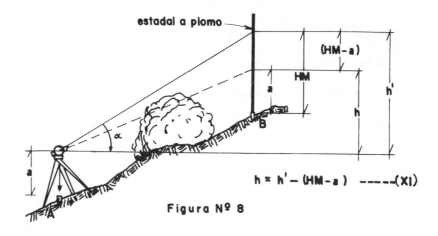

Figura N° 8

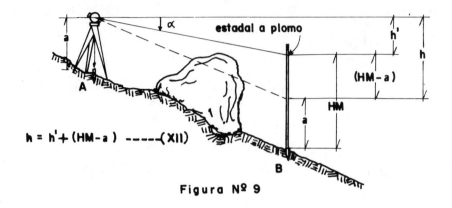

$$h = h' + (HM - a) \ ----(XII)$$

Figura N⁰ 9

En ambas figuras:

    A = estación.
    B = punto visado.
    a = altura del aparato en la estación.
 HM = lectura del hilo horizontal medio.
    α = ángulo vertical medido
   h' = desnivel calculado en función del ángulo vertical medido.
(HM-a) = corrección que se aplica al desnivel calculado h'.
   h = desnivel correcto entre la estación y el punto visado.

PROBLEMAS.

1.- En la estación A, se toman hacia adelante a la estación B, los datos: L = 2.473 m y α = +3°50'. Las constantes de estadia son C = 100 y c = 0. La altura del aparato en la estación es de 1.56 m y la lectura del hilo horizontal medio de 2.81 m. Determine la distancia reducida al horizonte y el desnivel entre A y B.

SOLUCION:

a) Distancia horizontal.

$$D = LC \cos^2 \alpha = 2.473 \ (100) \cos^2 3°50' = 246.194$$

$$D = 246.19 \ m$$

b) Desnivel:

$$h' = LC \frac{sen\ 2\ \alpha}{2} = 2.473\ (100) \frac{sen\ 7°40'}{2} = 16.496$$

$$h' = 16.50\ m$$

c) Desnivel corregido:

$$h = h' - (HM - a) = 16.50 - (2.81 - 1.56) = 15.25$$

$$h = +\ 15.25\ m$$

2.-Con los datos siguientes obtenga el desnivel entre la estación y el punto visado.

Distancia inclinada $=$ 273.50 m
Angulo vertical medido $= +5°18'$
Altura del aparato $=$ 1.52 m
Lectura del hilo medio $=$ 2.84 m
Desnivel $=$?

SOLUCION:

a) Desnivel calculado en función del ángulo vertical medido.

$$h^1 = LC \frac{sen\ 2\ \alpha}{2} = 273.50 \frac{sen\ 10°36'}{2} = 25.16$$

b) Desnivel correcto.

$$h = h^1 - (HM - a) = 25.16 - (2.84 - 1.52) = 25.16 - 1.32$$
$$h = +\ 23.84m$$

3.-Calcule la distancia horizontal y el desnivel entre dos puntos, con los siguientes datos:

Lectura de estadal: hilo superior $=$ 3.871 m
                       hilo medio $=$ 1.946 m
Altura del aparato en la estación $=$ 1.45 m
Angulo vertical observado $= +4°10'$
Las constantes del instrumento son: C $=$ 100 y c $=$ 0

a) Distancia horizontal.
L = 2(HS-HM) = 2(3.871 — 1.946) = 2(1.925) = 3.850m
D = LCcos² ∝ = 3.85(100)cos² 4°10' = 382.967
$$D = 382.97m$$

b) Desnivel.

$$h^1 = LC \frac{sen\ 2\ \propto}{2} = 3.85\ (100)\ \frac{sen\ 8°20'}{2} = 27.90$$

$$h = h^1 — (HM — a) = 27.90 — (1.946 — 1.45) = 27.90 — 0.496$$
$$h = + 27.40\ m$$

4.-Para localizar puntos,de una estación de tránsito se tomaron los datos del registro siguiente. La altura del instrumento en la estación es de 1.46 m y las lecturas del hilo medio las que se indican, para cada punto, en el registro. Las constantes de estadia son: C = 99.98 y c = 30 cm. Calcule los desniveles.

Est.	P.V.	L	∝	Observaciones.
1₁.₄₆				
	a	1.92	+3°37'	hilo medio = 2.80 m
	b	2.21	–5°08'	,, = 1.93 m
	c	0.58	+4°18'	,, = 2.08 m

Solucion:

Se aplican las fórmulas:
$$h' = CL \frac{sen\ 2\ \propto}{2} + c\ sen\ \propto$$
$$h = h' \pm (HM—a)$$

a) Desniveles incorrectos.

$$h'_{1—a} = 99.98\ (1.92)\ \frac{sen\ 7°\ 14'}{2} + 0.3\ sen\ 3°37' = 12.10$$

$$h'_{1—b} = 99.98\ (2.21)\ \frac{sen\ 10°\ 16'}{2} + 0.3\ sen\ 5°08' = 19.71$$

$$h'_{1—c} = 99.98\ (0.58)\ \frac{sen\ 8°\ 36'}{2} + 0.3\ sen\ 4°18' = 4.36$$

b) Desniveles corregidos.

$h_{1-a} = 12.10 - (2.80 - 1.46) = 12.10 - 1.34 = +10.76$
$h_{1-b} = 19.71 + (1.93 - 1.46) = 19.71 + 0.47 = -20.18$
$h_{1-c} = 4.36 - (2.08 - 1.46) = 4.36 - 0.62 = +3.74$

$$h_{1-a} = +10.76 \text{ m}$$

$$h_{1-b} = -20.18 \text{ m}$$

$$h_{1-c} = +3.74 \text{ m}$$

5.- Calcule el desnivel entre la estación y el punto visado, cuando se tienen los siguientes datos:

Lectura de estadal: $\quad$ HS $=$ 2.953 m
$\qquad\qquad\qquad\quad$ HM $=$ 1.805 m

Altura del instrumento $=$ 1.51 m
Angulo vertical observado $= -5°20'$
Constantes de estadia: $\quad$ C $=$ 100
$\qquad\qquad\qquad\qquad\quad$ c $=$ 0

SOLUCION:

$$L = 2(HS - HM) = 2(2.953 - 1.805) = 2(1.148) = 2.296 \text{ m}$$

$$h' = LC\, \frac{\text{sen } 2\alpha}{2} = 2.296\,(100)\,\frac{\text{sen } 10°40'}{2} = 21.248$$

$$h = h' + (HM - a) = 21.248 + (1.805 - 1.51) = 21.543$$

$$h = -21.54 \text{ m}$$

ANTEOJO DE PUNTO ANALATICO CENTRAL

El ingeniero italiano Porro introdujo una modificación importante en la estadia, la cual consiste en colocar una lente colectora entre la lente objetivo y la retícula, para hacer que el punto analático quede situado en el centro del instrumento y no tener que considerar la constante chica.

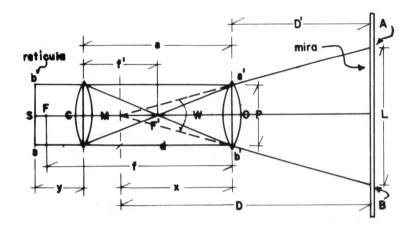

Figura Nº 10

En la Fig. Nº 10, se muestra un corte longitudinal del anteojo de enfoque interno ó de punto analático central.

O = lente objetivo
C = lente colectora, interpuesta entre el objetivo y la retícula.
ayb = hilos estadimétricos
AB = mira ó estadal
L = distancia interceptada sobre el estadal por los hilos estadimétricos.
s = separación de los hilos estadimétricos
F = foco posterior de la lente objetivo
F^1 = foco de la lente colectora
a = distancia entre las lentes colectora y objetivo
f = distancia focal de la lente objetivo
f^1 = distancia focal de la lente colectora
d = distancia del centro del instrumento al objetivo
D = distancia del centro del instrumento al estadal.
D^1 = distancia del objetivo al estadal.
x = distancia de la lente objetivo al punto analático.
M = punto analático, foco conjugado de F^1
W = ángulo diastimométrico.

La lente colectora C, en el anteojo de Porro, está situada a distancia constante "a" de la lente objetivo, pero su distancia "y" a la retícula varía al enfocar la mira a diferentes distancias.

Los rayos que corresponden a los dos hilos de la retícula, paralelos al eje principal del anteojo se refractan al atravesar la lente colectora C, y pasan por F^1, foco de esta última, y al refractarse nuevamente a través del objetivo, encuentran a la mira en los puntos A y B. El ángulo AMB que forman estos rayos es constante para cualquier distancia a que se coloque la mira ya que sólo depende de la separación de los hilos estadimétricos y las lentes, así como de las

24

distancias focales de éstas. El punto analático M, vértice del ángulo diastimo-métrico W, se puede hacer coincidir con el centro del instrumento, dando valores convenientes a los diversos elementos del anteojo. El punto analático M es foco conjugado de F^1, con relación al objetivo, pues si se supone un objeto luminoso en F^1, el rayo F^1b^1 se refractará, por construcción, según la dirección b^1B, prolongación de b^1M y encontrará al eje óptico en M que será, por consiguiente, el foco conjugado de F^1, por tanto, aplicando la fórmula general de las lentes delgadas y considerando que en este caso $MO = x$, es una magnitud negativa por ser M una imagen virtual de F^1, se tiene:

$$\frac{1}{f} = \frac{1}{F'O} - \frac{1}{MO}$$

o bien:

$$\frac{1}{f} = \frac{1}{a-f^1} - \frac{1}{x}$$

$$\therefore \quad \frac{1}{x} = \frac{1}{a-f^1} - \frac{1}{f} = \frac{f-(a-f^1)}{f(a-f^1)} = \frac{f+f^1-a}{f(a-f^1)}$$

luego:

$$x = \frac{f(a-f^1)}{f+f^1-a} \quad \dots\dots\dots\dots(1)$$

   x = distancia de la lente objetivo al punto analático, en función de los elementos de las lentes.

y comparando los triángulos semejantes AMB y a^1Mb^1, se encuentra:

$$\frac{D}{L} = \frac{x}{p}$$

$$\therefore \quad x = \frac{Dp}{L} \quad \dots\dots\dots\dots(2)$$

Ahora, igualando los valores de x, de las ecuaciones (1) y (2), resulta:

$$\frac{Dp}{L} = \frac{f(a-f^1)}{f+f^1-a}$$

$$\therefore \quad p = \frac{f(a-f^1)L}{(f+f^1-a)D} \quad \dots\dots\dots\dots(3)$$

Por otra parte, de la comparación de los triángulos semejantes, de bases p y s, se obtiene:

$$\frac{p}{s} = \frac{a - f^1}{f^1}$$

$$\therefore \quad p = \frac{(a - f^1)\,s}{f^1} \quad \ldots\ldots\ldots\ldots \quad (4)$$

y si se igualan los valores de p, de las ecuaciones (3) y (4), se halla:

$$\frac{f\,(a - f^1)\,L}{(f + f^1 - a)\,D} = \frac{(a - f^1)\,s}{f^1}$$

$$\therefore \quad D = \frac{ff^1 \bullet L}{s\,(f + f^1 - a)} = \frac{ff^1}{f + f^1 - a} \bullet \frac{1}{s}\,L \quad \ldots\ldots \quad (5)$$

En la fórmula (5) :

D = distancia del centro del instrumento al estadal.
L = distancia interceptada sobre el estadal por los hilos estadimétricos.

$$C = \frac{ff^1}{f + f^1 - a} \bullet \frac{1}{s} = \text{constante grande} \quad \ldots\ldots\ldots\ldots\ldots\ldots \quad (6)$$

Para que el punto analático M coincida con el centro del instrumento se debe tener:

$$x = d$$

La resolución del sistema de ecuaciones simultáneas (1) y (6), permite determinar los valores de a, distancia entre las lentes colectora y objetivo, y s, separación de los hilos estadimétricos, o bien el de a y el de una de las distancias focales.

En resumen, las fórmulas (1) y (6), expresan las condiciones que se deben satisfacer para que el punto analático coincida con el centro del instrumento.

ERRORES EN LAS MEDIDAS CON ESTADIA.

Muchos de los errores que ocurren en las medidas con estadia son comunes a todas las operaciones semejantes de medir ángulos horizontales y desniveles.

1.- Errores en la medida de distancias.

a) Constante grande ó factor de intervalo de la estadia incorrecto. Esto produce un error sistemático en las distancias, siendo el error proporcional al que tenga la constante C.

b) Error por apreciación de las lecturas. Este depende del poder amplificador del anteojo, estimándose que para una distancia de 100 metros y un poder amplificador igual a 20, el error de lectura es de 2mm que equivale a 2dm en la distancia, si la constante grande es igual a 100.

c) Error por paralaje. Se incurre en este error si no se enfoca bien la mira, porque entonces la imagen no cae sobre el plano de la retícula. Existirá este error si moviendo el ojo hacia arriba y hacia abajo se ven dobles los hilos.

d) Error por falta de verticalidad de la mira. Produce un error apreciable en el intervalo de estadia observado y, por tanto, en las distancias calculadas, siendo este error mayor para los ángulos verticales grandes. Puede eliminarse utilizando una plomada o un nivel esférico unido a la mira. Para una distancia de 100 metros, un ángulo vertical de 20° y una inclinación de la mira de 10' respecto de la vertical, el error será de 0.61 metros.

e) Error por refracción desigual. La visual del hilo estadimétrico inferior estando más cerca de la superficie de la tierra, la afecta más la refracción que a la visual del hilo superior, por lo que no deben tomarse lecturas cerca del pie del estadal cuando las condiciones atmosféricas son desfavorables. Se puede comprobar si existe este error, viendo si las diferencias entre las lecturas correspondientes a los hilos superior e inferior y al hilo medio, son iguales.

2. Errores en los desniveles obtenidos con estadia.

a) Error por curvatura de la Tierra y refracción atmosférica. Se nulifica por observaciones recíprocas, es decir, midiendo el ángulo vertical de una estación a la de adelante y viceversa, tomando el promedio de los dos desniveles obtenidos.

b) Error por falta de paralelismo entre la línea de colimación y la directriz del nivel. Como el anterior, se nulifica por observaciones recíprocas, pero con la línea de colimación bien ajustada, el error es tan pequeño que no hay necesidad de tratar de eliminarlo.

c) Error de índice del círculo vertical. Este error tiene lugar cuando el índice del vernier no marca 0°, cuando el anteojo está nivelado y se elimina haciendo observaciones en ambas posiciones del anteojo, directa e inversa, y tomando el promedio de los dos resultados obtenidos.

Los errores en los ángulos verticales producen un efecto grande en la precisión de los desniveles correspondientes. Por ejemplo, al visar un punto a una distancia de 100 metros y dentro de los valores que tienen los ángulos verticales, el error de 1' en ángulo vertical produce un error en elevación de casi 3 cm, por tanto, para mantener una precisión determinada en los valores calculados de los desniveles, las lecturas de estadal deben hacerse con mucho mayor cuidado cuando los ángulos verticales son grandes que cuando son pequeños.

METODO DE DOS PUNTERIAS.

Entre los procedimientos empleados para medir indirectamente las distancias, figura el de dos punterías, que consiste en dirigir dos visuales o punterías a una mira o estadal, tomando la lectura del ángulo vertical en ambas ocasiones.

Así, para determinar la distancia entre los puntos 0 y B (Fig. N° 11), con el tránsito, instalado en 0, se dirigen dos visuales a los bordes A y B de un estadal, cuya longitud se conoce, colocado en B, y se miden los ángulos verticales respectivos V y V^1.

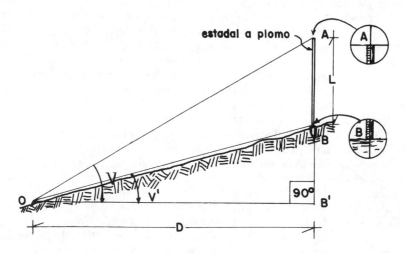

Figura Nº II

En el triángulo rectángulo AOB^1, por trigonometría, se tiene:

$$\tan V = \frac{AB^1}{D} \qquad \therefore \qquad AB^1 = D \tan V \quad \dots\dots\dots\dots\dots\dots\dots\dots (1)$$

y en el triángulo rectángulo BOB^1:

$$\tan V^1 = \frac{BB^1}{D} \qquad \therefore \qquad BB^1 = D \tan V^1 \quad \dots\dots\dots\dots\dots\dots\dots (2)$$

y restando la igualdad (2) de la (1), se encuentra:

$$AB^1 - BB^1 = D (\tan V - \tan V^1) \quad \dots\dots\dots\dots\dots\dots (3)$$

pero en la figura vemos que:

$$AB^1 - BB^1 = L \quad \dots\dots\dots\dots\dots\dots\dots\dots\dots\dots\dots\dots (4)$$

28

luego, comparando las igualdades (3) y (4), resulta:

$$D (\tan V - \tan V^1) = L$$

$$\therefore \quad D = \frac{L}{\tan V - \tan V^1} \quad \text{... (XIII)}$$

Esta fórmula da la distancia reducida al horizonte entre la estación y el punto visado, en función de la longitud de la mira y de los ángulos verticales observados.

Si los ángulos verticales son pequeños, menores de 6°, no se comete error apreciable al considerar que el triángulo AOB es rectángulo (Fig. N° 12) y, entonces, por trigonometría:

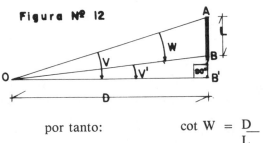

Figura N° 12

$$\cot W = \frac{OB}{L}$$

pero: $OB \doteq D$

por tanto:

$$\cot W = \frac{D}{L}$$

$$\therefore \quad D = L \cot W \text{ ....} \text{(XIV)}$$

siendo:

D = distancia horizontal buscada
L = longitud del estadal
V y V^1 = ángulos verticales observados, y
W = V — V^1

También se aplica el método de dos punterías, utilizando una mira horizontal L, montada sobre un tripié, y situada perpendicularmente a la línea AB que se va a medir. (Fig. N° 13).

Con el tránsito instalado en A, se mide el ángulo horizontal $\propto$, entre las dos visuales dirigidas a los extremos de la mira, y la distancia horizontal se calcula ó se obtiene directamente en una tabla semejante a la de estadia, a la cual se entra con el ángulo horizontal medido, para una longitud de mira determinada.

Figura Nº 13

En la Fig. Nº 13:

  A = estación
  B = punto visado
  L = longitud de la mira horizontal
  $\propto$ = ángulo horizontal observado
  D = distancia horizontal entre A y B

Por trigonometría, se tiene:

$$\cot \frac{\propto}{2} = \frac{D}{\frac{L}{2}}$$

$$\therefore \quad D = \frac{L}{2} \cot \frac{\propto}{2} \cdots\cdots\cdots \quad (XV)$$

La distancia horizontal D, se obtiene siempre directamente usando la mira horizontal porque, no obstante que la visual sea inclinada, el ángulo $\propto$ se mide en un plano horizontal.

Si se usa un tránsito de 1'', para distancias hasta de 150 metros, la exactitud obtenida es igual a la de una poligonal medida con cinta.

El método de dos punterías se aplica para medidas rápidas en terrenos accidentados, tanto en el levantamiento de detalles para la construcción de planos a pequeña escala como en operaciones de reconocimiento. En la medida de distancias muy largas, se puede colocar el instrumento en un punto intermedio para determinar las distancias a los extremos y hacer luego su suma para tener la distancia total.

PROBLEMAS

1.- ¿A qué distancia de la estación se encuentra un estadal de 4 metros, si las visuales a sus bordes dieron los ángulos verticales + 10°20' y + 10°14'?

DATOS

$L = 4.00$ m
$V = + 10°20'$
$V^1 = + 10°14'$
$D = ?$

SOLUCION:

Se aplica la fórmula:

$$D = \frac{L}{\tan V - \tan V^1}$$

$$D = \frac{4}{\tan 10°20' - \tan 10°14'} = \frac{4}{0.1823318 - 0.1805291} = \frac{4}{0.0018027}$$

$$D = 2218.89 \text{ m}$$

2.- Calcule la distancia entre la estación y el punto visado, con los siguientes datos:

L = 4.00 m
V = + 5°36'   Los ángulos verticales son menores de 6°, por tanto,
V^1 = + 5°18'   se puede usar la fórmula:
D = ?

$$D = L \cot W$$

$$W = V - V^1 = 5°36' - 5°18' = 0°18'$$
$$D = L \cot W = 4 \cot 0°18' = 4 (190.98548) = 763.941$$
$$D = 763.94 \text{ m}$$

3.- Con un tránsito instalado en un punto intermedio M de la línea AB, se dirigieron dos visuales o punterías a los bordes de un estadal de 4 metros, colocado en cada uno de los puntos A y B, y se midieron los ángulos verticales que se anotan en el registro siguiente.— Calcule la distancia AB.

EST.	P.V.	ANGULOS VERTICALES	
		Borde superior de la mira	Borde inferior de la mira
M	A	+ 11°43'	+ 11°19'
	B	+ 9°07'	+ 8°53'

SOLUCION:

Se emplea la fórmula:

$$D = \frac{L}{\tan V - \tan V^1}$$

a)Tramo AM:

$$AM = \frac{4}{\tan 11°43' - \tan 11°19'} = \frac{4}{0.2073934 - 0.2001222}$$

$$AM = 550.12 \text{ m}$$

31

b) Tramo MB:

$$MB = \frac{4}{\tan 9°07' - \tan 8°53'} = \frac{4}{0.1604724 - 0.1562978}$$

$$MB = 958.18 \text{ m}$$

c)Distancia AB:

$$AB = AM + MB = 550.12 + 958.18 = 1508.30$$

$$AB = 1508.30 \text{ m}$$

4.- Determine la distancia de la estación a un punto en el que se coloca una mira de 4 metros, si las visuales a sus bordes dieron los ángulos verticales —4°57' y —4°32'.

Datos   Solucion

L = 4.00 m
V = —4°57'   Se aplicará la fórmula:
V¹ = —4°32'
D = ?   D = L cot W

$$W = V - V^1 = -4°57' - (-4°32') = -0°25'$$

$$D = L \cot W = 4\cot 0°25' = 4 (137.50807) = 550.032$$

$$D = 550.03 \text{ m}$$

5.— Con el tránsito instalado en A, se dirigen dos punterías a los extremos de un estadal de 4 metros, midiéndose los ángulos verticales, que se indican en la Fig. N° 14. ¿A qué distancia de la estación se encuentra la mira?

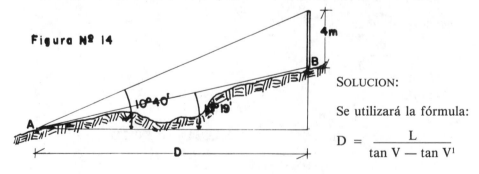

Figura Nº 14

SOLUCION:

Se utilizará la fórmula:

$$D = \frac{L}{\tan V - \tan V^1}$$

$$D = \frac{4}{\tan 10°40' - \tan 10°19'} = \frac{4}{0.1883495 - 0.1820313}$$

$$D = 633.09 \text{ m}$$

6.- Calcule la distancia AB, con los siguientes datos:

L = longitud de la mira horizontal = 2.00 m
∝ = ángulo horizontal medido = 33'08''
D = distancia horizontal entre A y B = ?

SOLUCION:

Se aplica la fórmula: $D = \dfrac{L}{2} \cot \dfrac{\propto}{2}$

$$D = \frac{2}{2} \cot \frac{33'08''}{2} = \cot 16'34'' = 207.507$$

$$D = 207.51 \text{ m}$$

En la tabla "Taquimetría por barra subtensa (mira horizontal) (en pies)" de Kern Instruments, Inc., se encuentra directamente para: ∝ = 33'08''

$$D = 680.8 \text{ pies} = \frac{680.8}{3.2808} = 207.510 \text{ m}$$

$$D = 207.51 \text{ m}$$

DETERMINACION PRACTICA DE LAS DISTANCIAS HORIZONTALES Y DE LOS DESNIVELES

Generalmente en la práctica, las distancias horizontales y los desniveles no se calculan resolviendo las fórmulas de la estadia sino que se obtienen por medio de artificios que simplifican su determinación y que se basan en las fórmulas.

Estos procedimientos facilitan el trabajo usando una tabla o un nomograma, regla de cálculo de estadia o un arco para estadia en el círculo vertical del tránsito.

Tabla de Estadia

Esta Tabla contiene para cada 2' de ángulo vertical hasta 30° ó 40°, los factores taquimétricos DH y DV, por los que se multiplica la distancia inclinada CL para encontrar la distancia horizontal D y el desnivel h, respectivamente.

En efecto:

$$D = CL \ (DH) \ \dots\dots \quad (XVI)$$

$$h = CL \ (DV) \ \dots\dots \quad (XVII)$$

siendo los factores taquimétricos:

$$DH = \cos^2 \alpha$$
$$DV = \frac{\text{sen } 2 \, \alpha}{2}$$

Uso de la Tabla de Estadia

A la Tabla de Estadia se entra con el valor del ángulo vertical, para encontrar los factores taquimétricos DH y DV.

La distancia horizontal se halla multiplicando la distancia inclinada por el factor DH, y el desnivel multiplicando la distancia inclinada por el factor DV,

PROBLEMAS

1.— Determine la distancia horizontal y el desnivel, por medio de tabla de estadia, cuando se tienen los siguientes datos:

SOLUCION

L = 1.948 m

$\alpha = + 7°12'$ En la tabla de estadia, para: $\alpha = +7°12'$ los

C = 100   factores taquimétricos son:

c = 0   DH = 0.9843

D = ?   DV = 0.1243

H = ?

$$D = CL \ (DH) = 100 \ (1.948)(0.9843)$$

$$D = 191.74 \ m$$

$$h = CL \ (DV) = 100 \ (1.948)(0.1243)$$

$$h = + \ 24.21 \ m$$

2.- Con tabla de estadia obtenga la distancia horizontal y el desnivel, si la distancia inclinada es de 143.70 m y el ángulo vertical —5°53'

DATOS	SOLUCION

DATOS

$CL = 143.70 \text{ m}$
$\propto = -5°53'$
$D = ?$
$h = ?$

SOLUCION

En la tabla de estadia se encuentran los factores taquimétricos para los ángulos verticales 5°52' y 5°54', pero no para el ángulo 5°53'. En este caso los factores DH y DV, para el ángulo vertical observado se obtienen por interpolación entre los valores tabulados.

En la tabla, para: $\propto = 5°52'$,   DH = 0.9896, DV = 0.1017
           para: $\propto = 5°54'$,   DH = 0.9894, DV = 0.1022

Los factores, obtenidos por interpolación son
para: $\propto = 5°53'$ DH = 0.9895 y DV = 0.10195
D = CL (DH) = 143.70 (0.9895)

                              D = 142.19 m

h = CL (DV) = 143.70 (0.10195)

                              h = —14.65 m

ARCO DE BEAMAN

El arco de estadia de Beaman, conocido también como círculo de estadia, es un arco especialmente graduado en el círculo vertical del tránsito y se utiliza para determinar distancias horizontales y desniveles sin leer los ángulos verticales. El arco Beaman no tiene vernier pero las lecturas se hacen con un índice.

Las graduaciones para determinar las distancias están a la izquierda, en la escala "HOR" (Fig. N° 15) y las graduaciones para determinar los desniveles están a la derecha, en la escala "VERT." Cuando el anteojo está nivelado, la lectura en el vernier del círculo vertical es cero, la lectura en la escala "HOR" es 100 y en la escala "VERT" es cero.

Cuando se toma una visual inclinada, primero se obtiene la distancia inclinada CL, en la forma usual, es decir, con el hilo inferior marcando un metro en el estadal. Luego, la distancia inclinada CL se multiplica por la lectura del arco de estadia "HOR" expresada como porcentaje, para obtener la distancia horizontal. En seguida, para determinar el desnivel, se sube o se baja ligeramente el anteojo ajustando el índice de la escala "VERT" a un número entero y se toma la lectura del hilo medio sobre la mira. La distancia inclinada CL se multiplica por la lectura de la escala "VERT", expresada como porcentaje, para obtener el desnivel entre el centro del instrumento y el punto visado con el hilo medio sobre el estadal. Este desnivel combinado con la altura del instrumento y la lectura del estadal da finalmente el desnivel entre la estacion y el punto en el que se coloca el estadal.

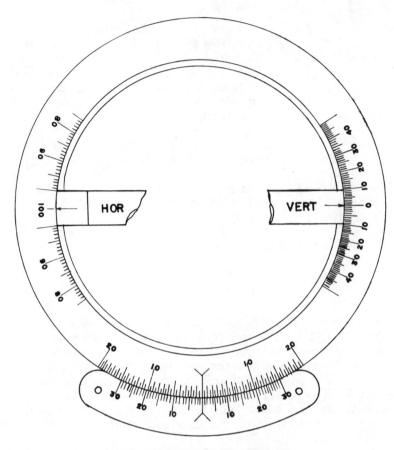

ARCO DE ESTADIA DE BEAMAN.

Figura Nº 15

Uso del Arco Beaman

La determinación de distancias horizontales y desniveles, por medio del arco Beaman, a partir del intervalo de estadia observado, se realiza de una manera muy fácil, como se indica en los ejemplos siguientes:

1.- Para obtener la distancia horizontal y el desnivel entre dós puntos A y B, se coloca un tránsito con arco Beaman en A y se obtienen los siguientes datos:

L = Intervalo de estadia = 1.07 m
a = Altura del instrumento = 1.35 m

36

HM = Lectura del hilo medio = 1.07 m
Constantes de estadia: C = 100 y c = 0
Lecturas en el arco Beaman: H = 98.0 y V = + 10
Calcúlese la distancia horizontal y el desnivel entre A y B.

SOLUCION

a)Distancia horizontal:
D = 100 (1.07)(0.98) = 104.86

D = 104.86 m

b)Desnivel
El desnivel entre el centro del anteojo y el punto visado con el hilo medio en el estadal es:

$$h' = 100 \ (1.07)(0.10) = 10.70 \ m$$

y el desnivel entre los puntos A y B es:

$$h = h' + (a - HM) = 10.70 + (1.35 - 1.07) = 10.70 + 0.28$$
$$h = + 10.98 \ m$$

2.- Calcule el desnivel entre la estación A y el punto B, con los siguientes datos:
L = intervalo de estadia = 1.35 m
a = altura del aparato = 1.37 m
HM = lectura del hilo medio = 1.01 m
Lectura del arco Beaman: V = —9
Constantes de estadia: C = 100, c = 0

SOLUCION

a)Desnivel entre el centro del anteojo y el punto visado con el hilo medio en el estadal:

$$h' = 100 \ (1.35)(-0.09) = -12.15 \ m$$

b)Desnivel entre los puntos A y B:

$$h = h' + (a - HM) = -12.15 + (1.37 - 1.01) = -12.15 + 0.36$$

$$h = -11.79 \ m$$

REGLA DE CALCULO DE ESTADIA

Está construída como la regla de cálculo ordinaria y consta de tres escalas: la escala principal, en la que se dan los valores de la distancia inclinada CL y en las otras dos figuran los factores taquimetricos $\cos^2\alpha$ y $\dfrac{sen\ 2\alpha}{2}$

Uso de la Regla de Cálculo de Estadia.

a) Se coloca el índice de la reglilla en el valor de la distancia inclinada, en la escala principal.

b) En seguida, colocando el cursor en el ángulo vertical observado, en la escala del "$\cos^2\alpha$", se encuentra la distancia horizontal, y

c) El desnivel se halla colocando el cursor en este mismo ángulo vertical, en la escala $\dfrac{sen\ 2\ \alpha}{2}$

NOMOGRAMA DE ESTADIA.

El nomograma para resolver las fórmulas de estadia consta de las cuatro escalas siguientes:

a) Distancias inclinadas (CL)
b) Desniveles (h)
c) Correcciones a la distancia inclinada y
d) Angulos verticales (α)

Uso del nomograma de estadia

Los datos para usar el nomograma de estadia son la distancia inclinada y el ángulo vertical. El nomograma da el Desnivel la correción a la distancia inclinada.

Las fórmulas de estadia son:

a)Distancia horizontal:

$$D = CL\ (I - sen^2\ \alpha\ )$$

b)Correción a la distancia inclinada:

$$CORRECCION = CL\ sen^2\ \alpha$$

c)Desnivel:

$$h = CL\ \dfrac{sen\ 2\ \alpha}{2}$$

NOMOGRAMA PARA RESOLVER LAS FORMULAS DE ESTADIA.

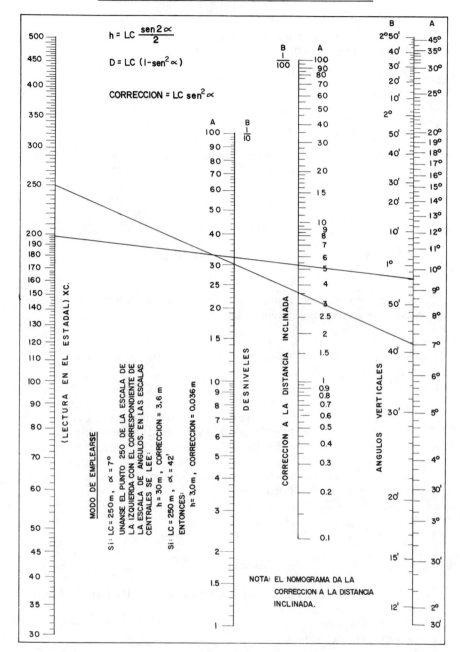

$$h = LC \; \frac{\text{sen} 2\alpha}{2}$$

$$D = LC \, (1 - \text{sen}^2 \alpha)$$

$$\text{CORRECCION} = LC \; \text{sen}^2 \alpha$$

(LECTURA EN EL ESTADAL) XC.

MODO DE EMPLEARSE

Si: LC = 250 m, $\alpha = 7°$

UNANSE EL PUNTO 250 DE LA ESCALA DE LA IZQUIERDA CON EL CORRESPONDIENTE DE LA ESCALA DE ANGULOS. EN LAS ESCALAS CENTRALES SE LEE:

h = 30 m , CORRECCION = 3.6 m

Si: LC = 250 m , $\alpha = 42'$

ENTONCES:

h = 3.0 m , CORRECCION = 0.036 m

DESNIVELES

CORRECCION A LA DISTANCIA INCLINADA

ANGULOS VERTICALES

NOTA: EL NOMOGRAMA DA LA CORRECCION A LA DISTANCIA INCLINADA.

Figura Nº 16

39

EJEMPLOS:

1.- Por medio del nomograma de estadia (Fig. Nº 16) obtenga la distancia horizontal y el desnivel, con los siguientes datos:

DATOS
L = 2.50 m
α = +7°
C = 100

Distancia inclinada = CL = 250 m

SOLUCION

Unanse el punto 250 de la escala CL, con el correspondiente 7°, de la escala de ángulos verticales.

En las escalas centrales, se lee:
h = + 30 m
corrección a la distancia inclinada = 3.6 m
por tanto: D = 250.00 — 3.6 = 246.40
$$\begin{cases} D = 246.40 \text{ m} \\ h = +30.00 \text{ m} \end{cases}$$

2.- Determine con nomograma de estadia, la distancia horizontal y el desnivel, cuando se tienen los siguientes datos:

DATOS
L = 1.98 m
α = —9°30'
C = 100

Distancia inclinada = CL = 198 m.

SOLUCION

Unanse el punto 198 de la escala CL, con el punto 9°30' de la escala de ángulos verticales.

En las escalas centrales, se lee:
h = —32 m
corrección a la distancia inclinada = 5.3 m
por tanto:
D = 198 — 5.3 = 192.70
$$\begin{cases} D = 192.70 \text{ m} \\ h = -32.00 \text{ m} \end{cases}$$

PROBLEMAS:

1.- Calcule la distancia horizontal y el desnivel entre los puntos A y B.

a) Con las fórmulas, y
b) Con la tabla de estadia.

40

DATOS
L = 2.184 m

$\propto$ = +7°16'

C = 100

c = 0

D = ?

h = ?

$h = LC\dfrac{sen\ 2\propto}{2}$ = 218.4 sen $\dfrac{14°32'}{2}$ = 218.4 (.1254716)

a) Con las fórmulas:

$$D = LC\ cos^2 \propto =$$
$$= 218.4\ cos^2\ 7°16' = 218.4(.9840009)$$

$$D = 214.91\ m$$
$$h = +27.40\ m$$

b) Con la tabla de estadia:

Para: $\propto$ = +7°16', los factores taquimétricos son:

DH = 0.9840, y

DV = 0.1255

$$D = LC(DH) = 218.4(0.9840) = 214.905$$

$$h = LC(DV) = 218.4(0.1255) = 27.409$$

$$D = 214.91\ m$$
$$h = +27.41\ m$$

2.- Se usa un tránsito equipado con arco de estadia Beaman para localizar puntos desde la estación A, cuya elevación es 861.90 m. Las constantes de estadia son: C = 100 y c = 0.

Con los datos del registro siguiente, calcule:

a) Distancias horizontales

b) Desniveles, y

c) Cotas.

Los índices del arco Beaman son para: H = 100 y V = 0

Est	P.V.	L	Arco	Beaman	Cotas.
			Hor.	Vert.	
A$_{1.37}$					861.90
	1	2.31	97.7	—15	
	2	0.66	88.3	—32	
	3	2.48	92.6	+19	

SOLUCION:

a) Distancias horizontales:

$D_{A-1} = 100(2.31)\ (0.977) = 225.69$ m
$D_{A-2} = 100(0.66)\ (0.883) = \ \ 58.28$ m
$D_{A-3} = 100(2.48)\ (0.926) = 229.65$ m

b) Desniveles:

$h_{A-1} = 100(2.31)\ (-0.15) = -34.65$ m
$h_{A-2} = 100(0.66)\ (-0.32) = -21.12$ m
$h_{A-3} = 100(2.48)\ (+0.19) = +47.12$ m

c) Cotas

cota 1 $= 861.90 - 34.65 = 827.25$ m
cota 2 $= 861.90 - 21.12 = 840.78$ m
cota 3 $= 861.90 + 47.12 = 909.02$ m

3.- Para determinar la distancia y el desnivel entre los puntos A y B, se colocó un tránsito con arco Beaman, en A, obteniéndose los siguientes datos:
L = intervalo de estadia = 1.39 m
a = altura del aparato = 1.40 m
HM = lectura del hilo medio = 2.62 m
Constantes del instrumento: C = 100 y c = 0
El arco Beaman, cuando el anteojo está nivelado, tiene los índices: H = 100 y V = 0
Calcule la distancia horizontal y el desnivel entre los puntos A y B, si las lecturas en el arco Beaman fueron: H = 92.6 y V = +26

SOLUCION:
La distancia inclinada es: CL = 100(1.39) = 139 m
  a) Distancia horizontal:
        D = 139(0.926) = 128.714
        D = 128.71 m

  b) Desnivel entre el centro del anteojo y el punto visado con el hilo medio en el estadal
        $h^1 = 139(0.26) = 36.14$ m

  c) Desnivel entre la estación A y el punto B, en el que se coloca el estadal.
  $h = h^1 - (HM - a) = 36.14 - (2.62 - 1.40) =$
                $= 36.14 - 1.22$
                $h = +34.92$ m

4.- Determine la distancia horizontal y el desnivel entre los puntos A y B, cuando se tienen los siguientes datos:

a) Con tabla de estadia, y
b) Con nomograma de estadia.

DATOS:
  L = 2.074 m
  $\propto$ = —8°20'
  C = 100
  c = 0
  D = ?
  h = ?

SOLUCION:
a) *Con tabla de estadia:*

Para: $\propto$ = —8°20', los factores taquimétricos son:
$$DH = 0.9790 \text{ y } DV = 0.1434$$

$$D = LC(DH) = 207.4(0.9790) = 203.083$$
$$h = LC(DV) = 207.4(0.1434) = 29.741$$

$$D = 203.08 \text{ m}$$
$$h = —29.74 \text{ m}$$

b) Con nomograma de estadia:
Unanse el punto 207.4 de la escala CL, con el punto 8°20' de la escala de ángulos verticales, y en las escalas centrales se lee:
$$h = 29.50 \text{ m}$$
corrección a la distancia inclinada = 4.4 m
luego:
$$D = 207.4 — 4.4 = 203.00$$

$$D = 203.00 \text{ m}$$
$$h = —29.50 \text{ m}$$

5.- Calcule la elevación de un punto B visado con un tránsito centrado sobre el punto A, con los siguientes datos:

DATOS:
  Cota A = 180.75 m
  L = 1.984 m
  a = altura del instrumento = 1.42 m
  HM = lectura del hilo medio = 2.28 m
  Constantes de estadia: C = 100 y c = 0
  El arco Beaman, cuando el anteojo está nivelado, tiene los índices: H = 100 y V = 0
  Lectura en el arco Beaman: V = +13

SOLUCION:

a) Desnivel entre el centro del anteojo y el punto visado con el hilo medio en el estadal:

$h^1 = 198.4(0.13) = 25.79$ m

b) Desnivel entre los puntos A y B:

$h = h^1 — (HM — a) = 25.79 —(2.28 — 1.42) =$
$= 24.93$ m

c) Elevación del punto B:

Cota B = cota A + h = $180.75 + 24.93 =$
$= 205.68$

cota B = 205.68 m

Se llega al mismo resultado aplicando la fórmula:

cota B = cota A + a + L(lectura arco) — HM
cota B = $180.75 + 1.42 + 1.984(+13) — 2.28 =$
$= 207.96 — 2.28$

cota B = 205.68 m

TELEMETRO.

El telémetro (del gr. *tele*-lejos y *metrón*-medida) es un instrumento usado para la medida indirecta de distancias.

Existen dos tipos de telémetros: los topográficos, con base en el aparato mismo, y los electrónicos.

Fundamento del telémetro.

El procedimiento telemétrico de medición de distancias consiste en la formación de un triángulo del que se conocen y determinan elementos suficientes para hallar el valor de aquel de sus lados que constituye la distancia desconocida. En dicho triángulo uno de los lados es una magnitud conocida que se toma como base.

En el telémetro topográfico (Fig. N° 17), la base AB está contenida en el instrumento y el triángulo PAB puede considerarse como rectángulo dada la pequeñez de la base con relación a la distancia por medir.

Si P es el punto cuya distancia a la estación se quiere medir, el telémetro proporciona el ángulo w, teniéndose con ello suficientes datos para resolver el triángulo PAB y determinar la distancia AP.

En efecto, por trigonometría:

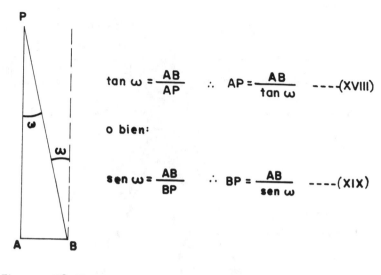

$$\tan \omega = \frac{AB}{AP} \qquad \therefore \quad AP = \frac{AB}{\tan \omega} \quad ---\text{(XVIII)}$$

o bien:

$$\operatorname{sen} \omega = \frac{AB}{BP} \qquad \therefore \quad BP = \frac{AB}{\operatorname{sen} \omega} \quad ----\text{(XIX)}$$

Figura Nº 17

El ángulo w, bajo el cual es vista la base AB del aparato desde el punto P es muy pequeño. Su valor es siempre de minutos.

TELEMETROS TOPOGRAFICOS.

Estos instrumentos están basados en dispositivos ópticos en los que el punto, cuya distancia a la estación se quiere medir, se observa con ayuda de dos objetivos colocados en los extremos de un tubo; las imágenes son devueltas al centro del aparato por prismas donde el operador los mira con un anteojo. Se hace coincidir ambas imágenes modificando uno de los trayectos ópticos mediante un prisma corrector y en ese momento basta leer la escala graduada de que va provisto el prisma para conocer la distancia.

En general, con los telémetros topográficos se determinan las distancias mediante la coincidencia o sobreposición de imágenes del objeto enfocado y tomando en una escala la lectura de la distancia. (Fig. Nº 18)

Los telémetros topográficos se emplean en la medida rápida de distancias, en reconocimientos y exploraciones y en levantamientos en terrenos de difícil acceso o inaccesibles, en levantamientos geológicos y en operaciones militares.

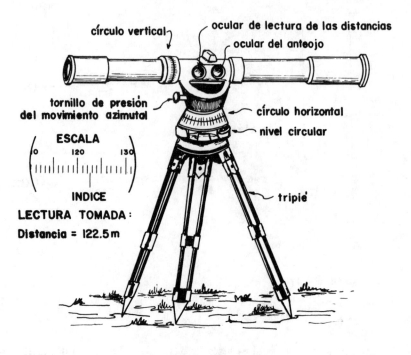

círculo vertical
ocular de lectura de las distancias
ocular del anteojo
tornillo de presión del movimiento azimutal
círculo horizontal
nivel circular

ESCALA

| 0 | 120 | 130 |

INDICE

LECTURA TOMADA:

Distancia = 122.5 m

tripié

Figura N° 18

TELEMETROS ELECTRONICOS.

Se ha generalizado la medida indirecta de distancias utilizando telémetros electrónicos, por la gran economía de tiempo y trabajo, ya que permiten operar con facilidad en terreno quebrado y con puntos inaccesibles, y por evitar las molestias que ocasionan los métodos de medida directa.

Estos instrumentos electrónicos determinan distancias con base en el tiempo que requiere la energía radiante electromagnética para viajar de un extremo al otro de una línea y regresar al primero.

El procedimiento para medir distancias electrónicamente consiste en instalar el instrumento emisor de la señal en uno de los extremos de la línea cuya longitud se desea conocer y un reflector en el otro extremo. El emisor transmite al reflector una señal portadora de energía electromagnética que regresa desde el reflector por lo que su recorrido es igual al doble de la distancia.

CLASIFICACION DE LOS TELEMETROS ELECTRONICOS.

Los telémetros empleados para la medida de distancias por métodos electrónicos, atendiendo a su alcance se clasifican en tres grupos que son: de alcance corto, de alcance mediano y de alcance largo.

Los instrumentos de alcance corto son portátiles, de fácil manejo y adecuados para levantamientos topográficos. Su alcance máximo es de 5 Km.

Los aparatos del segundo grupo, cuyo alcance es de unos 100 Km, se emplean en levantamientos geodésicos.

Por último, con los aparatos de alcance largo se pueden medir distancias de 100 Km a 8,000 Km y se utilizan en levantamientos hidrográficos y oceanográficos, en levantamientos especiales, para dragado de puertos y perforaciones petroleras, y en navegación marítima.

Entre los telémetros electrónicos figuran geodímetros y telurómetros.

El GEODIMETRO, diseño del físico sueco Bergstrand, utiliza ondas luminosas y su principio básico es la determinación indirecta del tiempo necesario para que un haz luminoso recorra la distancia entre dos estaciones. Se requiere que la visual entre las dos estaciones esté libre de obstáculos y no se pueden hacer observaciones si las condiciones no permiten la intervisibilidad entre las dos estaciones. Su alcance depende de la fuente de radiación. En los modelos de radiación infrarroja su alcance varía de 500 m a 3,000 m y en los de rayos láser, de 3 Km a 60 Km.

El TELUROMETRO, diseñado por el Dr. Wadley, transmite ondas de radio ultracortas. Consta de dos instrumentos intercambiables y cada uno de ellos se instala en uno de los extremos de la línea que se va a medir. El transmisor envía una serie de microondas que pasan a través de los circuitos de la unidad receptora que los retransmite a la transmisora, que mide el tiempo transcurrido. Las distancias se calculan tomando como base la velocidad de las ondas de radio. Es necesario que la visual entre los dos instrumentos, transmisor y receptor, esté libre de obstáculos, pero no es necesaria la intervisibilidad entre ellos, por tanto, pueden hacerse observaciones con niebla y con otras condiciones climatológicas desfavorables. El alcance de los telurómetros es relativamente grande y varía según el modelo.- El telurómetro MA 100 tiene un alcance de 2 Km, el modelo CA 1000, de 30 Km, y el MRA 5, de unos 50 Km.

LEVANTAMIENTOS CON TRANSITO Y ESTADIA.

En reconocimientos, levantamientos de predios rústicos y preliminares para vías de comunicación (caminos, vías férreas, canales, líneas de transmisión, etc.), localización de detalles para la construcción de planos a pequeña escala y trabajos de configuración, los levantamientos con tránsito y estadia son suficientemente precisos y considerablemente más rápidos y económicos que los ejecutados con tránsito y cinta.

Cuando la precisión que se requiere no es grande el control se puede establecer por medio de una poligonal con tránsito y estadia, localizando los detalles al mismo tiempo. Si se requiere mayor precisión, sólo los detalles se levantan con tránsito y estadia, estableciendo el control por otro procedimiento que puede ser una triangulación o una poligonal levantada con tránsito y cinta.

Las poligonales se levantan por los métodos de medida directa de ángulos, deflexiones o conservación de azimutes.

El control horizontal se establece generalmente por poligonales y el control vertical se obtiene por medio de bancos de nivel situados dentro ó cerca del área en que se va a operar. La cota de partida se toma del banco de nivel existente o bien se asigna una cota conveniente a un banco que se establezca y que puede ser o no vértice de la poligonal. Una vez conocida la cota de uno de los vértices se pueden ir determinando las cotas de los demás.

INSTRUCCIONES PARA USAR LA ESTADIA.

El uso de la estadia demanda algunos cuidados que es indispensable recordar:

1. Medir la altura del aparato, con el estadal o con una cinta. La altura del aparato es la distancia del terreno al eje de alturas del instrumento.

2. Colocar siempre el estadal en posición vertical.

3. Por comodidad y para disminuir el riesgo de equivocaciones, determinar el intervalo de estadia colocando el hilo inferior en un metro completo sobre el estadal y leer, aproximando al milímetro, la posición del hilo superior.

4. Al medir el ángulo vertical visar con el hilo medio a una altura en el estadal igual a la altura que tiene el aparato en la estación, pero si algún obstáculo lo impide, entonces tomar otra lectura y anotarla en el registro.

5. Tomar el intervalo de estadia y el ángulo vertical adelante y atrás en cada estación de tránsito.

DISCREPANCIA ENTRE MEDIDAS CON CINTA Y CON ESTADIA.

Discrepancia	De 30 a 40 m	De 50 a 70 m	De 80 a 100 m
mínima	0.13 m	0.18 m	0.22 m
media	0.17 m	0.24 m	0.31 m
máxima	0.20 m	0.30 m	0.41 m

Se ha determinado experimentalmente que la discrepancia varía entre: $0.03\sqrt{D}$ y $0.04\sqrt{D}$, siendo D la distancia, expresada en metros.

TOLERANCIAS EN LEVANTAMIENTOS CON TRANSITO Y ESTADIA.

Se considera que las tolerancias que se dan en seguida, representan las que se obtienen en los diferentes trabajos y su estimación se basa en la experiencia.

A. Tolerancia angular

Se calcula aplicando la fórmula

$$T_A = \pm\, 2\, a\sqrt{n}$$

en la cual:

T_A = tolerancia angular,
a = aproximación del aparato, y
n = número de vértices de la poligonal.

B.- Tolerancias lineales y en nivelación.

CLASE DE TERRENO	TOLERANCIAS	CONDICIONES
PLANO	$T_L = 1.44\sqrt{P}$ $T_h = \pm\, 0.072\sqrt{P}$	Angulos verticales pequeños, estadal a plomo y visuales hasta de 500 m, tomadas hacia adelante y hacia atrás.
QUEBRADO	$T_L = 3.6\sqrt{P}$ $T_h = \pm\, 0.24\sqrt{P}$	Angulos verticales hasta de 15°, estadal a plomo y visuales de 500 m máximo, tomadas hacia adelante y hacia atrás en cada estación de tránsito.

T_L = tolerancia lineal, en metros.
T_h = tolerancia en nivelación, en metros.
P = perímetro o desarrollo de la poligonal, en kilómetros.

Al aumentar la distancia y la inclinación de la visual se va perdiendo precisión.

En los levantamientos rápidos de considerable longitud se consideran las tolerancias siguientes:

CLASE DE TERRENO	TOLERANCIAS	CONDICIONES.
PLANO	$T_L = 2.9\ \ P$ $T_h = \pm\, 0.12\sqrt{P}$	Angulos verticales pequeños y visuales largas.
QUEBRADO	$T_L = 5\,P$ $T_h = \pm\, 0.6\,P$	Visuales largas.

T_L = tolerancia lineal, en metros.
T_h = tolerancia en nivelación, en metros.
P = perímetro o desarrollo de la poligonal, en kilómetros.

C.Precisión o error relativo.

En el caso de una poligonal con tránsito y estadia levantada con cuidado ordinario es posible obtener una precisión de $\frac{1}{500}$, y tratándose de una poligonal larga, con visuales cortas y operando con mayor esmero se puede llegar a una precisión de $\frac{1}{1000}$.

LEVANTAMENTO DE UNA POLIGONAL CON TRANSITO Y ESTADIA, POR EL METODO DE MEDIDA DIRECTA DE ANGULOS.

A.-Trabajo de campo.

Comprende las operaciones siguientes:
1. Reconocimiento del terreno.
2. Materialización de los vértices del polígono.
3. Dibujo del croquis de la zona que se va a levantar.
4. Orientación del primer lado del polígono, anotando el azimut en el registro.
5. Levantamiento del perímetro, midiendo los ángulos horizontales y verticales y tomando los intervalos de estadia y los rumbos magnéticos de los lados; y
6. Levantamiento de detalles.

Los datos recogidos en el levantamiento se anotan en forma clara y ordenada en el registro de campo, como se indica en el ejemplo siguiente.

LEVANTAMIENTO CON TRANSITO Y ESTADIA, EN TERRENO QUEBRADO   *LOMAS DE SOTELO, D.F.*
30-May-72
Levantó: F. García Lara.

EST.	P.V.	θ	ϕ	L	R.M.O.	Croquis y Notas
$1_{1.42}$	2	121°15'	— 8°44'	0.281	S11°00'E	Az 1—2 = 168°51'
			+ 8°42'	0.279		
$2_{1.36}$	3	93°02'	+ 8°33'	0.310	N82°00'E	
			— 8°33'	0.312		
$3_{1.47}$	4	83°11'	+ 9°33'	0.470	N15°00'W	
			— 9°31'	0.470		
$4_{1.35}$	1	62°34'	—13°53'	0.343	S47°30'W	
			+13°53'	0.341		cota 1 = 100.00 m

El número anotado a la derecha y abajo del correspondiente a la estación, es la altura del aparato.

EST = estación
P.V. = punto visado
⊖ = círculo horizontal
φ = círculo vertical
L = intervalo de estadia
RMO = rumbo magnético observado.

COMPROBACION DEL CIERRE ANGULAR.

Al terminar el levantamiento se determina el error angular comparando la suma de los ángulos horizontales observados con la suma que, para la poligonal levantada, da la condición geométrica. El error angular no debe ser mayor que la tolerancia establecida.

B.Trabajo de gabinete.

Este incluye las operaciones siguientes:
1. Reducción al horizonte de las distancias medidas con estadia y cálculo de los desniveles.
2. Cálculo de las cotas de los vértices del polígono.
3. Determinación del error de la nivelación. (E_h)
4. Cálculo de la tolerancia en la nivelación (T_h)
5. Comparación de E_h con T_h.
6. Compensación angular del polígono.
7. Cálculo de los azimutes de los lados.
8. Transformación de azimutes a rumbos.
9. Cálculo de las proyecciones de los lados del polígono.
10. Determinación de los errores E_x y E_y.
11. Cálculo del error de cierre lineal (E_L)
12. Cálculo de la tolerancia lineal (T_L)
13. Comparación de E_L y T_L.
14. Cálculo de la precisión.
15. Compensación lineal del polígono. Cálculo de los factores unitarios de corrección (K_x y K_y)
16. Cálculo de las correcciones que se aplican a las proyecciones.
17. Cálculo de las proyecciones corregidas.
18. Cálculo de las coordenadas de los vértices del polígono.
19. Cálculo de la superficie del polígono, en función de las coordenadas de los vértices.
20. Compensación de la nivelación y cálculo de las cotas de los vértices del polígono.

PROBLEMAS

1.- Con los datos del registro de campo anterior
a) Comprobar el cierre angular del polígono; y
b) Calcular distancias horizontales, desniveles y cotas..

Σ ángulos observados $= 360°02'$
aproximación del aparato: $a = 1'$
número de vértices del polígono: $n = 4$

SOLUCION:

a) Comprobación del cierre angular:

$$E_A = \Sigma \text{ ángs. obs.} - 360° = 360°02' - 360° = + 2'$$
$$E_A = + 2'$$

$$T_A = \pm 2a\sqrt{n} = \pm 2(1')\sqrt{4} = \pm 4'$$

$$T_A = \pm 4'$$

Se acepta el resultado porque: $E_A < T_A$

b) Cálculo de distancias horizontales, desniveles y cotas.
Al determinar distancias reducidas al horizonte y desniveles entre vértices de la poligonal, se usa el promedio de los ángulos verticales y el promedio de las dos lecturas de estadia, tomados a lo largo de la línea que une esos puntos.

DATOS:				PROMEDIOS	
EST.	*P.V.*	ϕ	L	ϕ	L
$1_{1.42}$	2	$- 8°44'$	0.281	$- 8°43'$	0.280
		$+ 8°42'$	0.279		
$2_{1.36}$	3	$+ 8°33'$	0.310	$+ 8°33'$	0.311
		$- 8°33'$	0.312		
$3_{1.47}$	4	$+ 9°33'$	0.470	$+ 9°32'$	0.470
		$- 9°31'$	0.470		
$4_{1.35}$	1	$-13°53'$	0.343	$-13°53'$	0.342
		$+13°53'$	0.341		

Constantes de estadia: $C = 100$ y $c = 0$.
La cota del vértice 1 es: 100.00 m

SOLUCION:

Las distancias horizontales y desniveles se calculan con la tabla de estadia.
Lados
1—2 $\begin{cases} D = 28.0(0.9770) = 27.36 \text{ m} \\ h = 28.0(0.1498) = -4.19 \text{ m} \end{cases}$

$$2—3 \begin{cases} D = 31.1(0.9779) = 30.41 \text{ m} \\ h = 31.1(0.1470) = +4.57 \text{ m} \end{cases}$$

$$3—4 \begin{cases} D = 47.0(0.9726) = 45.71 \text{ m} \\ h = 47.0(0.1633) = +7.68 \text{ m} \end{cases}$$

$$4—1 \begin{cases} D = 34.2(0.94245) = 32.23 \text{ m} \\ h = 34.2(0.23295) = -7.97 \text{ m} \end{cases}$$

Las cotas de los vértices del polígono se calculan sumando algebráicamente y en forma progresiva los desniveles a la cota del vértice de partida, como sigue:

cota 1 = 100.00
        —4.19
cota 2 = 95.81
        +4.57
cota 3 = 100.38
        +7.68
cota 4 = 108.06
        - 7.97
cota 1 = 100.09

Para obtener las distancias reducidas al horizonte, los desniveles y las cotas, se usa un registro en el cual se anotan el promedio de los ángulos verticales y el de las lecturas de estadia, que son los datos, y los resultados del cálculo, como se indica en el ejemplo siguiente:

DATOS:				SOLUCION:			
EST.	P.V.	φ	L	Distancias Horizontales	Desniveles	Vértices	Cotas
1		—	—	—	—	1	100.00
1	2	— 8°43'	0.280	27.36	—4.19	2	95.81
2	3	+ 8°33'	0.311	30.41	+4.57	3	100.38
3	4	+ 9°32'	0.470	45.71	+7.68	4	108.06
4	1	—13°53'	0.342	32.23	—7.97	1	100.09
			SUMA:	135.71 m			

2.- Al efectuar el levantamiento de un predio, con tránsito y estadia, en terreno quebrado, se asumió la cota 100.00 m para el vértice de partida y al regresar se obtuvo para este mismo vértice la cota 100.09 m. El perímetro del predio es 135.71 m.

¿Se acepta el resultado o debe repetirse el trabajo?

SOLUCION:

a) *Error de la nivelación* (E_h).— Se obtiene comparando las cotas de llegada y de salida.

$$E_h = \text{cota llegada} - \text{cota salida}$$
$$E_h = 100.09 - 100.00 = +0.09$$
$$E_h = +0.09 \text{ m}$$

b) *Tolerancia en la nivelación* (T_h).— Se aplica la fórmula para terreno quebrado.

$$T_h = \pm \ 0.24 \sqrt{P} =$$

$$= \pm \ 0.24 \sqrt{0.13571} = \pm \ 0.088$$

$$T_h = \pm \ 0.09 \text{ m}$$

Se acepta el resultado porque: $E_h = T_h$

3.- Calcular la poligonal levantada con tránsito de 1' y estadia, en terreno quebrado, cuando ya se obtuvieron las distancias horizontales y se conocen el azimut del lado inicial y los ángulos horizontales.

DATOS:

EST.	P.V.	DISTANCIAS HORIZONTALES	ANGULOS OBSERVADOS	AZIMUTES
1	2	27.36	121°15'	168°51'
2	3	30.41	93°02'	
3	4	45.71	83°11'	
4	1	32.23	62°34'	
SUMAS		135.71 m	360°02'	

SOLUCION:

a) *Compensación angular:*

$$E_A = 360°02' - 360°00' = +2'$$

$$T_A = \pm \ 2a \sqrt{n} = \pm 2(1') \sqrt{4} = \pm \ 4'$$

$$E_A < T_A$$

Para determinar los ángulos que se corregirán se calcula n^1

$$n^1 = \frac{n}{E_A} = \frac{4}{2} = 2$$

54

El cociente indica que la corrección angular se aplicará cada dos estaciones. En este caso se corregirán los ángulos observados en las estaciones 2 y 4. La corrección angular se aplica con signo contrario al error.

| LADOS | | ANGULOS | C | ANGULOS |
EST.	P.V.	OBSERVADOS		COMPENSADOS
1	2	121°15'		121°15'
2	3	93°02'	—1'	93°01'
3	4	83°11'		83°11'
4	1	62°34'	—1'	62°33'
SUMAS		360°02'		360°00'

b) Cálculo de los azimutes de los lados. Se aplica la regla siguiente: "El azimut de un lado cualquiera de una poligonal se obtiene sumando el azimut inverso del lado anterior al ángulo horizontal tomado en la estación que es origen del lado cuyo azimut se busca".

Esta regla se expresa por la fórmula:

$$Az\ BC = Az.\ inv\ AB + \hat{B}$$

El cálculo se dispone de la manera siguiente:

$$
\begin{array}{rl}
Az\ 1-2 = & 168°51' \\
& +\ 180° \\
\hline
& 348°51' \\
\hat{2}\quad = & +\ 93°01' \\
\hline
& 441°52' \\
& -\ 360° \\
\hline
Az\ 2-3 = & 81°52' \\
& +\ 180° \\
\hline
& 261°52' \\
\hat{3}\quad = & +\ 83°11' \\
Az\ 3-4 = & 345°03' \\
& -\ 180° \\
\hline
& 165°03' \\
\hat{4}\quad = & +\ 62°33' \\
Az\ 4-1 = & 227°36' \\
& -\ 180° \\
\hline
& 47°36' \\
\hat{1}\quad = & +\ 121°15' \\
Az\ 1-2 = & 168°51' \\
\end{array}
$$

c) Transformación de azimutes a rumbos.
Se usan las relaciones siguientes:

1er cuadrante: Rbo = Az
2° cuadrante: Rbo = 180° — Az
3er cuadrante: Rbo = Az — 180°
4° cuadrante: Rbo = 360° — Az
El cálculo se dispone como sigue:

179°60'	81°52'	359°60'	227°36'
—168°51'		—345°03'	—180°
S11°09'E	N81°52'E	N14°57'W	S47°36'W

d) Cálculo de las proyecciones de los lados del polígono.
Se aplican las fórmulas:

$$x = L \text{ sen Rbo}$$
$$y = L \text{ cos Rbo}$$
en las cuales:
L = lado del polígono
Rbo = rumbo del lado L
x = proyección del lado L sobre el eje E — W
y = proyección del lado L sobre el eje N — S

LADOS   PROYECCIONES
1—2 $\begin{cases} x = 27.36 \text{ sen } 11°09' = 5.29 \text{ E} \\ y = 27.36 \text{ cos } 11°09' = 26.84 \text{ S} \end{cases}$

2—3 $\begin{cases} x = 30.41 \text{ sen } 81°52' = 30.10 \text{ E} \\ y = 30.41 \text{ cos } 81°52' = 4.30 \text{ N} \end{cases}$

3—4 $\begin{cases} x = 45.71 \text{ sen } 14°57' = 11.79 \text{ W} \\ y = 45.71 \text{ cos } 14°57' = 44.16 \text{ N} \end{cases}$

4—1 $\begin{cases} x = 32.23 \text{ sen } 47°36' = 23.80 \text{ W} \\ y = 32.23 \text{ cos } 47°36' = 21.73 \text{ S} \end{cases}$

e) Determinación de los errores E_x y E_y.

$$Ex = \Sigma X_E - \Sigma X_w = 35.39 - 35.59 = -0.20 \text{ m}$$

$$Ey = \Sigma Y_N - \Sigma Y_S = 48.46 - 48.57 = -0.11 \text{ m}$$

f) Cálculo del error del cierre lineal (E_L)

$$E_L = \sqrt{Ex^2 + Ey^2} = \sqrt{(-0.20)^2 + (-0.11)^2} = 0.23 \text{ m}$$

g) Cálculo de la tolerancia lineal (T_L)
Para terreno quebrado, se aplica la fórmula:

$$T_L = 3.6 \sqrt{P} = 3.6 \sqrt{0.13571} = 1.33 \text{ m}$$

P = perímetro de la poligonal, en kilómetros.

h) Comparación de E_L con T_L:

$E_L < T_L$, por tanto, el trabajo se ejecutó correctamente y se prosigue el cálculo.

i) *Cálculo de la precisión ó error relativo.*

$$\text{Precisión} = \frac{E_L}{P} = \frac{0.23}{135.71} = 0.00169$$

$$\text{Precisión} = \frac{1}{\dfrac{P}{E_L}} = \frac{1}{\dfrac{135.71}{0.23}} = \frac{1}{590}$$

j) Compensación lineal del polígono. Cálculo de los factores unitarios de corrección Kx y Ky.

$$Kx = \frac{Ex}{\Sigma X_E + \Sigma X_W} = \frac{0.20}{70.98} = 0.00282$$

$$Ky = \frac{Ey}{\Sigma Y_N + \Sigma Y_S} = \frac{0.11}{97.03} = 0.00113$$

k) Cálculo de las correcciones que se deben aplicar a las proyecciones.

$$x = \begin{cases} 5.29 \ (0.00282) & = 0.01 \text{ m} \\ 30.10 \quad " & = 0.09 \text{ m} \\ 11.79 \quad " & = 0.03 \text{ m} \\ 23.80 \quad " & = 0.07 \text{m} \\ \hline & 0.20 \text{ m} \quad = Ex \end{cases}$$

$$y = \begin{cases} 26.84 \ (0.00113) & = 0.03 \text{ m} \\ 4.30 \quad " & = \underline{\quad\quad} \\ 44.16 \quad " & = 0.05 \text{ m} \\ 21.73 \quad " & = 0.03 \text{ m} \\ \hline & 0.11 \text{ m} \quad = Ey \end{cases}$$

l) Cálculo de las proyecciones corregidas. Se obtienen aplicando las correcciones calculadas, con el signo que corresponda, a las proyecciones incorrectas, como se indica en el cuadro siguiente:

PROYECCIONES SIN CORREGIR				CORRECCIONES		PROYECCIONES CORREGIDAS			
E	W	N	S	x	y	E	W	N	S
5.29			26.84	+0.01	—0.03	5.30			26.81
30.10		4.30		+0.09		30.19		4.30	
	11.79	44.16		—0.03	+0.05		11.76	44.21	
	23.80		21.73	—0.07	—0.03		23.73		21.70
35.39	35.59	48.46	48.57	SUMAS		35.49	35.49	48.51	48.51

Como $\Sigma X_E < \Sigma X_W$, la corrección se aplica con signo + a las proyecciones E y con signo — a las proyecciones W; y en virtud de que: $\Sigma Y_N < \Sigma Y_S$, la corrección se agrega a las proyecciones N y se resta a las proyecciones S.

Las sumas de las proyecciones corregidas, como resultado de la compensación lineal, cumplen las condiciones siguientes:

$$\Sigma X_E - \Sigma X_W = 0$$
$$\Sigma Y_N - \Sigma Y_S = 0$$

m) Cálculo de las coordenadas de los vértices del polígono.

Las coordenadas se calculan sumando algebráicamente y en forma progresiva las proyecciones corregidas a las coordenadas del vértice inicial.

Para que el polígono quede alojado en el primer cuadrante se asignarán al vértice 1, las coordenadas (0, +50.00)

VERTICES	COORDENADAS	
	X	Y
1	0.00	+50.00
	+ 5.30	—26.81
2	+ 5.30	+23.19
	+30.19	+ 4.30
3	+35.49	+27.49
	—11.76	+44.21
4	+23.73	+71.70
	—23.73	—21.70
1	0.00	+50.00

n) Cálculo de la superficie del polígono. Se aplica la fórmula:

$$S = \tfrac{1}{2}[(X_1 + X_2)(Y_2 - Y_1) + (X_2 + X_3)(Y_3 - Y_2) + (X_3 + X_4)(Y_4 - Y_3) + (X_4 + X_1)(Y_1 - Y_4)]$$

$$S = \frac{1}{2}[(5.30)(-26.81) + (40.79)(4.30) +$$
$$+ (59.22)(44.21) + (23.73)(-21.70)]$$

$$S = \frac{1}{2}[-142.0930 + 175.3970 + 2618.1162 - 514.9410]$$

$$S = \frac{1}{2}[2793.5132 - 657.0340]$$

$$S = 1068.2396 \ m^2$$

o) Compensación de los desniveles y cálculo de las cotas de los vértices del polígono.

Para el efecto, conocido el error de la nivelación y si éste no es mayor que la tolerancia, se calcula el factor unitario K_h de corrección y las correcciones que se aplicarán a los desniveles. Con los desniveles compensados y la cota conocida del vértice inicial del polígono, se calculan las cotas de los demás vértices, como se indica a continuación:

DATOS:

LADOS	DESNIVELES SIN COMPENSAR	
	+	—
1—2		4.19
2—3	4.57	
3—4	7.68	
4—1		7.97
SUMAS	12.25	12.16

Terreno quebrado.
Cota del vértice 1 = 100.00 m
Perímetro del polígono = 135.71 m
Tolerancia en nivelación:
$$T_h = \pm \ 0.24\sqrt{P}$$

Error en la nivelación:

$$E_h = 12.25 - 12.16 = +0.09 \ m \quad \dots\dots\dots$$

Tolerancia en la nivelación:

$$T_h = \pm \ 0.24 \sqrt{0.13571} \quad = \ \pm \ 0.09 \ m \dots$$

$$E_h = T_h$$

Factor unitario de corrección:

$$K_h = \frac{E_h}{\Sigma h(+) + \Sigma h(-)} = \frac{0.09}{24.41} = 0.00369$$

Correcciones:

$$c = \begin{cases} 4.19 & (0.00369) & = 0.01 \text{ m} \\ 4.57 & " & = 0.02 \text{ m} \\ 7.68 & " & = 0.03 \text{ m} \\ 7.97 & " & = 0.03 \text{ m} \\ & & \overline{0.09 \text{ m}} = E_h \end{cases}$$

Desniveles compensados. Como: $\Sigma h\ (+) > \Sigma h(-)$, la corrección se restará a los desniveles positivos y se agregará a los desniveles negativos.

LADOS	DESNIVELES SIN COMPENSAR		CORRECCION	DESNIVELES COMPENSADOS		VERTI-CES	COTAS
	+	—		+	—		
						1	100.00
1—2		4.19	+0.01		4.20	2	95.80
2—3	4.57		—0.02	4.55		3	100.35
3—4	7.68		—0.03	7.65		4	108.00
4—1		7.97	+0.03		8.00	1	100.00
SUMAS	12.25	12.16		12.20	12.20		

Como resultado de la compensación de los desniveles, se cumple la condición:

$$\Sigma h\ (+) = \Sigma h\ (-)$$

Las cotas de los vértices del polígono se obtienen sumando algebráicamente y en forma progresiva los desniveles compensados a la cota del vértice inicial, como a continuación se indica:

$$\begin{aligned} \text{cota } 1 = \quad & 100.00 \\ & - \ \ 4.20 \\ \hline \text{cota } 2 = \quad & 95.80 \\ & + \ \ 4.55 \\ \hline \text{cota } 3 = \quad & 100.35 \\ & + \ \ 7.65 \\ \hline \text{cota } 4 = \quad & 108.00 \\ & - \ \ 8.00 \\ \hline \text{cota } 1 = \quad & 100.00 \end{aligned}$$

Los resultados del cálculo de la poligonal levantada con tránsito de 1' y estadia, en terreno quebrado, con los datos del problema 3, se anotan en una planilla como se muestra en seguida.

PLANILLA DE CALCULO

Lados EST.	P.V.	Distancias en metros	Angulos Observados	C	Angulos Compensados	Azimutes	Rumbos Calculados	Proyecciones sin Corregir E	W	N	S
1	2	27.36	121°15'	-1'	121°15'	168°51	S11°09'E	5.29			26.84
2	3	30.41	93°02'		93°01'	81°52'	N81°52'E	30.10		4.30	
3	4	45.71	83°11'		83°11'	345°03'	N14°57'W		11.79	44.16	
4	1	32.23	62°34'	-1	62°33'	227°36'	S47°36'W		23.80		21.73
SUMAS		135.71	360°02'		360°00"		SUMAS	35.39	35.59	48.46	48.57

$E_A = + 2'$

$T_A = \pm\, 2a\sqrt{n} = \pm\, 4'$

$E_A < T_A$

$E_X = \Sigma X_E - \Sigma X_W = - 0.20 \text{ m}$

$E_Y = \Sigma Y_N - \Sigma Y_S = - 0.11 \text{ m}$

$E_L = \sqrt{Ex^2 + Ey^2} = 0.23 \text{ m}$

$T_L = 3.6 \sqrt{P} = 1.33 \text{ m}$

$E_L < T_L$

Correc- x	y	Proyecciones Corregidas E	W	N	S	Ver-tices	Coordenadas X	Y	X	$X_{n-1} + X_n$	$Y_n - Y_{n-1}$	Dobles superficies +	−
+.01	−.03	5.30			26.81	1	+ 0.00	+50.00	100.00	5.30	−26.81		142.0930
+.09		30.19		4.30		2	+ 5.30	+23.19	95.80	40.79	+ 4.30	175.3970	
−.03	+.05		11.76	44.21		3	+35.49	+27.49	100.35	59.22	+44.21	2618.1162	
−.07	−.03		23.73		21.70	4	+23.73	+71.70	108.00	23.73	−21.70		514.9410
SUMAS		35.49	35.49	48.51	48.51					SUMAS		2793.5132	657.0340

657.0340

$2S = 2136.4792$

$S = 1068.2396 \text{ m}^2$

Precisión $= \dfrac{E_L}{P} = 0.00169$

Precisión $\dfrac{1}{\frac{P}{E_L}} = \dfrac{1}{590}$

$K_x = 0.00282$
$K_y = 0.00113$
$K_h = 0.00369$

$E_h = + 0.09 \text{ m}$

$T_h = \pm 0.24 = \pm 0.09 \text{ m}$

$E_h = T_h$

61

CONFIGURACION

Clasificación y nomenclatura de los accidentes del terreno.

Atendiendo a su configuración o relieve el terreno se clasifica en cuatro agrupaciones principales: llano, sinuoso, quebrado y escarpado.

Terreno llano es el que no presenta accidentes ni cambios notables de pendiente.

Terreno sinuoso es el formado por elevaciones y depresiones de poca consideración, cuyas pendientes son suaves y fácilmente accesibles.

Terreno quebrado es el constituido por alturas cuya elevación y pendientes hacen que sea de difícil acceso; y

Terreno escarpado o muy quebrado es el montañoso cuando los cambios de pendiente son más bruscos, las cortaduras más frecuentes e inmediatas y las alturas casi inaccesibles.

Los accidentes topográficos naturales que dan lugar a esta clasificación son variadísimos, siendo los principales los siguientes:

a) Elevaciones.

Montaña: elevación considerable del terreno, con dos o más cúspides y de relieve muy quebrado. Son bajas cuando su altura sobre el terreno circundante no excede de 700 m y altas cuando pasan de 2000 m.

Monte: masa de roca y tierra de gran elevación y cubierta de árboles o poblado de arbustos, matas y hierbas, según se trate de monte alto o de monte bajo, respectivamente.

Cerro: elevación aislada de regular altura, peñascosa y áspera, que se destaca en una llanura.

Loma o colina: elevación pequeña y prolongada, desprovista de árboles y cuya altura varía de 150 a 300 m.

Otero: pequeña elevación aislada que domina un llano.

Callado o risco: altura aislada de terreno áspero y peñascoso que no excede de 100 m.

Peñón: roca que forma por sí sola una elevación pequeña.

Al reunirse varias elevaciones forman conjuntos que según su importancia, se denominan:

Macizo montañoso: agrupación de montañas que no tiene divisiones bien definidas.

Cordillera: cadena de montañas que generalmente siguen una dirección. Es esta una de las formas más frecuentes de la disposición del relieve de la corteza terrestre.

Sierra: cadena de montañas escarpadas y peñascosas de aspecto dentado.

Nudo: es el encuentro de varias cordilleras.

Eslabón: elevación que se desprende de una cordillera y continúa en dirección aproximadamente parelela a ésta.

Estribo o contrafuerte: cadena montañosa secundaria que se desprende de una cordillera siguiendo una dirección más o menos normal a ésta.

En toda elevación deben considerarse los elementos siguientes:

Cúspide: parte más alta de la elevación.- Se llama *cima* si se trata de una montaña y recibe el nombre de *cumbre* cuando se trata de alturas menores.

La cúspide según la forma que presente recibe las denominación siguientes:

pico: cúspide aguda que se destaca en una cadena de elevaciones; *pilón,* la de forma cónica o redonda; *aguja,* la cúspide puntiaguda; *cúpula,* si es convexa; *dientes,* la constituida por una serie de agujas; y *pirámide,* cuando presenta semejanza a la de ese cuerpo geométrico.

Laderas son los flancos de las montañas y de las elevaciones en general. También se llaman vertientes.

Divisoria de las aguas es la línea del terreno que marca la separación de las aguas que se dirigen hacia diferente vertiente o ladera

Puerto es la parte más baja de la cresta comprendida entre dos cimas de una montaña.

b) Depresiones.

A esta clasificación corresponden los accidentes topográficos siguientes:

Cuenca: terreno por donde corre un río, depresión de la superficie terrestre rodeada de montañas y ocupada muchas veces por mares o lagos.

Valle: depresión formada por las vertientes opuestas de dos elevaciones y hacia el cual vierten las aguas de las partes altas que le rodean. Por la posición, los valles se dividen en dos categorías: altos ó de montañas, a más de 600 m sobre el nivel del mar generalmente; y bajos o de llanuras, situados en alturas inferiores a los precedentes. Se llama *boca de valle* la comunicación que une dos valles; y *cabeza de valle,* el origen o nacimiento del valle que es el sitio donde empieza la recogida de las aguas.

Cañada: depresión formada por las vertientes opuestas de elevaciones de poca altura y por donde puede correr el agua de lluvia.

Cañón: es una cañada muy estrecha.

Hoya o embudo: depresión rodeada de alturas en cuyo fondo se reunen las aguas formando en ocasiones lagunas o lagos.

Barrancas: son las hondonadas que hacen en la tierra las corrientes de agua.

Talweg o vaguada: línea que señala el fondo de un valle y a lo largo de la cual corre el agua.

Rambla o torrentera: lecho seco de una corriente intermitente; terreno que las corrientes de agua dejan cubierto de arena después de las avenidas.

Río: corriente de agua continua y más o menos caudalosa que va a desembocar en otra o en el mar.

Meandro: recorrido sinuoso de un río o de un camino.

Caudal: de un río o arroyo es la cantidad de agua que corre por su cauce, descontadas las pérdidas de evaporación y el agua absorbida por el suelo y la vegetación.

Desembocadura: es el sitio por donde un río desemboca en otro, en un lago ó en el mar.

Ría: parte del río próxima a su entrada en el mar y hasta donde llegan las mareas y se mezclan las aguas dulces con las salobres.

Vado: paraje de un río con fondo firme, llano y poco profundo, por donde se puede pasar andando, cabalgando ó en carruaje.

Ribera: margen y orilla del mar o río.

Confluencia: concurrencia o junta de dos ríos.

Costa: orilla del mar y toda la tierra que está cerca de ella.

Arroyo, afluente o tributario: curso de agua que afluye a otro para formar más tarde un río.

Representación del relieve del terreno por curvas de nivel.

Los planos topográficos no sólo muestran los detalles naturales y artificiales del terreno sino también su relieve o configuración y por ello constituyen un auxiliar necesario para el proyecto de las obras de ingeniería, en las que se requiere tomar en consideración la forma del terreno.

Si se supone un terreno cualquiera cortado por una serie de planos paralelos al de comparación y equidistantes entre sí (Fig. Nº 19) estos planos determinan por sus intersecciones con el terreno una serie de curvas que reciben el nombre de curvas de nivel. Así, el terreno que determina la elevación de la figura queda representado en el plano horizontal por la serie de curvas de nivel.

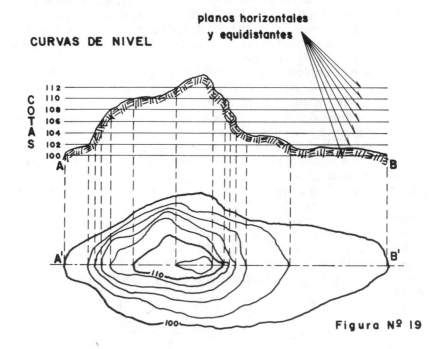

Figura Nº 19

Curva de nivel es una línea imaginaria, cerrada, que une puntos de igual cota.

Las curvas de nivel representadas en los planos son las trazas de superficies de nivel de diferentes cotas con el relieve del terreno.

Equidistancia es la separación vertical que existe entre dos curvas de nivel consecutivas.

La equidistancia depende del objeto y escala del plano y de la clase del terreno representado. En los planos a escala pequeña ó en terreno quebrado, la equidistancia puede ser de 10, 20 o 50 m; para los planos a escalas grandes de terrenos sensiblemente planos, la equidistancia puede ser de 50 cm o 1 m; y para los planos de escalas intermedias, como los que se utilizan en muchos estudios de ingeniería, la equidistancia es de 1, 2 o 5 m.

Características principales de las curvas de nivel.

1.- Toda curva debe cerrar sobre sí misma. Esto puede ocurrir dentro del área que se levanta o fuera de ella y, por tanto, no aparecer en el plano.

2.- Una curva no puede ramificarse en otras de la misma cota.

3.- Las curvas no se pueden juntar o cruzar porque representan contornos de diferente cota en el terreno.

4.- Las curvas sólo se cruzan entre sí en el caso de una caverna ó de un peñasco en voladizo.

5.- Una sola curva no puede quedar entre otras dos de mayor o menor cota.

6.- La distancia horizontal entre dos curvas de nivel consecutivas es inversamente proporcional a la pendiente.

7.- Las curvas igualmente espaciadas indican pendiente uniforme.

8.- Si el espaciamiento entre las curvas es amplio la pendiente es suave, si es muy estrecho la pendiente es fuerte y si las curvas llegan a quedar sobrepuestas indicará un acantilado.

9.- Las curvas concéntricas y cerradas representan una elevación ó una depresión, según que las cotas vayan creciendo o decreciendo hacia el centro, respectivamente.

10.- Las curvas son perpendiculares a las líneas de máxima pendiente y tienden a ser paralelas a las corrientes.

11.- Las curvas en las divisorias de las aguas son cóncavas hacia la parte más alta mientras que en los talwegs o vaguadas son convexas. (Figs. Nºs 20 y 21)

Figura Nº 20

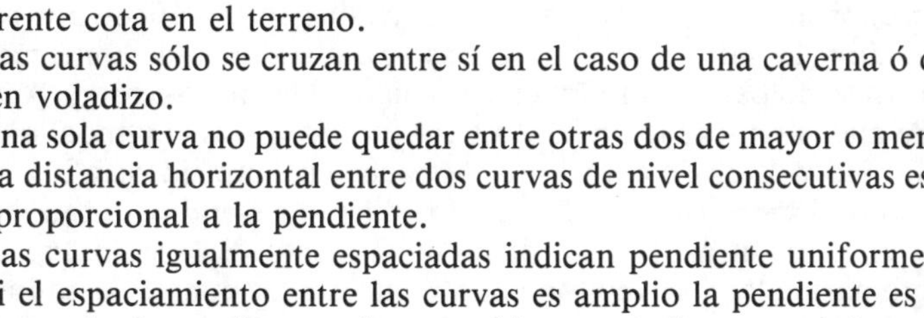

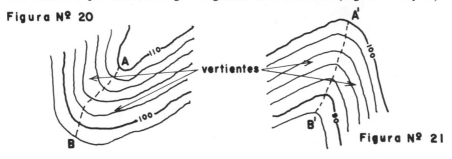

vertientes

Figura Nº 21

La divisoria de aguas AB (Fig. N° 20) es una línea sinuosa debido a los efectos de la erosión, así como la línea A¹B¹ (Fig. N° 21) que recoge las aguas que caen sobre las dos vertientes del valle y que toma el nombre de talweg o vaguada.

CONFIGURACION CON TRANSITO Y ESTADIA.

En estos trabajos sólo se toman puntos aislados notables del terreno, como los que corresponden a cambios de pendientes o cambios de dirección de los accidentes topográficos. Es muy importante fijar puntos que definan las divisorias de las aguas y los talwegs, para lograr la representación del relieve del terreno, sus elevaciones y depresiones, como: cerros, colinas, lomas, cañadas, barrancas, etc. Además de los detalles propios del terreno se deben tomar los linderos de propiedades, construcciones, vías de comunicación y todos los que se consideren necesarios.

La brigada para configuración con tránsito y estadia consta de un operador del instrumento, un anotador y dos estadaleros.

En las zonas de vegetación abundante puede convenir, para acelerar el trabajo, disponer de cuatro estaladeros y de los brecheros necesarios para despejar la maleza.

El procedimiento de localización de los detalles topográficos por radiaciones, es rápido y lo suficientemente preciso para trabajos de configuración.

El tránsito se coloca en un vértice de poligonal cuya posición y cota se conozcan. Se mide la altura del aparato en la estación, con el estadal o con una cinta. Centrado y nivelado el tránsito, se ponen en coincidencia los ceros del limbo horizontal y su vernier, y con el movimiento general se dirige el anteojo a visar el vértice de atrás, fijando dicho movimiento. En seguida, se suelta el movimiento particular y se van tomando visuales a los puntos deseados. Al visar cada punto, se miden los ángulos horizontal y vertical, y el intervalo de estadia.

En estos trabajos se debe dibujar un croquis cuidadoso de la localización de los puntos y detalles más notables del terreno que se toman desde cada vértice, para después reproducirlos en el plano. El operador debe tener presente que el croquis es la base para la construcción del plano y que sin buenos croquis el dibujo puede resultar diferente del terreno que se trata de representar.

El registro para configuración con tránsito y estadia, se lleva como se muestra en el ejemplo siguiente:

CONFIGURACION CON TRANSITO Y ESTADIA					ZACATENCO, D.F. 26-JUN-70 Levantó: E. García Castro
EST.	P.V.	θ	ϕ	L	Croquis y Notas
$1_{1.42}$	5	0°00'			
	a	16°08'	+4°20'	1.63	
	b	45°36'	+5°15'	1.42	
	c	71°41'	−3°35'	1.58	
	d	89° 17	−7°10'	1.90	
	e	116°50'	+4°19'	1.83	Cota Est. 1 = 100.00 m

PROBLEMAS

1. Con los datos del registro de campo anterior, calcular :
   a) Distancias horizontales,
   b) Desniveles, y
   c) Cotas

SOLUCION

a) *Cálculo de distancias horizontales y desniveles, con la tabla de estadía.*

Radiaciones	Distancias y desniveles

$$1—a \begin{cases} D = 163\ (0.9943) = 162.07 \text{ m} \\ h = 163\ (0.0753) = +12.27 \text{m} \end{cases}$$

$$1—b \begin{cases} D = 142\ (0.99165) = 140.81 \text{ m} \\ h = 142\ (0.0911) = +12.94 \text{ m} \end{cases}$$

$$1—c \begin{cases} D = 158\ (0.99615) = 157.39 \text{ m} \\ h = 158\ (0.0624) = -9.86 \text{ m} \end{cases}$$

$$1—d \begin{cases} D = 190\ (0.9844) = 187.04 \text{ m} \\ h = 190\ (0.1238) = -23.52 \text{ m} \end{cases}$$

$$1—e \begin{cases} D = 183\ (0.99435) = 181.97 \text{ m} \\ h = 183\ (0.07505 = +13.73 \text{ m} \end{cases}$$

b) *Cálculo de las cotas de los puntos a, b, c. d y e*
La cota de cada punto se obtiene sumando algebráicamente el desnivel a la cota de la estación desde la cual se observa.

cota a = 100.00 + 12.27 = 112.27 m
cota b = 100.00 + 12.94 = 112.94 m
cota c = 100.00 — 9.86 = 90.14 m
cota d = 100.00 — 23.52 = 76.48 m
cota e = 100.00 + 13.73 = 113.73 m

2.- Con los datos del registro siguiente, calcular:
   a) Rumbos de las radiaciones
   b) Distancias reducidas al horizonte
   c) Desniveles, y
   d) Cotas

DATOS:

EST.	P.V.	θ	ϕ	L	R.M.O.	COTAS
$5_{1.42}$						50.00
	4	0°00'	+3°16'	1.36	S42°48'E	
	a	46°10'	—2°12'	0.72		
	b	108°12'	+4°05'	0.81		
	c	213°28'	—7°19'	0.67		

Constantes de estadia: C = 100, c = 0

SOLUCION:

a) Cálculo de los rumbos de las radiaciones:
El cálculo se facilita con el auxilio de un croquis, como se ilustra a continuación. (Fig. N° 22).

Rbo 5—a = 46°10' — 42°48' =   S 3°22'W
Rbo 5—b = 108°12' — 42°48' =   S65°24'W
Rbo 5—c = 180° + 42°48' — 213°28' =   N 9°20'W

b, c). Cálculo de distancias horizontales y desniveles.

Radiaciones   *Distancias y desniveles*

$$5-a \begin{cases} D = 72\,(0.9985) = 71.89 \text{ m} \\ h = 72\,(0.0384) = -2.76 \text{ m} \end{cases}$$

$$5-b \begin{cases} D = 81\,(0.99495) = 80.59 \text{ m} \\ h = 81\,(0.0710) = +5.75 \text{ m} \end{cases}$$

$$5-c \begin{cases} D = 67\,(0.9838) = 65.91 \text{ m} \\ h = 67\,(0.1263) = -8.46 \text{ m} \end{cases}$$

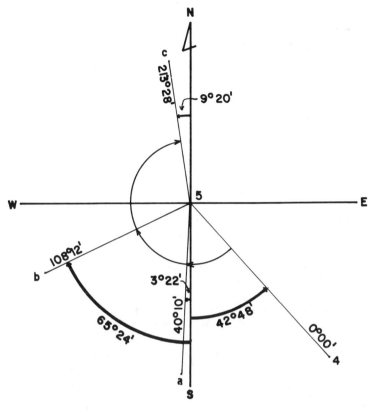

Figura Nº 22

d) Cálculo de las cotas de los puntos, a, b y c.

cota a = 50.00 — 2.76 = 47.24 m
cota b = 50.00 + 5.75 = 55.75 m
cota c = 50.00 — 8.46 = 41.54 m

3.- En un levantamiento con tránsito y estadia, se obtuvieron los datos del registro siguiente:

EST.	P.V.	ϕ	L	COTAS	NOTAS
$A_{1.37}$				975.10	
	1	+3°50'	0.43		
	2	+3°06'	0.37		HM = 2.80
	3.	—4°13'	0.51		
	4	—6°45'	0.40		HM = 1.00

Constantes de estadia: C = 100, c = 0

CALCULAR:

a) Distancias horizontales y desniveles.
b) Cotas de los puntos 1, 2, 3 y 4.
c) Desnivel entre los puntos 2 y 4.

SOLUCION:

a) Cálculo de las distancias horizontales y desniveles.

Radiaciones   *Distancias y desniveles*

$$A—1 \begin{cases} D = & 43 \ (0.9956) = & 42.81 \ m \\ h = & 43 \ (0.0667) = & + \ 2.87 m \end{cases}$$

$$A—2 \begin{cases} D = & 37 \ (0.9971) = & 36.89 \ m \\ h' = & 37 \ (0.0540) = & + \ 2.00 \ m \end{cases} \quad *$$

$$A—3 \begin{cases} D = & 51 \ (0.9946) = & 50.72 \ m \\ h = & 51 \ (0.0733) = & - \ 3.74 \ m \end{cases}$$

$$A—4 \begin{cases} D = & 40 \ (0.9862) = & 39.45 \ m \\ h'' = & 40 \ (0.1167) = & - \ 4.67 \ m \end{cases} \quad *$$

* Los desniveles A—2 y A—4 se deben corregir, porque al visar los puntos 2 y 4, el hilo medio no se pudo llevar sobre el estadal a la altura que tenía el aparato en la estación A.

$$h_{A-2} = h' - (HM—a) = 2.00 — (2.80 — 1.37) = \qquad + \ 0.57 \ m$$

$$h_{A-4} = —h'' + (a—HM) = —4.67 + (1.37 — 1.00) = — \ 4.30 \ m$$

b) Cálculo de las cotas

cota 1 = 975.10 + 2.87 = 977.97 m
cota 2 = 975.10 + 0.57 = 975.67 m
cota 3 = 975.10 — 3.74 = 971.36 m
cota 4 = 975.10 — 4.30 = 970.80 m

c) Desnivel entre los puntos 2 y 4:

$$h_{2-4} = \text{cota } 4 — \text{cota } 2 = 970.80 — 975.67 = -4.87 \, m.$$

4.- Calcular las tolerancias angular, lineal y en nivelación, así como la precisión obtenida en un levantamiento con tránsito y estadia, indicando si se acepta el resultado o se debe repetir el trabajo.

DATOS:

Suma de los ángulos horizontales: 1439°57'
Número de lados del polígono: 10
Perímetro del polígono: 1572.10 m
Aproximación del instrumento: 1'
Terreno quebrado
Error de cierre lineal: 3.90m
Error en nivelación: —0.23 m

SOLUCION:

a) Determinación del error angular:

Condición geométrica, para: n = 10

Σ angs. ints = 180° (n—2) = 180°(8) = 1440°00'

$$E_A = 1439°57' — 1440°00' = —3'$$

b) Cálculo de la tolerancia angular

$$T_A = \pm\, 2a \sqrt{n} = \pm\, 2\,(1') \sqrt{10} = \pm\quad 6'$$

$$T_A = \pm\, 6'$$

c) Cálculo de la tolerancia lineal.

$$T_L = 3.6 \sqrt{P} = 3.6 \sqrt{1.5721} = 4.51\ m$$

d) Cálculo de la tolerancia en nivelación.

$$T_h = \pm\, 0.24 \sqrt{P} = \pm\, 0.24 \sqrt{1.5721} = \pm\, 0.30\ m$$

$$T_h = \pm\, 0.30\ m$$

e) Cálculo de la precisión.

$$Precisión = \frac{E_L}{P} = \frac{3.90}{1572.10} = 0.00248$$

Precisión $= \dfrac{1}{\dfrac{P}{E_L}} = \dfrac{1}{\dfrac{1572.10}{3.90}} = \dfrac{1}{403}$

CONCLUSION: Se acepta el resultado del trabajo
porque: $E_A < T_A$, $E_L < T_L$, $E_h < T_h$

5.- De un levantamiento con tránsito de $1'$ y estadia, en terreno quebrado, se tienen los datos siguientes:

EST.	P.V.	θ	ϕ	L	CROQUIS Y NOTAS
$1_{1.53}$	2	86°35'	— 2°34'	1.242	A_Z 1—2 = 301°48'
$2_{1.48}$	3	93°22'	+35°12'	1.186	
$3_{1.51}$	4	88°20'	— 2°40'	1.239	
$4_{1.37}$	1	91°43'	—24°16'	1.185	cota Est. 1 = 143.78 m

Constantes de estadia: C = 100,   c = 0

CALCULAR:

a) Error angular
b) Tolerancia angular
c) Azimutes de los lados
d) Rumbos
e) Distancias horizontales
f) Desniveles
g) Cotas
h) Error en nivelación
i) Tolerancia en nivelación, y
j) Tolerancia lineal.

SOLUCION:

a) *Cálculo del error angular:*

$$E_A = \Sigma \text{ ángs. observados} - 360° = 360° - 360° = 0$$

$$E_A = 0$$

b) *Cálculo de la tolerancia angular:*

$$T_A = \overset{+}{} 2\,a\sqrt{n} = \overset{+}{} 2(1')\sqrt{4} = \overset{+}{} 4'$$

c) Cálculo de los azimutes de los lados.

$$
\begin{array}{rl}
\text{Az } 1\!-\!2 \;=\!\!\!& 301°48' \\
& \underline{-180°} \\
& 121°48' \\
+ \qquad \widehat{2} \;=\!\!\!& \underline{93°22} \\
\text{Az } 2\text{-}3 \;=\!\!\!& 215°10' \\
& \underline{-180°} \\
& 35°10' \\
+ \qquad \widehat{3} \;=\!\!\!& \underline{88°20'} \\
\text{Az } 3\!-\!4 \;=\!\!\!& 123°30' \\
& \underline{+180°} \\
& 303°30' \\
+ \qquad \widehat{4} \;=\!\!\!& \underline{91°43'} \\
& 395°13' \\
& \underline{-360°} \\
\text{Az } 4\!-\!1 \;=\!\!\!& 35°13' \\
& \underline{+180°} \\
& 215°13' \\
+ \qquad \widehat{1} \;=\!\!\!& \underline{86°35'} \\
\text{Az } 1\!-\!2 \;=\!\!\!& 301°48'
\end{array}
$$

d) Transformación de azimutes en rumbos:

Rbo 1—2 = 359°60' — 301°48' =   N58°12'W
Rbo 2—3 = 215°10' — 180°00' =   S35°10'W
Rbo 3—4 = 179°60' — 123°30' =   S56°30'E
Rbo 4—1 = 35°13'   =   N35°13'E

e, f) Cálculo de distancias horizontales y desniveles:

Lados

$$1\!-\!2 \begin{cases} D = & 124.2\ (0.9980) = & 123.95 \text{ m} \\ h = & 124.2\ (0.0448) = & -\ 5.56 \text{ m} \end{cases}$$

$$2\!-\!3 \begin{cases} D = & 118.6\ (0.6676) = & 79.18 \text{ m} \\ h = & 118.6\ (0.4710) = & +\ 55.86 \text{ m} \end{cases}$$

$$3\!-\!4 \begin{cases} D = & 123.9\ (0.9978) = & 123.63 \text{ m} \\ h = & 123.9\ (0.0465) = & -\ 5.76 \text{ m} \end{cases}$$

$$4\!-\!1 \begin{cases} D = & 118.5\ (0.8313) = & 98.51 \text{ m} \\ h = & 118.5\ (0.3747) = & -\ 44.40 \text{ m} \end{cases}$$

g) Cálculo de cotas.

cota 1 =   143.78 m
                  −5.56 m
cota 2 =   138.22 m
                + 55.86 m
cota 3 =   194.08 m
                − 5.76 m
cota 4 =   188.32 m
                −44.40·m
cota 1 =   143.92 m

h) Error en nivelación.

$$E_h = \text{cota llegada} - \text{cota salida} = 143.92 - 143.78$$

$$E_h = + 0.14 \text{ m}$$

i) Tolerancia en nivelación.

$$T_h = \pm\, 0.24 \sqrt{P} = \pm\, 0.24 \sqrt{0.42527} = \pm\, 0.16 \text{ m}$$

j) Tolerancia lineal.

$$T_L = 3.6 \sqrt{P} = 3.6 \sqrt{0.42527} = 2.35$$

$$T_L = 2.35 \text{ m}$$

Los resultados de este problema se concentran en el registro siguiente:

LADOS		Azimutes	Rumbos	Distancias	Desniveles	Verti-	Cotas
EST.	P.V.		Calculados	Horizont.		ces	
1						1	143.78
1	2	301°48'	N58°12'W	123.95	− 5.56	2	138.22
2	3	215°10'	S35°10'W	79.18	+55.86	3	194.08
3	4	123°30'	S56°30'E	123.63	− 5.76	4	188.32
4	1	35°13'	N35°13'E	98.51	−44.40	1	143.92

$$P = 425.27 \text{ m}$$

$E_A = 0$ $T_L = 2.35 \text{ m}$ $E_h = {}^+ 0.14 \text{ m}$

$T_A = \pm 4^1$

$E_A < T_A$ $T_h = \pm 0.16 \text{ m}$

                                                                             $E_h < T_h$

CONSTRUCCION DEL PLANO

La construcción del plano topográfico normalmente comprende tres operaciones:

a) Dibujo de la poligonal de base, por coordenadas.

b) Dibujo de los detalles y localización en el plano de puntos del terreno de cota conocida, por medio de los cuales se va a obtener la configuración, y

c) Dibujo de las curvas de nivel a la equidistancia señalada.

Una vez construida la poligonal de base, en cada uno de los vértices, con un transportador circular se marcan los ángulos horizontales de todos los puntos de configuración, se trazan las radiaciones y se toman a escala las distancias, para fijar la posición de los puntos y se anota a cada uno su nombre y su cota. (fig. Nº 23).

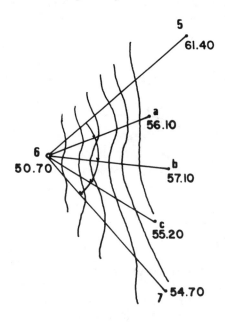

Con el auxilio de los croquis de campo, se trazan las divisorias de las aguas y los talwegs. Estas líneas son muy importantes porque ayudan al dibujo correcto de las curvas de nivel.

Figura Nº 23

Las curvas de nivel se dibujan a mano libre como líneas finas, de anchura uniforme y cada quinta curva, que se denomina maestra, se dibuja más gruesa que el resto y se interrumpe para dejar un espacio en el que se indica la cota correspondiente.

Los puntos que se emplean para el trazo de las curvas de nivel se localizan por interpolación entre los puntos situados en el plano.

INTERPOLACION DE CURVAS DE NIVEL

INTERPOLACION es el proceso de distribuir la separación de las curvas de nivel de cota redonda entre los puntos de cota conocida situados en el plano.

La interpolación se puede hacer por estimación, por cálculos o gráficamente.

a) Interpolación por estimación: Si se realiza ciudadosamente, en los planos construidos a escala pequeña, se puede obtener la precisión deseada.

b) Interpolación por cálculos: Esta se efectúa midiendo en el plano, a escala, la distancia entre los puntos de cota conocida y localizando por proporción los puntos de las curvas de nivel intermedias. Por ejemplo, las cotas de los puntos A y B, son 56.90 m y 61.80 m, respectivamente. (Fig. N° 24). La distancia horizontal AB es de 124.70 m y el desnivel entre A y B es 4.90 m; luego, como el desnivel entre A y la curva del nivel de cota redonda 57 es de 0.10 m, la parte proporcional de la distancia AB para localizar la curva de nivel 57 es:

$$X = \frac{0.10}{4.90} \, 124.70 = 2.54 \text{ m}$$

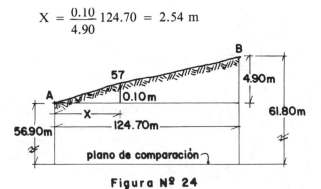

Figura Nº 24

c) Interpolación gráfica: Otro procedimiento para la interpolación de curvas de nivel consiste en utilizar una tira de hule (liga) graduada a intervalos iguales con líneas formando una escala. Esta liga se estira entre los dos puntos dibujados, de cota conocida, de manera que queden en las divisiones de la escala correspondientes a sus cotas y, en seguida, se marcan en el plano los puntos de las curvas de nivel intermedias.

El sistema de las curvas de nivel para representar los accidentes del terreno es ventajoso porque la forma de las mismas curvas da a conocer la configuración general, puesto que resultan proyectadas en el plano como son realmente en el terreno; y además, sus respectivas distancias permiten apreciar las pendientes y aun encontrar la altura de un punto cualquiera.

Se entiende por PENDIENTE de una línea del terreno a la tangente trigonométrica del ángulo que dicha recta forma con el plano horizontal.

La pendiente se expresa también en tantos por ciento; para obtener su valor en esta forma, se transforma la fracción que da el valor de la tangente del ángulo de inclinación en otra igual de denominador 100, o se multiplica por 100 y se agrega el signo %.

La pendiente podrá apreciarse a simple vista con mucha aproximación y calcularse exactamente si se conoce la equidistancia de las curvas de nivel y la distancia horizontal de una curva a otra en el lugar que se considera. (Fig. N° 25).

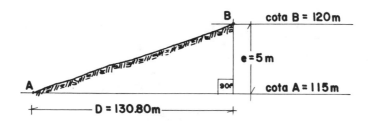

Figura Nº 25

D = distancia horizontal entre A y B
e = equidistancia

En efecto, la distancia D y la equidistancia "e", son los catetos de un triángulo rectángulo cuya hipotenusa es la línea inclinada AB del terreno, por tanto, designando por "p" la pendiente de la línea AB, resulta:

$$p = \frac{e}{D} = \frac{5}{130.80} = 0.038 = \frac{3.8}{100} = 3.8\%$$

También el conocimiento de la equidistancia indica la cota de cada curva respecto del plano de comparación asumido para las nivelaciones y permite determinar la altura que tiene un punto cualquiera situado entre dos curvas. (fig. N° 26).

Ejemplo: Las cotas de dos curvas de nivel consecutivas son 112 m y 114 m. La distancia horizonal entre los puntos A y B de estas curvas es de 21.50 m y la distancia de A a un punto intermedio C cuya altura se desea conocer es de 9.60 m; luego, como el desnivel entre A y B es de 2 m, la parte proporcional del desnivel para determinar la altura de C, es h:

$$\frac{h}{9.60} = \frac{2}{21.50} \quad \therefore \quad h = \frac{2}{21.50} \; 9.60 = 0.89 \text{ m}$$

y la cota de C es:

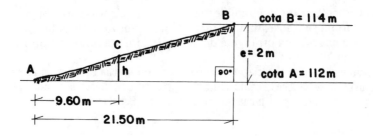

Figura Nº 26

$$\text{cota } C = \text{cota } A + h = 112.00 + 0.89 = 112.89$$

$$\text{cota } C = 112.89 \text{ m}$$

PROBLEMAS:

1.- En un plano dibujado a una escala de 1:5000, dos curvas de nivel adyacentes tienen una separación de 1.4 cm. ¿Cuál es la pendiente del terreno, si la equidistancia es de 5 m?

SOLUCION:

Aplicando la fórmula general de la escala, se tiene:

$$\frac{l}{L} = \frac{1}{M} \therefore L = l \cdot M = 0.014 (5,000) = 70 \text{ m}$$

y la pendiente del terreno es:

$$p = \frac{e}{L} = \frac{5}{70} = 0.071 = \frac{7.1}{100} = 7.1\%$$

$$p = 7.1\%$$

2.- Determinar la cota del punto M comprendido entre dos curvas de nivel adyacentes. (Fig. Nº 27)

78

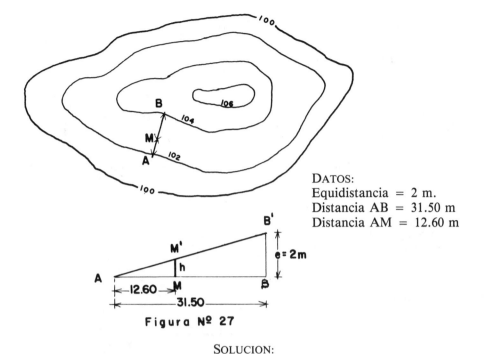

DATOS:
Equidistancia = 2 m.
Distancia AB = 31.50 m
Distancia AM = 12.60 m

Figura Nº 27

SOLUCION:

a) *Cálculo del desnivel entre A y M:*
   De la proporción:

$$\frac{h}{AM} = \frac{e}{AB}$$

se deduce:

$$h = \frac{e}{AB} \ AM = \frac{2}{31.50} \quad 12.60 = 0.80 \text{ m}$$

b) *Cálculo de la cota del punto M.*

cota M = cota A + h = 102.00 + 0.80 = 102.80 m

$$\text{cota M} = 102.80 \text{ m}$$

3.- La distancia horizontal entre los puntos A y B, situados en un plano es de 127.62 m. Las cotas de A y B son 978.6lm y 982.57 m, respectivamente. Por el método de interpolación por cálculos, localice a partir de A, los puntos de las curvas de nivel intermedias de cota redonda, con equidistancia de 1 m.

SOLUCION:

El problema se resuelve calculando las distancias d_1, d_2, d_3 y d_4, y para el efecto se establece la proporción:

$$\frac{d_1}{h_1} = \frac{d_2}{h_2} = \frac{d_3}{h_3} = \frac{d_4}{h_4} = \frac{127.62}{982.57 - 978.61} = \frac{127.62}{3.96} = 32.23$$

siendo h_1, h_2, h_3 y h_4 los desniveles entre los puntos buscados y el punto A. (Fig. N° 28).

$$d_1 = 32.23\ h_1 = 32.23\ (0.39) = 12.57\ m$$
$$d_2 = 32.23\ h_2 = 32.23\ (1.39) = 44.80\ m$$
$$d_3 = 32.23\ h_3 = 32.23\ (2.39) = 77.03\ m$$
$$d_4 = 32.23\ h_4 = 32.23\ (3.39) = 109.26\ m$$

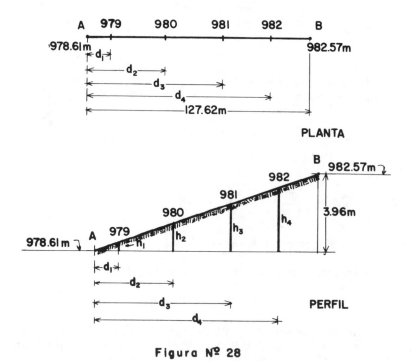

Figura N° 28

CAPITULO II

LEVANTAMIENTOS CON PLANCHETA

Generalidades

En los levantamientos taquimétricos el plano se construye posteriormente al trabajo de campo, en cambio en los levantamientos con plancheta el plano se dibuja en el campo al hacer la observación. La medida y representación de las características y los detalles del terreno cuando se tienen a la vista, resulta ventajoso en los levantamientos usados en ingeniería civil, geología, arqueología, ingeniería de minas y en operaciones militares.

Los levantamientos con plancheta substituyen a los taquimétricos en los casos en que hay que levantar el plano de una región descubierta con todos sus detalles o bien cuando se tenga que configurar minuciosamente cierta porción de terreno, porque no se deja a la memoria el trazo posterior de las curvas de nivel, sino que inmediatamente se van dibujando los puntos y líneas características de la región para lograr una fiel representación del relieve.

Todos los procedimientos indicados en la taquimetría pueden aplicarse a los levantamientos con plancheta, pues en éstos las distancias también se miden indirectamente.

Descripción de la plancheta

La PLANCHETA es un goniógrafo, es decir, un instrumentro con el cual se obtienen gráficamente los ángulos formados por dos o más direcciones, en vez de determinar sus valores como se hace con los tránsitos (Figura N° 29).

La plancheta se compone esencialmente de:

a) Una alidada óptica provista de hilos estadimétricos,

b) Un tablero de dibujo, y

c) Un tripié.

La ALIDADA OPTICA consiste en un anteojo telescópico semejante al de un tránsito, sostenido por una columna rígidamente unida a la base de la alidada. La base es una regla metálica, generalmente de 7 por 45 cm, con uno de sus bordes biselado, y en la que está grabada la escala que sirve para marcar las distancias, En uno de los extremos de la base está montada una declinatoria, que se utiliza para determinar rumbos y para orientar la alidada, y sobre el otro extremo está montado un nivel esférico.

La DECLINATORIA consiste en una aguja magnética montada dentro de una caja angosta, con un pequeño arco graduado en uno de sus extremos. Dos bordes de la caja son paralelos a la línea N-S del arco de la brújula.

El anteojo está equipado con retícula, provista de hilos estadimétricos, un arco para medir ángulos verticales o un arco Beaman y un nivel tubular. El anteojo puede girar alrededor del eje de alturas, 360° en planchetas de marcas europeas, como la Wild y la Zeiss, y en las marcas americanas tienen este movimiento limitado generalmente a unos 30° en ángulos de elevación y 30° en ángulos de depresión.

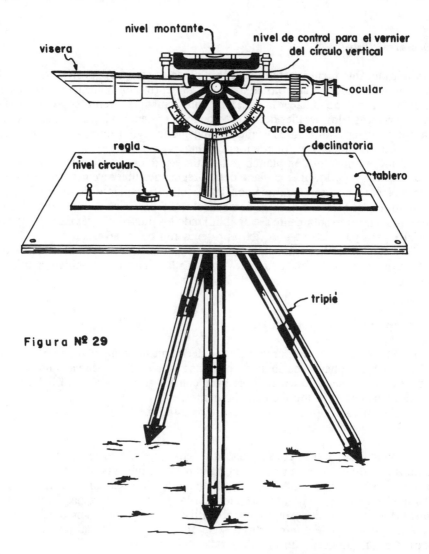

Figura Nº 29

82

La línea de colimación del anteojo es paralela a la arista de la regla o base de la alidada.

El Arco Beaman es un dispositivo para obtener de inmediato la distancia horizontal y el desnivel, en función de la lectura de estadia y del ángulo vertical.

El vernier del arco vertical puede ser fijo o móvil o puede haber un nivel auxiliar unido al brazo del vernier como en el tránsito.

El tablero de dibujo, de 60 por 80 cm, construido con madera bien seca para resistir distorsiones debidas a la acción de agentes atmosféricos, está unido a la cabeza del tripié por medio de una rótula con dos tornillos de mariposa. Uno de estos tornillos, que corresponde al movimiento de la rodilla, se acciona para nivelar el tablero; y el otro, que corresponde al movimiento horizontal, se usa para que el tablero pueda girar alrededor de un eje azimutal, para orientarlo.

En algunos modelos, el tablero se atornilla al tripié por medio de una plataforma que sirve de apoyo a aquél y la cual está provista de tornillos niveladores.

La cara superior del tablero, perfectamente pulida, lleva en cada una de sus esquinas un tornillo opresor. Estos tornillos sirven para mantener extendida y fija una hoja de papel de dibujo que se llama *hoja de la plancheta*.

El Tripie tiene por objeto conservar el tablero a determinada altura y en posición horizontal, dándole al mismo tiempo la estabilidad necesaria para poder dibujar sobre él. Está formado por tres patas de madera ajustables o rígidas, unidas entre sí en su parte superior por medio de una pieza metálica llamada cabezal.

Existen dos tipos de cabezales: el tipo Johnson que tiene articulación de rodilla para sostener el tablero en posición horizontal, después de nivelarlo; y el tipo provisto de tornillos niveladores similares a los de un tránsito, en el cual la nivelación y la orientación del tablero se logran fácilmente.

El extremo inferior de cada una de las patas del tripié lleva un regatón de fierro, con pedal, que sirve para hincarlas con firmeza en el terreno para darle una buena estabilidad al aparato.

Arco Beaman

El arco Beaman consiste en dos escalas especiales, grabadas en el arco vertical de la alidada. La escala "HOR", para distancias horizontales, y la escala "VERT", para desniveles, y en las cuales se leen, mediante unos índices fijos, los factores de reducción para obtener las proyecciones, horizontal y vertical, de la distancia inclinada.

La Fig. N° 30 representa el arco Beaman. Las graduaciones en grados ocupan 65° en la parte central y las especiales ocupan lo equivalente a 26.5°, tanto

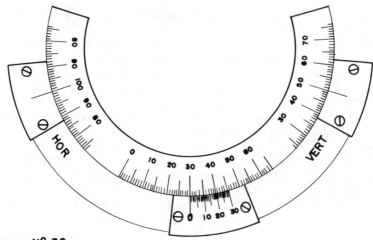

Figura Nº 30

ARCO BEAMAN.

en elevación como en depresión, en ambos extremos del arco. El vernier para medir ángulos verticales, marca 30° cuando el anteojo está nivelado, luego para obtener el ángulo vertical deben restarse 30° a la lectura y así los ángulos de depresión resultan negativos automáticamente. Esto ahorra tiempo y evita errores.

En la escala "HOR", situada a la izquierda, el índice marca el factor por el cual se ha de multiplicar la distancia inclinada para obtener la distancia horizontal; y en la escala "VERT", que está a la derecha, se lee el factor por el cual se multiplica la distancia inclinada para hallar el desnivel. La graduación 50 en la escala "VERT" coincide con el índice cuando el anteojo está nivelado, por tanto, el multiplicador correcto se tiene restando 50 a la lectura. De esta manera, para ángulos de depresión en los cuales se tienen lecturas menores de 50, al restarles esta cantidad el factor de reducción resulta con signo negativo, correspondiendo a un desnivel negativo hacia el punto visado.

Accesorios de la plancheta

Los accesorios que se emplean con una plancheta son: una horquilla con plomada para centrar el tablero, declinatoria, lupa, escalímetro, compás, escuadras, borradores, lápiz duro, de 6H a 8H, con punta fina y una aguja fina para marcar las estaciones de control.

Las hojas de la plancheta deben ser de papel resistente a la humedad y a los cambios de temperatura. Se emplean con frecuencia películas de poliéster, principalmente el llamado Mylar, porque este material tiene deformaciones mínimas y gran duración. Si el trabajo va a durar varios días, la hoja de la plancheta se protege con una cubierta de papel resistente, al que se van quitando pedazos para dejar descubierta la hoja de dibujo conforme adelanta el trabajo.

84

Usos de la plancheta

La plancheta se usa principalmente para obtener la configuración del terreno. Este trabajo se apoya en poligonales con tránsito y cinta, cuadrículas o triangulaciones que se levantan por separado.

Se emplea también la plancheta para levantar detalles y, ocasionalmente, poligonales.

Es muy útil para diversos levantamientos preliminares y complementarios, así como en los levantamientos de terrenos pequeños a escala grande.

Debe mencionarse asimismo la aplicación de la plancheta en reconocimientos y exploraciones militares.

Ventajas de la plancheta

Algunas de las ventajas del empleo de la plancheta con respecto al uso del tránsito y estadia, son las siguientes:

1. La configuración y los detalles se pueden representar con mayor precisión, porque el plano se dibuja a la vista del terreno.

2. Para configurar se localiza menor número de puntos porque el plano se dibuja al avanzar el levantamiento.

3. No se obtienen valores numéricos de los ángulos y así se evitan los errores y equivocaciones que provienen de su lectura y anotación.

4. No es necesario llevar registro de campo.

5. Se puede comprobar fácilmente la posición de los puntos ya levantados.

6. Resulta adecuada para levantar líneas irregulares como las márgenes de ríos y arroyos, orillas de acantilados, caminos, etc. en trabajos de relleno y detalles.

7. El trabajo de gabinete se reduce notablemente.

Inconvenientes de la plancheta

1. La plancheta y sus accesorios son pesados y estorbosos.

2. El topógrafo necesita más tiempo para adquirir la habilidad suficiente en el manejo de la plancheta.

3. El control se debe representar en la hoja de la plancheta con anticipación.

4. Requiere mayor tiempo de trabajo en el campo.

5. La plancheta no se puede utilizar en terrenos boscosos; su uso se limita a terrenos despejados.

6. Para emplear la plancheta es necesario que las condiciones del tiempo sean favorables, pues de lo contrario pueden interrumpir el trabajo.

7. Los levantamientos con plancheta no proporcionan datos directos para el cálculo de superficies y exigen mucha limpieza en su ejecución.

OPERACIONES QUE SE EJECUTAN CON LA PLANCHETA.

En cada estación la plancheta se instala de manera que el tablero quede a la altura de la cintura del operador, para que pueda dibujar con mayor comodidad, y las patas del tripié se hincan firmemente en el terreno.

Centrar la plancheta.

Centrar la plancheta es hacer coincidir el punto marcado en la hoja de la plancheta con la vertical que pasa por el punto correspondiente del terreno, que señala el vértice del polígono.

Para centrar la plancheta, primero se instala y orienta aproximadamente, y luego se mueve con todo y tripié hasta que el punto del dibujo quede prácticamente sobre el de la estación, conforme lo indica la plomada.- La plancheta se centra por medio de la plomada con falsa escuadra (Fig. N° 31). Por construcción, la parte AB, que se coloca sobre el tablero, es perpendicular a BC, por consiguiente, si el tablero está en posición horizontal, el hilo de la plomada CD será la prolongación de BC y, D será la proyección del punto B del dibujo.

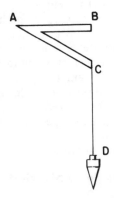

Figura Nº 31

También puede ejecutarse esta operación haciendo que el centro del tablero coincida con la vertical que pasa por el punto marcado en el terreno, ya que por una parte la escala empleada y por otra las tolerancias en estos trabajos absorben por completo el error que se comete.

Nivelar el tablero.

Nivelar el tablero es colocarlo en un plano horizontal. Para nivelarlo se utiliza un nivel de burbuja, independiente, o el que lleva la regla de la alidada, colocándolo en dos posiciones normales entre sí y centrando la burbuja en ambas ocasiones.

Orientar la plancheta

Orientar la plancheta es hacer que las líneas trazadas en la hoja de la plancheta sean paralelas o coincidan con sus correspondientes del terreno.

Si la plancheta ocupa una posición localizada en el plano, el tablero puede orientarse con la declinatoria o por medio de una visual a la estación anterior.

Orientación con la declinatoria

Se presentan dos casos: la declinatoria está fija al tablero o la declinatoria está fija a la alidada.

1. Declinatoria fija al tablero.- Para orientar el instrumento se ejecutan las operaciones siguientes:

a) Se afloja la palanca que sujeta la aguja.

b) Con el movimiento azimutal del tablero se hace coincidir la punta norte de la aguja con la referencia N que tiene la declinatoria, y

c) Se fija el movimiento azimutal del tablero.

2. Declinatoria fija a la alidada.- En este caso se procede como sigue:

a) Se traza en la hoja de la plancheta la línea N-S,

b) Se coloca la regla de la alidada en coincidencia con la línea N-S,

c) Se hace girar el tablero alrededor de su eje azimutal, hasta que la aguja señale el punto N, en el pequeño arco graduado que lleva la declinatoria, y

d) Se fija el movimiento del tablero.

La orientación con la declinatoria es suficientemente precisa para levantamientos a pequeña escala. El error que se cometa al determinar la dirección de una línea no da lugar a errores en las líneas dibujadas de las estaciones siguientes.

Orientación por medio de una visual a la estación anterior

El tablero se orienta alineándolo con una línea establecida, dibujada previamente, obteniéndose una precisión mayor que con la declinatoria, pero un error en dirección de una línea se trasmite a las siguientes. La orientación incluye las operaciones que a continuación se indican:

a) Se pone en coincidencia la regla de la alidada con la línea que une el punto del dibujo, que marca la proyección de la estación, y la de otro punto que se vise desde ésta.

b) Se hace girar el tablero sobre su eje azimutal, sin mover la alidada, hasta que el segundo punto marcado quede bisectado por los hilos de la retícula, y

c) Se fija el movimiento azimutal del tablero, quedando así orientada la plancheta.

Cuando la plancheta ocupa una posición que todavía no se ha localizado en el plano, se puede orientar resolviendo el problema de los dos puntos ó el problema de los tres vértices, que se describen más adelante.

CORRECCIONES A LA PLANCHETA.

Las correcciones que se hacen a la alidada óptica de la plancheta son semejantes a las indicadas para el tránsito y el nivel del tipo americano.

Las condiciones que debe reunir la plancheta para su buen funcionamiento son las siguientes:

1. *La arista de la regla debe ser recta.*

REVISION
Trácese una línea con un lápiz de punta fina, de 6H a 8H, apoyándose en la regla.

Inviértase la alidada, extremo por extremo, y la regla debe coincidir en toda su longitud con la línea trazada.

AJUSTE
Si no se logra la coincidencia señalada, se debe mandar a componer la regla.

2. *La directriz del nivel de la regla debe ser paralela a ésta cuando la burbuja está centrada.*

REVISION
Colóquese la alidada en el centro del tablero y, por medio de la articulación del cabezal del tripié, llévese la burbuja al centro.

Inviértase la alidada, extremo por extremo, cuidando de levantarla del tablero para colocarla en su nueva posición, y la burbuja debe quedar centrada.

AJUSTE:
Si no sucede así, corríjase la mitad de la desviación de la burbuja por medio de la articulación de rodilla y la otra mitad con los tornillos propios del nivel.

3. *El hilo vertical de la retícula debe estar en un plano perpendicular al eje de alturas del anteojo.*
REVISION:
Colóquese la alidada sobre una superficie horizontal y vísese un punto bien definido.

Hágase girar el anteojo alrededor del eje de alturas y el punto deberá quedar continuamente sobre el hilo vertical en toda su longitud.

AJUSTE:
Si no se cumple esta condición, aflójense los cuatro tornillos de la retícula y hágase girar ésta en el sentido conveniente, hasta conseguir que no haya desalojamiento del punto al girar el anteojo.

4. *La línea de colimación debe coincidir con el eje de figura del tubo del anteojo.*

REVISION:

Aflójese el tornillo que sujeta el anteojo a la abrazadera.

Vísese un punto situado a unos 100 metros, haciéndolo coincidir con la intersección de los hilos de la retícula.

Hágase girar el anteojo 180° alrededor de su eje de figura y el punto visado no debe desalojarse de la intersección de los hilos de la retícula.

AJUSTE:

En caso de haber desalojamiento, muévanse los tornillos opuestos de la retícula, simultáneamente, con dos punzones, primero los horizontales y después los verticales, hasta lograr la coincidencia del cruce de los hilos de la retícula con el punto visado.

5. *La directriz del nivel montante ó caballero debe ser paralela a la línea de colimación.*

REVISION:

Colóquese el nivel montante en posición sobre el anteojo y llévese la burbuja al centro por medio del tornillo tangencial del movimiento vertical.

Inviértase, extremo por extremo, la posición del nivel y la burbuja debe quedar en el centro.

AJUSTE:

Si se desaloja la burbuja, corríjase la mitad de la desviación por medio del tornillo tangencial del movimiento vertical y la otra mitad con los tornillos propios del nivel.

6. *La directriz del nivel de control del círculo vertical debe ser paralela a la línea de colimación, cuando el vernier marque 0°.*

REVISION:

Colóquese el anteojo en posición horizontal por medio del nivel montante y hágase que en esa posición el vernier del círculo vertical marque 0°.

Céntrese la burbuja del nivel de control del círculo vertical.

AJUSTE:

Si en estas condiciones el vernier no marca 0°, corríjase la posición de la placa del vernier con el tornillo que mueve el nivel de control.

METODOS DE LEVANTAMIENTO CON PLANCHETA.

Los métodos que se pueden emplear en los levantamientos con plancheta son los siguientes:
1. Poligonales
2. Radiaciones
3. Intersecciones directas
4. Intersecciones inversas ó resecciones
   Problema de los dos puntos
   Problema de los tres vértices
5. Triangulación gráfica.

LEVANTAMIENTO DE POLIGONALES.

En el levantamiento de poligonales se aplican los mismos principios que cuando se utiliza el tránsito. Así, para levantar la poligonal ABCDEA (Fig. Nº 32), se procede de la manera siguiente:

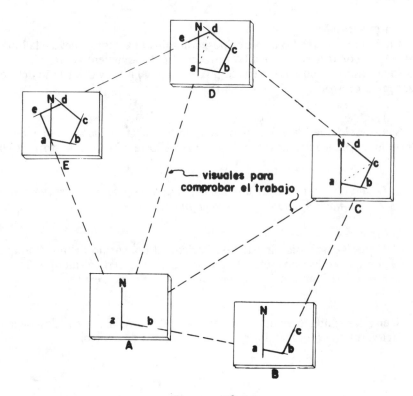

Figura Nº 32

a) Se instala la plancheta en el vértice inicial A, se nivela, y con la declinatoria, se orienta, y se fija el movimiento azimutal del tablero.

b) Luego, se marca en la hoja de la plancheta el punto a, que representa la estación A, y se traza por el punto a la línea norte sur magnética.

c) En seguida, con el borde de la regla en a, se dirige una visual a B y se traza la línea ab. La distancia AB se determina por estadia y su longitud se marca a la escala adoptada para situar el punto b.

La plancheta se traslada al vértice B y ahí se ejecutan las operaciones siguientes.

a) Se centra la plancheta y se nivela el tablero.

b) Se orienta, colocando la regla en coincidencia con la línea ba y haciendo girar el tablero alrededor de su eje azimutal, sin mover la alidada, hasta que la señal colocada en A quede bisectada por los hilos de la retícula y se fija el tablero.

c) A continuación se dirige una visual a C, con la regla en coincidencia con b, se determina la distancia BC y se marca en la hoja de la plancheta la longitud bc, a la escala del plano.

En los demás vértices de la poligonal se opera en forma semejante y, para comprobar el trabajo, se deben dirigir visuales a las estaciones anteriores, como se muestra en la Fig. N° 32.

Los detalles se pueden localizar al mismo tiempo que se levanta la poligonal o posteriormente.

El error de cierre aparece en la hoja de la plancheta cuando se dibuja nuevamente el vértice de partida, al terminar el levantamiento. Es posible mantener el error de cierre dentro de $\frac{1}{500}$ del perímetro de la poligonal, ejecutando el trabajo con un cuidado razonable.

LEVANTAMIENTO DE DETALLES.
MÉTODO DE RADIACIONES.

Este método consiste en dirigir visuales a los vértices del polígono desde uno situado entre ellos y, en medir las distancias a los mismos (Fig. N° 33). Se puede emplear para el levantamiento de terrenos descubiertos y de pequeñas dimensiones, eligiendo un punto O en el interior, desde el cual pueden verse los vértices del lindero. En la hoja de la plancheta se marca el punto o, que representa la estación O, y pivoteando la regla de la alidada en o, se fijan por radiaciones los puntos A, B, C, D y E.- Las distancias se determinan por estadia y las longitudes correspondientes se marcan a la escala del plano, para situar los puntos a, b, c, d y e.

La mayor parte de los detalles se levantan por este método.

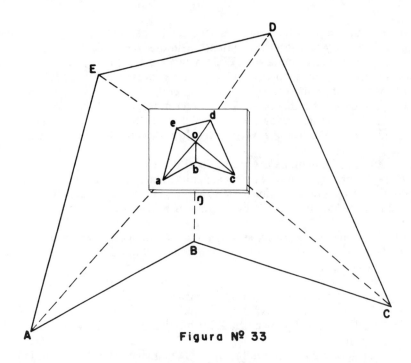

Figura Nº 33

METODO DE INTERSECCIONES DIRECTAS.

Este método es útil para localizar detalles inaccesibles o algo distantes de los vértices de la poligonal (Fig. Nº 34). Se dirigen visuales hacia el punto que se quiere situar por lo menos desde dos estaciones de la plancheta y así, la intersección de las líneas correspondientes da la posición del punto.

Para localizar el punto P desde los vértices A y B de una poligonal, se ejecutan las operaciones siguientes:

a) En A se orienta el tablero según ab, y se dirige una visual a P, trazando desde a en esa dirección una línea indefinida.

b) En seguida se traslada la plancheta al vértice B, se orienta según ba, se observa el punto P y se traza la línea indefinida bp. La intersección de las dos líneas trazadas será el punto P del terreno, representado por p en la hoja de la plancheta.

La posición del punto p puede comprobarse, fijándolo por más de dos intersecciones, es decir, observándolo desde otro vértice de la poligonal.

Las distancias de la estación a los puntos localizados por intersecciones no se miden, pero pueden tomarse a escala en la hoja de la plancheta.

Para alcanzar mayor exactitud al determinar la posición de puntos por este método, se debe procurar que los ángulos que forman las visuales no sean pequeños, porque la situación de los puntos puede resultar indefinida.

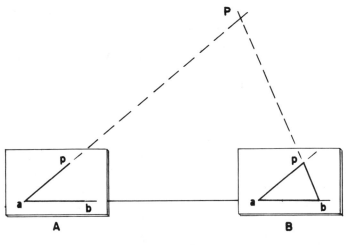

METODO DE INTERSECCIONES INVERSAS O RESECCIONES.

El proceso de determinar el lugar que ocupa en un plano la estación donde se encuentra instalada la plancheta se llama resección y se ejecuta dirigiendo visuales a puntos de posición conocida que ya han sido dibujados en la hoja de la plancheta.

Se consideran los casos siguientes:

1. *Se conoce la posición de dos puntos y se quiere fijar la posición de un tercero, haciendo estación en éste y en uno de los puntos conocidos.* Este caso puede presentarse cuando se dificulte hacer estación en uno de los puntos conocidos.

Sean A y B los puntos del terreno, representados en la hoja de la plancheta por a y b, respectivamente (Fig. Nº 35) y Q el punto cuya posición se trata de determinar sin que se pueda hacer estación en B, por impedirlo algún accidente del terreno.

La localización del punto Q se realiza de la manera siguiente:

a) Se instala la plancheta en A, se coloca en coincidencia la regla de la alidada con la línea ab y, por medio del movimiento azimutal del tablero, se dirige una visual a B, después de lo cual se fija el tablero.

b) En seguida, se hace coincidir la regla con el punto a y se observa Q, trazando la línea indefinida aq'.

c) Se traslada la plancheta a Q, se coloca en coincidencia la regla con la línea trazada q'a y, con el movimiento azimutal del tablero, se dirige una visual a la señal puesta en A y se fija el tablero, quedando orientada la plancheta, es decir, la línea ab será paralela a la **AB** del terreno.

d) A continuación, se hace coincidir la regla con el punto b, y dirigiendo la visual a B, se traza una línea indefinida, la cual encontrará a la aq' en el punto buscado q.

En este caso se ha despreciado el error de centración que se comete por no estar q sobre la vertical de Q, pero si se desea mayor precisión, se repite la operación centrando el punto q encontrado en el Q del terreno.

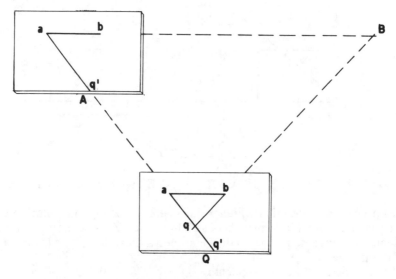

Figura Nº 35

2. *Problema de los dos puntos.* Este problema consiste en situar un punto D con relación a otros dos fijos A y B, sin hacer estación en éstos (Fig. Nº 36) y se resuelve de la manera siguiente.

a) Se elige un punto auxiliar C'y ahí se centra y se nivela la plancheta, orientando aproximadamente la línea ab, con objeto de que sea sensiblemente paralela a AB, lo cual puede hacerse por medio de la brújula cuando se conozca el rumbo de AB.

b) Se fija c', posición aproximada de c, por intersecciones inversas de A y B.

c) Con la regla de la alidada en coincidencia con c' se visa D y se traza la línea indefinida c'd'.

d) Se traslada la plancheta al punto D y se orienta visando C', con la regla en coincidencia con la línea d'c'.

e) Se visa B, haciendo coincidir la regla con el punto b y la línea trazada bd', encontrará a la línea c'd' en el punto d' que señalará la posición aproximada de D.

94

f) Con la regla en coincidencia con d', se visa A y se traza la línea indefinida d'a', la cual encontrará a ac' en el punto a'. La línea a'b será paralela a la línea AB del terreno, pues comparando los triángulos semejantes a'c'd' y AC'd', se establece la proporción:

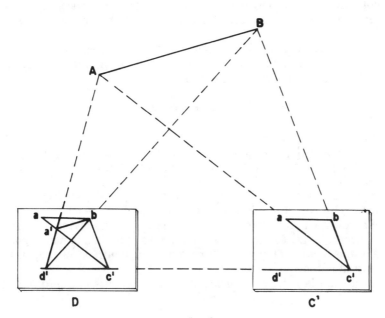

Figura N° 36

$$\frac{d'a'}{d'A} = \frac{d'c'}{d'C'} \dots (1)$$

y de la comparación de los triángulos semejantes bc'd' y BC'd', resulta:

$$\frac{d'b}{d'B} = \frac{d'c'}{d'C'} \dots (2)$$

y de las proporciones (1) y (2), se obtiene:

$$\frac{d'a'}{d'A} = \frac{d'b}{d'B} \therefore a'b \,/\!/\, AB$$

g) Se pone la regla de la alidada en coincidencia con la línea a'b y se visa un punto lejano.

h) Luego, se hace coincidir la regla con la línea ab y, por medio del movimiento azimutal del tablero, se dirige la visual al mismo punto lejano y se fija el tablero, quedando orientada la plancheta.

i) Por último, por intersecciones inversas de A y B, se determina la posición d del punto ocupado D.

3. *Problema de los tres vértices.* Si desde la estación ocupada son visibles tres puntos de posición conocida, el problema de los tres vértices ofrece un procedimiento conveniente para orientar la plancheta y hacer resecciones al mismo tiempo.

Existen varias soluciones del problema de los tres vértices: trigonométricas, gráficas y mecánicas. Aquí se describen una solución gráfica, por el método de Bessel, y una mecánica, con papel de calca.

Método de Bessel

Para fijar la posición del punto D, con relación a los vértices A, B y C, de posición conocida (Fig. N° 37), se realizan las operaciones siguientes:

a) En la hoja de la plancheta se sitúan los puntos a, b y c, que representan a los tres vértices A, B y C, conocidos.

b) Se pone la regla de la alidada en coincidencia con ac, se dirige una visual al punto C y se fija el movimiento del tablero.

c) Se hace girar la regla alrededor de a y se dirige una visual a B, trazando la línea indefinida ae. El ángulo construído será aproximadamente igual a Q, pues la distancia ad es muy pequeña para que tenga influencia el error por no estar centrado a en D.

d) Luego, con la regla en coincidencia con ac, se visa el punto A y se fija el tablero.

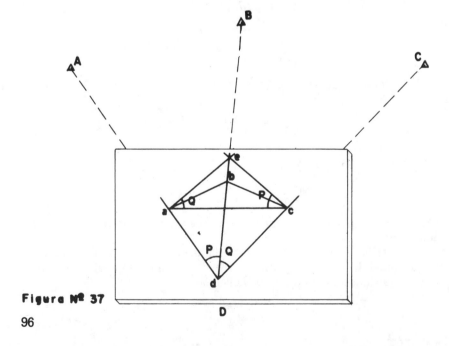

Figura Nº 37

96

e) Se hace coincidir la regla con el punto c, se visa B y se traza la línea ce.

f) Una vez determinado el punto e, se traza la línea eb, se pone en coincidencia la regla con la línea eb y, por medio del movimiento azimutal del tablero,
se dirige una visual a B, quedando orientada la plancheta en esta posición.

g) Finalmente, el punto D se fija por intersecciones inversas.

Método del papel de calca

La solución del problema de los tres vértices por este método es muy sencilla
y se opera como sigue: (Fig. N° 38).

a) Se sujeta un papel de calca sobre el plano.

b) Se elige en el papel de calca un punto conveniente d' para representar la
estación desconocida D, sobre la que se instala la plancheta.

c) Se trazan líneas d'a', d'b', d'c', del punto que representa la estación hacia
los tres puntos conocidos A, B y C.

d) Se afloja el papel de calca y se acomoda hasta que las tres líneas trazadas
pasen por los puntos correspondientes a, b y c dibujados en la hoja de la plancheta. La intersección d de las líneas marca la situación correspondiente de la
estación D de la plancheta, que se pasa al plano con una aguja fina.

e) Se orienta el tablero, poniendo en coincidencia la regla de la alidada con
el punto d y dirigiendo una visual a cualquiera de los puntos conocidos, preferentemente el más distante.

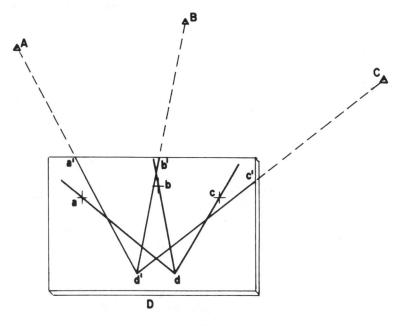

Figura N° 38

TRIANGULACION GRAFICA.

Cuando se desea levantar una extensión relativamente grande, pueden formarse triángulos, evitando los ángulos muy agudos, y unirlos entre sí con objeto de formar una red de triangulación. Se mide uno de sus lados con cinta de acero, para tener una base de 500 metros aproximadamente, para lo cual se elige un terreno despejado y sensiblemente horizontal. De los extremos de esta base se dirigen visuales a los vértices desde ellos visibles, los cuales al cambiar de estación, se van fijando por intersecciones. Este método es ventajoso cuando el terreno permite hacer visuales sin obstrucciones, cuando tiene mucho relieve y puntos bien definidos como árboles solitarios, pararrayos, chimeneas, torres de iglesias, etc.

Se marcan con señales las posiciones de las estaciones A y B de plancheta que son conocidas y antes de empezar el trabajo se marcan en la hoja de la plancheta las posiciones a y b de estas estaciones. (Fig. N° 39).

El procedimiento es el siguiente:

a) Se instala en A la plancheta y se orienta visando la señal colocada en el punto B; y luego se dirigen visuales a las otras estaciones, trazando las líneas correspondientes.

b) Se traslada la plancheta a la estación B, se centra, se nivela y se orienta visando a A, y se visan otra vez las estaciones cuya situación se desconoce, determinándose por intersecciones su posición en la hoja de la plancheta.

c) Se comprueba la posición de cada estación, dirigiéndoles visuales con la plancheta instalada en una tercera estación C, de posición conocida.

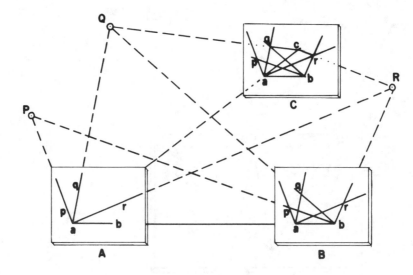

Figura Nº 39

CAPITULO III

ORIENTACION ASTRONOMICA

Generalidades.

La astronomía (del gr. aster-astro y nomos-ley) es la ciencia que estudia los cuerpos celestes, su constitución y las leyes que rigen sus movimientos.

A causa del movimiento de rotación de la Tierra alrededor de su eje, se puede ver que las estrellas parecen girar de oriente a poniente, como si estuviesen en una esfera animada de un movimiento de rotación alrededor de un eje. Esta esfera ideal, móvil, de radio infinito, en cuya superficie parecen estar fijos el Sol y las estrellas, se denomina esfera celeste y su centro coincide con el de la Tierra supuesta fija.

El movimiento aparente de la esfera celeste es contínuo y la rotación se realiza en un día, razón por la cual se le llama movimiento diurno. Los problemas que se presentan en astronomía práctica se pueden resolver suponiendo que el movimiento de la esfera celeste es real.

A continuación se definen los principales elementos que hay que considerar en la esfera celeste: (Figs. Nos 40 y 41)

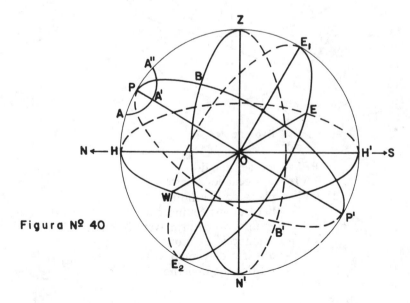

Figura Nº 40

O — La Tierra
Z — zenit
N' — nadir
EHWH' — plano del horizonte
ZPN'P' — meridiano celeste
E₁WE₂E — ecuador celeste
PBP'B' — círculo horario
AA'A'' — círculo de declinación
PP' — eje del mundo
HH' — meridiana
N — punto cardinal Norte
S — punto cardinal Sur
E — punto cardinal Este
W — punto cardinal Oeste
ZBN'B' — plano vertical
P y P' — polos celestes

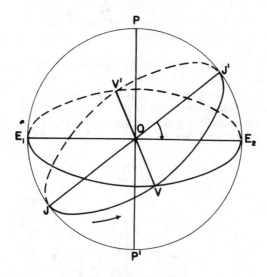

Figura N° 41

PP' — eje del mundo
E₁VE₂ V' —ecuador celeste
JVJ'V' — plano de la eclíptica
VV' — línea de los equinoccios
V — equinoccio de primavera ó punto vernal
V' — equinoccio de otoño
J' — solsticio de verano
J — solsticio de invierno

ZENIT es la intersección de la vertical del observador prolongada hasta la bóveda celeste.

NADIR es el punto diametralmente opuesto al zenit.

EJE DEL MUNDO es la línea imaginaria que une los polos celestes y alrededor de la cual parece girar la esfera celeste.

PLANO DEL HORIZONTE es el plano perpendicular a la vertical y que divide a la esfera celeste en dos partes iguales.

MERIDIANO CELESTE del observador es el círculo máximo que pasa por los polos celestes y por el zenit del observador.

ECUADOR CELESTE es el círculo máximo perpendicular al eje del mundo.

CIRCULO HORARIO es el círculo que divide a la esfera celeste en dos partes iguales y contiene al eje del mundo.

ANGULO HORARIO de un astro es el ángulo diedro que forma el círculo horario del mismo con el meridiano del lugar.- Se mide hacia el Oeste de 0 a 24 horas ó de 0° a 360°.- Su arista es el eje polar.

CIRCULO DE DECLINACION es todo círculo menor, paralelo al ecuador, que representa la órbita circular aparente que describe un astro que se encuentra sobre él.

MERIDIANA es la línea en que se cortan los planos del meridiano y del horizonte.

PLANO DE LA ECLIPTICA es el que contiene la órbita de la Tierra en su movimiento anual alrededor del Sol.

LINEA DE LOS EQUINOCCIOS es la intersección del plano de la eclíptica con el ecuador. Sus extremos son el punto vernal (punto ♈ o equinoccio de primavera) y el opuesto es el equinoccio de otoño.

PUNTO VERNAL O PUNTO ♈ es el punto en que el centro del Sol toca al ecuador al pasar del hemisferio Sur al hemisferio Norte. Es un punto fijo en la esfera celeste y se mueve con dicha esfera en la misma forma que las estrellas.

POLOS CELESTES son los extremos del eje de rotación del mundo y reciben el nombre de polos Norte y Sur.

PRIMER VERTICAL es el plano vertical normal al meridiano.

PUNTOS SOLSTICIALES O SOLSTICIOS son los puntos en que el centro del Sol se halla en uno de los dos trópicos.

COORDENADAS CELESTES.

Sistemas de coordenadas.

Los sistemas de coordenadas empleados para fijar la posición de un astro en la esfera celeste, tienen las características siguientes:

1ª Un punto origen que es el centro de la Tierra.

2ª Un plano fundamental,

3ª Un radio vector y

4ª Una de las coordenadas se mide a partir de una dirección fija del plano fundamental hacia 360°, y la otra, a uno y otro lado del plano fundamental, de 0° a 90°.

Consideraremos dos sistemas de coordenadas: el horizontal y el ecuatorial.

Sistema horizontal.

El plano fundamental de este sistema es el plano del horizonte y el radio vector es la meridiana.

Puede localizarse un astro en la esfera celeste, refiriendo su posición al plano del horizonte y al meridiano del observador, por medio de dos coordenadas denominadas coordenadas horizontales: azimut y altura (Fig. N° 42).

AZIMUT del astro es el ángulo diedro que forma el plano vertical del astro con el meridiano. Se designa por Az y se mide convencionalmente desde el Norte, en el sentido retrógrado, o sea el del movimiento de las manecillas de un reloj. Su valor varía entre 0° y 360°.

ALTURA es el ángulo que forma la visual al astro con el plano del horizonte. Se designa por a y se mide a partir del plano del horizonte hacia el zenit, de 0° a 90°.

El ángulo complementario de la altura se llama DISTANCIA ZENITAL y se representa por z, de manera que se tiene:

$$a + z = 90°$$

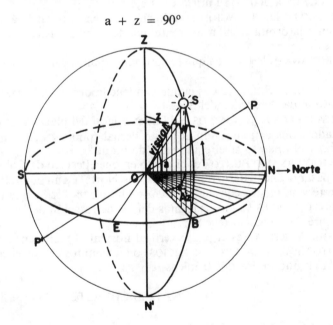

Figura N° 42

PP' — eje del mundo
NS — meridiana
Las coordenadas horizontales del astro S son:

$$\begin{cases} \text{AZIMUT: Az} = \sphericalangle\text{NOB} \\ \text{ALTURA: a} = \sphericalangle\text{SOB} \end{cases}$$

102

Se debe tener presente que a todas las mediciones de alturas hay que hacerles la corrección por refracción, restándola a las alturas medidas.

El azimut y la altura de un astro se miden por medio del tránsito, pero debido al movimiento de la esfera celeste para un lugar determinado las coordenadas horizontales varían con la hora de observación, por tanto, se tiene que recurrir a otro elemento que es el tiempo. Entonces, se fija la posición de un astro diciendo que tiene un azimut "Az" y una altura "a", a las "t" horas.

Sistema Ecuatorial

En este sistema el plano fundamental es el plano del ecuador, el radio vector es la línea de los equinoccios y el origen de coordenadas es el punto vernal o punto Υ.

Para localizar un punto en la esfera celeste hay dos coordenadas llamadas ecuatoriales porque se refieren al plano del ecuador. Son la ascensión recta y la declinación, análogas a las coordenadas terrestres longitud y latitud. (Fig. N° 43)

Ascension Recta es el ángulo diedro que forma el semicírculo horario PSCP' del astro S con el semicírculo horario del punto vernal. La ascensión recta se representa por α, tiene como origen el punto Υ y se cuenta de 0° a 360°, o de 0 horas a 24 horas, hacia el Oriente.

Declinacion del astro es el ángulo que forma la visual al astro con el plano del ecuador.- La declinación, medida por el arco CS, se designa por δ y se cuenta en el círculo horario del astro, del ecuador hacia el polo, de 0° a 90°.

El ángulo POS, complementario de la declinación se denomina DISTANCIA POLAR ó CODECLINACION y se representa por p, luego:

$$\delta + p = 90°$$

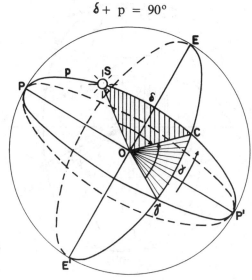

Figura N° 43

PP' $=$ eje del mundo, $\gamma =$ punto vernal

Las coordenadas ecuatoriales del astro S, son:

$$
\left\{
\begin{array}{l}
\text{Ascensión recta:} \alpha = \measuredangle \gamma OC \\
\text{Declinación:} \quad \delta = \measuredangle SOC
\end{array}
\right.
$$

COORDENADAS TERRESTRES O GEOGRAFICAS.

La posición de un punto de la superficie de la Tierra se puede fijar por medio de dos coordenadas llamadas terrestres o geográficas: latitud y longitud (Fig. N° 44).

LATITUD de un lugar es el ángulo que forma la vertical con el plano del ecuador. Se mide, sobre el meridiano del lugar, de 0° a 90° del ecuador hacia los polos y puede ser positiva o negativa, según que el lugar esté en el hemisferio Norte o en el Hemisferio Sur.

LONGITUD de un lugar es el ángulo medido sobre el plano del ecuador a partir del meridiano de origen hasta el meridiano del lugar. Se cuenta de 0° a 180° y puede ser oriental u occidental, según que el lugar se encuentre al Este o al Oeste del meridiano de origen.

Suele tomarse como meridiano de origen o primer meridiano el que pasa por el Observatorio de Greenwich, según convenio internacional celebrado en Washington en 1884.

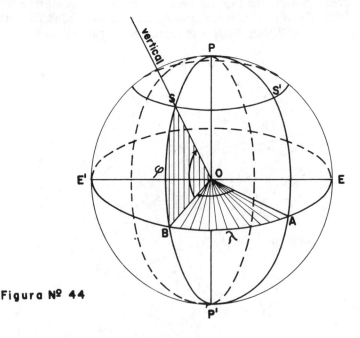

Figura Nº 44

104

PP' — eje de rotación de la Tierra
S — punto de la superficie terrestre
EABE' — ecuador terrestre
PAP' — meridiano de origen
PSBP' — meridiano que pasa por el punto S

Las coordenadas terrestres o geográficas del punto S, son:

$$\begin{cases} \text{Latitud:} & \varphi = \measuredangle \text{ BOS} \\ \text{Longitud:} & \lambda = \measuredangle \text{ AOB} \end{cases}$$

El ángulo POS, complementario de la latitud se llama COLATITUD y es constante para cada lugar de la Tierra.

La latitud de un lugar es igual a la altura del polo sobre el horizonte del lugar. (Fig. N° 45).

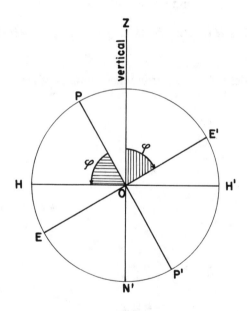

Figura N° 45

105

PP' — eje de rotación de la Tierra
HH' — plano del horizonte
EE' — ecuador terrestre
ZN'— vertical del lugar

Latitud: φ = ⦜ ZOE'
pero: ⦜ZOE' = ⦜ POH
luego:
Latitud: φ = ⦜ POH

TRIANGULO ASTRONOMICO.

La colatitud (90° — φ), la distancia zenital y la codeclinación (90° — δ), definen un triángulo esférico cuyos vértices son el polo P, el zenit Z y el astro S (Fig. N° 46). Este triángulo se llama triángulo PZS ó triángulo astronómico.

Los planos meridiano del lugar, vertical del lugar y círculo horario forman en cada vértice los ángulos PZS = Az = azimut, ZPS = H = ángulo horario del astro y ZSP = Q = ángulo paraláctico.

Aplicación de las fórmulas de la trigonometría esférica al triángulo astronómico.

La resolución del triángulo astronómico suministra las fórmulas que permiten calcular el ángulo horario, la latitud y el azimut.

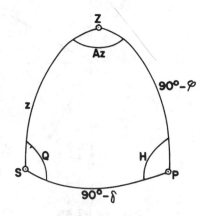

Figura Nº 46

a) Cálculo del ángulo horario.

Si en la fórmula:

$$\cos a = \cos b \cos c + \operatorname{sen} b \operatorname{sen} c \cos A$$

se substituyen los lados a, b, c y el ángulo A, por los encontrados para el triángulo astronómico, se tiene:

$$\cos z = \cos (90° - \varphi) \cos (90° - \delta) + \operatorname{sen} (90° - \varphi) \operatorname{sen} (90° - \delta) \cos ZPS$$

Ahora bien:

$$\cos (90° - \varphi) = \operatorname{sen} \varphi$$
$$\cos (90° - \delta) = \operatorname{sen} \delta$$
$$\operatorname{sen} (90° - \varphi) = \cos \varphi$$
$$\operatorname{sen} (90° - \delta) = \cos \delta$$
$$\cos ZPS = \cos H$$

por tanto, la ecuación anterior queda como sigue:

$$\cos z = \operatorname{sen} \varphi \operatorname{sen} \delta + \cos \varphi \cos \delta \cos H$$

$$\therefore \quad \cos H = \frac{\cos z - \operatorname{sen} \varphi \operatorname{sen} \delta}{\cos \varphi \cos \delta} \quad ......(1)$$

También se puede calcular el ángulo horario por medio de la fórmula:

$$\operatorname{sen}^2 \frac{H}{2} = \frac{\operatorname{sen} a \operatorname{sen} c}{\cos \varphi \cos \delta} \quad .....(2)$$

En las fórmulas (1) y (2):

H = ángulo horario del Sol
z = distancia zenital, corregida por refracción
φ = latitud del lugar de observación
δ = declinación del Sol a la hora de la observación
a = ½ (z + φ − δ)
c = ½ (z − φ + δ)

b) Cálculo de la latitud.

En la Fig. Nº 46, los lados y los ángulos del triángulo astronómico son:

$$a = z \qquad\qquad A = H$$
$$b = 90° - \varphi \qquad B = Q$$
$$c = 90° - \delta \qquad C = Az$$

valores que substituidos en la fórmula:

$$\cos b = \cos a \cos c + \sin a \sin c \cos B$$

dan la siguiente ecuación:

$$\sin \varphi = \cos z \sin \delta + \sin z \cos \delta \cos Q \ \dots(3)$$

pero:

$$z = 90° - A$$

siendo:

A = promedio de alturas observadas del astro, corregidas por refracción, por tanto, la fórmula (3) se puede expresar de la manera siguiente:

$$\sin \varphi = \cos (90° - A) \sin \delta + \sin (90° - A) \cos \delta \cos Q$$

$$\therefore \quad \sin \varphi = \sin \delta \sin A + \cos \delta \cos A \cos Q \ \dots(4)$$

En las fórmulas (3) y (4):

φ = latitud del lugar
z = promedio de distancias zenitales, corregidas por refracción
δ = declinación del Sol a la hora de la observación
A = promedio de las alturas observadas del Sol, corregidas por refracción
Q = ángulo paraláctico. Este ángulo se calcula por medio de la fórmula:

$$\cot Q = \frac{B \cos A}{A_2 - A_1}$$

siendo:

B = diferencia de lecturas del círculo horizontal
A_1 y A_2 = alturas observadas del Sol, corregidas por refracción.

c) Cálculo del Azimut.

En la fórmula del triángulo esférico:

cos c = cos a cos b + sen a sen b cos C

se substituyen los valores:

a = z = distancia zenital
b = 90° — φ = colatitud
c = 90° — δ = codeclinación
C = Az = azimut

y se obtiene la ecuación:

$$\text{sen } \delta = \cos z \text{ sen } \varphi + \text{sen } z \cos \varphi \cos Az$$

$$\therefore \quad \cos Az = \frac{\text{sen } \delta — \cos z \text{ sen } \varphi}{\text{sen } z \cos \varphi} \quad ...... (5)$$

También se puede determinar el azimut usando la fórmula:

$$\text{sen } \frac{Az}{2} = \sqrt{\frac{\text{sen } \frac{1}{2} (z + \varphi — \delta) \cos \frac{1}{2} (z + \varphi + \delta)}{\text{sen } z \cos \varphi}} \quad ......(6)$$

Esta fórmula se simplifica haciendo:

$$\frac{1}{2} (z + \varphi — \delta) = m$$
$$\frac{1}{2} (z + \varphi + \delta) = n$$

y queda como sigue:

$$\text{sen } \frac{Az}{2} = \sqrt{\frac{\text{sen } m \cos n}{\text{sen } z \cos \varphi}} \quad .....(7)$$

En las fórmulas (5), (6) y (7):

Az = azimut del Sol
δ = declinación del Sol a la hora de la observación.
z = distancia zenital corregida por refracción
φ = latitud del lugar de observación.

MEDIDA DEL TIEMPO.

Una de las grandes aplicaciones de la Astronomía es la medida del tiempo. Las dos principales unidades escogidas, basadas en fenómenos astronómicos, son el **DIA** y el **AÑO**, debidos respectivamente, a la rotación de la Tierra y a su traslación alrededor del Sol.

TIEMPO SIDERAL es el tiempo medido por las estrellas

DIA SIDERAL es el tiempo que transcurre entre dos pasos superiores consecutivos del punto vernal por el meridiano de un lugar.

AÑO SIDERAL es el tiempo que tarda el Sol en recorrer toda la eclíptica.

TIEMPO SOLAR VERDADERO es el tiempo medido por el Sol.

DIA SOLAR VERDADERO es el tiempo que transcurre entre dos pasos consecutivos del Sol por el meridiano de un lugar.

AÑO TROPICO es el intervalo de tiempo entre dos pasos consecutivos del Sol por el punto vernal.

TIEMPO SOLAR MEDIO O TIEMPO CIVIL es el tiempo medido por un Sol ficticio que se supone con movimiento a velocidad uniforme

DIA SOLAR MEDIO es el tiempo que transcurre entre dos pasos superiores consecutivos del Sol medio por el meridiano del lugar. Su duración es la media aritmética de los días solares verdaderos del año entero.

DIA CIVIL es el intervalo de tiempo entre dos pasos inferiores consecutivos del Sol medio por el meridiano del lugar. Tiene una duración de 24 horas iguales en todas las épocas del año y propias para medirse con una maquinaria de reloj que funcione con movimiento uniforme. Es costumbre que en la primera mitad de un día se cuenten las horas de 0 a 12 y por la tarde se vuelvan a contar en la misma forma, con la necesidad de añadir las iniciales a.m. o p.m. (antes meridiano o pasado meridiano) para distinguir a que parte del día se hace referencia.

AÑO CIVIL es el período comunmente empleado en la vida práctica y consta de un número entero de días: 365 los años comunes y 366 los bisiestos.

TIEMPO CIVIL LOCAL es el que corresponde al meridiano del observador.

TIEMPO DE ECONOMIA DE LUZ DIURNA O AHORRO DE LUZ SOLAR. El ahorro de luz solar para un lugar es el tiempo de la faja que se encuentra al Este de dicho lugar. Por ejemplo, si en las partes donde rige el tiempo del meridiano 90°, se ponen los relojes de manera que estén de acuerdo con el tiempo del meridiano 75°, a esto se le llamaría ahorro de luz para el tiempo del Este.

HORA LEGAL. Para facilitar la medida del tiempo en los diversos lugares de la Tierra, se ha dividido ésta en husos horarios, cada uno de los cuales abarca una faja de 15° ó 1 hora de longitud. En cada huso horario los relojes marcan la misma hora, llamada hora legal, que es la hora civil local para el meridiano cercano que queda en el centro de la faja. En cualquier huso horario la hora está retrasada un número entero de horas con respecto a la de Greenwich.

En la República Mexicana se emplean tres horas: la del meridiano 120° WG, en el Estado de Baja California Norte; la hora del meridiano 105° WG, en los Estados de Baja California Sur, Sonora, Sinaloa y Nayarit; y en el resto del país rige la hora del meridiano 90° WG que se denomina "hora del centro".

Relación entre tiempo sideral y tiempo solar verdadero.

Sea T la Tierra animada de movimiento de rotación alrededor de su eje y de traslación alrededor del Sol, en la dirección indicada por las flechas (Fig. N° 47). Si el Sol S se encuentra en el meridiano de un lugar L al mismo tiempo que una estrella E en una fecha cualquiera, 24 horas siderales después, cuando la Tierra haya girado 360° sobre si misma, la estrella E estará nuevamente en el meridiano T'L' y el Sol parecerá haberse desplazado, debido a su movimiento directo. El tiempo que tarda la Tierra en girar el pequeño ángulo $\propto$, representa el exceso del día solar verdadero sobre el día sideral. Si se designa por t el tiempo que tarda la Tierra en girar el ángulo L'T'L'', o tiempo que emplea en recorrer el arco TT', se puede escribir la siguiente igualdad.

$$\text{Día solar verdadero} = \text{día sideral} + t$$

El día solar verdadero es mayor que el día sideral.
El valor de t es variable porque la velocidad angular de la Tierra en su órbita es variable, por tanto, la duración del día solar verdadero es variable.

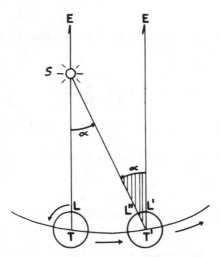

Figura N° 47

111

Relación entre tiempo sideral y tiempo solar medio.

Las causas de desigualdad en la duración de los días solares verdaderos se eliminan con la hipótesis de un Sol ficticio llamado "Sol medio", que recorre el ecuador con velocidad uniforme, en el mismo tiempo que el Sol verdadero recorre la eclíptica.

La duración del día sideral, uniforme en todas las épocas del año, es de 23 horas, 56 minutos, 6 segundos. La diferencia entre el día solar medio y el día sideral es de 3 minutos, 56 segundos, de manera que la relación entre el día sideral y el día solar medio se puede expresar por la igualdad siguiente:

DIA SOLAR MEDIO = DIA SIDERAL + 3 min. 56 seg.

Para recordar fácilmente que la hora sideral es más corta que la hora solar media, en la práctica se aplica la siguiente relación:

6 HORAS SOLARES MEDIAS = 6 HORAS 1 MINUTO SIDERALES

La diferencia más exacta por cada 6 horas solares medias es de 58.98 segundos de tiempo solar medio.

PROBLEMAS:

1.- Si la Tierra recorre 360° en 365.242197 días solares medios ¿cuál será la distancia recorrida en un día solar medio? (Fig. N° 47)

Solucion:

Si se designa por α la distancia que recorre la Tierra en un día solar medio, se puede establecer la proporción:

$$\frac{\alpha}{1} = \frac{360°}{365.242197}$$

$\therefore \quad \alpha = 0°.98564735 = 59'08''.33$

2.- Calcular el tiempo en que la Tierra recorre la distancia angular α.

Solucion:

El giro de la Tierra en un día solar medio es de $360° + \alpha$ (Fig. N° 47), es decir, $360°59'08''.33$, y en una hora solar media recorre:

$$\frac{360°59'08''.33}{24} = 15°02'27''.85$$

112

por tanto, se tiene:

$$\frac{t}{59'08''.33} = \frac{1}{15°02'27''.85}$$

$$\therefore \quad t = \frac{59'08''.33}{15°02'27''.85} = 0°.0655304$$

$$\therefore \quad t = 3 \text{ min. } 56 \text{ seg.}$$

Relación entre tiempo solar verdadero y tiempo solar medio.

La diferencia entre el tiempo solar medio y el tiempo solar verdadero se debe a varias causas de las cuales las principales son: la desigualdad del movimiento angular de la Tierra sobre su órbita y al hecho de que el Sol verdadero se mueve en el plano de la eclíptica y el Sol medio en el plano del ecuador, y arcos iguales en la eclíptica no corresponden a arcos iguales en el ecuador. El efecto combinado de las dos causas expuestas da lugar a la ecuación del tiempo.

Ecuación del tiempo.

Ecuación del tiempo es el intervalo de tiempo que separa el paso del Sol verdadero por el meridiano del paso del Sol medio o sea lo que debe agregarse algebraicamente a la hora solar verdadera para tener la hora de tiempo solar medio.

Si se representa por M el tiempo solar medio, por V el tiempo solar verdadero y por E la ecuación del tiempo, se tiene:

$$E = M - V$$

"La ecuación del tiempo es la diferencia entre el tiempo solar medio y el tiempo solar verdadero".

El valor máximo de la ecuación del tiempo es de 16 minutos aproximadamente.

La ecuación del tiempo es positiva si el Sol medio pasa por el meridiano antes que el Sol verdadero, y negativa en el caso contrario.

El valor que tiene E diariamente, se puede encontrar en las Efemérides del Sol que aparecen en el Anuario del Observatorio Astronómico Nacional.

La ecuación del tiempo se utiliza para convertir el tiempo civil o solar medio en tiempo solar verdadero y viceversa.

PROBLEMAS

1.- Determinar, por medio del Anuario del Observatorio Astronómico Nacional, la ecuación del tiempo a las 3 h 30 min 50 seg de la hora civil de Greenwich, el 15 de diciembre de 1975.

SOLUCION:

Hora civil de Greenwich = 12 h + 3 h 30 min 50 seg = 15.51 h

La ecuación del tiempo, obtenida del Anuario, para las 12 horas de la hora civil de Greenwich, es:

$$E = -4 \text{ min } 57.51 \text{ seg} \quad (15\text{-DIC})$$
$$E = -4 \text{ min } 28.60 \text{ seg} \quad (16\text{-DIC})$$

El cambio en la ecuación del tiempo en 24 horas es:

$$4 \text{ min } 28.60 \text{ seg} - 4 \text{ min } 57.51 \text{ seg} = 28.91 \text{ seg}$$

y hasta el instante dado el cambio en la ecuación del tiempo es:

$$\frac{28.91 \times 3.51}{24} = 4.23 \text{ seg}$$

La ecuación del tiempo a las 3 h 30 min 30 seg de la hora civil de Greenwich, el 15 de diciembre de 1975, es:

$$E = -4 \text{ min } 57.51 \text{ seg} + 4.23 \text{ seg}$$

$$E = -4 \text{ min } 53.28 \text{ seg}$$

2.- Se desea conocer, usando el Anuario del Observatorio Astronómico Nacional, la hora civil de Greenwich a las 9 h 40 min 30 seg de tiempo solar verdadero, el 10 de octubre de 1975.

SOLUCION:

La ecuación del tiempo al medio día solar verdadero de Greenwich es:

$$E = -12 \text{ min } 53.85 \text{ seg} \quad (10\text{-OCT})$$
$$E = -13 \text{ min } 09.56 \text{ seg} \quad (11\text{-OCT})$$

El cambio de la ecuación del tiempo en un día es:

$$13 \text{ min } 09.56 \text{ seg} - 12 \text{ min } 53.85 \text{ seg} = 15.71 \text{ seg}$$

y el cambio, antes del medio día solar verdadero de Greenwich es:

$$\frac{15.71 \times 2.325}{24} = 1.52 \text{ seg}$$

114

La ecuación del tiempo para 9 h 40 min 30 seg de la hora solar verdadera de Greenwich, el 10 de octubre de 1975, es:

$$E = -12 \text{ min } 53.85 \text{ seg} + 1.52 \text{ seg} = -12 \text{ min } 52.33 \text{ seg}$$

y la hora civil de Greenwich se obtiene restando la ecuación del tiempo de la hora solar verdadera:

$$\text{Hora civil de Greenwich} = 9 \text{ h } 40 \text{ min } 30 \text{ seg} - 12 \text{ min } 52.33 \text{ seg}$$

$$\text{Hora civil de Greenwich} = 9 \text{ h } 27 \text{ min } 37.67 \text{ seg}$$

Relación entre la longitud y el tiempo.

Como el Sol aparentemente hace una revolución completa, o sea de 360°, alrededor de la Tierra en 24 horas, y como las longitudes de la Tierra varían de 0° a 360°, se deduce que en una hora el Sol aparentemente recorre 360/24 = 15° de longitud. Esta relación se utiliza para determinar la diferencia de hora cuando se conoce la diferencia de longitudes entre dos lugares o viceversa.

La hora civil local en un instante dado en un lugar al Oeste de Greenwich, se obtiene restando de la hora de Greenwich la diferencia de longitud, expresada en horas, entre los dos lugares.

La medida de diferencias en longitud es independiente de la clase de tiempo que se use siempre que los tiempos que se comparen sean de la misma clase.

PROBLEMAS:

1.- Determinar el tiempo civil para un lugar que se encuentra a 71°30' al Oeste de Greenwich. El tiempo civil local es de 4 h 28 min.

SOLUCION:

En la longitud 71°30', el tiempo civil es el que corresponde al meridiano 75°, por tanto:

$$\text{Diferencia en longitud} = 75°00' - 71°30' = 3°30'$$

La diferencia en longitud, en horas, es igual a la diferencia en longitud, en grados, dividida entre 15, luego:

$$\text{Diferencia en longitud} = \frac{3°30'}{15} = 14 \text{ min.}$$

Como el meridiano 75° está al Oeste del meridiano 71°30', el tiempo en aquel es 14 min. más temprano que en el meridiano del tiempo local.

$$\therefore \quad \text{Tiempo civil} = 4 \text{ h } 14 \text{ min}$$

2.- Se desea conocer la hora civil local a una longitud de 123°35'18'' al Oeste de Greenwich, al instante de 17 h 44 min 15 seg de la hora civil en Greenwich.

SOLUCION:

La diferencia en longitud, en horas, es:

$$\text{Diferencia en longitud} = \frac{123°35'18''}{15} = 8 \text{ h } 14 \text{ min } 21 \text{ seg}$$

La hora civil local se encuentra restando la diferencia en longitud, en horas, de la hora civil de Greenwich.

Hora civil local = 17 h 44 min 15 seg — 8 h 14 min 21 seg

Hora civil local = 9 h 29 min 54 seg

3.- El tiempo del Centro es de 9 h 45 min. Encontrar el tiempo civil local en un lugar cuya longitud es 94°15' al Oeste de Greenwich.

SOLUCION:

El meridiano 90° corresponde al tiempo del Centro, luego:

Diferencia en longitud = 94°15' — 90°00' = 4°15'

$$\text{Diferencia en longitud} = \frac{4°15'}{15} = 17 \text{ min}$$

Como el lugar está al Oeste del meridiano 90°, el tiempo civil local es 17 min más temprano.

Tiempo civil local = 9 h 45 min — 17 min

Tiempo civil local = 9 h 28 min

OBSERVACIONES ASTRONOMICAS.

Generalmente las observaciones para determinar la latitud y el azimut se hacen con la estrella Polar y los métodos que se describen en este Capítulo se refieren a observaciones de la Polar, en las cuales no son necesarias las correcciones por paralaje ni por el semidiámetro. Cuando la atmósfera esta clara pueden hacerse observaciones de la Polar durante las horas del día cerca de las horas de oscuridad, aún cuando la estrella sea invisible a simple vista. Durante las horas de oscuridad, se necesita iluminación artificial para hacer visibles los hilos de la retícula del tránsito. La retícula puede iluminarse sosteniendo una lámpara eléctrica de mano a unos cuantos centímetros del objetivo haciendo que los rayos entren al telescopio diagonalmente.

Las medidas del Sol no se pueden tomar con tanta precisión como las de una estrella, sin embargo, el Sol se puede observar a horas cómodas y con suficiente precisión para la mayor parte de los trabajos topográficos, para determinar la latitud y el azimut.

Para observar el Sol deberá interponerse un cristal oscuro entre el ojo y el ocular. Algunos tránsitos están equipados con un vidrio ahumado, para ver el Sol, que puede colocarse en el ocular. También se pueden hacer las observaciones enfocando la imagen del Sol sobre una tarjeta blanca mate sostenida a varios centímetros atrás del ocular del anteojo.

Si se observa el Sol directamente por el ocular del anteojo, sin helioscopio o vidrio ahumado de protección, se dañará seriamente la vista.

Aditamento Solar.

Se puede resolver mecánicamente el triángulo astronómico por medio del aditamento solar. Este aparato consta de un pequeño anteojo, círculo vertical y movimientos horizontal y vertical. Para emplearlo se fija sobre el anteojo de un tránsito; se marcan en el aditamento solar la declinación del Sol y en el círculo vertical del tránsito la colatitud ($90° - \varphi$) y así se logra que la línea de colimación quede según el plano del ecuador, moviendo sólo en sentido horizontal ambos anteojos hasta ver el Sol por el anteojo del aditamento, de tal modo que ya sin mover el tránsito se pueda seguir el Sol únicamente con el movimiento horizontal del aditamento; consiguiendo esto, el anteojo del tránsito queda en la dirección de la meridiana astronómica.

CORRECCIONES QUE DEBEN APLICARSE A LAS OBSERVACIONES ASTRONOMICAS

Corrección por paralaje.

Las coordenadas de los astros que figuran en el Anuario del Observatorio Astronómico Nacional están referidas al centro de la Tierra, en tanto que las coordenadas obtenidas por observación directa se miden desde un punto situado sobre la superficie de la Tierra y, por consecuencia, deben reducirse al centro de la misma.

Se ha supuesto que la esfera celeste es de radio infinito y que el ángulo vertical medido de una estación en la superficie de la Tierra es el mismo que si se midiera de una estación en el centro de la Tierra. Para las estrellas esta suposición da resultados suficientemente precisos para los trabajos que aquí se describen, pero como la distancia entre el Sol y la Tierra es relativamente pequeña, en las observaciones solares se aplica una corrección por paralaje a la altura observada para obtener la altura del Sol del centro de la Tierra.

Se denomina PARALAJE el ángulo formado en el centro de un astro por dos rectas que unen dicho centro con los extremos del radio terrestre.

En la Fig. Nº 48, p es la paralaje; a' es la altura del Sol, medida por un observador en A; y a es la altura del Sol, medida en el centro de la Tierra. La corrección por paralaje es igual a la diferencia entre los ángulos a y a'. Como a es siempre mayor que a', se debe agregar la corrección por paralaje a la altura observada.

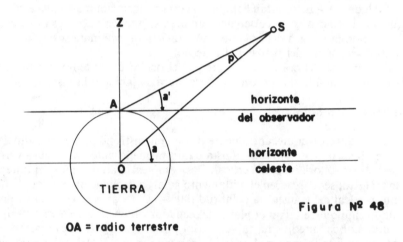

Figura Nº 48

OA = radio terrestre

La corrección por paralaje es necesaria cuando se observa el Sol.

La Tabla XV del Anuario del Observatorio Astronómico Nacional, contiene las correcciones por paralaje; el argumento de esta tabla es la altura observada del Sol.

Si no se dispone de la Tabla indicada, la corrección por paralaje se puede calcular usando la fórmula:

$$p = 8''.8 \cos a$$

siendo:

p = corrección por paralaje
a = altura observada del Sol.

118

Corrección por refracción.

Refracción es el cambio de dirección que experimenta la luz al pasar de un medio a otro. La refracción debida a la atmósfera terrestre desvía los rayos luminosos que nos llegan de los astros y, por consiguiente, la altura de los astros que observamos no es la verdadera. (Fig. N° 49).

Se denomina refracción astronómica la diferencia entre la altura aparente de un astro y la verdadera.

La refracción astronómica es tanto mayor cuanto más dista el astro del zenit. En el horizonte la refracción puede llegar hasta unos 33'. Cuando un astro parece estar en el horizonte, se halla en realidad a 33' sobre él.

Nunca se toman observaciones de los astros cuando están cerca del horizonte, debido a la incertidumbre en la corrección por refracción para alturas muy pequeñas.

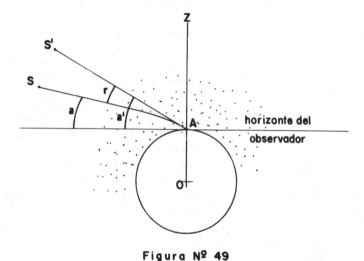

Figura Nº 49

zo = vertical del lugar A
a' = altura aparente del Sol
r = refracción astronómica
a = altura verdadera del Sol
S' = posición aparente del Sol
S = posición verdadera del Sol

La corrección por refracción se aplica a la distancia zenital o a la altura observadas. A la distancia zenital observada se le suma la corrección por refracción y a la altura observada se le resta dicha corrección.

La magnitud de la corrección por refracción depende de la temperatura y de la presión barométrica de la atmósfera y de la altura de la visual al astro. La corrección por refracción, en minutos de arco, es aproximadamente igual a la cotangente de la altura observada.

La corrección por refracción se calcula por medio de la fórmula siguiente:

$$r = \rho \cdot \beta \cdot \tau$$

en la cual:

r = corrección por refracción, en segundos de arco
ρ = refracción media, en segundos de arco
β = factor barométrico
τ = factor termométrico

En el Anuario del Observatorio Astronómico Nacional se hallan tabulados los valores de ρ, β y τ.

La Tabla XVI da la refracción media correspondiente a una distancia zenital de 0° a 79°; la Tabla XIX da el factor barométrico; el argumento de esta tabla es la lectura del barómetro, en metros. La Tabla XX cuyo argumento es la temperatura, en grados centígrados, del aire a la sombra, contiene el factor termométrico.

Las correcciones por refracción y paralaje para el Sol, usualmente se consideran juntas. La corrección por refracción es varias veces mayor que la corrección por paralaje.

En los Anuarios Astronómicos generalmente se proporciona una tabla donde aparece la corrección combinada por refracción y paralaje, que es del mismo signo que la refracción. En el caso de que estas correcciones estén en tablas por separado, la corrección por refracción a la altura observada será substractiva y la corrección por paralaje será aditiva.

Corrección por semidiámetro.

Como el diámetro aparente del Sol desde la Tierra es aproximadamente de 32', no es posible visar su centro con precisión con el tránsito ordinario y por eso se acostumbra visar el borde superior o el borde inferior del disco solar, poniéndolo tangente al hilo horizontal medio de la retícula.

Si se toma la lectura del círculo vertical colocando el disco solar tangente al hilo medio, como se muestra en la Fig. N° 50 (a), se tiene la altura del borde superior del Sol y para tener la altura que corresponde al centro del Sol, será necesario restarle el semidiámetro que es de 16'; y si se observa el borde inferior del Sol (Fig. N° 50, b) habrá que sumar el semidiámetro a la altura tomada.

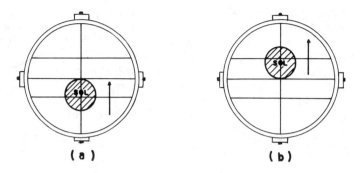

(a)   (b)

Figura Nº 50

En esta forma se corrigen las lecturas si la observación del Sol se hace en la mañana, pero si se realiza en la tarde las correcciones se aplican con signo contrario.

El semidiámetro del Sol varía de aproximadamente 15'45'' en julio a aproximadamente 16'18'' en enero. En cálculos que no requieren mucha precisión se puede tomar como 16'.

En el Anuario del Observatorio Astronómico Nacional se dan los valores del semidiámetro aparente del Sol para cada día del año.

Como en la mayor parte de las observaciones del Sol se toma un número igual de visuales a los bordes opuestos del disco solar, el promedio de los ángulos horizontales, el promedio de los ángulos verticales y el promedio de las horas de las observaciones, no es necesaria la corrección por semidiámetro.

Corrección por error de índice.

Error de índice es el que se comete en un ángulo observado por falta de paralelismo entre la línea de colimación y el eje del nivel del anteojo o por desplazamiento del vernier vertical por falta de ajuste en el instrumento.

Si el eje del nivel del anteojo no es paralelo a la línea de colimación y si en el vernier vertical se lee cero cuando la burbuja está centrada, resulta un error en el ángulo vertical. Este error se puede hacer despreciable para los trabajos ordinarios ajustando cuidadosamente el instrumento.

El desplazamiento del vernier vertical introduce un error constante que puede eliminarse por un ajuste del instrumento.

El error de índice combinado, debido a las dos causas señaladas puede eliminarse por doble observación. Si el instrumento se nivela con todo cuidado, el verdadero ángulo vertical puede determinarse leyendo una vez con el anteojo en posición directa, y otra, con el anteojo en posición inversa, tomando después el promedio de los dos valores obtenidos. Este método se usa en observaciones astronómicas, sin embargo, no elimina el error que resulte por inclición del eje vertical y en este caso tiene que ajustarse el instrumento.

En los tránsitos que tienen fijo el vernier vertical, el error de índice, debido al desalojamiento del vernier sólo se puede determinar, siempre que la línea de colimación esté ajustada, nivelando el tránsito, nivelando el anteojo y tomando la lectura del vernier del círculo vertical.

En los tránsitos que tienen vernier vertical móvil, el error de índice por desplazamiento del vernier se determina nivelando tanto el nivel del anteojo como el nivel del vernier y leyendo el vernier vertical.

La corrección por error de índice es de la misma magnitud, pero de signo contrario que el error de índice. Por ejemplo, si el ángulo vertical observado es + 13°23' y el error de índice es + 1', el valor correcto del ángulo vertical es:

$$+ 13°23' - 1' = + 13°22'$$

En muchas ocasiones es más cómodo aplicar la corrección por error de índice que asegurarse de que el instrumento está perfectamente ajustado y nivelado.

PROBLEMAS:

1.- Determinar la corrección por refracción, cuando se tienen los siguientes DATOS:

Distancia zenital aparente = 70°20'
Presión barométrica = 585 mm Hg.
Temperatura = 21°C

SOLUCION:

Se aplica la fórmula:

$$r = \rho \; \beta \; \tau \quad \ldots\ldots (1)$$

Los valores de ρ, β y τ se toman de las tablas del Anuario que se indican:

TABLA	Argumento	Factor requerido	
XVI	z = 70°20'	ρ = 2'41".4	...... (2)
XIX	B = 0.585 m	β = 0.7677	...... (3)
XX	T = 21°C	τ = 0.9624	...... (4)

$$\rho = 2'41".4 = 161".4 \ldots\ldots (2')$$

La corrección por refracción se obtiene sustituyendo los valores (2'), (3) y (4), en la fórmula (1):

$$r = 161''.4 \; (0.7677) \; (0.9624) = 119''.24$$

$$r = 119''.24$$

2.- La altura observada del Sol es 26°40'. Obtenga la corrección por paralaje.

a) Por medio de la fórmula, y
b) Usando la Tabla XV del Anuario.

SOLUCION:

a) La paralaje se calcula empleando la fórmula:

$$p = 8''.8 \cos a$$

En este caso:

$$p = 8''.8 \cos 26°40' = 8''.8 \; (0.8936327) = 7''.86$$

$$p = 7''.9$$

b) En la Tabla XV del Anuario se dan los valores siguientes:

Argumento	Paralaje
a = 26° ;	p = 8''.0
a = 28° ;	p = 7''.8

La corrección por paralaje, para a = 26°40', se encuentra por interpolación:

$$\frac{x}{0°.67} = \frac{0''.2}{2°} \quad \therefore \quad x = 0''.067$$

$$p = 8''.0 - 0''.067 = 7''.93$$

$$p = 7''.9$$

3.- Calcular la altura verdadera de la estrella Polar con los siguientes datos:

Altura observada:	a' = 19°22'15''
Presión barométrica:	B = 587 mm
Temperatura:	T = 20°.5 C

SOLUCION:

a) Distancia zenital aparente:

$$z = 90° - a' = 90° - 19°22'15'' = 70°37'45''$$

$$z = 70°37'45''$$

b) Corrección por refracción:

Se aplica la fórmula: $r = \rho \cdot \beta \cdot \tau$ ...... (1)

Las tablas del Anuario contienen los factores que en seguida se anotan:

Tabla	Argumento	Factor
XVI	z = 70°30'	ρ = 2' 42''.9
	z = 70°40'	ρ = 2'44''.4
XIX	B = 0.585 m	β = 0.7677
	B = 0.590 m	β = 0.7743
XX	T = 20°	τ = 0.9657
	T = 21°	τ = 0.9624

y, por interpolación se obtiene cada uno de los factores requeridos para el cálculo de la corrección por refracción.

Así, para   z = 70°37'45''   se halla: ρ = 2'44''.0
o bien: ρ = 164''.0 ...... (2)
para: B = 0.587 m,   se tiene: β = 0.7703 ...... (3)
y para: T = 20°.5 C,   resulta: τ = 0.96405 ...... (4)
Substituyendo   (2), (3) y (4) en la fórmula (1),   se obtiene:

$$r = 164'' (0.7703)(0.96405) = 121''.8$$

$$r = 2'01''.8$$

c) Altura verdadera de la estrella Polar:

$$a = a' - r$$

Altura observada:	a' = 19°22'15''.0
— refracción:	r = — 2'01''.8
Altura verdadera:	a = 19°20'13''.2

4.- Al observar el Sol, se tomó la lectura del círculo vertical colocando el borde superior del disco solar tangente al hilo medio de la retícula. ¿Qué altura corresponde al centro del Sol?

DATOS:

Fecha de observación: 20 de junio de 1975
Altura observada: 31°40'25''

SOLUCION:

En el Anuario del Observatorio Astronómico Nacional, para el año de 1975, se encuentra que el semidiámetro del Sol, el día 20 de junio, es de 15'45''.9, por tanto:

Altura del borde superior del Sol   =   31°40'25''.0
— Corrección por semidiámetro   =   —   15'45''.9
                                            _____
Altura del centro del Sol   =   31°24'39''.1

Determinación de la declinación del Sol en el instante de la observación.

Para conocer el estado del reloj, la latitud de un lugar o el azimut astronómico de una línea por medio de observaciones del Sol, es necesario determinar su declinación en el instante en que se le observa. El Anuario del Observatorio Astronómico Nacional, en las Efemérides del Sol, da para todos los días del año y para la hora del paso del Sol por el meridiano 90° W.G., la declinación de este astro. Debe aplicarse a ésta una corrección por el intervalo entre el medio día y la hora de observación, para lo cual se utiliza la variación horaria en declinación, que viene también en el Anuario.

La declinación del Sol en el momento de su paso por el meridiano de un lugar dado, se obtiene sumando algebráicamente a la declinación dada en las Efemérides del Sol, el producto de la variación horaria en declinación por la diferencia en longitud expresada en horas.

PROBLEMAS:

1.- Calcular la declinación del Sol a su paso por el meridiano de la ciudad de Morelia, Mich., el día 6 de abril de 1975.

DATOS tomados del Anuario 1975
Longitud de Morelia, Mich.   = 6 h 44 min 28.7 seg W.G.
Declinación del Sol a la hora de su
paso por el meridiano 90°   =   + 6°24'54''.56
Variación horaria en declinación =   + 56''.72

Longitud de Morelia, Mich. = 6 h 44 min 28.7 seg
Longitud meridiano 90° = 6 h 00 min 00.0 seg
Diferencia en longitud: = 44 min 28.7 seg
" $\triangle \lambda$ = 0.7413 h
Declinación del Sol a la hora de
su paso por el meridiano 90° = + 6°24'54".56
Corrección por diferencia en lon-
gitud (+ 56".72) (0.7413 h) = + 42".04
Declinación del Sol a la hora de su
paso por el meridiano de Morelia
Mich. δ = + 6°25'36".60

2.- Determinar la declinación del Sol a las 9 h 16 min 25 seg, del día 20 de diciembre de 1975, en Ciudad Universitaria, D.F.

DATOS:

Longitud de Ciudad Universitaria: 6 h 36 min 44.2 seg
Hora del paso del Sol por el meri-
diano 90°, el 20 de diciembre de 1975: 11 h 57 min 28.97 seg
Declinación del Sol a la hora de su
paso por el meridiano 90° W.G.: — 23°25'43".60
Variación horaria en declinación: — 2".05

SOLUCION:

Longitud en Ciudad Universitaria: 6 h 36 min 44.20 seg
Longitud meridiano 90° W.G.: 6 h 00 min 00.00 seg
Diferencia en longitud: = + 36 min 44.20 seg
" $\triangle \lambda$ = + 0.6123 h
Hora del paso del Sol por el meri-
diano 90° W.G. (20-Dic-75) = 11 h 57 min 28.97 seg
Diferencia en longitud: = + 36 min 44.20 seg
Hora del paso del Sol por el meri-
diano de Ciudad Universitaria = 12 h 34 min 13.17 seg
Hora de observación del Sol: = 9 h 16 min 25.00 seg
Intervalo: = — 2 h 17 min 48.17 seg
Intervalo: = — 2.2967 h

Declinación del Sol a la hora de su
paso por el meridiano 90° W.G. =   — 23°25'43''.60
Variación horaria por diferencia en
longitud (—2''.05) (0.6123 h)   = —   1''.26
Declinación del Sol a la hora de su
paso por el meridiano de C.U.   =   — 23°25'44''.86
Corrección por variación horaria en
el intervalo (—2''.05) (—2.2967 h) = +   4''.71
Declinación del Sol, en C.U., en el
momento de la observación: δ =   — 23°25'40''.15

3.- Se desea conocer la declinación del Sol el día 26 de enero de 1975, a las
8 h 50 min 15 seg (Hora del meridiano 90°)

Del Anuario del Observatorio Astronómico Nacional se toman los siguientes DATOS:

Hora del paso del Sol por el meridia-
no 90°   = 12 h 12 min 32 seg
Declinación del Sol a la hora de su
paso por el meridiano 90°   = — 18°44'04''.25
Variación horaria en declinación =   + 37''.77

SOLUCION:

Hora del paso del Sol por el meri-
diano 90° (26-Ene-75)   =   12 h 12 min 32 seg
Hora de observación del Sol   =   8 h 50 min 15 seg
Intervalo   = — 3 h 22 min 17 seg
Intervalo   = — 3.3714 h

Declinación del Sol a la hora de su
paso por meridiano 90°   =   — 18°44'04''.25
Correción por variación horaria en el
intervalo (+ 37''.77) (— 3.3714 h) = —   2'07''.34
Declinación del Sol a la hora de
la observación: δ =   — 18°46'11''.59

4.- Calcular, tomando como referencia el meridiano 90° W.G.:

a) La hora del paso del Sol por el meridiano de Tepic, Nay.

b) La declinación del Sol en el momento de su paso por el meridiano de Tepic, y

c) La declinación del Sol, en Tepic, en el instante de la observación de este astro.

DATOS:

- Fecha de observación: 9 de septiembre de 1975
- Hora civil local de observación del Sol: 9 h 30 min 10 seg
- Longitud de Tepic, Nay.:   104°53'42'' W.G.
- Declinación del Sol a la hora de
  su paso por el meridiano 90°:   + 5°21'14''.38
- Variación horaria en declinación: — 56''.61
- Ecuación del tiempo (9-Sep-75):   — 2 min 34.73 seg
- Ecuación del tiempo (10-Sep-75):   — 2 min 55.49 seg

SOLUCION:

a) Determinación de la hora del paso del Sol por el meridiano de Tepic, Nay.
Para conocer la hora del paso del Sol verdadero por el meridiano de Tepic, basta sumar 12 horas a la ecuación del tiempo, corregida por longitud respecto al meridiano 90° W.G., que se toma como referencia para el paso del Sol.

- Longitud de Tepic, Nay.   =   104°53'42''
- Meridiano de referencia   =   90°00'00''
- Diferencia en longitud, en arco =   14°53'42''
- Diferencia en longitud, en tiempo =   0.993h

- Ecuación del tiempo (9-Sep-75) =   — 2 min 34.73 seg
- Ecuación del tiempo (10-Sep-75) =   — 2 min 55.49 seg
- Diferencia   =   —   20.76 seg

La variación de la ecuación del tiempo en 24 horas es de — 20.76 seg y en 0.993 horas es:

$$\frac{— 20.76 \times 0.993}{24} = — 0.86 \text{ seg}$$

La ecuación del tiempo, en el momento del paso del Sol por el meridiano de Tepic, Nay., será:

E = — 2 min 34.73 seg — 0.86 seg = — 2 min 35.6 seg

y la hora del paso del Sol por el meridiano de Tepic, Nay., será:

- Hora del meridiano 90° W.G. = 12 h 00 min 00.0 seg
- Ecuación del tiempo   = —   2 min 35.6 seg
- Hora civil del paso del Sol por el
  meridiano de Tepic, Nay.   = 11 h 57 min 24.4 seg

b) Cálculo de la declinación del Sol en el momento de su paso por el meridiano de Tepic, Nay.

- Declinación del Sol a la hora de
su paso por el meridiano 90° = + 5°21'14".38
- Variación horaria por diferencia
en longitud: (— 56".61) (0.993 h) = —   56."21
- Declinación del Sol a la hora de su $\overline{}$
paso por el meridiano de Tepic = + 5°20'18".17

c) Cálculo de la declinación del Sol, en Tepic, Nay., en el instante de la observación.

- Hora del paso del Sol por el
meridiano de Tepic, Nay.   = 11 h 57 min 24.4 seg
- Hora de observación del Sol,
en Tepic   = $\underline{\text{9 h 30 min 10.0 seg}}$
- Intervalo: = —2 h 27 min 14.4 seg
- Intervalo: =   — 2.454 h

Declinación del Sol a la hora del
paso por el meridiano en Tepic, Nay. =   + 5°20'18".17
Corrección por variación horaria en el
intervalo (— 56".61) (— 2.454 h)   =   +   2'18".92
Declinación del Sol en Tepic, Nay., en $\overline{}$
el instante de la observación: δ =   + 5°22'37".09

5.- Determinar la declinación del Sol, en Mérida, Yuc., con los siguientes DATOS:

Fecha de observación: 1° de julio de 1975
Hora local de observación: 9 h 40 min 30 seg
Longitud de Mérida, Yuc.:   5 h 58 min 34.8 seg W.G.
Hora del paso del Sol por el
meridiano 90° W.G.:   12 h 03 min 43.16 seg
Declinación del Sol a la hora de
su paso por el meridiano 90°: + 23°06'59".78
Variación horaria en declinación: — 9".98

SOLUCION:

Longitud de Mérida, Yuc.   =   5 h 58 min 34.8 seg
Longitud meridiano 90° W.G. = $\underline{\text{6 h 00 min 00.0 seg}}$
Diferencia en longitud: =   —   1 min 25.2 seg
          " $\Delta\lambda$ =   —   0.0237 h

Hora del paso del Sol por el		
meridiano 90° W.G.	=	12 h 03 min 43.16 seg
Diferencia en longitud	=	— 1 min 25.20 seg
Hora del paso del Sol por el		
meridiano de Mérida, Yuc.	=	12 h 02 min 17.96 seg
Hora de observación	=	9 h 40 min 30.00 seg
Intervalo:	=	— 2 h 21 min 47.96 seg
Intervalo:	=	— 2.3633 h

Declinación del Sol a la hora de su		
paso por el meridiano 90° W.G.	=	+ 23°06'59".78
Variación horaria por diferencia en		
longitud (— 9".98) (— 0.0237 h)	=	+ 0".24
Declinación del Sol a la hora de su paso		
por el meridiano de Mérida, Yuc.	=	+ 23°07'00".02
Corrección por variación horaria en el		
intervalo (— 9".98) (— 2.3633 h)	=	+ 23".58
Declinación del Sol, en Mérida, Yuc.,		
en el momento de la observación: δ =		+ 23°07'23".60

Cálculo de la declinación del Sol cuando no se dispone del Anuario del año en que se realiza la observación.

Si se usa un Anuario atrasado se resta a la hora de observación 5.813 horas por cada año atrasado y se suma 24 horas por cada 29 de febrero.

La explicación de la regla anterior es la siguiente: si el año fuera exactamente de 365 días, la declinación del Sol en un momento dado sería siempre la misma cada año, el mismo día y a la misma hora; pero como el año es de 365 días y 5.813 horas, resulta que la declinación en un momento dado de un año cualquiera vuelve a tener el mismo valor al año siguiente hasta 5.813 horas más tarde que el año anterior. Para compensar estas diferencias cada cuatro años se agrega un día al mes de febrero y se llaman años bisiestos aquellos en los que febrero tiene 29 días. Los años bisiestos son los divisibles entre cuatro, como: 1952, 1956, 1960, 1964, etc.

Para el cálculo de la declinación se debe tomar en cuenta que al incluirse un 29 de febrero se atrasa la fecha 24 horas, de manera que al usar un Anuario atrasado se debe sumar 24 horas a la hora de observación, por cada 29 de febrero.

PROBLEMA:

Calcular la declinación del Sol, usando el Anuario de 1954, con los siguientes DATOS:

130

Lugar: Culiacán, Sin.
Fecha: 16 de noviembre de 1959
Hora de observación: 9 h 54 min.
Hora del paso del Sol por el
meridiano 90° W.G.: 11 h 45 min 00 seg
Declinación del Sol a la hora de su paso
por el meridiano 90° W.G.: — 18°44'12"
Variación horaria en declinación: — 37".49

SOLUCION:

Hora de observación: 9 h 54 min	=	9.900 h
Corrección por 5 años: 5 × 5.813 h	=	— 29.065 h
Corrección por 29 de febrero de 1956	=	+ 24.000 h
Hora de observación corregida para 1959	=	4.835 h
Hora del paso del Sol por el meridiano 90° W.G.: 11 h 45 min 00 seg	=	11.750 h
Intervalo:	=	— 6.915 h
Declinación del Sol a la hora de su paso por el meridiano 90° W.G.	=	— 18°44'12"
Corrección por variación horaria en declinación (—37".49) (— 6.915 h)	=	+ 4'19"
Declinación del Sol a la hora de la observación:	=	— 18°39'53"

DETERMINACION DE LA HORA.

Es indispensable para los trabajos de orientación astronómica tener la hora correcta del lugar en que se trabaja y, por tanto, se necesita conocer la diferencia entre la hora que marca el reloj de que se disponga y la hora local; esta diferencia se denomina "estado del reloj" ó $\triangle$ t.

El estado del reloj se puede conocer:

a) Por medio de la hora de alguna oficina telegráfica federal ó escuchando por radio señales de la hora exacta.

b) Por distancias zenitales del Sol; y

c) Por alturas iguales del Sol.

Determinación del estado del reloj por medio de los telégrafos federales o por comparación del tiempo dado por la radio con el que se tiene en ese momento en el reloj.

Los telégrafos federales de la Ciudad de México dan diariamente la hora media civil del medio día a todas sus oficinas en el país, de manera que si cerca del lugar en que se va a trabajar existe alguna de estas oficinas, se puede aprovechar su hora para corregir el reloj que se utilizará para las observaciones astronómicas. Como en casi toda la República rige la hora media civil del meridiano de 90° al Oeste de Greenwich, esta hora que es la que tienen los relojes de los telégrafos federales, se tiene que corregir por longitud y la longitud del lugar de trabajo tiene que referirse a Greenwich.

Así pues, si se conoce la longitud del lugar respecto al meridiano 90°, se podrá conocer la hora civil local:

$$\text{Hora civil local} = \text{Hora meridiano } 90° \pm \triangle \lambda$$

$\triangle \lambda$ = diferencia en longitud del lugar al meridiano 90°

Para lugares situados al Este del meridiano 90°, $\triangle\lambda$ se suma; y para lugares al Oeste de dicho meridiano, $\triangle \lambda$ se resta.

La diferencia entre la hora civil local y la hora del reloj será el "estado del reloj" o $\triangle t$.

$$\mathbf{\triangle t} = \text{Hora civil local} - \text{Hora del reloj}$$

PROBLEMAS:

1.- Determine la hora civil local y el estado del reloj con los siguientes DATOS:

Longitud del lugar: 0 h 45 min 02 seg al Oeste de Greenwich

El reloj marca las 11 h 15 min 15 seg en el momento en que el observador escucha la señal de las 12 h.

SOLUCION:

Hora del meridiano 90°	=	12 h 00 min 00 seg
Longitud del lugar	=	— 45 min 02 seg
Hora civil local	=	11 h 14 min 58 seg
Hora del reloj	=	11 h 15 min 15 seg
Estado del reloj:	$\triangle t$ =	0 h 00 min 17 seg

El adelanto del reloj es de 17 segundos

2.- Calcular la hora, en tiempo del Centro, del paso superior del Sol verdadero por el meridiano de la ciudad de Toluca, Méx., el día 10 de marzo de 1975.

132

Longitud de Toluca, Méx. λ = 6 h 38 min 38.5 seg W.G.
Ecuación del Tiempo: E = + 10 min 23.08 seg (10-Mar-75)
            ,,   E = + 10 min 07.57 seg (11-mar-75)

SOLUCION:

Longitud de Toluca, Méx.: =   6 h 38 min 38.5 seg W.G.
Longitud meridiano 90° W.G. =   6 h 00 min 00.0 seg
Diferencia en longitud: $\Delta\lambda$ =   38 min 38.5 seg
            ,, $\Delta\lambda$ =   0.644 h

Ecuación del tiempo: E = + 10 min 23.08 seg (10-Mar-75)
            ,,   E = + 10 min 07.57 seg (11-Mar-75)
        Diferencia =   — 15.51 seg.

El cambio en la ecuación del tiempo, en 24 horas, es — 15.51 seg. y la variación de la ecuación del tiempo, por diferencia de longitud es:

$$\frac{-15.51 \ (0.644)}{24} = -0.42 \ seg$$

Ecuación del tiempo, el 10-Mar-75 =   + 10 min 23.08 seg.
Corrección por diferencia en longitud = —   0.42 seg.
Ecuación del tiempo a la hora del paso del
Sol por el meridiano de Toluca, Méx. =   + 10 min 22.66 seg.

Hora, en tiempo del Centro, del paso del
Sol por el meridiano 90° W.G.   =   12 h 00 min 00.00 seg
Corrección por diferencia en longitud =   +   38 min 38.50 seg
Ecuación del tiempo a la hora del paso del
Sol por el meridiano de Toluca, Méx. =   +   10 min 22.66 seg
Hora, en tiempo del Centro, del paso del
Sol por el meridiano de Toluca, Méx. =   12 h 49 min 01.16 seg

3.- Obtenga la hora civil local y la hora solar verdadera en Tamazunchale, S.L.P.

DATOS:

Fecha: 20 de enero de 1975
Longitud del lugar: 98°47'18'' al Oeste de Greenwich.

SOLUCION:

En Tamazunchale, S.L.P., rige la hora del meridiano 90°, de suerte que las 12 horas que marca el reloj del telégrafo es el medio día de dicho meridiano. Si se conoce la diferencia en longitud entre el meridiano 90° y el de Tamazunchale, fácilmente se conoce la diferencia de tiempo que le corresponde.

Ahora bien, como Tamazunchale está al Oeste del meridiano 90°, es evidente que la hora del centro está adelantada con respecto a la local y que a la hora del meridiano 90°, que marca al medio día el reloj del telégrafo, deberá restársele la diferencia en longitud para obtener la hora civil local.

Diferencia en longitud, en arco = 98°47'18'' — 90° = 8°47'18''

Diferencia en longitud, en tiempo = 35 min 9.2 seg.

Hora civil local = hora del meridiano 90° — diferencia en longitud

Hora del meridiano 90° =	12 h 00 min 00 seg
Diferencia en longitud = —	35 min 09.2 seg
Hora civil local =	11 h 24 min 50.8 seg

Para obtener la hora solar verdadera se ocurre al Anuario del Observatorio Astronómico Nacional, para el año de 1975, y en las Efemérides del Sol, se encuentra que este astro, el día 20 de enero, pasa por el meridiano a las 12 h 11 min 0.2 seg, tiempo civil, es decir, que el medio día verdadero corresponde a la hora civil indicada, por lo que la diferencia entre la hora civil local y la hora verdadera es la ecuación del tiempo que, en este caso, será substractiva porque el paso del Sol se efectúa después del medio día civil.

En las Efemérides del Sol, para el día 20 de enero de 1975, la ecuación del tiempo es:

E = + 11 min 00.2 seg.

Hora solar verdadera = hora civil local — ecuación del tiempo.

Hora civil local	= 11 h 24 min 50.8 seg
Ecuación del tiempo	= - 11 min 00.2 seg
Hora Solar Verdadera	= 11 h 13 min 50.6 seg

También se puede conocer el estado del reloj comparando la hora que se tiene en un momento dado en el reloj, con las señales de radio que transmite por XBA 6976.8 Khz, la Oficina de la Hora del Instituto de Astronomía, en Ciudad Universitaria.

Se requiere un radio de onda corta y para la comparación basta oir el tiempo dado por la radio y ver el que se tiene en ese momento en el reloj, la diferencia será la Δt.

Para observaciones al minuto, la comparación del tiempo se puede hacer con la X.E.Q.K., que transmite la hora cada minuto.

Determinación del estado del reloj por el método de distancias zenitales del Sol.

Este método comprende las operaciones siguientes:

a) Observaciones del Sol.

Se instala el tránsito y una vez nivelado, se bisecta el centro del disco solar y se anotan la hora del reloj en ese momento y la lectura del círculo vertical.

Se da al anteojo vuelta de campana y se repite la observación del Sol, anotando la hora y la lectura del círculo vertical.

El promedio de las distancias zenitales corresponderá sensiblemente al promedio de las horas de observación si de una a otra no transcurren más de 10 minutos.

El Sol puede observarse directamente cuando el anteojo del tránsito está provisto de helioscopio, que es un vidrio obscuro para ver el Sol sin que lastime la vista y si no se dispone de helioscopio, se recibe la imagen del Sol sobre una hoja de papel satinado, de color azul o amarillo.

Las horas más favorables para hacer estas observaciones son entre las 8 y las 10 de la mañana ó entre las 2 y las 4 de la tarde.

b) Cálculo del ángulo horario del Sol. Se aplica la fórmula:

$$\operatorname{sen}^2 \tfrac{1}{2} H = \frac{\operatorname{sen} a \operatorname{sen} c}{\cos \varphi \cos \delta}$$

en la cual:

$$a = \tfrac{1}{2} (z + \varphi - \delta)$$

$$c = \tfrac{1}{2} (z - \varphi + \delta)$$

H = ángulo horario del Sol
z = promedio de las distancias zenitales, corregidas por refracción
φ = latitud del lugar de observación
δ = declinación del Sol a la hora de observación.

c) Transformación del ángulo horario del Sol, de arco en tiempo. Esta operación se puede realizar tomando en cuenta la equivalencia: 1 h = 15°, o empleando las tablas del Anuario del Observatorio Astronómico Nacional, para conversión de arco en tiempo.

d) Cálculo de la hora civil local en el momento en que se hizo la observación del Sol. Se obtiene la hora civil local por medio de la fórmula:

$$\text{Hora civil local} = 12\,h \pm H \pm E \pm \Delta\lambda$$

H = ángulo horario del Sol
E = ecuación del tiempo
$\Delta\lambda$ = diferencia en longitud

El ángulo horario que se calcula es a partir del meridiano del lugar, hacia el E o hacia el W. Si en el momento en que se hace la observación el Sol está al W del meridiano del lugar, el ángulo horario es positivo y si está al E de dicho meridiano, el ángulo horario es negativo.

La ecuación del tiempo es positiva si el Sol medio pasa por el meridiano antes que el Sol verdadero, y negativa en el caso contrario.

e) Determinación del estado del reloj. El estado del reloj o Δt se hallará comparando la hora local calculada con la hora cronométrica a que se observó el Sol.

PROBLEMAS:

1.- Calcular el ángulo horario del Sol, con los siguientes DATOS:

Lugar de observación: MISANTLA, Ver.
Fecha: 9 de julio de 1959
Latitud: $\varphi = 19°56'02''$
Distancia zenital, corregida por refracción: $z = 55°03'23''$
Declinación del Sol a la hora de observación: $\delta = +22°16'48''$

SOLUCION:

Se aplica la fórmula:

$$\text{sen}^2 \tfrac{1}{2} H = \frac{\text{sen } a \ \text{sen } c}{\cos \varphi \ \cos \delta} \quad \ldots\ldots(1)$$

en la cual:

$$a = \tfrac{1}{2}(z + \varphi - \delta) = \tfrac{1}{2}(55°03'23'' + 19°56'02'' - 22°16'48'')$$

$$a = 26°21'18''.5 \ \ldots\ldots(2)$$

$$c = \tfrac{1}{2}(z - \varphi + \delta) = \tfrac{1}{2}(55°03'23'' - 19°56'02'' + 22°16'48'')$$

$$c = 28°42'04''.5 \ \ldots\ldots(3)$$

136

y substituyendo los valores de a, c, φ y δ en la fórmula (1), se tiene:

$$\operatorname{sen}^2 \tfrac{1}{2} H = \frac{\operatorname{sen} 26°21'18''.5}{\cos 19°56'02''} \quad \frac{\operatorname{sen} 28°42'04''.5}{\cos 22°16'48''} =$$

$$= \frac{(0.4439337)\,(0.4802426)}{(0.9400867)\,(0.9253422)} = 0.24508034$$

$$\therefore \quad \operatorname{sen} \tfrac{1}{2} H = 0.49505589$$

$$\tfrac{1}{2} H = 29°.67343$$

$$H = 59°.34686$$

o bien:

$$H = 59°20'48''.7$$

El cálculo del ángulo horario del Sol, usando logaritmos, se dispone de la manera siguiente:

$$
\begin{array}{rl}
\log \operatorname{sen} a = & 9.647319 - 10 \\
\log \operatorname{sen} c = & 9.681461 - 10 \\
\log \sec \varphi = & 0.026832 \\
\log \sec \delta = & \underline{0.033698} \\
\log \operatorname{sen}^2 \tfrac{1}{2} H = & 19.389310 - 20 \\
\log \operatorname{sen} \tfrac{1}{2} H = & 9.694655 - 10
\end{array}
$$

$$\tfrac{1}{2} H = 29°40'24''.4$$

$$H = 59°20'48''.8$$

2.- Determinar el estado del reloj, en Ciudad Universitaria, el 9 de octubre de 1974, por el método de distancias zenitales del Sol.

Datos:

Hora de observación: 9 h 14 min 15 seg
φ = 19°19'50" N
λ = 99°11'03'' W.G.
z = 53°09'41''
δ = − 6°16'41''
Ecuación del tiempo = − 12 min 42 seg.

SOLUCION:

a) Cálculo del ángulo horario del Sol. Se utiliza la fórmula:

$$\text{sen}^2 \; \tfrac{1}{2} \; H = \frac{\text{sen } a \; \text{sen } c}{\cos \varphi \; \cos \delta} \; .....(1)$$

$$a = \tfrac{1}{2} \; (z + \varphi - \delta) = \tfrac{1}{2} \; (53°09'41'' + 19°19'50'' + 6°16'41'')$$

$$a = 39°23'06'' \; .....(2)$$

$$c = \tfrac{1}{2} \; (z - \varphi + \delta) = \tfrac{1}{2} \; (53°09'41'' - 19°19'50'' - 6°16'41'')$$

$$c = 13°46'35'' \; .....(3)$$

y substituyendo los valores de a, c, φ y δ, en la fórmula (1), se obtiene:

$$\text{sen}^2 \tfrac{1}{2} \; H = \frac{\text{sen } 39°23'06'' \; \text{sen } 13°46'35''}{\cos 19°19'50'' \; \cos 6°16'41''}$$

$$\text{sen}^2 \; \tfrac{1}{2} \; H = \frac{(0.6345282) \; (0.2381332)}{(0.9436246) \; (0.994003)} = 0.16109569$$

$$\text{sen } \tfrac{1}{2} \; H = 0.40136727$$

$$\tfrac{1}{2} \; H = 23°.66368$$

$$H = 47°.32736$$

o bien:

$$H = 47°19'38''.5$$

b) Conversión del ángulo horario del Sol, de arco en tiempo.

$$H = \frac{47°.32736}{15} = 3.1551573 \; h$$

$$H = 3h \; 09 \; min \; 18.6 \; seg$$

c) Cálculo de la hora civil local. La diferencia en longitud, en arco, es:

$$\Delta\lambda = 99°11'03'' - 90° = 9°11'03''$$

y la diferencia en longitud, en tiempo, es:

138

$$\triangle\lambda = \frac{9°11'03''}{15} = \frac{9°.1841666}{15} = 0.6122777 \text{ h}$$

$$\triangle\lambda = 36 \text{ min } 44 \text{ seg}$$

Hora del meridiano 90° = 12 h 00 min 00 seg
+ $\triangle\lambda$ =   36 min 44 seg
Hora civil local   = 12 h 36 min 44 seg

d) Cálculo de la hora civil local en el momento en que se hizo la observación del Sol.

Hora civil local	=	12 h 36 min 44 seg
Ecuación del tiempo	=	— 12 min 42 seg
Hora solar verdadera	=	12 h 24 min 02 seg
Angulo horario del Sol	=	— 3 h 09 min 18.6 seg
Hora civil local de observación	=	9 h 14 min 43.4 seg

e) Determinación del estado del reloj.

Hora civil local de observación	=	9 h 14 min 43.4 seg
Hora del reloj	=	9 h 14 min 15.0 seg
Estado del reloj	=	0 h 00 min 28.4 seg

El atraso del reloj es de 28.4 segundos.

3.- Se desea conocer el estado del reloj, el 29 de marzo de 1961, en El Ciprés, B.C., por el método de distancias zenitales del Sol.

DATOS:

Hora de observación = 8 h 13 min 49 seg
φ = 31°47'57''N
λ = 1 h 46 min 26.93 seg W del meridiano 90°
z = 59°02'09.18''
δ = 3°25'54.5''
E = + 4 min 47.21 seg (29-marzo-1961)
E = + 4 min 28.97 seg (30-marzo-1961)

SOLUCION:

a) Cálculo del ángulo horario del Sol. Se aplica la fórmula:

$$\text{sen}^2 \tfrac{1}{2} H = \frac{\text{sen } a \text{ sen } c}{\cos \varphi \cos \delta} \quad .....(1)$$

en la cual:

$$a = \tfrac{1}{2}(z + \varphi - \delta) = \tfrac{1}{2}(59°02'09.18'' + 31°47'57'' - 3°25'54.5'')$$

$$a = 43°42'05.84'' \quad ......(2)$$

$$c = \tfrac{1}{2}(z - \varphi + \delta) = \tfrac{1}{2}(59°02'09.18'' - 31°47'57'' + 3°25'54.5'')$$

$$c = 15°20'03.34'' \quad ......(3)$$

$$
\begin{array}{rl}
\log \operatorname{sen} a = & 9.839417 - 10 \\
\log \operatorname{sen} c = & 9.422344 - 10 \\
\log \sec \varphi = & 0.070632 \\
\log \sec \delta = & \underline{0.000778} \\
\log \operatorname{sen}^2 \tfrac{1}{2} H = & 19.333171 - 20 \\
\log \operatorname{sen} \tfrac{1}{2} H = & 9.666585 - 10 \\
\tfrac{1}{2} H = & 27°39'00'' \\
H = & 55°18'00''
\end{array}
$$

b) Conversión del ángulo horario del Sol, de arco en tiempo.

$$H = \frac{55°18'}{15} = \frac{55°.3}{15} = 3.6866 \text{ h}$$

$$H = 3 \text{ h } 41 \text{ min } 12 \text{ seg}$$

c) Determinación de la ecuación del tiempo a la hora del paso del Sol por el meridiano de El Ciprés, B.C.

La ecuación del tiempo a la hora del paso del Sol por el meridiano 90° W.G. es:

al 29-Mar-61, $E = + 4 \text{ min } 47.21 \text{ seg}$
y al 30-Mar-61, $E = + 4 \text{ min } 28.97 \text{ seg}$

El cambio en la ecuación del tiempo, en 24 horas, es:

$$4 \text{ min } 28.97 \text{ seg} - 4 \text{ min } 47.21 \text{ seg} = -18.24 \text{ seg}$$

y la corrección a la ecuación del tiempo, para el día 29 de marzo, se obtiene de la proporción:

$$\frac{c}{1.77415} = \frac{-18.24}{24} \quad \therefore \quad c = \frac{1.77415\,(-18.24)}{24} = -1.35 \text{ seg}$$

siendo:

1.77415 h = 1 h 46 min 26.93 seg = longitud de El Ciprés, B.C.,
al W meridiano 90°

Ecuación del tiempo a la hora del paso
del Sol por el meridiano 90°:   E = + 4 min 47.21 seg
Corrección: c = —   1.35 seg
Ecuación del tiempo a la hora del paso del   _____
Sol por el meridiano de El Ciprés, B.C.:   E = + 4 min 45.86 seg

d) Cálculo de la hora civil local en el instante de la observación.

$$\text{Hora civil local} = 12\,h - H + E + \triangle\lambda$$

$$
\begin{array}{rl}
 & 12\ h\ 00\ \min\ 00.00\ \text{seg} \\
H = & \underline{-\ 3\ h\ 41\ \min\ 12.00\ \text{seg}} \\
 & 8\ h\ 18\ \min\ 48.00\ \text{seg} \\
E = & \underline{+\qquad 4\ \min\ 45.86\ \text{seg}} \\
 & 8\ h\ 23\ \min\ 33.86\ \text{seg} \\
\triangle\lambda = & \underline{+\ 1\ h\ 46\ \min\ 26.93\ \text{seg}} \\
\text{Hora civil local} = & 10\ h\ 10\ \min\ 00.79\ \text{seg}
\end{array}
$$

e) Determinación del estado del reloj.

Hora civil local de observación   =   10 h 10 min 00.79 seg
Hora del reloj   = $\underline{8\ h\ 13\ min\ 49.00\ seg}$
Estado del reloj   = $\overline{1\ h\ 56\ min\ 11.79\ seg}$

El reloj tiene un atraso de 1 h 56 min 11.79 seg.

Determinación del estado del reloj por el método de alturas iguales del Sol.

Este método se basa en el hecho de que el medio día verdadero de un lugar cualquiera es el momento del paso del centro del Sol por el meridiano del lugar. Para su aplicación se procede de la manera siguiente:

a) Cálculo de la hora del paso del Sol por el meridiano del lugar. Los datos requeridos para este cálculo se toman del Anuario del Observatorio Astronómico Nacional y son, la longitud del lugar y la hora del paso del Sol por el meridiano 90°.

b) Observaciones del Sol. Cuando faltan aproximadamente 20 minutos para el paso del Sol por el meridiano del lugar, se instala el tránsito, se nivela y se dirige el objetivo hacia el Sol. Su imagen estará bien enfocada si los bordes del círculo luminoso están perfectamente definidos.

La observación se hace comunmente colocando el limbo del Sol tangente sucesivamente a los hilos superior, medio e inferior y anotando las horas de tangencia.

Después del paso del Sol por el meridiano volverá a ponerse tangente el disco solar en los tres hilos, siguiendo ahora un sentido opuesto al primero, y se anotará en cada caso la hora de tangencia.

Si las horas de tangencia se tomaron correctamente los promedios de los tres pares observados deben ser bastante aproximados.

Este procedimiento no requiere lecturas del círculo horizontal ni del vertical.

PROBLEMAS

1.- Determinar el estado del reloj por el método de alturas iguales del Sol, con los siguientes DATOS:

Lugar: Coyoacán, D.F.
Longitud: λ = 99°09'45'' W.G.
Fecha: Octubre 10 de 1975
Hora del paso del Sol por el meridiano 90°: 11 h 47 min 06.15 seg
Aparato: Wild T-2

Registro de campo

	Horas de Observación		Promedios
Hilo superior	12 h 03 min 49.5 seg	12 h 39 min 55.0 seg	12 h 21 min 52.2 seg
Hilo medio	12 h 12 min 32.0 seg	12 h 31 min 07.0 seg	12 h 21 min 49.5 seg
Hilo inferior	12 h 20 min 06.0 seg	12 h 23 min 36.5 seg	12 h 21 min 51.2 seg

Promedio de promedios:　　　　　12 h 21 min 51 seg

SOLUCION:

$\Delta\lambda$ = 99°09'45'' — 90° = 9°09'45''

$\Delta\lambda$ = $\dfrac{9°09'45''}{15}$ = $\dfrac{9°.1625}{15}$ = 0 h 36 min 39 seg

Hora del paso del Sol por el meridiano 90° =		11 h 47 min 06.15 seg
Diferencia en longitud:	=	0 h 36 min 39.00 seg
Hora civil local	=	12 h 23 min 45.15 seg
Hora del reloj	=	12 h 21 min 51.00 seg
Estado del reloj	=	— 1 min 54.15 seg

El atraso del reloj es de 1 min 54.15 seg.

2.- Determinar la hora del paso del Sol por Cuajimalpa, D.F., el día 2 de agosto de 1975.

Datos tomados del Anuario del Observatorio Astronómico Nacional.

λ = 6 h 37 min 12 seg
Hora del paso de Sol por el
meridiano 90° W.G. = 12 h 06 min 13.42 seg

SOLUCION:

Longitud de Cuajimalpa, D.F. =	6 h 37 min 12 seg
Longitud meridiano 90° =	6 h 00 min 00 seg
Diferencia en longitud =	0 h 37 min 12 seg
Hora del paso del Sol por el meridiano 90° =	12 h 06 min 13.42 seg
Hora del paso del Sol por el meridiano en Cuajimalpa, D.F. =	12 h 43 min 25.42 seg

DETERMINACION DE LA LATITUD.

En casi todos los métodos que se emplean para determinar el azimut astronómico de una línea, se debe conocer la latitud del lugar de observación.

En la mayoría de los casos, la latitud se puede determinar con suficiente precisión tomándola a escala en una carta geográfica. También se puede tomar de la Tabla de Posiciones Geográficas de los Principales Lugares de la República, del Anuario del Observatorio Astronómico Nacional. Cuando no se dispone de la carta geográfica o no se encuentra en la Tabla del Anuario el lugar preciso donde se necesita conocer la latitud, debe determinarse mediante observaciones astronómicas.

Determinación de la latitud por observación de la estrella polar en su culminación por el meridiano del lugar.

La estrella Polar ($\propto$ de la Osa Menor) es una estrella de segunda magnitud cuya posición se identifica fácilmente por las constelaciones cercanas de la Osa Mayor y de Casiopea. Su distancia polar es aproximadamente de 1° y el cambio anual de declinación es menor de 1'. (Fig. N° 51).

Se ha escogido la Polar porque el radio de su órbita con respecto al Polo es muy pequeño, lo cual hace que casi esté sobre el Polo. La estrella Polar en su movimiento circumpolar aparente, en dirección contraria a la de las manecillas del reloj, pasa dos veces por el meridiano: en su culminación superior (C.S.) y en su culminación inferior (C.I.). En los puntos denominados de elongación al Este (E.E) y elongación al Oeste (E.W) la Polar tiene sus alejamientos máximos respecto del meridiano. (Fig. N° 52)

Este método consiste en medir la altura de la estrella cuando se encuentra sobre el meridiano del observador.
La latitud se calcula por medio de las fórmulas siguientes:

$$\varphi = a \pm p \ \ldots\ldots (1)$$

$$\varphi = z + \delta \ \ldots\ldots (2)$$

en las cuales:

φ = latitud del lugar de observación
a = altura verdadera de la Polar, cuando cruza el meridiano del lugar
p = distancia polar de la estrella
z = distancia zenital
δ = declinación aparente de la Polar

POSICION RELATIVA DE LAS CONSTELACIONES
CERCA DEL POLO NORTE

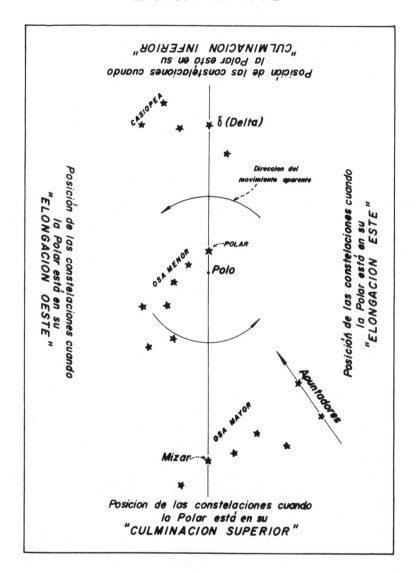

Figura N° 51

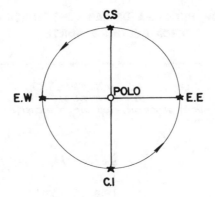

Figura Nº 52

La relación entre la latitud del observador y la declinación y la altura de una estrella sobre el meridiano del observador, se puede ver en la Fig. Nº 53

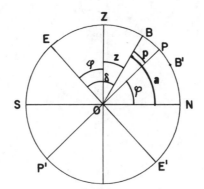

EE' = ecuador celeste, PP' = eje del mundo

Figura Nº 53

Sea B una estrella que está sobre el meridiano, localizada al Norte del ecuador, entonces:

$$\measuredangle PON = \varphi = \text{latitud}$$
$$\measuredangle EOB = \delta = \text{declinación}$$
$$\measuredangle BON = a = \text{altura}$$
$$\measuredangle ZOB = z = \text{distancia zenital}$$
$$\measuredangle POB = p = \text{distancia polar}$$

En este caso B está al Norte del zenit y, por tanto, se tiene:

$$\varphi = \delta - z$$

Cuando la estrella Polar está sobre el polo o sea en la posición B, se dice que está en su culminación superior, y cuando está en la posición B', se dice que está en su culminación inferior.

De acuerdo con la fórmula (1), cuando se quiere conocer la latitud por observación de la Polar en su culminación superior, la distancia polar se resta de la altura, y cuando se obtiene de la culminación inferior, la distancia polar se suma a la altura.

La distancia polar se encuentra tomando del Anuario del Observatorio Astronómico Nacional, la declinación aparente de la estrella Polar y restando ésta de 90°.

$$p = 90° - \delta$$

Para conocer la latitud por observación de la estrella Polar en su culminación, se ejecutan las operaciones siguientes:

a) Se calcula la hora local de la culminación superior de la Polar en un meridiano dado y en una fecha determinada, tomando del Anuario, el valor para el meridiano 90° W.G. y haciendo la reducción a la longitud del lugar por medio de la variación horaria.

b) Se instala y nivela cuidadosamente el tránsito, unos minutos antes del tiempo calculado para la culminación.

c) Se inscribe en el círculo vertical del tránsito la latitud estimada para el lugar de observación, a fin de facilitar la localización de la Polar.

d) Al visar la Polar, se ilumina la retícula si es necesario y la estrella se bisecta contínuamente con el hilo horizontal medio de la retícula.

e) La Polar está prácticamente en su culminación, cuando durante un período de 3 ó 4 minutos no se separa del hilo horizontal sino que parece moverse horizontalmente a lo largo de él.

f) Cuando está la estrella en su culminación, se lee el ángulo vertical rápidamente, se vuelve a nivelar el tránsito, se da al anteojo vuelta de campana y se hace una segunda observación de la Polar con el anteojo en posición inversa. Se nivela nuevamente el aparato y se hace otro par de observaciones.

g) Se toma como altura verdadera de la estrella, el promedio de las alturas observadas, corregido por refracción y por error de índice. En las observaciones de las estrellas no son necesarias las correcciones por paralaje ni por el semidiámetro.

h) La distancia polar se encuentra por medio de la tabla de Declinaciones de la Polar.

i) Finalmente, se calcula la latitud aplicando a la altura verdadera de la estrella, la distancia polar con el signo correspondiente.

No es indispensable que la altura observada sea la del instante del paso de la Polar por el meridiano. Dentro de los 12 minutos antes de la culminación o dentro de los 12 minutos después de la culminación, el cambio máximo en la altura es sólo de un décimo de minuto (0.1').

PROBLEMAS:

1.- Se desea saber el tiempo de la culminación superior de la estrella Polar, el día 14 de enero de 1975, en Ixtapan de la Sal, Méx.

SOLUCION:

Datos tomados del Anuario:

- Longitud de Ixtapan de la Sal, Méx. = 99°40'28'' W.G.
- Hora del paso superior de la Polar por el meridiano 90° W.G. (11-Ene-75) = 18 h 44.7 min
- Variación por día: — 3.96 min

Corrección por 3 días: 3 (— 3.96 min) = — 11.9 min
Hora del paso superior de la Polar por el meridiano 90° W.G. (14-Ene-75) = 18 h 32.8 min

Diferencia en longitud entre el meridiano de Ixtapan de la Sal y el meridiano 90° W.G.
$\triangle\lambda$ = 99°40'28'' — 90° = 9°40'28''

$$\triangle\lambda = \frac{9°40'28''}{15} = \frac{9.6744}{15} = 38.7 \text{ min}$$

Corrección por diferencia en longitud = + 38.7 min

Hora del paso superior de la Polar por el meridiano de Ixtapan de la Sal, (14-Ene-75) = 19 h 11.5 min

2.- Determinar la latitud por observación de la estrella Polar en su culminación superior.

DATOS:

Fecha de observación: 24 de agosto de 1975
Lugar de observación: Churubusco, D.F.
Longitud de Churubusco: = 6 h 36 min 36 seg
Promedio de alturas observadas = 20°14'30''
Presión barométrica: 540 mm
Temperatura: 16°C

148

SOLUCION:

a) Cálculo de la hora del paso superior de la Polar por el meridiano de Churubusco, D.F.

De la Tabla I del Anuario, se toman los siguientes DATOS:

- Hora del paso superior de la Polar por
  el meridiano 90° W.G. (19-Ago-75) =   4 h 20.5 min
- Variación por día = -3.91 min

Corrección por 5 días: 5 (— 3.91 min) = —   19.55 min
Hora del paso superior de la Polar por   ——————
el meridiano 90° W.G. (24-Ago-75) =   4 h 00.95 min

Diferencia en longitud entre el meridiano
de Churubusco y el meridiano 90° W.G.:
$\triangle \lambda$ = 6 h 36 min 36 seg — 6 h = 36 min 36 seg
        $\triangle \lambda$ = 36.6 min
Corrección por diferencia en longitud = +   36.60 min
Hora del paso superior de la Polar por el   ——————
meridiano de Churubusco (24-Ago-75) =   4 h 37.55 min

b) Cálculo de la altura verdadera de la Polar.

Promedio de alturas observadas: a' = 20°14'30''
Distancia zenital aparente: z = 90° — a' = 90° — 20°14'30''

$$z = 69°45'30''$$

La corrección por refracción se obtiene por medio de la fórmula:

$$r = \rho \; \beta \; \tau$$

En las Tablas XVI, XIX y XX del Anuario se encuentran los valores de los factores ρ, β y τ, como sigue:

para: z = 69°45'30'' ; ρ = 2'37'' = 2.62'
para: B = 540 mm ; β = 0.7087
para : T = 16°C ; τ = 0.9791

corrección por refracción: r = 2'.62 (0.7087) (0.9791) = 1'.82

$$r = 1'49''$$

Altura observada de la Polar: a' =   20°14'30''
— Corrección por refracción: — r = —   1'49''
Altura verdadera de la Polar: a =   20°12'41''

c) Cálculo de la distancia polar.

En la Tabla del Anuario "Posiciones aparentes de la estrella Polar a la hora del paso superior por el meridiano 90° W.G.", se encuentra para agosto 24 de 1975; δ = + 89°08'56''.38

∴   p = 90° — δ = 90° — 89°08'56''.38 = 0°51'03''.62

d) Cálculo de la latitud.

Se usa la fórmula: φ = a — p

Altura verdadera de la Polar: a =   20°12'41''
— Distancia polar: — p = — 0°51'04''
LATITUD DEL LUGAR: φ =   19°21'37''

3.- Calcular la latitud por observación de la estrella Polar en su paso superior por el meridiano 90° W.G., el 1° de enero de 1975.

DATOS:

Hora del paso superior de la Polar
por el meridiano 90° W.G.   =   19 h 24 min 18 seg
Declinación de la Polar δ =   + 89°09'23''
Promedio de alturas observadas a' =   41°44'40''
Error de índice   =   — 30''
Presión barométrica   B =   525 mm
Temperatura   T =   8°C

SOLUCION:

a) Cálculo de la altura verdadera de la Polar.

Promedio de alturas observadas: =   41°44'40''
Corrección por error de índice   = +   30''
Altura observada de la Polar: =   41°45'10''

Para calcular la corrección por refracción se aplica la fórmula:

$$r = \rho \; \beta \; \tau \quad \ldots\ldots (1)$$

150

La distancia zenital aparente es:

$$z = 90° - a' = 90° - 41°45'10'' = 48°14'50''$$

Los factores ρ , β y τ se encuentran en las Tablas del Anuario, que a continuación se indican:

Tabla	Argumento	Factor
XVI	$z = 48°14'50''$	$\rho = 65''.1$
XIX	$B = 0.525$ m	$\beta = 0.6890$
XX	$T = 8°C$	$\tau = 1.0072$

$$\therefore \quad r = 65''.1 \ (0.6890) \ (1.0072) = 45''$$

Altura observada de la Polar:	$a' =$	$41°45'10''$
— Corrección por refracción:	$r = -$	$45''$
Altura verdadera de la Polar:	$a =$	$41°44'25''$

b) Cálculo de la distancia polar.

La distancia polar se obtiene restando de 90° la declinación de la estrella:

$$p = 90° - \delta = 90° - 89°09'23'' = 0°50'37''$$

c) Cálculo de la latitud.

Aplicando la fórmula: $\varphi = a - p$, se tiene:

Altura verdadera de la Polar:	$a =$	$41°44'25''$
— Distancia polar:	$-p =$	$-0°50'37''$
Latitud del lugar:	$\varphi =$	$40°53'48''$

Determinación de la latitud por observación del Sol en el momento de su paso por el meridiano del lugar.

Se puede conocer la latitud de un lugar, observando con el tránsito la altura del Sol al mediodía, cuando cruza el meridiano.
En la Fig. N° 54, se puede ver la relación entre la latitud del observador y la declinación y la distancia zenital del Sol S.
La latitud es igual a la declinación más la distancia zenital:

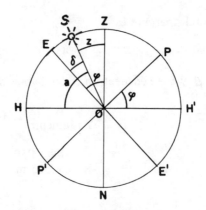

Figura N° 54

HH' = plano del horizonte
EE' = ecuador celeste
PP' = eje del mundo
$\measuredangle$POH' = $\measuredangle$ZOE = φ = latitud
$\measuredangle$SOE = δ = declinación
$\measuredangle$ZOS = z = distancia zenital
$\measuredangle$SOH = a = altura del Sol

$$\varphi = \delta + z \ \text{......} \ (1)$$

y la distancia zenital, ángulo complementario de la altura, es:

$$z = 90° - a$$

valor que substituído en la (1), da:

$$\varphi = \delta + 90° - a \ \text{......} \ (2)$$

La altura verdadera del centro del Sol se obtiene aplicando a la altura observada las correcciones del error de índice, del semidiámetro, de la paralaje y de la refracción:

La declinación del Sol, en el momento de la observación, se calcula con los valores dados en las Efemérides del Sol, del Anuario, conociéndose aproximadamente la longitud del lugar o el tiempo civil local.

Las operaciones que se realizan para determinar la latitud por este método, son las siguientes:

a) Se instala el tránsito y se nivela con todo cuidado.

b) Cuando se acerque la hora del paso del Sol por el meridiano, se visa el borde superior del disco solar y se va siguiendo a éste de manera que el hilo horizontal medio no deje de ser tangente al borde superior del Sol.

c) En el momento en que el Sol alcance su altura máxima, se lee el círculo vertical, en posición directa del anteojo, y la hora que marca el reloj; y luego, con rapidez, se da vuelta de campana al anteojo, quedando ahora en posición inversa, y se establece la tangencia del hilo horizontal medio con el borde inferior del disco solar, después de lo cual se toma la lectura del círculo vertical y la hora.

d) Si el tiempo en que se hacen las dos observaciones no excede de 3 ó 4 minutos, se puede considerar el promedio de las alturas tomadas como la altura aparente del Sol al mediodía.

e) La latitud se calcula usando la fórmula (1) o por medio de la fórmula (2), la cual puede expresarse así:

$$\varphi = \delta \pm (90° - a) \ldots\ldots (2)$$

siendo:

δ = declinación del Sol, en el momento de la observación
a = altura verdadera del Sol

Se tomará el signo (+) cuando el Sol culmina al Sur del zenit y el signo (—) cuando culmina al Norte.

La declinación del Sol puede ser positiva o negativa, según la fecha.

Si solamente se observa la tangencia de un borde del Sol, habrá que corregir la altura del astro por semidiámetro.

Si se conoce la longitud del lugar, se supone que el momento de la observación es el medio día verdadero. Se calcula con anticipación la hora local del mediodía verdadero.

PROBLEMAS:

1.- Calcular la latitud por observación del Sol al mediodía, con los siguientes DATOS:

Lugar de observación:	Villa Obregón, D.F.
Fecha de observación:	2 de agosto de 1975
Longitud de Villa Obregón:	6 h 36 min 45.4 seg W.G.
Declinación del Sol a la hora de su paso por el meridiano 90° W.G. =	+ 17°47'25''.45
Variación horaria en declinación:	— 38''.41
Corrección por refracción y paralaje:	1''
Promedio círculo vertical: z' =	1°33'35''

SOLUCION:

a) Cálculo de la declinación del Sol a la hora de la observación:

Longitud de Villa Obregón, D.F.	=	6 h 36 min 45.4 seg
Longitud meridiano 90° W.G.	=	6 h 00 min 00.0 seg
Diferencia en longitud:	=	36 min 45.4 seg
'' $\Delta\lambda$ =		0.6125 h

Declinación del Sol a la hora de su paso
por el meridiano 90° W.G.   =   + 17°47'25''.45
Corrección por diferencia en longitud:
(— 38''.41) (0.6125 h)   =   —   23''.53
Declinación del Sol a la hora de su paso
por el meridiano de Villa Obregón =   + 17°47'01''.92

b) Cálculo de la latitud:

Distancia zenital observada: z' =   1°33'35''
Corrección por refracción y paralaje: +   1''
Distancia zenital verdadera: z =   1°33'36''
Declinación del Sol a la hora de la
observación en Villa Obregón: δ =   + 17°47'02''
Latitud de Villa Obregón: φ =   19°20'38''

2.- ¿Cuál es la latitud de un lugar cuya longitud es 110°30' W.G., si la altura observada del borde inferior del disco solar es 46°38'30'', el 15 de marzo de 1975?

DATOS:

Declinación del Sol a la hora de su paso
por el meridiano 90° W.G.:   =   — 2°10'23''.96
Variación horaria en declinación: =   + 59''.24
Corrección por refracción y paralaje: =   0'50''
Corrección por semidiámetro: =   16'

SOLUCION:

a) Cálculo de la declinación del Sol a la hora de la observación:

Longitud del lugar de observación =   110°30' W.G.
Longitud del meridiano 90°   =   90°00' W.G.
Diferencia en longitud: =   20°30'
        '' $\Delta\lambda$ =   1.3667 h
Declinación del Sol a la hora de su paso
por el meridiano 90° W.G.   =   — 2°10'23''.96
Corrección por diferencia en longitud:
(+ 59''.24) (1.3667 h)   =   +   1'20''.96
Declinación del Sol a la hora de su paso
por el meridiano del lugar: δ =   — 2°09'03''

b) Cálculo de la altura verdadera del Sol

Altura observada del borde inferior:	=		46°38'30''
Corrección por semidiámetro:	=	+	16'00''
Corrección por refracción y paralaje	=	—	0'50''
Altura verdadera del Sol:	=		46°53'40''

c) Cálculo de la latitud:

Distancia zenital = 90° — altura:z	=	43°06'20''
Declinación del Sol:	δ =	— 2°09'03''
Latitud del lugar:	φ =	40°57'17''

Determinación de la latitud por observación del Sol en dos posiciones.

Este método consiste en observar el Sol a una hora conocida y medir su altura y el ángulo horizontal que forma la visual al Sol con una línea de referencia. Se determina la declinación del Sol para el momento de la observación y se calcula la latitud aplicando la fórmula:

$$\text{sen } \varphi = \text{sen } \delta \text{ sen } A + \frac{B}{I} \cos^2 A$$

en la cual:

φ = latitud del lugar
δ = declinación del Sol a la hora de la observación
A = promedio de las alturas observadas del Sol, corregidas por refracción.
B = diferencia de lecturas del círculo horizontal
I = intervalo de tiempo entre las dos observaciones,en minutos de arco.
Lo más conveniente es que I sea de 20 a 30 minutos.

Como para obtener la latitud con una aproximación de 1' o 2' por este método es necesario que el intervalo I se mida al segundo y ésto no siempre es posible, entonces se puede usar la fórmula siguiente en la que no interviene este intervalo sino el ángulo paraláctico Q.

$$\text{sen } \varphi = \text{sen } \delta \text{ sen } A + \cos \delta \cos A \cos Q$$

$$\cot Q = \frac{B \cos A}{A_2 - A_1}$$

siendo A_1 y A_2, las alturas observadas del Sol, corregidas por refracción.
Para la observación del Sol, se procede de la manera siguiente:

155

a) Se instala el tránsito en el extremo A de la línea de referencia y se nivela cuidadosamente. Se ponen en coincidencia los ceros del limbo horizontal y su vernier y por medio del movimiento general se dirige el anteojo a visar la señal colocada en el extremo B de la línea y se fija el movimiento general.

b) Con el movimiento particular se dirige el anteojo para observar el Sol, de tal modo que su imagen haga tangencia con los hilos de la retícula en el cuadrante inferior izquierdo y se leen y anotan los ángulos horizontal y vertical y la hora de la observación.

c) Se da al anteojo vuelta de campana, quedando en posición inversa, y se visa nuevamente el Sol, pero esta vez de tal manera que el disco solar haga tangencia con los hilos de la retícula en el cuadrante superior derecho. Se leen y anotan los ángulos horizontal y vertical y la hora de la observación.

d) Por medio del movimiento particular se dirige el anteojo a visar la señal B y se lee y anota el ángulo horizontal, terminando así una serie de observaciones.

Para tener seguridad en la determinación de la latitud deben hacerse cuando menos tres series de observaciones.

El tiempo más apropiado para la observación del Sol es de 8 a 10 de la mañana ó de 2 a 4 de la tarde.

Al observar el Sol directamente debe usarse un helioscopio y a falta de éste, se puede recibir la imagen del Sol sobre una tarjeta blanca ó sobre una hoja de papel satinado de color azul ó amarillo.

El objeto de visar el Sol dos veces, una con el anteojo en posición directa y otra, con el anteojo en posición inversa, es el de eliminar errores instrumentales. Al observar la imagen del Sol primero en el cuadrante inferior izquierdo y luego en el cuadrante superior derecho, haciendo en ambos casos tangencia con los hilos de la retícula, se evita el error que podría ocurrir al intentarse la observación en el centro del Sol o sea el tener que aplicar la corrección por semidiámetro. Los promedios de los ángulos así medidos, se consideran como tomados al centro del Sol, siempre que entre una observación y otra no transcurran más de 5 minutos.

PROBLEMAS:

1.- Calcular la latitud por el método de observación del Sol en dos posiciones.

Lugar: Huizquilucan, Mex.
Fecha: 20 de diciembre de 1975
Presión barométrica: 525 mm Hg
Temperatura: 12°C

Serie	Posición del anteojo	P.V.	Círculo Horizontal		Círculo vertical	Hora T.C.	Croquis
			"A"	"B"			
1	Dir.	Señal	0°00'	180°00'			
	"	Sol	315°31'	135°31'	21°47'	9h 02min	
	Inv.	Sol	135°02'	315°02'	22°58'	9h 04min	
	"	Señal	180°00'	0°00'			
Promedios			315°16'30''		22°22'30''	9h 03min	*Angulo señal-Sol*
2	Dir.	Señal	0°00'	180°00'			
	"	Sol	319°24'	139°24'	26°29'	9h 28min	
	Inv.	Sol	139°05'	319°05'	27°55'	9h 30min	
	"	Señal	180°00'	0°00'			
Promedios			319°14'30''		27°12'	9h 29min	

Hora del paso del Sol por el meridiano 90° W.G.: 11h 57 min 28.97 seg
Declinación del Sol a la hora de su paso por el
meridiano 90° W.G.: –23° 25' 43''.6
Variación horaria en declinación: –2''.05

SOLUCION:

a) Cálculo del promedio de las alturas observadas, corregidas por refracción.

1^a *Posición del Sol.*
z = 90° – 22° 22' 30'' = 67° 37' 30''

	Anuario	Argumento		Factor
	Tabla XVI	z = 67° 37'.5	ρ = 2' 20''.5 = 140''.5	
	XIX	B = 0.525 m	β = 0.6890	
	XX	T = 12°C	τ = 0.9929	

r = $\rho \cdot \beta \cdot \tau$ = 140''.5 (0.6890)(0.9929) = 96'' = 1'36''

Altura observada: 22° 22' 30''
Corrección por refacción: r = –   1' 36''
Altura verdadera: A_1 = 22° 20' 54''

157

2ª posición del Sol.

z = 90° — 27°12' = 62°48'   z = 62°48'

Anuario	Argumento	Factor
Tabla XVI	z = 62°48'	ρ = 1'52".8 = 112".8
Tabla XIX	B = 0.525 m	β = 0.6890
Tabla XX	T = 12°C	τ = 0.9929

r = $\rho \cdot \beta \cdot \tau$ = 112".8 (0.6890) (0.9929) = 77" = 1'17"

Altura observada: =   27°12'00"
Corrección por refracción:r = —   1'17"
Altura verdadera: A_2 =   27°10'43"

$$A = \tfrac{1}{2}(A_1 + A_2) = 24° \ 45' \ 48".5$$

b) Cálculo de la diferencia de lecturas del círculo horizontal.
1ª posición del Sol.
Angulo horizontal observado: 315° 16' 30"
2ª posición del Sol.
Angulo horizontal observado: 319° 14' 30"
                        Diferencia: 3° 58' 00" = 238'

B = 238'

c) Cálculo de la declinación del Sol en su posición media.

Hora del paso del Sol por el meridiano 90° W.G. = 11h 57 min 28.97 seg.
   Promedio de las horas de observación del Sol = 9h 16 min 0 seg.
                        Intervalo = –2h 41 min 28.97 seg.
                        Intervalo = –2.6914h
Declinación del Sol a la hora de su paso por el
                meridiano 90° W.G. = –23° 25' 43".6
Corrección por variación horaria en declinación:
                (-2".05)(-2.6914h) = +   5".5
Declinación del Sol en su posición media = –23° 25' 38".1

$$\delta = -23° \ 25' \ 38".1$$

d) Cálculo del ángulo paraláctico.

$$\cot Q = \frac{B \cos A}{A_2 - A_1} = \frac{238 \cos 24° \ 45' \ 48".5}{27° \ 10' \ 43" - 22° \ 20' \ 54"}$$

$$\cot Q = \frac{238' \ (0.9080448)}{289'.8} = 0.74573726$$

$$\therefore Q = 53° \ 17' \ 12''$$

e) Cálculo de la latitud.

$$\operatorname{sen} \varphi = \operatorname{sen} \delta \ \operatorname{sen} A + \cos \delta \ \cos A \cos Q$$

$$\operatorname{sen} \varphi = \operatorname{sen} (-23° \ 25' \ 38''.1) \ \operatorname{sen} 24° \ 45' \ 48''.5 \ +$$
$$+ \ \cos (-23° \ 25' \ 38''.1) \ \cos 24° \ 45' \ 48''.5 \ \cos 53 \ ° \ 17' \ 12''$$

$$\operatorname{sen} \delta \ \operatorname{sen} A = (-0.3975843) \ (0.4188733) = -0.16653744$$

$$\cos \delta \ \cos A \cos Q = (0.9175656)(0.9080448)(0.5978117) = +0.49809112$$
$$\operatorname{sen} \varphi = 0.33155368$$

$$\therefore \quad \varphi = 19° \ 21' \ 47''$$

2.- Determinar la latitud de VILLA OBREGON, D.F., el 21 de diciembre de 1965, por observación del Sol en dos posiciones.

Presión barométrica: 520 mm Hg   Temperatura: 12°.5C

Serie	Posición del anteojo	P.V.	Círculo Horizontal		Círculo Vertical	Hora T.C.	Croquis
			"A"	"B"			
1	Dir.	Señal	0°00'	180°00'			
	"	Sol +	76°01'	256°01'	21°48'	9h 03 min	
	Inv.	Sol +	256°30'	76°30'	22°59'	9h 05 min	
	"	Señal	180°00'	0°00'			
Promedios			76°15'30''		22°23'30''	9h 04 min	
2	Dir.	Señal	0°00'	180°00'			
	"	Sol +	80°04'	260°04'	26°30'	9h 27 min	
	Inv.	Sol +	260°23'	80°23'	27°56'	9h 29 min	
	"	Señal	180°00'	0°00'			
Promedios			80°13'30''		27°13'	9h 28 min	

Angulo señal Sol

DATOS:

Hora del paso del Sol por el meridiano 90° W.G. = 11h 58 min 27 seg.
Declinación del Sol a la hora de su paso por el
meridiano 90° W.G. = –23° 26' 39"
Variación horaria en declinación = – 0".38

SOLUCIÓN:

a) *Cálculo de A.*

1ª Posición del Sol.

$$z = 90° - 22°23'30'' = 67°36'30''$$

Anuario	Argumento	Factor
Tabla XVI	z = 67°36'.5	ρ = 140".4
" XIX	B = 0.520 m	β = 0.6824
" XX	T = 12°.5C	τ = 0.9912

$$r = \rho \cdot \beta \cdot \tau = 140''.4\,(0.6824)(0.9912) = 95'' = 1'35''$$

Altura observada:	22° 23' 30"
Corrección por refacción:	r = – 1' 35"
Altura verdadera:	A_1 = 22° 21' 55"

2ª Posición del Sol.

$$z = 90° - 27°13' = 62°47'$$

Anuario	Argumento	Factor
Tabla XVI	z = 62°47'.5	ρ = 112".8
" XIX	B = 0.520 m	β = 0.6824
" XX	T = 12°.5C	τ = 0.9912

$$r = \rho \cdot \beta \cdot \tau = 112''.8\,(0.6824)(0.9912) = 76'' = 1'16''$$

Altura observada:	27° 13' 00"
Corrección por refacción:	r = – 1' 16"
Altura verdadera:	A_2 = 27° 11' 44"

$$A = \tfrac{1}{2}(A_1 + A_2) = 24° 46' 49''.5$$

b) Cálculo de B.

1ª Posición del Sol.
Angulo horizontal observado: 76° 15' 30''
2ª Posición del Sol.
Angulo horizontal observado: 80° 13' 30''
                                    Diferencia: 3° 58' 00'' = 238'

$$B = 238'$$

c) Cálculo de δ

Hora del paso del Sol por el meridiano 90° W.G. = 11h 58 min 27 seg.
Promedio de las horas de observación del Sol = 9h 16 min 0 seg.
                                    Intervalo = −2h 42 min 27 seg.
                                    Intervalo = −2.7075h
Declinación del Sol a la hora de su paso por el
                    meridiano 90° W.G. = − 23° 26' 39''
Corrección por variación horaria en declinación:
                (-0''.38)(-2.7075h) = +   01''
Declinación del Sol en su posición media = −23° 26' 38''

$$\delta = -23°26'38''$$

d) Cálculo de Q.

$$\cot Q = \frac{B \cos A}{A_2 - A_1} = \frac{238' \cos 24° 46' 49''.5}{27° 11' 44'' - 22° 21' 55''}$$

$$\cot Q = \frac{238' (0.9079209)}{289'.8} = 0.7456355$$

$$\therefore Q = 53° 17' 26''$$

e) Cálculo de φ .

$$\operatorname{sen} \varphi = \operatorname{sen} \delta \operatorname{sen} A + \cos \delta \cos A \cos Q.$$

sen φ = sen (-23° 26' 38'') sen 24° 46' 49''.5 +
+ cos (-23° 26' 38'') cos 24° 46' 49''.5 cos 53° 17' 26''

$$\text{sen } \delta \text{ sen A} = (-0.3978508)(0.4191418) = \qquad -0.16675590$$

$$\cos \delta \ \cos A \cos Q = (0.9174502)(0.9079209)(0.5977573) = \underline{+\ 0.49791521}$$
$$\text{sen } \varphi = \qquad 0.33115931$$

$$\therefore \quad \varphi = 19° \ 20' \ 21''$$

3.- Calcular la latitud en Ciudad Universitaria, D.F., cuando se tienen los siguientes datos:

Fecha: 12 de agosto de 1974
Declinación del Sol a la hora de la observación: $\delta = +14° \ 58' \ 16''$
Promedios obtenidos:

1ª Serie	C.H.	C.V.	Hora
	116° 12' 52''	31° 46' 27''	8h 37 min 31.0 seg.
2ª Serie			
	117° 38' 32''	36° 43' 21''	8h 58 min 31.5 seg.

Las alturas observadas se corrigieron por refracción.

SOLUCION:

Como en este caso el intervalo I entre las dos observaciones se obtiene con una aproximación hasta décimos de segundo, puede emplearse para la determinación de la latitud, la fórmula siguiente:

$$\text{sen } \varphi = \text{sen } \delta \ \text{sen A} + \frac{B}{I} \cos^2 A$$

a) Promedio A de las alturas observadas, corregidas por refacción:

$$A = \frac{1}{2}(A_1 + A_2) = \frac{1}{2}(31° \ 46' \ 27'' + 36° \ 43' \ 21'')$$

$$A = 34° \ 14' \ 54''$$

b) Diferencia B de lecturas del círculo horizontal:

$$\begin{array}{ll} 1^a \text{ Serie: CH} = & 116° \ 12' \ 52'' \\ 2^a \text{ Serie: } \underline{\text{CH} = } & \underline{117° \ 38' \ 32''} \\ B = & 1° \ 25' \ 40'' \end{array}$$

$$B = 85'.666$$

c) Intervalo de tiempo I, entre las dos observaciones.

1ª Serie: 8h 37 min 31.0 seg.
2ª Serie: <u>8h 58 min 31.5 seg.</u>
I = 21 min 00.5 seg.

I = 315'.12

d) Cálculo de la latitud φ :

$$\text{sen } \varphi = \text{sen } \delta \text{ sen A} + \frac{B}{I} \cos^2 A$$

$$\text{sen } \delta \bullet \text{sen A} = \text{sen } 14° 58' 16'' \text{ sen } 34° 14' 54'' = (0.258332)(0.5627809) =$$
$$= 0.14538431$$

$$\frac{B}{I} \cos^2 A = \frac{85'.666}{315'.12} \cos^2 34° 14' 54'' =$$
$$= (0.27185199)(0.68327764) = 0.1857038$$
$$\text{sen } \varphi = 0.33113469$$

$$\therefore \quad \varphi = 19° 20' 15''.5$$

DETERMINACION DEL AZIMUT ASTRONOMICO DE UNA LINEA.

Para obtener con precisión las direcciones de las líneas de los levantamientos es necesario recurrir a las observaciones y cálculos astronómicos.

Las orientaciones astronómicas se utilizan principalmente para:
- dar permanencia a las direcciones de linderos,
- relacionar levantamientos,
- comprobar los ángulos de poligonales abiertas,
- determinar declinaciones magnéticas,
- orientar antenas direccionales de radio o radar, ejes polares de instrumentos astronómicos, instalaciones de fototeodolitos y dispositivos similares.

El azimut astronómico de una línea se puede conocer por observaciones de la estrella Polar o por observaciones del Sol.

METODOS PARA DETERMINAR EL AZIMUT DE UNA LINEA POR OBSERVACIONES DE LA ESTRELLA POLAR.

Determinación del azimut por observación de la estrella Polar en su culminación.

El método más sencillo para determinar un meridiano astronómico es el que se verifica por medio de una observación sobre la estrella Polar en su culminación superior o inferior.

La aplicación de este método comprende las operaciones siguientes:

a) Cálculo de la hora local de la culminación superior de la Polar en el meridiano y fecha dados.

b) Unos minutos antes de la hora calculada para el paso superior de la Polar, se instala el tránsito en la estación A (Fig. N° 55) nivelándolo cuidadosamente y poniendo en coincidencia los ceros del limbo horizontal y su vernier.

c) Por medio del movimiento general se dirige el anteojo a visar la señal colocada en el extremo B de la línea cuyo azimut se desea conocer y se fija dicho movimiento.

d) Con el movimiento particular se dirige el anteojo a visar la Polar en el instante de su culminación y se lee y anota el ángulo horizontal α para obtener el azimut astronómico de la línea AB.

$$Az\ AB = 360° - \alpha$$

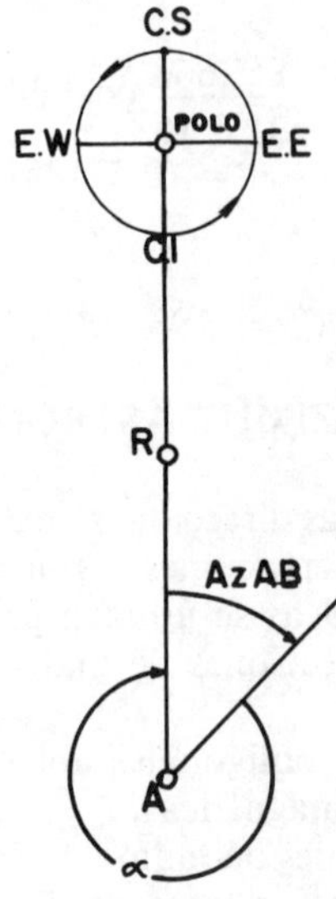

Figura Nº 55

Si se desea materializar la meridiana astronómica, después de visar la Polar en su culminación y fijar el movimiento azimutal del aparato, se inclina el anteojo y se coloca en el terreno una estaca R. Así, AR es la línea Norte-Sur verdadera.

Este método de fácil aplicación presenta dos serias desventajas: ambas culminaciones pueden ocurrir en horas de difícil observación; y un pequeño error en tiempo origina un error relativamente grande en el valor del azimut.

PROBLEMAS:

1.- Determinar la hora del paso superior de la Polar, el día 18 de febrero de 1975, en Toluca, Méx.

DATOS:

Longitud de Toluca, Méx: λ = 6h 38 min 38.5 seg W.G.
Hora del paso superior de la Polar por el meridiano 90° W.G. (10-feb-75) =
    16h 46.1 min
Variación por día = –3.95 min

SOLUCION:

Longitud de Toluca, Méx:	=	6h 38 min 38.5 seg
Longitud meridiano 90°	=	6h 00 min 00.0 seg
Diferencia en longitud:	=	38 min 38.5 seg
" $\Delta\lambda$ =		38.6 min

Hora del paso superior de la Polar por el meridiano 90° W.G. (10-feb-75) =		16h 46.1 min
Corrección por 8 días: 8(-3.95 min) =	–	31.6 min
Hora del paso superior de la Polar por el meridiano 90° W.G. (18-feb-75) =		16h 14.5 min
Corrección por diferencia en longitud =	+	38.6 min
Hora del paso superior de la Polar por el merdidiano de Toluca (18-feb-75) =		16h 53.1 min

2.- Para obtener el azimut de la línea AB, se observó la estrella Polar en su culminación superior, el día 1 de enero de 1975, en Tacubaya, D.F. El ángulo horizontal medido desde la línea AB de referencia hasta la posición de la Polar fue de 321° 17' 30". (Fig. N° 55).

De la Tabla I del Anuario se tomó la hora del paso superior de la Polar por el meridiano 90° W.G., para el día 1 de enero de 1975: 19h 24.3 min y de la Tabla de Posiciones Geográficas de los principales lugares de la República se obtuvo la longitud de Tacubaya, D.F.: λ = 6h 36 min 46.7 seg.

Calcular la hora del paso superior de la Polar el día 1 de enero de 1975, en Tacubaya, D.F., así como el azimut astronómico de la línea AB.

SOLUCION:

Longitud de Tacubaya, D.F.	=	6 h 36 min 46.7 seg
Longitud meridiano 90° W.G.	=	6 h 00 min 00.0 seg
Diferencia en longitud:	=	36 min 46.7 seg
" $\Delta\lambda$ =		36.8 min

Hora del paso superior de la Polar por
el meridiano 90° W.G. (1-Ene-75)   =   19 h 24.3 min
Corrección por diferencia en longitud =   +   36.8 min
Hora del paso superior de la Polar por el
meridiano de Tacubaya (1-Ene-75)   =   20 h 01.1 min

$$Az\ AB = 360° - \propto = 360° - 321°17'30'' = 38°42'30''$$

2.- **Determinación del azimut por observación de la Polar en elongación.**

Se puede determinar el azimut de una línea observando la Polar en su elongación oriental u occidental, si se conoce la latitud del lugar.

El procedimiento usual es el siguiente: (Fig. N° 56)

a) Se determina con anticipación la hora local de elongación. Como cerca de la elongación el azimut varía muy lentamente no se necesita conocer la corrección del reloj con precisión puesto que un error de dos o tres minutos poco significa.

Las horas de las elongaciones E y W se obtienen calculando la hora del paso de la estrella Polar por el meridiano del lugar y restándole o sumándole 6 horas, respectivamente.

b) Unos diez minutos antes de la hora en que se va a efectuar la elongación, se instala el tránsito en la estación A dada y se nivela cuidadosamente.

c) Se inscribe en el círculo vertical la latitud del lugar para localizar con facilidad la Polar y una vez que se le ve con claridad, se fijan los movimientos horizontal y vertical del instrumento, se ilumina la retícula si es necesario y se bisecta continuamente la estrella con el hilo vertical. Cuando por un período de dos o tres minutos parece que no se separa del hilo sino que se mueve verticalmente sobre él, la Polar está en su elongación. Entonces se inclina el anteojo y se marca un punto sobre el terreno por medio de una estaca Q, a una distancia de 100 metros, aproximadamente, de la estación A.

d) Se da al anteojo vuelta de campana y se hace otra observación de la estrella; y vuelve a inclinarse el anteojo para marcar otro punto cerca del primero.

e) Se nivela el tránsito nuevamente y se hace un segundo par de observaciones.

f) En seguida, para definir la línea entre el punto A, donde se encuentra instalado el tránsito y la Polar en su elongación, se determina el promedio de las posiciones de los puntos y se marca en la estaca Q. La línea AQ así materializada, forma con el Norte astronómico un ángulo igual al azimut de la estrella Polar en su elongación.

g) El azimut de la Polar en elongación se calcula por la fórmula:

$$\operatorname{sen} Az_e = \frac{\operatorname{sen} p}{\cos \varphi}$$

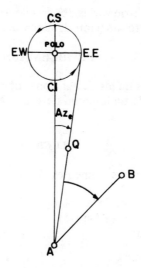

siendo: **Figura Nº 56**

Az_e = azimut de la Polar en elongación
p = (90° − δ) = distancia polar o codeclinación
φ = latitud del lugar.

Como el azimut de la Polar y la distancia polar son muy pequeños se puede substituir los senos de estos ángulos por los ángulos, expresados en minutos, y entonces la fórmula anterior se transforma en la siguiente:

$$Az_e = \frac{p}{\cos \varphi}$$

en la cual: Az_e y p, en minutos.

La declinación de la Polar se toma del Anuario, simplemente para la fecha de la observación pues, como puede verse en la tabla, su variación es mínima.
La latitud del lugar puede determinarse como se ha explicado anteriormente, pero basta estimarla con un décimo de grado de aproximación, tomándola de una carta geográfica, ya que un error de 6' en latitud produce uno menor de 6'' en el azimut.
h) El azimut de la línea AB se puede conocer midiendo el ángulo horizontal QAB, por el método de repetición si es necesario para obtener la precisión requerida. En el ejemplo propuesto (Fig. Nº 56), se tiene:

$$Az\ AB = Az_e + \measuredangle\ QAB$$

Si se toma el promedio de varias observaciones el azimut de una línea se puede obtener con una aproximación de cinco décimos de minuto (0'.5)

PROBLEMAS:

1.- Calcular las horas de las elongaciones de la Polar en Tepic, Nay., el día 9 de septiembre de 1975. La longitud de Tepic, Nay., es: λ = 6 h 59 min 34.8 seg W.G.

SOLUCION:

Del Anuario se toman los siguientes DATOS:

Hora del paso superior de la Polar por el meridiano 90° W.G. (8-Sep-75)	=	3 h 02.3 min
Variación por día:	= —	3.91 min
Longitud de Tepic, Nay.	=	6 h 59 min 34.8 seg
Longitud meridiano 90° W.G.	=	6 h 00 min 00.0 seg
Diferencia en longitud:	=	59 min 34.8 seg
'' $\Delta\lambda$	=	59.6 min
Hora del paso superior de la Polar por el meridiano 90° W.G. (8-Sep-75)	=	3 h 02.3 min
Corrección por un día: (— 3.91 min)	=	— 03.91 min
Hora del paso superior de la Polar por el meridiano 90° W.G. (9-Sep-75)	=	2 h 58.39 min
Corrección por diferencia en longitud	=	+ 59.60 min
Hora del paso superior de la Polar por el meridiano de Tepic (9-Sep-75)	=	3 h 57.99 min
		+ 6 h
Hora elongación W	=	9 h 57.99 min

$$
\begin{array}{r}
24\text{h} \\
+ \quad 3\text{h } 57.99 \text{ min.} \\
\hline
27\text{h } 57.99 \text{ min.} \\
- \quad 6\text{h} \\
\hline
\end{array}
$$

Hora elongación E   =   21h 57.99 min.

2.- ¿Cuál es el azimut de la estrella Polar en su elongación Este, el 20 de diciembre de 1975, en Ciudad Victoria, Tamps.?

DATOS:

Latitud de Ciudad Victoria, Tamps.:	φ =	23°44'06'' N
Declinación de la Polar (20-Dic-75):	δ =	+ 89°09'34''.44

SOLUCION:

Se aplica la fórmula:

$$\operatorname{sen} Az_e = \frac{\operatorname{sen} p}{\cos \varphi}$$

$$p = 90° - \delta = 90° - 89°09'34''.44 = 0°50'25''.56$$

$$\operatorname{sen} Az_e = \frac{\operatorname{sen} 0°50'25''.56}{\cos 23°44'06''} = \frac{\operatorname{sen} 0°.84043333}{\cos 23°.735}$$

$$\operatorname{sen} Az_e = \frac{0.0146678}{0.9154169} = 0.01602308$$

$$\therefore \quad Az_e = 55'05''.13$$

Como el azimut de la polar y la distancia polar son muy pequeños, se puede emplear la fórmula:

$$Az_e = \frac{p}{\cos \varphi}$$

$$Az_e = \frac{50'.426}{0.9154169} = 55'.085284$$

$$\therefore \quad Az_e = 55'05''.12$$

3.- El 15 de febrero de 1975, en Cholula, Pue., se observó la estrella Polar en su elongación Oeste y se midió el ángulo horizontal BAQ = 108°47'30''. (Fig. N° 57).
Del Anuario se tomaron los siguientes DATOS:

• *Coordenadas geográficas de Cholula, Pue.:*
    $\varphi = 19°03'45''$ N; $\lambda = 98°18'15''$ W.G.

• *Tabla I*
    Hora del paso superior de la Polar por el
    meridiano 90° W.G. (10-Feb-75)   =   16 h 46.1 min
    Variación por día: = —   3.95 min

    • *Tabla "Posiciones aparentes de la Polar".*
    Declinación de la Polar (15-Feb-75) =   + 89°09'23''.72

CALCULAR:

a) Hora de la elongación occidental (EW) de la Polar.
b) Rumbo astronómico de la Polar en elongación Oeste; y
c) Azimut astronómico de la línea AB

SOLUCION:

a) Cálculo de la hora de elongación Oeste de la Polar.

Longitud de Cholula, Pue. $\quad = \quad 98°18'15''$ W.G. $=$

$$= \frac{98°18'15''}{15°} = \frac{98°.304166}{15°} = 6.553611 \text{ h}$$

Longitud de Cholula, Pue.	=	6 h 33 min 13 seg
Longitud meridiano 90° W.G.	=	6 h 00 min 00 seg
Diferencia en longitud:	=	33 min 13 seg
Diferencia en longitud: $\triangle\lambda =$		33.22 min
Hora del paso superior de la Polar por el meridiano 90° W.G. (10-Feb-75)	=	16 h 46.10 min
Corrección por 5 días: 5(— 3.95 min) =		— 19.75 min
Hora del paso superior de la Polar por el meridiano 90° W.G. (15-Feb-75)	=	16 h 26.35 min
Corrección por diferencia en longitud =		+ 33.22 min
Hora del paso superior de la Polar por el meridiano de Cholula (15-Feb-75)	=	16 h 59.57 min
		+ 6 h
Hora de elongación Oeste de la Polar:		22 h 59.57 min

b) Cálculo del rumbo astronómico de la Polar en su elongación occidental.

Se aplica la fórmula:

$$\text{sen Az}_e = \frac{\text{sen p}}{\cos \varphi}$$

$$p = 90° - \delta = 90° - 89°09'23''.72 = 0°50'36''.28$$
$$\varphi = 19°03'45'' \text{ N}$$

$$\text{sen Az}_e = \frac{\text{sen } 0°50'36''.28}{\cos 19°03'45''} = \frac{\text{sen } 0°.8434111}{\cos 19°.0625}$$

$$\text{sen Az}_e = \frac{0.0147198}{0.9451629} = 0.01557382$$

$$\therefore \quad \text{Az}_e = - 53'32''.46$$

170

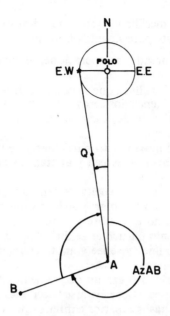

Figura Nº 57

El rumbo astronómico de la Polar en su elongación Oeste, es:

Rbo. estrella Polar en E.W. = N 0°53'32".46 W

c) Cálculo del azimut astronómico de la línea AB.

Az AB = 360° — (BAQ + Rbo$_e$)

Az AB = 360° — (108°47'30" + 0°53'32".5)

Az AB = 360° — 109°41'02".5

$$\text{Az AB} = 250°18'57".5$$

Determinación del azimut por observación de la Polar en cualquier momento.

La Tabla IV del Anuario del Observatorio Astronómico Nacional da los azimutes de la Polar para cualquier ángulo horario y para las latitudes de 10° a 32°. Los azimútes están calculados al décimo de minuto, suficiente para las operaciones topográficas más comunes.

La Polar estará al Este del meridiano si su ángulo horario está comprendido entre 12 y 24 horas y al Oeste para ángulos horarios entre 0 y 12 horas.

El trabajo de campo comprende las operaciones siguientes:

a) En uno de los extremos de la línea que se va a orientar, se centra y se nivela el tránsito; se ponen en coincidencia los ceros del limbo horizontal y su vernier y con el movimiento general se dirige el anteojo a visar el otro extremo de la línea y se fija dicho movimiento.

b) En seguida, se suelta el movimiento particular y se visa la Polar, iluminando la retícula si es necesario, y se leen y anotan las ángulos horizontal y vertical y la hora de observación.

c) Inmediatamente se da al anteojo vuelta de campana, quedando ahora en posición inversa y se visa otra vez la Polar; y se leen y anotan los ángulos horizontal y vertical así como la hora de observación.

d) Por medio del movimiento particular se dirige el anteojo a visar la señal colocada en el extremo de la línea y se lee y anota el ángulo horizontal, para terminar así una serie de observaciones.

Para determinar con seguridad el azimut de la línea, deben hacerse cuando menos tres series de observaciones. Debe evitarse hacer estas observaciones cuando la Polar esté cerca de sus pasos superior e inferior por el meridiano porque en esas partes de la trayectoria su azimut varía con rapidez y las observaciones resultan inciertas.

Es conveniente hacer un croquis en el registro de campo, en el que se hagan aparecer la estación, el punto visado, la posición de la Polar y el norte astronómico para deducir con mayor facilidad el azimut de la línea.

Con los datos obtenidos en el campo y los que se toman del Anuario, se calculan el ángulo horario y el azimut de la Polar así como el azimut de la línea.

Cálculo del ángulo horario de la estrella Polar.

El ángulo horario de la Polar, como el de cualquier astro, es el ángulo que forma el círculo horario del astro con el meridiano del lugar. Se define también como la diferencia en tiempo entre la hora de la observación del astro y la hora de su culminación por el meridiano del lugar. Si la hora de observación es numéricamente inferior a la de culminación, se suma a la primera 24 horas y se practica la operación.

El ángulo horario se cuenta desde el Sur, en el sentido directo, de 0 a 24 horas, o de 0 a 12 horas a uno y otro lado. Los ángulos orientales se toman como negativos y los occidentales como positivos.

Para determinar el ángulo horario de la Polar es indispensable saber el estado del reloj que se use.

El ángulo horario de la Polar se calcula aplicando la fórmula siguiente:

$$H = t - (P \pm \Delta\lambda) + \frac{1}{6}\left[t - (P \pm \Delta\lambda)\right]$$

en la cual:

H = ángulo horario de la Polar, en horas siderales.

t = hora de la observación, expresada en Hora del Centro, corregida por el estado del reloj

P = hora del paso de la Polar por el meridiano 90° W.G.

$\Delta \lambda$ = diferencia en longitud del lugar con respecto al meridiano 90° W.G., positiva al W y negativa al E de ese meridiano.

t — (P $\pm \Delta \lambda$), está dado en horas solares medias y como 6 horas solares medias equivalen a 6 horas 1 minuto siderales, para que el ángulo horario resulte en horas siderales habrá que agregarle un minuto por cada 6 horas solares medias, por tanto el resultado de $\frac{1}{6} \left[t - (P \pm \Delta \lambda) \right]$ en la fórmula anterior, se toma como minutos.

Si se usa la hora local t', entonces:

$$H = t' - P + \frac{1}{6} (t' - P)$$

Si el ángulo horario resulta negativo significa que al observar la Polar estaba al oriente del meridiano; para contarlo como positivo se debe calcular la hora del paso de la Polar por el meridiano para el día anterior y agregar 24 horas a la hora de la observación.

Determinación del azimut de la Polar.

El azimut de la Polar se puede conocer por medio de fórmulas o usando las Tablas del Anuario.

Para calcular el azimut de la Polar se utilizan las fórmulas siguientes:

$$\text{sen Az} = \frac{\text{sen H cos } \delta}{\cos a}$$

$$\text{sen Az} = \frac{\text{sen H sen p}}{\cos a}$$

Si el ángulo horario se ha obtenido con mucha exactitud puede aplicarse la fórmula:

$$\tan \text{Az} = \frac{\text{sen H}}{\cos \varphi \tan \delta - \text{sen } \varphi \cos H}$$

En las fórmulas anteriores:

Az = azimut de la Polar
H = ángulo horario

δ = declinación
p = (90° — δ) = distancia polar o codeclinación
ϕ = latitud del lugar
a = altura de la Polar.

Cuando se utiliza el Anuario, el azimut de la Polar se puede hallar en función del ángulo horario de la estrella y de la latitud del lugar, en las Tablas IV y V; o bien en función del ángulo horario y de la altura de la estrella, en la Tabla VI.

Las tablas del Anuario dan los azimutes de la Polar para valores enteros de la latitud, ángulo horario y altura y, por consiguiente, será necesario interpolar para tener el azimut correspondiente a los valores que tengan esas variables.

PROBLEMAS:

1.- Calcular el ángulo horario de la Polar en Tepic, Nay., para las 20 horas 15 minutos de tiempo civil, el 10 de septiembre de 1975.

SOLUCION:

Del Anuario se toman los siguientes DATOS:

Longitud de Tepic, Nay. λ = 6 h 59 min 34.8 seg W.G.
Horal del paso superior de la Polar por
el meridiano 90° W.G. (8-Sep-75) =   3 h 02.3 min
Variación por día = — 3.91 min

Longitud de Tepic, Nay.	=	6 h 59 min 34.8 seg
Longitud meridiano 90° W.G.	=	6 h 00 min 00.0 seg
Diferencia en longitud	=	59 min 34.8 seg
,,	$\Delta\lambda$ =	59.58 min
Hora civil local:	t' =	20 h 15 min 00 seg
Corrección por diferencia en longitud =		0 h 59 min 35 seg
Hora del centro:	t =	21 h 14 min 35 seg

Hora del paso superior de la Polar por el meridiano 90° W.G. (8-Sep-75)	=	3 h 02.3 min
Corrección por 2 días: (— 3.91 min) 2 =	—	7.8 min
Hora del paso superior de la Polar por el meridiano 90° W.G. (10-Sep-75)P =		2 h 54.5 min

Se aplica la fórmula:

$$H = t - (P + \Delta\lambda) + \frac{1}{6}\left[t - (P + \Delta\lambda)\right]$$

t = Hora de observación = 21 h 14 min 35 seg =   21 h 14.58 min

p + $\Delta\lambda$ = 2 h 54.5 min + 59.58 min   =   —   3 h 54.08 min

$$t - (P + \Delta\lambda) = $$ 17 h 20.50 min

$$\frac{1}{6}\left[t - (P + \Delta\lambda) \right] = \frac{1}{6}(17.341666) \text{ min} = $$ +   2.89 min

H = ángulo horario de la Polar   =   17 h 23.39 min

Al mismo resultado se llega empleando la hora local t', mediante la fórmula:

$$H = t' - P + \frac{1}{6}(t' - P)$$

t' = hora local de observación: =   20 h 15.0 min

P = hora del paso por el meridiano 90°

(10-Sep-75)   =   —   2 h 54.5 min

$$t' - P = $$ 17 h 20.5 min

$$+ \frac{1}{6}(t' - P) = \frac{1}{6}(17.341666) \text{ min} = $$ +   2.89 min

H = ángulo horario de la Polar   =   17 h 23.39 min

2.- Calcular el azimut de la Polar con los siguientes DATOS:

Altura de la Polar, corregida por refracción
y paralaje: a =   25°02'56''

Angulo horario de la Polar: H =   18 h 52 min 36 seg

Declinación de la Polar: δ =   89°06'05''

SOLUCION:

El azimut de Polar se obtiene usando la fórmula:

$$\text{sen Az} = \frac{\text{sen H cos } \delta}{\text{cos a}}$$

H = 18 h 52 min 36 seg = 283°09'00''

El ángulo interior del triángulo astronómico es:

$$H = 360° - 283°09' = 76°51'$$

$$\text{sen Az} = \frac{-\text{ sen 76°51' cos 89°06'.083}}{\text{cos 25°02'.933}} = \frac{(-0.9737778)(0.0156833)}{0.905947}$$

$$\text{sen Az} = -0.01685754$$

$$\therefore \quad Az = -57'57''$$

o bien: Az = 57'57'', al Este.

3.- Encontrar el azimut de la Polar usando las Tablas IV y V del Anuario del Observatorio Astronómico Nacional.

DATOS:

Lugar de observación: Linares, N.L.

Fecha: 15 de septiembre de 1975

δ = 89°09'25''
φ = 24°51'39'' N
H = 18 h 52.6 min

SOLUCION:

En la Tabla IV del Anuario, calculada para una declinación de la Polar de 89°09'10'', entrando con la latitud como argumento horizontal y el ángulo horario como argumento vertical, se encuentra el azimut de la Polar, por interpolación:

Para: φ = 24°
Si: H = 18 h 50 min;   Az =   0°54'.4
" H = 19 h 00 min;   Az =   0°53'.8
y para: H = 18 h 52.6 min, Az =   0°54'.2

Para: φ = 26°
Si: H = 18 h 50 min;   Az =   0°55'.3
" H = 19 h 00 min;   Az =   0°54'.7
y para: H = 18 h 52.6 min,Az =   0°55'.1

Se han obtenido ya los azimutes de la Polar para φ = 24° y φ = 26°, sólo falta encontrar el azimut correspondiente a la latitud dada. Interpolando se halla:

Para: φ = 24°51'39'',   Az = 0°54'.6

y, finalmente, en la Tabla V, se encuentra la corrección que se debe aplicar al azimut de la Polar, porque la declinación dada es diferente de la que se tomó para calcular la Tabla IV.

En.la Tabla V del Anuario:

Para: δ = 89°09'25''
Si: Az = 40';   la corrección es: — 0'.2
" Az = 60';   "   : — 0'.3

y, por interpolación, se encuentra:

para: Az = 0°54'.6, la corrección: — 0'.3

luego, el azimut de la Polar es:

$$Az = 0°54'.6 — 0'.3 = 0°54'.3$$

4.- Determinar el azimut de la línea AB (Fig. N° 58) cuando se tienen los siguientes DATOS:

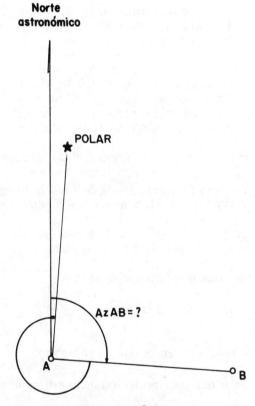

Figura N° 58

Lugar de observación: Chetumal, Q. Roo.
Fecha: 2 de septiembre de 1975
Longitud: λ = 5 h 33 min 11.7 seg W.G.
Hora de observación, en
tiempo del Centro: 20 h 56 min 30 seg
Altura de la Polar, corregida por
refracción y paralaje: 19°52'30''

177

Angulo horizontal Señal-Polar: 267°15'30"
Declinación de la Polar: 89°09'58".42
Hora del paso superior de la Polar por el
meridiano 90° W.G. (29-Ago-75): 3 h 41.4 min
Variación por día: — 3.91 min

SOLUCION:

a) Cálculo del ángulo horario de la Polar:

Longitud de Chetumal, Q. Roo.	=	5 h 53 min. 11.7 seg
Longitud meridiano 90° W.G.	=	6 h 00 min 00.0 seg
Diferencia en longitud: —	=	— 6 min 48.3 seg
" $-\triangle \lambda$ =		— 6.805 min

Hora del paso superior de la Polar por
el meridiano 90° W.G. (29-Ago-75) =   3 h 41.40 min
Corrección por 4 días: (— 3.91 min) 4 =   —   15.64 min
Hora del paso superior de la Polar por
el meridiano 90° W.G. (2-Sep-75); P =   3 h 25.76 min

Para el cálculo de H las operaciones se pueden disponer de la manera siguiente;

t = hora de observación = 20 h 56 min 30 seg   =   20 h 56.50 min
P —$\triangle \lambda$ = 3 h 25.76 min —6.805 min   =   —3 h 18.96 min
                t — (P —$\triangle \lambda$)   =   17 h 37.54 min
1/6 $\left[$ t —(P-$\triangle \lambda$)$\right]$ = 1/6 (17.62566666) min   =   +   2.94 min
        Angulo horario de la Polar   H =   17 h 40.48 min

b) Cálculo del azimut de la Polar

$$\text{sen Az} = \frac{\text{sen H cos } \delta}{\text{cos a}}$$

H = 17 h 40.48 min = 265°07'12"

El ángulo interior del triángulo astronómico es:

H = 360° — 265°07'12" = 94°52'48"

$$\text{sen Az} = \frac{- \text{sen } 94°52'48" \text{ cos } 89°09'58".42}{\text{cos } 19°52'30"}$$

$$\text{sen Az} = \frac{(- 0.9963751)(0.0145515)}{0.9404365} = - 0.01541704$$

$$\therefore \quad Az = - 53'.00$$

El azimut de la Polar es: Az = 0°53'00'' al E.

c) *Cálculo del azimut de la línea AB.*

Angulo horizontal señal — Polar: 267°15'30''
— Azimut de la Polar: — 0°53'00''
                                             266°22'30''
                                             360°00'00''
Azimut AB = 360° — 266°22'30'' =   93°37'30''

5. Determinar el rumbo astronómico de la línea AB (Fig. N° 59), por observación de la Polar en cualquier momento, en Orizaba, Ver., el 15 de septiembre de 1975

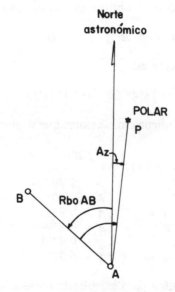

Figura N° 59

DATOS:

Altura aparente de la Polar: = 18°48'30''
Hora de la observación: = 21 h 35 min 15 seg
Angulo Señal — Polar: BAP = 49°52'30''
Presión barométrica = 638 mm
Temperatura = 16.5°C

SOLUCION:

Del Anuario se toman los siguientes DATOS:

Longitud de Orizaba, Ver.: 6 h 28 min 23.1 seg
Declinación de la Polar: + 89°10'02''
Hora del paso superior de
la Polar por el meridiano 90°·W.G.
(8-Sep-75) _____ 3 h 02.3 min
Variación por día: _____ — 3.91 min

a) Cálculo de la altura verdadera de la Polar.

La corrección por refracción se obtiene por la fórmula:

$$r = \rho \beta \tau \quad \ldots\ldots (1)$$

La distancia zenital aparente es:

z = 90° — a' = 90° — 18°48'30'' = 71°11'30''

Las tablas del Anuario contienen los factores que se anotan a continuación:

Tabla	Argumento	Factor
XVI	z = 71°10'	ρ = 2'49''.0
	z = 71°20'	ρ = 2'50''.6
XIX	B = 0.635 m	β = 0.8333
	B = 0.640 m	β = 0.8399
XX	T = 16°C	τ = 0.9791
	T = 17°C	τ = 0.9757

Los factores que se necesitan para calcular la corrección por refracción se encuentran por interpolación.

Así, para: *z = 71°11'30''; ρ = 2'49''.2 = 2'.82*
"   B = 0.638 m; β = 0.8373
"   T = 16°.5C; τ = 0.9774

y se substituyen en la fórmula (1):

r = 2'.82 (0.8373) (0.9774) = 2'.31 = 2'18''.6

Altura aparente de la Polar: *a' =*   *18°48'30''.0*
— Corrección por refracción: *— r =*   *— 2'18''.6*
Altura verdadera de la Polar: *a =*   *18°46'11''.4*

b) Cálculo del ángulo horario de la Polar

Se emplea la fórmula:

$$H = t - (P + \Delta\lambda) + \frac{1}{6}\left[t - (P + \Delta\lambda)\right] \quad \ldots\ldots (2)$$

Longitud de Orizaba, Ver.:	$\lambda =$	6 h 28 min 23.1 seg
Longitud meridiano 90° W.G.:	$=$	6 h 00 min 00.0 seg
Diferencia en longitud:	$=$	28 min 23.1 seg
"	$\Delta\lambda =$	28.385 min

Hora de observación, en tiempo del Centro: t = 21 h 35 min 15 seg
Hora del paso superior de la Polar por
el meridiano 90° W.G. (8-Sep-75) =   3 h 02.30 min
Corrección por 7 días: (— 3.91 min)7 =   —   27.37 min

Hora del paso superior de la Polar por el meridiano 90° W.G. (15-Sep-75).
$$P = 2h\ 34.93\ min$$

$$
\begin{aligned}
t &= 21\ h\ 35.250\ min \\
P + \Delta\lambda &= -\ 3\ h\ 03.315\ min \\
t - (P + \Delta\lambda) &= 18\ h\ 31.935\ min \\
1/6\ [t - (P + \Delta\lambda)] &= +\ 3.089\ min
\end{aligned}
$$

Angulo horario de la Polar: H = 18 h 35.024 min

c) Cálculo del azimut de la Polar.

$$\operatorname{sen} A_z = \frac{\operatorname{sen} H \cos \delta}{\cos a} \quad \ldots\ldots (3)$$

H = 18 h 35.024 min = 278° 45'.3594;   H = 81° 14'.64, es el ángulo
δ = 89° 10' 02'' = 89° 10'.0333   interior del triángulo astro-
a = 18° 46' 11''.4 = 18° 46'.19   nómico.

$$\operatorname{sen} A_z = \frac{-\operatorname{sen} 81° 14'.64 \cos 89° 10'.03}{\cos 18° 46'.19} = -0.01517259$$

$$\therefore A_z = -52'\ 09''.7$$

$$\therefore \text{Azimut de la Polar} = 0°\ 52'\ 09''.7 \text{ al Este}$$

d) Cálculo del rumbo astronómico de la línea AB.

Angulo horizontal Señal-Polar: ∢ BAP = 49° 52' 30''.0
—Azimut de la Polar: Az =-52' 09''.7
Rumbo astronómico de la línea AB: =   N 49° 00' 20''.3 W

METODOS PARA DETERMINAR EL AZIMUT DE UNA
LINEA POR OBSERVACIONES DEL SOL.

Determinación del azimut de una línea por el método de alturas iguales del sol.

Es posible conocer el azimut de una línea por este método, estableciendo previamente la posición de la meridiana.

Así, para determinar el azimut de la línea AB (Fig Nº 60) se ejecutan las operaciones siguientes:

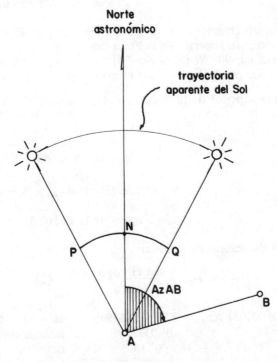

Figura Nº 60

a) Se instala el tránsito en la estación A y se nivela cuidadosamente; se ponen en coincidencia los ceros del limbo horizontal y su vernier, y se fija el movimiento particular.

b) Se establece en el terreno el punto P, a unos 200 metros de A y se fija el movimiento general.

182

c) Se eleva el anteojo para visar el Sol, con un helioscopio o recibiendo la imagen del disco solar en una tarjeta blanca, entre las 8 y las 10 de la mañana, cuando pasa por encima del punto P y se lee y anota el ángulo vertical.

d) Unos minutos antes de las 3 de la tarde, por medio del movimiento particular del anteojo y con el ángulo vertical medido anteriormente inscrito en el círculo vertical, se va siguiendo al Sol hasta visarlo nuevamente y, en el instante de su observación, se fija el movimiento particular, se inclina el anteojo y se marca un punto Q sobre el terreno, aproximadamente a la misma distancia de la estación A que el punto P; y se lee y anota el ángulo horizontal PAQ.

e) En seguida se mide el ángulo PAN, igual a la mitad del ángulo PAQ, y se marca en el terreno el punto N, quedando establecida la meridiana por la línea AN, bisectriz del ángulo horizontal PAQ.

f) El azimut de la línea AB se obtiene midiendo el ángulo horizontal NAB.

Determinación del azimut por el método de distancias zenitales absolutas del Sol.

Este es el método más comunmente usado para trabajos ordinarios y consiste en observar el Sol en un momento cualquiera. El tiempo más apropiado para la observación es de 8 a 10 de la mañana ó de 2 a 4 de la tarde. En las observaciones hechas en estas horas aproximadamente un error de 1' en latitud, declinación o altura, produce un error de 1' a 2' de azimut.

Para determinar el azimut de la línea AB (Fig. Nº 61) se procede de la manera siguiente:

a) Se centra el tránsito en la estación A y se nivela con todo cuidado; se ponen en coincidencia los ceros del limbo horizontal y su vernier, y se fija el movimiento particular.

b) Con el movimiento general se dirige el anteojo a visar la señal colocada en el extremo B de la línea y se fija dicho movimiento.

c) Por medio del movimiento particular se imprime un giro al anteojo en el sentido en que se mueven las manecillas del reloj y se visa el Sol, de tal modo que su imagen haga tengencia con los hilos de la retícula en el cuadrante inferior izquierdo y se leen y anotan los ángulos horizontal y vertical y la hora de la observación.

d) Inmediatamente se da vuelta de campana al anteojo y queda éste en posición inversa; de nuevo se visa el Sol pero esta vez de manera que su imagen haga tangencia con los hilos de la retícula en el cuadrante superior derecho; y se leen y anotan los ángulos horizontal y vertical, así como la hora de la observación.

e) Luego, con el movimiento particular se hace girar el anteojo para visar la señal B y se verifica que el círculo horizontal da la lectura inicial, terminando así una serie de observaciones.

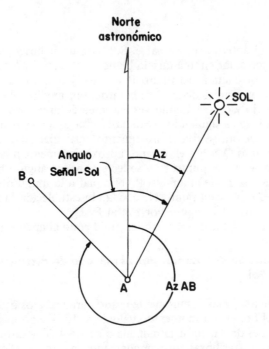

Figura Nº 61

En el registro de campo se dibuja un croquis en el cual se representan el Norte astronómico, la posición del Sol y la línea cuyo azimut se desea conocer y que está definida por la estación y la señal.

Al observar el Sol directamente se debe usar un helioscopio y a falta de éste se puede recibir la imagen del Sol sobre una tarjeta blanca o sobre una hoja de papel satinado de color azul o amarillo.

El intervalo de tiempo entre las dos observaciones del Sol, en cada serie, debe ser lo más corto posible. El error es inapreciable si las observaciones distan dos o tres minutos una de la otra.

Para tener seguridad en la obtención del azimut se deben hacer por lo menos tres series de observaciones para que el azimut final sea el promedio de los calculados en cada serie. Si alguno de los azimutes de la línea difiere más de 3' debe desecharse para no intervenir en el promedio.

Para eliminar errores de excentricidad se toman las lecturas de ambos verniers, el A y el B, del círculo horizontal.

La inversión del anteojo al hacer las observaciones del Sol elimina los errores instrumentales: de índice, de colimación y del nivel del anteojo.

La corrección por semidiámetro se evita visando el Sol en el cuadrante inferior izquierdo y luego en el superior derecho, haciendo en ambos casos tangencia con los hilos de la retícula y promediando las dos lecturas del círculo vertical.

PROBLEMAS:

1.- Calcular el azimut de la línea AB con los datos del registro de campo siguiente:

Lugar: CUTZAMALA, Gro.
Fecha: 2 de agosto de 1975
Latitud: 18°28' N
Línea orientada: AB

Presión barométrica = 615 mm
Temperatura = 22°.5C
Aparato: Tránsito de 1'
Observador: Alejandro García

Serie	Posición del Anteojo	P.V.	Círculo Horizontal		Círculo Vertical	Tiempo del Centro	Croquis
			"A"	"B"			
1 a	DIR.	Señal	0°00'	180°00'			
	"	Sol ⊹	135°29'	315°29'	18°30'	8h 28min	
	INV.	Sol ⊹	316°13'	136°13'	19°40'	8h 30min	
	"	Señal	180°00'	0°00'			

Promedios: 135°51' 19°05' 8h 29min

SOLUCION:

a) Cálculo de la distancia zenital verdadera.

Conocida la altura aparente a' del Sol, dada por el promedio del círculo vertical, se calcula la distancia zenital aparente z':

$$z' = 90° - a' = 90° - 19°05' = 70°55'$$

A continuación, en las Tablas del Anuario se obtienen los factores para calcular la corrección por refracción.

ANUARIO	*Argumento*	*Factor*
Tabla XVI	z' = 70°55'	ρ = 2'46".7 = 166".7
Tabla XIX	B = 0.615 m	β = 0.8071
Tabla XX	T = 22°.5C	τ = 0.9575

Corrección por refracción:

$$r = \rho \cdot \beta \cdot \tau = 166''.7 \ (0.8071) \ (0.9575) = 128''.8$$

$$r = 2'.15$$

Altura aparente del Sol: a' =   19°05'.00
Corrección por refracción:— r =   –   2'.15
Altura verdadera: a =   19°02'.85

Distancia zenital verdadera: z =   90° — a

$$z = 90° - 19°02'.85 = 70°57'.15$$

$$z = 70°57'.15$$

b) Cálculo de la declinación del Sol a la hora de la observación.

Se ocurre al Anuario y en las Efemérides del Sol, para la fecha de observación, se encuentran los siguientes DATOS:

Hora del paso del Sol por el
meridiano 90° W.G.:   12 h 06 min 13.42 seg
Declinación del Sol a la hora de
su paso por el meridiano 90°   + 17°47'25''.45
Variación horaria en declinación: —   38''.41

Las operaciones se disponen como sigue:

Hora del paso del Sol por el
meridiano 90° W.G.:   12 h 06 min 13.42 seg
Hora de observación: 8 h 29 min 00 seg
Intervalo: — 3 h 37 min 13.42 seg
Intervalo: — 3.6204 h

Declinación del Sol a la hora de su
paso por el meridiano 90°   + 17°47'25''.45
Corrección por variación horaria
en el intervalo: (— 38''.41)(— 3.6204 h):   + 2'19''.06
Declinación del Sol a la hora de
la observación: δ =   +   17°49'44''.51

$$\delta = + \quad 17°49'.74$$

c) Cálculo del azimut del Sol.

Se emplea la fórmula:

$$\operatorname{sen} \tfrac{1}{2}\, Az = \sqrt{\dfrac{\operatorname{sen} m \, \cos n}{\operatorname{sen} z \, \cos \varphi}}$$

en la cual:

$$m = \tfrac{1}{2}\,(z + \varphi - \delta); \qquad n = \tfrac{1}{2}\,(z + \varphi + \delta)$$

Para calcular el azimut del Sol y el azimut de la línea se utiliza la planilla siguiente:

Distancia zenital verdadera: z	70°.9525
Latitud: φ	18°.4667
Declinación: δ	+ 17°.8290
$z + \varphi - \delta$	71°.5902
$z + \varphi + \delta$	107°.2482
$m = \tfrac{1}{2}\,(z + \varphi - \delta)$	35°.7951
$n = \tfrac{1}{2}\,(z + \varphi + \delta)$	53°.6241
sen m	0.5848883
cos n	0.5930803
sen z	0.9452484
cos φ	0.9485079
sen^2 $\tfrac{1}{2}$ Az	0.38690069
sen $\tfrac{1}{2}$ Az	0.62201341
$\tfrac{1}{2}$ Az	38°.46331
Az	76°55'36''
Angulo Señal - Sol	135°51'00''
Rumbo astronómico línea AB	N 58°55'24''W
Azimut línea AB:	301°04'36''

2.- Calcular el azimut de la línea AB, con los siguientes datos:

Lugar de observación: ACAYUCAN, Ver.
Fecha de observación: 11 de agosto de 1958
Promedios: Círculo horizontal: 66° 49'
      Círculo vertical: 26°47'
      Tiempo del Centro: 8 h 02 min
Latitud: φ = 17°56'42'' N.
Hora del paso del Sol por el
meridiano 90° W.G. :   12 h 05 min 09 seg

Declinación del Sol a la hora
de su paso por el meridiano 90°: + 15°13'08"
Variación horaria en declinación: — 44".5
Corrección por refracción: 1'49"

SOLUCION:

Distancia zenital aparente = 90° — 26°47' =   63°13'00"
Corrección por refracción: +   1'49"
Distancia zenital verdadera: z =   63°14'49"

Hora del paso del Sol por el
meridiano 90° W.G. :   12 h 05 min 09 seg
Hora de observación: 8 h 02 min 00 seg
Intervalo: — 4 h 03 min 09 seg
Intervalo: — 4.0525 h

Declinación del Sol a la hora de su paso
por el meridiano 90° W.G.:   + 15°13'08"
Corrección por variación horaria en el
intervalo: (— 44".5) (— 4.0525 h):   +   3'00"
Declinación del Sol a la hora
de la observación: δ =   + 15°16'08"

$$z = 63°.246944$$
$$\varphi = 17°.945000$$
$$\delta = 15°.268889$$
$$z + \varphi - \delta = 65°.923055$$
$$z + \varphi + \delta = 96°.460833$$
$$m = \tfrac{1}{2}(z + \varphi - \delta) = 32°.961527$$
$$n = \tfrac{1}{2}(z + \varphi + \delta) = 48°.230416$$

$$\text{sen } \tfrac{1}{2} \text{ Az} = \sqrt{\frac{\text{sen } m \cos n}{\text{sen } z \cos \varphi}} = \sqrt{\frac{(0.5440758)(0.6661367)}{(0.892955)(0.9513527)}}$$

sen ½ Az = 0.65316936   ∴   ½ Az = 40°.78099

$$\text{Az} = 81°.56198 = 81°33'43"$$

Az AB = 81°33'43" — 66°49' = 14°44'43"

3.- Determinar el azimut de la línea AB con los siguientes DATOS:

Lugar: SUCHIATE, CHIS.   Presión barométrica: 640 mm
Fecha: 16 de abril de 1975   Temperatura: 31°.5C
Latitud: φ = 14°40'23"   Observador: Fernando García

Serie	Posición del Anteojo	P.V.	Círculo Horizontal "A"	Círculo Horizontal "B"	Círculo Vertical	Tiempo del Centro	Croquis
1	DIR.	Señal	0°00'	180°00'			
	"	Sol ⊹	339°13'	159°13'	30°42'	8h 13min	
	INV.	Sol ⊹	159°15'	339°15'	31°10'	8h 14min	
	"	Señal	180°00'	0°00'			

Promedios: 339°14'   30°56' 8h 13.5min

SOLUCION:

Distancia zenital aparente: z' = 90° — a' = 90° — 30°56' = 59°04'

Anuario	Argumento	Factor
Tabla XVI	z' = 59°04'	ρ = 1'36".9 = 99".9
" XIX	B = 0.640 m	β = 0.8399
" XX	T = 31°.5C	τ = 0.9291

Corrección por refracción:

r = ρ β τ = 99".9 (0.8399) (0.9291) = 77".96 = 1'.3

Distancia zenital verdadera: z = z' + r = 59°04' + 1'.3 = 59°05'.3

Hora del paso del Sol por el meridiano 90° W.G. = 11 h 59 min 52.6 seg
Hora de la observación: = 8 h 13 min 30.0 seg
                Intervalo: = —3 h 46 min 22.6 seg
                Intervalo: = — 3.7729 h

Declinación del Sol a la hora de su paso
por el meridiano 90° W.G.   =   + 10°05'19".88
Corrección por variación horaria en el
intervalo: (+ 53".24) (— 3.7729 h) =   —   3'20".87
Declinación del Sol a la hora de
la observación: δ =   + 10°01'59".01

Cálculo del azimut del Sol.

     Distancia zenital: z =   59°.088333
     Latitud: φ =   14°.673055
     Declinación: δ =   + 10°.033058
                z + φ — δ =   63°.728330
                z + φ + δ =   83°.794446

$$m = \tfrac{1}{2}(z + \varphi - \delta) = \quad 31°.864165$$
$$n = \tfrac{1}{2}(z + \varphi + \delta) = \quad 41°.897223$$
$$\text{sen } m = \quad 0.5279073$$
$$\cos n = \quad 0.7443440$$
$$\text{sen } z = \quad 0.8579603$$
$$\cos \varphi = \quad 0.9673870$$

$$\text{sen } \tfrac{1}{2} Az = \sqrt{\dfrac{\text{sen } m \cos n}{\text{sen } z \cos \varphi}} = 0.68806894$$

$$\therefore \quad \tfrac{1}{2} Az = 43°.47744; \quad Az = 86°.95488$$

$$Az = 86°57'18''$$

$$Az\ AB = (360° - 339°14') + 86°57'18'' = 107°43'18''$$

$$Az\ AB = 107°43'18''$$

4.- Calcular el azimut astronómico de la línea AB con los siguientes DATOS:

Lugar de observación: El Comedero, Sin.
Fecha de la observación: 16 de febrero de 1954
Latitud: $\varphi = 24°33'$ Presión barométrica: 750 mm
Temperatura: 28°C
Registro de campo.

Serie	Posición del Anteojo	P.V.	Círculo Horizontal		Círculo Vertical	Hora T.C.	Croquis
			"A"	"B"			
1	DIR.	B	0°00'	179°59'			
	"	Sol ♂	272°09'	92°08'	15°45'	8h 12min	
	INV.	Sol ♂	93°09'	273°08'	16°59'	8h 14min	
	"	B	180°00'	359°59'			
Promedios:			272°38'30''		16°22'	8h 13min	
2	DIR.	B	60°00'	239°59'			
	"	Sol ♂	333°38'	153°37'	18°07'	8h 17min	
	INV.	Sol ♂	154°47'	334°46'	19°31'	8h 21min	
	"	B	240°00'	59°59'			
Promedios:			274°12'		18°49'	8h 19min	
3	DIR.	B	120°00'	299°59'			
	"	Sol ♂	35°10'	215°09'	20°28'	8h 29min	
	INV.	Sol ♂	216°14'	36°13'	21°40'	8h 33min	
	"	B	300°00'	119°59'			
Promedios:			275°41'30''		21°04'	8h 31min	

Hora del paso del Sol por el
meridiano 90° W.G. :   = 12 h 14 min 10.46 seg
Declinación del Sol a la hora de su
paso por el meridiano 90° W.G. =   — 12°19'08''
Variación horaria en declinación =   + 52''

SOLUCION:

1ª Serie.

- Promedios:

	272°09'	15°45'	8h 12 min
	273°08'	16°59'	8h 14 min
C.H. =	272°38'30'' C.V. =	16°22' Hora =	8 h 13 min

- Corrección por refracción:

z' = 90° — 16°22' = 73°38'

Anuario	*Argumento*	*Factor*
Tabla XVI	z' = 73°38'	ρ = 3'15''.7 = 195''.7
'' XIX	B = 0.750 m	β = 0.9843
'' XX	T = 28°C	τ = 0.9399

r = $\rho\ \beta\ \tau$ = 195''.7 (0.9843) (0.9399) = 181'' = 3'01''

- Corrección por paralaje:

Anuario	*Argumento*	*Corrección.*
Tabla XV	a = 16°22'	p = 8''.5

- Distancia zenital verdadera:

Distancia zenital aparente: z' =		73°38'00''
Corrección por refracción: r =	+	3'01''
Corrección por paralaje: p =	—	08''.5
Distancia zenital verdadera: z =		73°40'52''.5

- Declinación del Sol a la hora de la observación:

Hora del paso del Sol por el		
meridiano 90° W.G. : =	12 h 14 min 10.46 seg	
Hora de observación del Sol =	8 h 13 min 0 seg	
Intervalo: =	— 4 h 01 min 10.46 seg	
Intervalo: =	— 4.0196 h	

Declinación del Sol a la hora de su paso
por el meridiano 90° W.G.   =   — 12°19'08''
Corrección por variación horaria en
declinación: (+ 52'') (— 4.0196 h) =   —   3'29''
Declinación del Sol a la hora
de la observación: δ =   — 12°22'37''

• El cálculo del azimut del Sol y del azimut de la línea se dispone de la manera siguiente:

	1ª Serie	2ª Serie	3ª Serie
Distancia zenital verdadera: z	73°.68125	71°.224333	68°.969722
Latitud: φ	24°.55000	24°.550000	24°.550000
Declinación: δ	— 12°.37694	— 12°.375555	— 12°.372500
z + φ — δ	110°.60819	108°.149880	105°.892222
z + φ + δ	85°.85431	83°.398778	81°.147222
m = ½ (z + φ — δ)	55°.304095	54°.074940	52°.946111
n = ½ (z + φ + δ)	42°.927155	41°.699389	40°.573611
sen m	0.8221847	0.8097851	0.7980691
cos n	0.7322202	0.7466453	0.7595709
sen z	0.9597135	0.9467861	0.9333910
cos φ	0.9095991	0.9095991	0.9095991
sen² ½ Az	0.68963526	0.7020729	0.7139950
sen ½ Az	0.8304428	0.8378979	0.8449823
½ Az	56°.14425	56°.9188	57°.67003
Az	112°.2885	113°.8376	115°.34006
Az	112°17'19''	113°50'15''	115°20'24''
Angulo señal-SOL	272°38'30''	274°12'00''	275°41'30''
	359°59'60''	359°60'00''	359°59'60''
	87°21'30''	85°48'00''	84°18'30''
Azimut línea AB:	199°38'49''	199°38'15''	199°38'54''

El azimut definitivo de la línea AB es el promedio de los calculados en cada serie.

Azimut línea AB = 199°38'39''

Determinación del azimut por el método de observación del Sol en dos posiciones.

Para aplicar este método se ejecutan en el campo las mismas operaciones descritas para determinar la latitud, observando el Sol dos veces con un intervalo de unos 20 minutos.

Cuando se utiliza este procedimiento conviene calcular primero la latitud y después, para el cálculo del azimut emplear cualquiera de las fórmulas clásicas, aplicadas por separado a cada posición del Sol. Si los dos resultados concuerdan con una diferencia que no exceda de 2' las operaciones de campo se realizaron correctamente; en caso contrario deberán repetirse las observaciones del Sol y el cálculo de la latitud.

Para calcular el azimut del Sol se usa la fórmula siguiente:

$$\cot Az = \tan \delta \, \cos A \, \operatorname{cosec} Q - \cot Q \, \operatorname{sen} A$$

en la cual:

δ = declinación del Sol en el momento medio de las dos posiciones:
Q = ángulo paraláctico
A = altura media verdadera

El ángulo paraláctico Q se calcula por medio de la fórmula:

$$\cot Q = \frac{B \cos A}{A_2 - A_1}$$

siendo:

B = ángulo horizontal entre las dos posiciones del Sol
A_1 y A_2 = alturas verdaderas del Sol en las dos posiciones
$A = \dfrac{A_1 + A_2}{2}$ = altura media verdadera

PROBLEMAS:

1.- Determinar el azimut de la línea AB con los datos del registro de campo siguiente:

Lugar: HUIZQUILUCAN, MEX.
Fecha de la observación: 20 de diciembre de 1975
Presión barométrica: 525 mm Hg
Temperatura: 12°C

Serie	Posición del Anteojo	P.V.	Círculo Horizontal "A"	"B"	Círculo Vertical	Hora T.C.	Croquis
1	DIR.	Señal	0°00'	180°00'			
	''	Sol ⊕	315°31'	135°31'	21°47'	9h 02min	
	INV.	Sol ⊕	135°02'	315°02'	22°58'	9h 04min	
	''	Señal	180°00'	0°00'			
Promedios:			315°16'30''		22°22'30''	9h 03min	
2	DIR.	Señal	0°00'	180°00'			
	''	Sol ⊕	319°24'	139°24'	26°29'	9h 28min	
	INV.	Sol ⊕	139°05'	319°05'	27°55'	9h 30min	
	''	Señal	180°00'	0°00'			
Promedios:			319°14'30''		27°12'	9h 29min	

SOLUCION:

a) Cálculo de A

— Primera posición del Sol
$z = 90° - 22°22'30'' = 67°37'30''$

Anuario	Argumento	Factor
Tabla XVI	$z = 67°37'.5$	$\rho = 2'20''.5 = 140''.5$
'' XIX	$B = 0.525$ m	$\beta = 0.6890$
'' XX	$T = 12°C$	$\tau = 0.9929$

Corrección por refracción:

$r = \rho\,\beta\,\tau = 140''.5\,(0.6890)\,(0.9929) = 96'' = 1'36''$

Altura observada:	22°22'30''
Corrección por refracción:	− 1'36''
Altura verdadera: $A_1 =$	22°20'54''

— Segunda posición del Sol.
$z = 90° - 27°12' = 62°48'$

Anuario	Argumento	Factor
Tabla XVI	$z = 62°48'$	$\rho = 1'52''.8 = 112''.8$
'' XIX	$B = 0.525$ m	$\beta = 0.6890$
'' XX	$T = 12°C$	$\tau = 0.9929$

194

Corrección por refracción:

$$r = \rho\, \beta\, \tau \;\; = 112''.8\ (0.6890)\ (0.9929) = 77'' = 1'17''$$

Altura observada:	$27°12'00''$
Corrección por refracción:	$-\quad 1'17''$
Altura verdadera: $\quad A_2 =$	$27°10'43''$

$$A = \frac{A_1 + A_2}{2} = 24°45'48''.5$$

b) Cálculo de B

— Primera posición del Sol:
   Angulo horizontal observado = $\quad 315°16'30''$
— Segunda posición del Sol:
   Angulo horizontal observado = $\quad 319°14'30''$
            Diferencia = $\quad 3°58'00''$
           ''   B = $\quad 238'$

c) Cálculo de δ

Hora del paso del Sol por el
meridiano 90° W.G.   =   11 h 57 min 28.97 seg
Hora de observación   =   9 h 16 min 0 seg
            Intervalo   =   — 2h 41 min 28.97 seg
            Intervalo   =   — 2.6914 h
Declinación del Sol a la hora de su paso
por el meridiano 90° W.G.   = — 23°25'43''.6
Corrección por variación horaria en
declinación: $(- 2.''05)\ (-2.6914\ h) =$ +   5''.5
Declinación del Sol en su posición
media: δ = — 23°25'38''.1

d) Cálculo de Q.

$$\cot Q = \frac{B \cos A}{A_2 - A_1} = \frac{238 \cos 24°45'48''.5}{27°10'43'' - 22°20'54''}$$

$$\cot Q = \frac{238'\ (0.9080448)}{289'.8} = 0.74573726$$

$$\therefore \;\; Q = 53°.28673 = 53°17'12''$$

e) Cálculo del azimut del Sol

cot Az = tan δ cos A cosec Q — cot Q sen A

cot Az = $\dfrac{\text{tan } (- 23°25'38''.1) \text{ cos } 24°45'48''.5}{\text{sen } 53°17'12''}$ —

$$- \text{ cot } 53°17'12'' \text{ sen } 24°45'48''.5$$

cot Az = $\dfrac{(- 0.4333034) (0.9080448) -}{0.8016366}$

$$- (0.74573884) (0.4188733)$$

cot Az = — 0.49081951 — 0.31237008 = — 0.80318959

∴ Az = 180° — 51°22893 = 128°.77107 = 128°46'16''

f) Cálculo del azimut de la línea AB:

Promedio ángulos Señal-Sol	=	317°15'30''
Azimut del Sol	=	— 128°46'16''
		188°29'14''
		359°59'60''
Azimut astronómico línea AB =		171°30'46''

2.- Determinar el azimut de la línea AB con los siguientes DATOS:

Lugar de observación: VILLA OBREGON, D.F.
Fecha de la observación: 21 de diciembre de 1965

1ª posición del Sol

Promedios:	Círculo horizontal	=	76°15'30''
	Círculo vertical	=	22°23'30''
	Hora (T.C.)	=	9 h 04 min

2ª posición del Sol

Promedios:	Círculo horizontal	=	80°13'30''
	Círculo vertical	=	27°13'
	Hora (T.C.)	=	9 h 28 min
Temperatura:		12°.5C	
Presión barométrica:	520 mm Hg.		

Datos del Anuario:

- Hora del paso del Sol por el
  meridiano 90° W.G.   11 h 58 min 27 seg
- Declinación del Sol a la hora de
  su paso por el meridiano 90° W.G.   — 23°26'39''
- Variación horaria en declinación   — 0''.38

SOLUCION:

a) Cálculo de A:

Primera posición del Sol:

$z = 90° — 22°23'30'' = 67°36'30''$

$r = \rho \cdot \beta \cdot \tau = 140''.4 \ (0.6824) \ (0.9912) = 95'' = 1'35''$

Altura observada	=	22°23'30''
Corrección por refracción =	—	1'35''
Altura verdadera: A_1 =		22°21'55''

Segunda posición del Sol:

$z = 90° — 27°13' = 62°47'$

$r = \rho \cdot \beta \cdot \tau = 112''.8 \ (0.6824) \ (0.9912) = 76'' = 1'16''$

Altura observada	=	27°13'00''
Corrección por refracción =	—	1'16''
Altura verdadera: A_2 =		27°11'44''

$$A = \tfrac{1}{2} \ (A_1 + A_2) = 24°46'49''.5$$

b) Cálculo de B

Primera posición del Sol	
Angulo horizontal observado =	76°15'30''
Segunda posición del Sol	
Angulo horizontal observado =	80°13'30''
Diferencia =	3°58' = 238'
B =	238'

c) Cálculo de δ

Hora del paso del Sol por el meridiano 90° W.G.	=	11 h 58 min 27 seg
Promedio horas de observación	=	9 h 16 min 00 seg
Intervalo	=	— 2 h 42 min 27 seg
Intervalo	=	— 2.7075 h
Declinación del Sol a la hora de su paso por el meridiano 90° W.G.	=	— 23°26'39''
Corrección por variación horaria en declinación: (— 0''.38) (— 2.7075 h)	=	+ 01''
Declinación del Sol en su posición media:	δ =	— 23°26'38''

d) Cálculo de Q

$$\cot Q = \frac{B \cos A}{A_2 - A_1} = \frac{238' \cos 24°46'49''.5}{27°11'44'' - 22°21'55''}$$

$$\cot Q = \frac{238' (0.9079209)}{289'.8} = 0.7456355$$

$$\therefore \quad Q = 53°17'26''$$

e) Cálculo del azimut del Sol

$$\cot Az = \tan δ \cos A \operatorname{cosec} Q - \cot Q \operatorname{sen} A$$

$$\cot Az = \tan (— 23°26'38'') \cos 24°46'49''.5 \operatorname{cosec} 53°17'26'' —$$
$$— \cot 53°17'26'' \operatorname{sen} 24°46'49''.5$$

$$\cot Az = (— 0.4336483) (0.9079209) (1.247385) —$$
$$— (0.74563375) (0.4191418)$$

$$\cot Az = — 0.49111836 — 0.31252627 = — 0.80364463$$

$$\therefore \quad Az = 180° — 51°.21308 = 128°.78692$$

$$\therefore \quad Az = 128°47'13''$$

f) Cálculo del azimut de la línea AB. (Fig. N° 62)

Azimut del Sol	=	128°47'13''
Promedio ángulo señal-Sol	=	— 78°14'30''
Azimut línea AB	=	50°32'43''

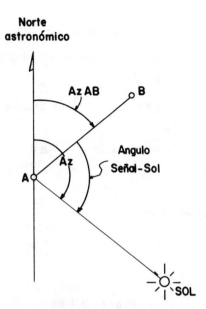

Figura Nº 62

Determinación de la declinación magnética.

La declinación magnética se puede obtener:

1.- De la Lista de Valores de Declinación Magnética, del Anuario del Observatorio Astronómico Nacional; y

2.- Estableciendo la meridiana astronómica en el lugar donde se necesita conocer la declinación.

En este caso se ejecutan las operaciones siguientes:

a) Se determina el azimut astronómico de la línea AB (Fig. Nº 63), por alguno de los métodos ya expuestos.

b) Conocido el azimut de la línea AB, se marca en el terreno el punto N, quedando establecida la meridiana astronómica por la línea AN.

c) Centrado y nivelado el tránsito en A, se ponen en coicidencia los ceros del limbo horizontal y su vernier y se fija el movimiento particular.

d) Por medio del movimiento general se dirige el anteojo a visar la señal colocada en el punto N y se fija dicho movimiento.

e) A continuación, con el movimiento particular se imprime un giro al anteojo hasta que la aguja magnética coincida con el cero de la caja de la brújula.

f) El ángulo que resulta es la declinación magnética.

La principal dificultad que se presenta al determinar la declinación magnética es la falta de sensibilidad de la aguja.

199

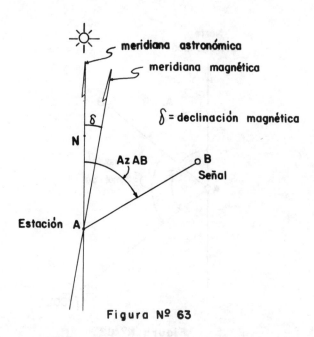

meridiana astronómica

meridiana magnética

δ = declinación magnética

δ

N

Az AB

B
Señal

Estación A

Figura Nº 63

Se observa, por ejemplo, que cuando la aguja está casi en cero, se puede imprimir un giro de varios minutos con el tangencial del movimiento particular afectando muy poco a la aguja: Esto se puede resolver operando como sigue:

a) Se toma la lectura del vernier cuando la aguja coincide con el punto cardinal N de la carátula de la brújula.

b) Se sujeta la aguja.

c) Por medio del movimiento particular del anteojo se gira varios grados en distintas direcciones; inmediatamente se afloja la aguja y con rapidez se fija el vernier en la lectura que se hizo al principio y se ve si la aguja queda en coincidencia con el punto N. Si esto no ocurre se repite el proceso nuevamente, cambiando un poco la lectura original del vernier cada vez que se repita la operación hasta lograr que la aguja magnética quede en cero.

CAPITULO IV

TRIANGULACION

Generalidades.

La triangulación es un medio de control para los levantamientos de superficies extensas. Este procedimiento consiste en cubrir la zona que se trata de levantar con redes o cadenas de triángulos, en las cuales se hace la medición directa de uno de sus lados que se denomina "base", así como la de los ángulos de los triángulos, lo cual permite resolver éstos y fijar la posición de los vértices, pues en el triángulo que contiene la base se conoce un lado y los ángulos adyacentes y con estos datos se pueden calcular los otros dos lados; y como los triángulos están unidos entre sí por un lado, resulta que una vez calculado éste, servirá de base a su vez para proseguir el cálculo en el triángulo inmediato y así sucesivamente.

En extensiones muy grandes, los errores inherentes a los levantamientos por medio de poligonales se irían propagando con la distancia, por lo cual las posiciones de los puntos alejados del punto de partida quedarían con una incertidumbre bastante grande, pero si se apoyan cada cierta distancia en puntos establecidos de un modo mucho más preciso, se podrán ir localizando los errores.

Clases de triangulaciones.

Las triangulaciones pueden ser de dos clases: geodésica y topográfica.

TRIANGULACION GEODESICA es aquella en la que se considera la forma real de la Tierra. La longitud de los lados en esta triangulación varía entre 15 y 200 km., y la longitud de la base no es menor de 5,000 metros.

TRIANGULACION TOPOGRAFICA es aquella en la cual la Tierra se supone plana. Los lados de los triángulos no son mayores de 10 km y la longitud de la base no excede de 2,000 metros.

Sistemas de triangulación.

Existen tres sistemas de triangulación, de acuerdo con las características del terreno y la precisión requerida en el trabajo: cadena de triángulos, cadena de cuadriláteros y cadena de polígonos. La forma ideal del primer sistema sería una cadena de triángulos equiláteros; del segundo sistema, una cadena de cuadrados; y del tercer sistema, una serie de exágonos formados de triángulos equiláteros.

CADENA DE TRIANGULOS. Es el sistema más sencillo y se puede emplear en aquellos casos en que no se necesite gran precisión, pues ésta aumenta con el número de condiciones a que estén sujetos los ángulos, y en una cadena de triángulos sólo hay la condición de que la suma de los tres ángulos de cada triángulo de aquélla sea igual a 180°. Los ángulos se ajustan para satisfacer este requisito antes de calcular las distancias. En este sistema (Fig. N° 64) sólo existe un camino con el que se pueden calcular las distancias en toda la cadena.

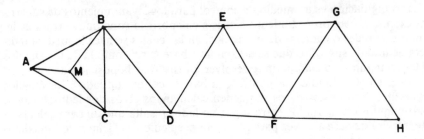

Figura N⁰ 64

CADENA DE CUADRILATEROS. Se emplea en el trazo de límites de naciones o estados y en los levantamientos a lo largo de los ríos. Los ángulos medidos dan valores para cuatro triángulos, en cada uno de los cuales la suma de los ángulos debe ser igual a 180°. Además, la longitud de cualquier línea debe ser la misma calculada por diferentes caminos. (Fig. N° 65).

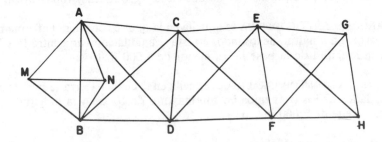

Figura N⁰ 65

CADENA DE POLÍGONOS. Es útil en los levantamientos de ciudades y, en general, siempre que se tenga que levantar una zona que se extienda tanto en latitud como en longitud. Un polígono con punto central se compone de un grupo de triángulos, estando la figura limitada por tres o más lados y teniendo en su interior una estación de triangulación como vértice común a todos los triángulos. (Fig. N° 66)

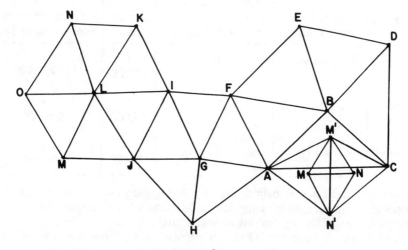

Figura N° 66

La suma de los ángulos medidos en cada triángulo del polígono debe ser igual a 180°; además, la suma de los ángulos alrededor del punto central deberá ser igual a 360°. Por otra parte, la longitud de cualquier lado se puede calcular siguiendo dos caminos. Los ángulos observados en cada polígono se ajustan de tal manera que se satisfagan las tres condiciones geométricas indicadas.

INCREMENTO DE LA BASE. En la práctica, por razones económicas, las bases generalmente son más cortas que la longitud media de los lados de los triángulos del sistema. En la mayoría de los trabajos de triangulación la medida directa de un lado de un triángulo es muy laboriosa, costosa o difícil. El problema se resuelve mediante el incremento de la base que consiste en tomar una distancia menor en un lugar conveniente para medirla directamente y ligarla después a un lado de una figura mediante un sistema de triángulos.

Las figuras N° 64, 65 y 66 muestran ejemplos de redes que producen un aumento rápido y preciso de la base. Cuando la longitud de la base no difiere mucho de la de los lados de un triángulo, se puede hacer la liga como en la Fig. N° 64, en la cual la base es AM. Si la longitud de la base no es inferior a la tercera parte de algún lado cercano, la liga se hace como se indica en la Fig. N° 65. En la cadena de polígonos (Fig. N° 66) la base es MN y por medio del cuadrilátero MN'NM' se pasa al lado M'N', y de éste, por medio del cuadrilátero AM'CN' al lado AC de la triangulación.

Los sistemas de triangulación de acuerdo con el error medio angular de cierre en los triángulos del sistema y la discrepancia entre la longitud medida de la base y su longitud calculada, se clasifican como aparece en la tabla siguiente:

CLASIFICACION Y NORMAS PARA TRIANGULACIONES

Categoría	Longitud máxima de lados	Error medio angular en el cierre de los triángulos	Error lineal	Precisión en la medida de la base
1er orden	50 a 200 km	1''	$\dfrac{1}{25,000}$	$\dfrac{1}{1\ 000\ 000}$
2° orden	15 a 40 km	3''	$\dfrac{1}{10,000}$	$\dfrac{1}{500\ 000}$
3er orden	1.5 a 10 km	5''	$\dfrac{1}{5,000}$	$\dfrac{1}{200\ 000}$

Las triangulaciones de primer orden y de segundo orden, constituidas por figuras muy grandes, se les considera geodésicas y las de tercer orden, se les denomina topográficas y son las más comunes.

En un mismo trabajo puede haber triangulaciones de diversos órdenes, ligadas entre sí, según lo requiera la extensión a cubrir y la precisión.

Reconocimiento del Terreno.

El reconocimiento es esencial a causa de su influencia en la precisión y en la economía del trabajo y consiste en la localización de la base y en la selección de estaciones.

El jefe de la brigada estudia el mapa de la región y los datos disponibles; y después realiza la inspección del terreno para localizar la base y elegir los lugares más favorables para las estaciones. Si no se dispone de un mapa, entonces los ángulos y las distancias a otras estaciones se estiman o se miden aproximadamente al hacer el recorrido.

El reconocimiento se ejecuta comúnmente con aparatos portátiles, poco precisos, como la brújula de reflexión, el podómetro, el aneroide, el telémetro, etc.

a) Localización de la base. Se procurará que quede ubicada en terreno firme y sensiblemente horizontal y plano, que haya intervisibilidad entre sus extremos y que desde éstos sean visibles los vértices desde los cuales se proseguirá la triangulación.

b) Elección de las estaciones. Deben tomarse en cuenta las distancias y la intervisibilidad para elegir las estaciones, estableciéndolas en terreno firme y accesible. Generalmente las condiciones más favorables se encuentran en terrenos de colinas y cimas claras y sin obstrucciones, sobre las cuales se sitúan las estaciones. Las condiciones menos favorables se presentan en terreno plano y con árboles, donde es necesario hacer un gran número de cortes y levantar torres altas para colocar los instrumentos. En las ciudades se pueden establecer las estaciones en las azoteas de los edificios, torres de las iglesias, prominencias, etc.

Las distancias se miden directamente a pasos o, de manera indirecta, con telémetro y también se pueden obtener gráficamente usando la plancheta.

Los ángulos se miden con una brújula de reflexión o se determinan gráficamente con la plancheta.

Con los datos recogidos se hace un croquis en el cual, partiendo del lado que se toma como base, se van fijando por intersecciones los puntos observados y se eligen los que estén mejor definidos a fin de que la distancia entre ellos sea una nueva base para proseguir el trabajo fijando otros puntos. Debe procurarse que los puntos queden situados por tres intersecciones al menos, desechando los que se corten bajo ángulos muy agudos, por tanto, deben evitarse ángulos menores de 30° o mayores de 120°, porque un error en un ángulo pequeño afecta más la longitud calculada del lado de un triángulo que en un ángulo que se aproxima a 60°. El triángulo ideal es el equilátero.

Establecimiento de las estaciones.

En triangulaciones que sean de importancia se construyen en los vértices, monumentos de concreto o de mampostería, pero en las triangulaciones topográficas, se pueden materializar los vértices por medio de tubos de fierro enterrados, clavando estacas en las cuales se hace una marca correspondiente a la estación determinada por el centro de la sección del tubo.

Colocación de señales.

Para que el observador pueda distinguir las estaciones hay que colocar señales en éstas. La visibilidad de las señales depende del estado de la atmósfera, del poder amplificador del anteojo, de la distancia y de la clase de señal empleada.

En los sistemas de triangulación pequeños y cuando se van a medir pocos ángulos, se utilizan señales portátiles como balizas, postes o trípodes ligeros con una plomada; y en los sistemas grandes, generalmente la señal es un trípode permanente o una torre.

Es conveniente que en las estaciones se coloquen señales de un tipo que permita la instalación del aparato directamente sobre la estación cuando se van a medir ángulos.

Las señales pueden ser opacas y reflejantes o luminosas.

a) Señales opacas. Entre las señales opacas comunmente empleadas se encuentran las siguientes: balizas con banderola de colores rojo y blanco o negro y blanco; banderas con tripié, para marcar el vértice y medir ángulos al mismo tiempo; banderas, colocadas a plomo en el centro de la estaca y mantenidas en esa posición con el auxilio de cuatro contravientos de alambre; o torres para elevar la señal y a veces también para elevar el aparato. (Fig. N° 67) En lugar de bandera puede colocarse un tablero dividido en cuatro triángulos pintados de dos colores: negro y blanco o rojo y blanco.

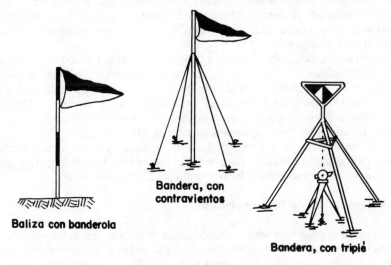

Bandera, con
contravientos

Baliza con banderola

Bandera, con tripié

Figura Nº 67

Las señales opacas sólo pueden usarse cuando la distancia no exceda de 10 a 15 km.

b) Señales reflejantes o luminosas. Cuando los lados de la triangulación son grandes, generalmente se usan las señales de Sol con un espejo ordinario o con espejo especial. Estas señales llegan fácilmente a 100 km y los helioscopios, sencillo o de anteojo, con los cuales por medio de espejos, se llevan los rayos del Sol de manera que caigan sobre la estación, desde donde se ve el punto. Si el espejo es de suficiente tamaño, se pueden dirigir visuales a más de 150 km.

La mejor hora para hacer las observaciones es al caer la tarde o en la noche. En las observaciones nocturnas se emplean como señales lámparas eléctricas, lámparas geodésicas o cualquiera otra lámpara que pueda distinguirse fácilmente, según las distancias.

Medida de la base.

La base se mide por lo regular con cinta de acero, de 50 metros. Conviene colocar un apoyo intermedio a fin de reducir la flecha de la catenaria.

La cinta debe ser comparada antes de la medida, en la Dirección General de Geografía y Meteorología del Observatorio Astronómico Nacional. Los resultados de la comparación se proporcionan mediante un certificado como el siguiente:

CERTIFICADO Nº 457

Comparación solicitada por: Escuela Militar de Ingenieros.
Longímetro marca: Lufkin
Descripción: cinta de acero, de 50 metros, graduada en milímetros, nueva, con cruceta de metal.

Condiciones en que se hizo la comparación.

A.- Tensión: 10 kg.   Temperatura: 18°.1 y apoyado el longímetro en toda su longitud sobre un plano horizontal.
B.- Tensión: 10 Kg.   Temperatura: 18°.1 y en catenaria libre, quedando a nivel las dos rayas cuya distancia se determina.
C.- Tensión: 10 kg.   Temperatura: 18°.1 y en catenaria, con un apoyo intermedio colocado a 25 metros, a nivel con las rayas extremas.

OBSERVACIONES

Condiciones	Rayas de longímetro	Distancias
A	0 y 50	50.00359 m
B	0 y 50	49.98674 m
C	0 y 50	49.99924 m

Operadores: J. López Triana y R. Rojas Pérez.
Tacubaya, D.F., a 9 de junio de 1976.
El Jefe del Comparador.

La brigada que ejecuta la medida de la base se integra de la manera siguiente:

A.- PERSONAL
    1 Jefe de la brigada
    2 tensadores
    1 medidor de fracciones
    1 tomador de temperaturas
    1 anotador
    1 ayudante

B.- EQUIPO
1 tránsito
1 nivel fijo
1 cinta de acero, de 50 metros
2 balizas
2 estadales para nivelación
1 marro
estacas de madera de 6 cm de diámetro
y 80 cm de longitud
placas de lámina, de 5 × 5 cm.
2 dinamómetros
2 termómetros
2 escalas de graduaciones finas, de 20 cm de longitud
2 lupas
1 compás de puntas
1 punzón o rayador
1 libreta de campo
1 lápiz 2H o 3H

La medida de la base comprende las operaciones siguientes:

a) Materialización de los extremos de la base. Una vez que se identifica en el terreno la faja escogida para situar la base, se procede a materializar sus extremos por medio de monumentos de concreto. (Fig. N° 68) o de mampostería.

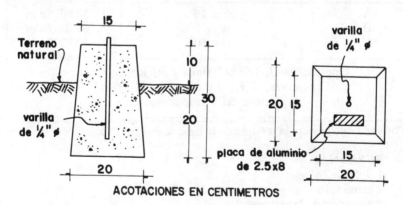

ACOTACIONES EN CENTIMETROS

Figura Nº 68

b) Referencias. Para estar en posibilidad de reponer los extremos de la base en un momento dado, se colocan puntos de referencia. Se dice que una estación está referida cuando está de tal manera enlazada por medidas lineales y angulares a objetos cercanos que se puede reemplazar fácilmente.

Las estaciones que pueden moverse o destruirse se deberán referir siempre y la medidas deberán registrarse en un croquis. Los puntos de referencia pueden ser trompos de madera u otros objetos de carácter más permanente.

En la Fig. Nº 69 se muestra la manera en que se pueden referir los vértices. Los ángulos y las distancias medidos, se deben anotar en la libreta de campo, en la cual se dibujará el croquis de cada extremo de la base y sus referencias.

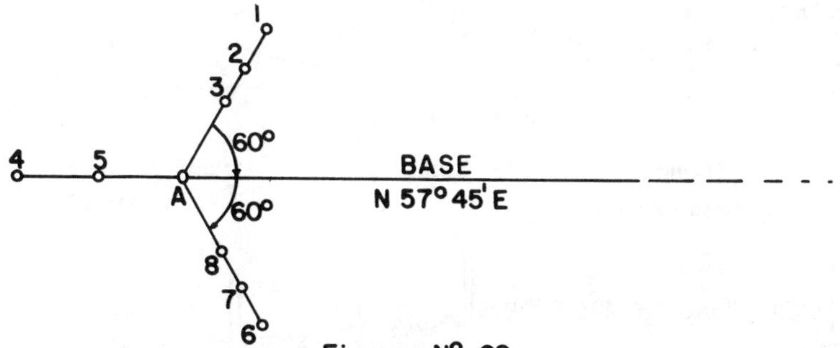

Figura Nº 69

REFERENCIAS

Est.	P.V.	Distancias, en metros
A	1	20.00
	2	15.00
	3	10.00
	4	20.00
	5	10.00
	6	20.00
	7	15.00
	8	10.00

c) Medida preliminar de la base, para clavar las estacas sobre la línea. Se centra y se nivela el tránsito en el monumento que materializa un extremo de la base, se visa una baliza colocada sobre el monumento del otro extremo y se fija el movimiento azimutal del aparato.

A continuación, a partir del monumento en que se halla instalado el tránsito, se miden distancias 5 centímetros menores que la longitud de la cinta y se van hincando en el terreno las estacas, debidamente alineadas y procurando que sobresalgan lo suficiente, con objeto de que en ellas se pueda apoyar la cinta al medir. Estas son las estacas principales y sobre la cabeza de cada una de ellas, se clava una lámina de 5 × 5 cm, que sirve para marcar con un punzón o rayador una cruz que define con exactitud el límite del tramo y el alineamiento (Fig. Nº 70).

Luego, a la mitad de los tramos, para darle apoyo intermedio a la cinta, se hincan en el terreno estacas secundarias que queden aproximadamente un centímetro fuera del alineamiento, para que en ellas se fijen los clavos que servirán para sostener la cinta. También se utilizan trípodes portátiles como soportes intermedios para la cinta.

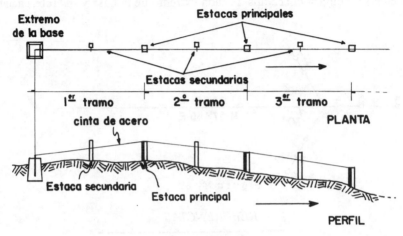

Figura Nº 70

d) Nivelación. Concluído el estacado, se corre una nivelación diferencial, con nivel fijo, sobre las cabezas de las estacas principales y secundarias y los extremos de la base para determinar sus cotas.

La nivelación se comprueba por el procedimiento de ida y regreso y la tolerancia está dada por la fórmula:

$$T = \pm\, 0.01 \sqrt{P}$$

siendo P la distancia recorrida (ida y regreso), en km.

Una vez obtenidas las cotas de las estacas se calculan los desniveles que posteriormente sirven para corregir cada uno de los tramos de la base de la triangulación.

El registro de la nivelación que se corre sobre las cabezas de las estacas, se lleva como se indica en el ejemplo siguiente:

Tramo	Lectura Atrás	Lectura Adelante	Suma de Lecturas	Lectura Promedio	Desnivel
0 - 1	0.850	0.922	1.772	0.886	0.072
1 - 2	0.922	0.527	1.449	0.724	0.395
2 - 3	0.418	0.947	1.365	0.682	0.529
3 - 4	0.947	0.921	1.868	0.934	0.026
...	...	...	...	...	...

Para cada estaca secundaria se calcula la cota que debe tener el clavo para que éste quede en la línea que une las cabezas de las estacas principales que limitan el tramo. La diferencia entre la cota de la cabeza de la estaca secundaria y la calculada para el clavo, es la distancia que se debe medir, a partir de la cabeza de la estaca, para poner el clavo que servirá de apoyo intermedio de la cinta.

e) Medida precisa de la base. La medición de cada uno de los tramos en que queda dividida la base se realiza colocando la cinta sobre los extremos del tramo y haciéndola pasar sobre el apoyo intermedio. En el extremo del tramo, donde está la marca 50 m, se sujeta la cinta con un cordón a una barra de fierro terminada en punta, que se clava en el suelo, un poco atrás de la estaca, para que el operador haga coincidir, con más comodidad y precisión, la marca 50 m de la cinta con la raya marcada en la cabeza de la estaca, y en el otro extremo también es conveniente sujetar el dinamómetro a una barra de fierro, que se apoya firmemente en el suelo, y tomándola luego por su parte superior, se inclina lo que sea necesario hasta que el dinamómetro marque la tensión requerida y en ese momento, con el escalímetro y un compás de puntas, se mide la fracción de la marca de la cinta a la raya de la estaca y se leen los termómetros. (Fig. Nº 71).

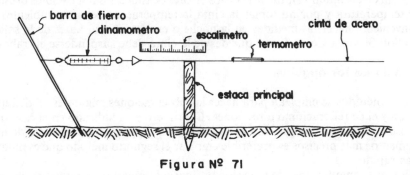

Figura Nº 71

Como la lectura se hace en el principio de la cinta, es el complemento de 50 m y se aproxima al milímetro, restándola de 50 m para obtener la longitud del tramo medido.

Los termómetros se sujetan con alambre a la cinta, uno cerca de cada extremo, para tomar el promedio de temperaturas.

Se lleva adelante la cinta sin permitir que arrastre en el suelo y se opera en igual forma en los demás tramos hasta llegar al otro extremo de la base.

Es conveniente hacer cuatro medidas de las cuales dos sean en un sentido y dos en el otro, anotándose los resultados en el registro de campo, como a continuación se indica.

REGISTRO DE CAMPO

Medición de base de triangulación.
Lugar: Salazar, Edo. de México.
Fecha: 25-Oct-77
Operadores: A. García Lara y E. Cárdenas Ramírez.
1ª medida de: _____A_____ a: _____B_____

Tramo	Fracción al Extremo de la cinta	Tensión	Temperatura cinta	Observaciones
A - 1	0.148 m	10 kg	17.5°	Cinta Lufkin N° 10
1 - 2	0.063 m	10 kg	18.0°	Termómetro
2 - 3	0.101 m	12 kg	18.0°	Taylor N° 2047
...	...	...	...	
42 - 43	0.152 m	10 kg	20.5°	
43 - B	28.941 m	10 kg	21.0°	

A fin de disminuir la influencia de los errores ocasionados por cambios bruscos de temperatura y por no tomar la cinta la temperatura del aire ambiente, es conveniente hacer las medidas en la noche o en la mañana, antes de la salida del Sol. Si sopla viento fuerte que desvíe la cinta debe suspenderse el trabajo.

Medida de los ángulos.

Dos métodos se emplean para hacer las observaciones angulares: el de repetición y el de reiteración o direcciones. El primero está indicado en el caso que se use un instrumento que sólo aproxime 30'' ó 1', pues disponiéndose de instrumentos más precisos es preferible emplear el segundo método que es mucho más rápido.

En las triangulaciones de precisión ordinaria los ángulos se miden por el método de repetición. El número de repeticiones depende de la precisión requerida.

Los teodolitos repetidores están diseñados para poder acumular medidas sucesivas de un ángulo horizontal en el círculo graduado, pudiendo luego dividir todo el ángulo recorrido por el número total de repeticiones. Generalmente la precisión del teodolito repetidor corresponde a la usada en una triangulación de tercer orden.

Método de repetición.

Si se trata de medir un ángulo entre las estaciones A y B (Fig. N° 72), se pueden hacer las observaciones en la forma siguiente:

Primera serie, con el anteojo en posición directa.

a) Se pone el índice del vernier en coincidencia con el cero del limbo y, por medio del movimiento general, se dirige el anteojo a visar el punto A y se fija dicho movimiento.

b) Con el movimiento particular, de izquierda a derecha, se mueve el anteojo y se visa el punto B; se fija el movimiento particular y se lee el vernier para conocer el valor del ángulo AOB de una manera aproximada.

c) Luego, con el movimiento general, y en el sentido retrógrado, se vuelve a visar el punto A; se fija dicho movimiento y por medio del movimiento particular se dirige el anteojo al punto B, y así se prosigue hasta completar una serie de cuatro o seis observaciones.

Segunda serie, con el anteojo en posición inversa. Se opera del modo antes descrito; pero en lugar de medir el ángulo de A hacia B, se mide el explemento, es decir, el ángulo de B hacia A, de izquierda a derecha. El ángulo se repite el mismo número de veces que en la primera serie.

Al terminar cada serie se hace la lectura del vernier y para tener el ángulo se divide el número total de grados y minutos por el de repeticiones.

El ángulo obtenido en la segunda serie debe restarse de 360° para tener el ángulo que se busca y el promedio de los valores obtenidos en ambas series se adopta como definitivo.

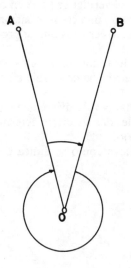

Figura Nº 72

EJEMPLO:

Primera serie, posición directa del anteojo.

$$1^a \text{ lectura:} \quad 30° \ 05'$$
$$4^a \text{ lectura:} \quad 120° \ 18'$$

$$\measuredangle \ A \ O \ B = \frac{120° \ 18'}{4} = 30° \ 04' \ 30''$$

Segunda serie, posición inversa del anteojo.

$$1^a \text{ lectura:} \quad 329° \ 55'$$
$$4^a \text{ lectura:} \quad 239° \ 43'$$
$$360° - 239° \ 43' = 120° \ 17'$$

$$\measuredangle \ A \ O \ B = \frac{120° \ 17'}{4} = 30° \ 04' \ 15''$$

El valor definitivo del ángulo A O B es:

$$\measuredangle \ A \ O \ B = \frac{1}{2}(30° \ 04' \ 30'' + 30° \ 04' \ 15'') = 30° \ 04' \ 22''.5$$

En las triangulaciones, cuando se miden los ángulos alrededor de un vértice por el método de repetición, el vernier se pone en cero al principio solamente; así se obtiene directamente como una comprobación el error de cierre, llamado cierre al horizonte y se evitan los errores que se producen al marcar un ángulo en el vernier.

Cerrar al horizonte es medir todos los ángulos en una vuelta completa alrededor de un punto para obtener una comprobación con su suma, la cual debe ser igual a 360°.

Cierre al horizonte se le llama a la diferencia entre la suma de los ángulos y 360°. Los valores admisibles de este cierre determinan si se acepta el resultado o debe repetirse el trabajo.

El registro de campo se lleva como se indica en el ejemplo siguiente:

214

Registro de campo

Est.	P.V.	Posición del anteojo	N° de Repet.	Círculo Horizontal		Croquis y notas.
				"A"	"B"	
A	B	Dir.	0	0°00'	180°00'	
	C	"	1	21°32'		
	"	"	5	107°41'	187°41'	
	"	Inv.	10	215°22'	35°22'	
A	C	Dir.	0	215°22'	35°22'	
	D	"	1	297°03'		
	"	"	5	263°48'	83°48'	
	"	Inv.	10	312°14'	132°14'	
A	D	Dir.	0	312°14'	132°14'	
	B	"	1	209°01'		
	"	"	5	156°08'	336°08'	
	"	Inv.	10	0°02'	180°02'	

PROBLEMAS:

1.- Con los datos del registro siguiente determine el valor más probable del ángulo A O B.

Est.	P.V.	Posición del anteojo	N° de Repet.	Círculo Horizontal		Croquis y Notas.
				"A"	"B"	
		Primera Serie.				
0	A	Dir.	0	0°00'	180°00'	
	B	"	1	30°05'	210°05'	
	B	"	6	180°31'	0°31'	
		Segunda Serie				
0	B	Inv.	0	0°00'	180°00'	
	A	"	1	329°55'	149°55'	
	A	"	6	179°28'	359°28'	

SOLUCION:

Primera serie.

$$\sphericalangle \ A \ O \ B = \frac{180° \ 31'}{6} = \underline{30° \ 05' \ 10''}$$

Segunda serie.

$$\sphericalangle \ B \ O \ A = \frac{179° \ 28' \ + \ 5(360°)}{6} = 329° \ 54' \ 40''$$

$$\sphericalangle \ A \ O \ B = 360° - 329° \ 54' \ 40'' = \underline{30° \ 05' \ 20''}$$

El valor más probable del ángulo A O B es:

$$\sphericalangle \ A \ O \ B = \frac{1}{2}(30° \ 05' \ 10'' \ + \ 30° \ 05' \ 20'')$$

$$\therefore \sphericalangle A \ O \ B = \underline{30° \ 05' \ 15''}$$

2.- Obtenga el valor más probable del ángulo A O B, con los datos del registro siguiente:

Est.	P.V.	Posición del anteojo	N° de Repet.	Círculo Horizontal		Croquis y Notas.
				"A"	"B"	
		Primera Serie.				
0	A	Dir.	0	0°00'	180°00'	
	B	"	1	40°53'	220°53'	
	B	"	6	245°19'	65°19'	
		Segunda Serie				
0	A	Inv.	0	0°00'	180°00'	
	B	"	1	40°53'	220°53'	
	B	"	6	245°21'	65°21'	

SOLUCION:

Primera serie:

$$\sphericalangle \ A \ O \ B = \frac{245° \ 19'}{6} = \underline{40° \ 53' \ 10''}$$

Segunda serie:

$$\sphericalangle\ A\ O\ B = \frac{245°\ 21'}{6} = \underline{40°\ 53'\ 30''}$$

Valor más probable del ángulo medido:

$$\sphericalangle AOB = \tfrac{1}{2}\ (40°53'10'' + 40°53'30'')$$

$$\therefore \sphericalangle AOB = \underline{40°53'20''}$$

3.— Con los datos del registro de campo siguiente:
a) Obtenga los ángulos horizontales
b) Determine el cierre al horizonte; y
c) Haga la compensación angular

Est.	P.V.	Posición del Anteojo	No. de Repet.	Círculo Horizontal		Croquis y Notas
				"A"	"B"	
A	B	DIR.	0	0°00'	180°00'	
	C	DIR.	1	87°13'		
	"	DIR.	5	76°04'	256°04'	
	"	INV.	10	152°08'	332°08'	
A	C	DIR.	0	152°08'	332°08'	
	D	DIR.	1	196°16'		
	"	DIR.	5	12°49'	192°49'	
	"	INV.	10	233°30	53°29'	
A	D	DIR.	0	233°30'	53°29'	
	B	DIR.	1	102°09'		
	"	DIR.	5	296°44'	116°44'	
	"	INV.	10	359°59'	179°59'	

SOLUCION:

a) Cálculo de los ángulos horizontales:

$$\sphericalangle\ BAC = \frac{152°08' + 720°}{10} = \frac{872°08'}{10} = 87°12'48''$$

$$\sphericalangle\ CAD = \frac{(233°30' - 152°08') + 360°}{10} = \frac{441°22'}{10} = 44°08'12''$$

$$\sphericalangle DAB = \frac{(359°\ 59' - 233°\ 30') + 6(360°)}{10} = \frac{2\ 286°\ 29'}{10} = 228°\ 38'\ 54''$$

b) Determinación del cierre al horizonte.

$$\sphericalangle BAC = \quad 87° \ 12' \ 48''$$
$$\sphericalangle CAD = \quad 44° \ 08' \ 12''$$
$$\underline{\sphericalangle DAB = \quad 228° \ 38' \ 54''}$$
$$\Sigma = \quad 359° \ 59' \ 54''$$

cierre al horizonte $= 359° \ 59' \ 54'' - 360° = -6''$

$$\therefore \quad E = -6''$$

c) Compensación angular.

La corrección angular se obtiene dividiendo el error angular por el número de ángulos medidos y se aplica con signo contrario al error.

$$c = \frac{E}{n} = \frac{+ \ 6''}{3} = + \ 2''$$

Se agregarán 2'' a cada uno de los ángulos medidos.
Los valores finales de los ángulos son los siguientes:

$$\sphericalangle BAC = \quad 87° \ 12' \ 50''$$
$$\sphericalangle CAD = \quad 44° \ 08' \ 14''$$
$$\underline{\sphericalangle DAB = \quad 228° \ 38' \ 56''}$$
$$\Sigma = \quad 360° \ 00' \ 00''$$

Método de direcciones.

Las direcciones son lecturas del círculo horizontal que se toman a puntos sucesivos visados alrededor del horizonte. La diferencia entre las direcciones tomadas a dos puntos cualesquiera da el ángulo horizontal.

Este método de observación se emplea cuando el instrumento usado da una aproximación de 10'', 1'' o 0.1''.

Los teodolitos direccionales están proyectados de manera que el círculo horizontal graduado permanece fijo durante una serie de observaciones, la dirección a cada punto se lee en el círculo horizontal una sola vez, por medio de microscopios micrométricos, siendo el origen de las medidas el cero del círculo. La precisión en las medidas angulares es mayor con los teodolitos direccionales que con los repetidores.

Si desde una estación A se tienen que observar los vértices 1, 2, 3 y 4, se dirige primero la visual a una de las señales que supondremos sea la 1, con uno de los verniers marcando cero grados. Se fija el movimiento general y con el particular se continúa la observación de los puntos 2, 3 y 4, haciendo en cada caso las lecturas de los dos verniers, y después de haber completado la vuelta de horizonte se observa el punto inicial para ver si no sufrió algún movimiento el instrumento durante la operación. (Fig. N° 73).

En seguida, con el anteojo en posición inversa se hace otra serie de observaciones con lo que se completa una doble serie.

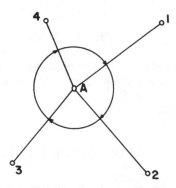

Figura N° 73

Para disminuir la influencia de los errores de graduación del círculo horizontal, conviene distribuir las lecturas alrededor de todo el círculo. Por ejemplo, si se van a hacer seis series de observaciones, en la primera serie el punto inicial se visará con una lectura de 0° 00'; en la segunda serie con una lectura de 360°/6 = 60°; en la tercera con una lectura de 120°, y así sucesivamente.

Una vez que se completa una doble serie, se procede a calcular las direcciones definitivas referidas a la dirección inicial; así es que con objeto de que todas las lecturas correspondientes al punto inicial sean iguales a cero, se resta a todos los promedios de una serie, la lectura promedio que se obtuvo al observar el punto inicial. Las direcciones así obtenidas son las direcciones reducidas. Después de haber hecho esto para las seis series, se tendrán otros tantos valores para cada una de las direcciones 2, 3 y 4, y los promedios respectivos serán los valores que se adopten.

El registro de campo se lleva como se indica en el ejemplo siguiente:

Est.	P.V.	Posición directa		Posición inversa		Promedios
		Vernier A	Vernier B	Vernier A	Vernier B	
A	1	0° 00' 00''	20''	00''	20''	10''
	2	85° 30' 20''	20''	40''	40''	30''
	3	140° 10' 40''	40''	40''	20''	35''
	4	201° 00' 20''	00''	20''	00''	10''

Para las series restantes se tendrían cinco registros semejantes al anterior y entonces se tomaría el promedio de los valores correspondientes a las diversas series para un vértice dado.

Las operaciones descritas para llevar al cabo el método de observación de ángulos por direcciones, se efectúan en todos y cada uno de los vértices de la triangulación.

PROBLEMAS.

1.- Con los datos del registro de campo siguiente, determine:
a) Los promedios de la porción de segundos de las lecturas directa e inversa.
b) Las direcciones reducidas,
c) Las direcciones definitivas y
d) Los ángulos.

REGISTRO DE CAMPO

Est.	P.V.	Posición Directa		Posición Inversa	
		"A"	"B"	"A"	"B"
		Primera Serie			
A	1	0° 00' 00"	10"	00"	10"
	2	42° 12' 20"	10"	20"	10"
	3	144° 20' 50"	40"	50"	40"
		Segunda Serie			
A	1	120° 00' 00"	10"	00"	10"
	2	162° 12' 30"	20"	30"	20"
	3	264° 20' 40"	50"	40"	50"
		Tercera Serie			
A	1	240° 00' 00"	10"	00"	10"
	2	282° 12' 20"	10"	20"	10"
	3	24° 20' 40"	30"	40"	30"

SOLUCION:

a) *Promedios de la porción de segundos de las lecturas directa e inversa.*

	Serie	Est.	P.V.	Promedios
	1ª	A	1	0° 00' 05''
			2	42° 12' 15''
			3	144° 20' 45''
	2ª	A	1	120° 00' 05''
			2	162° 12' 25''
			3	264° 20' 45''
	3ª	A	1	240° 00' 05''
			2	282° 12' 15''
			3	24° 20' 35''

b) *Direcciones reducidas.*

Primera Serie:

$$
\begin{array}{ccc}
0° \ 00' \ 05'' & 42° \ 12' \ 15'' & 144° \ 20' \ 45'' \\
-0° \ 00' \ 05'' & -\ 0° \ 00' \ 05'' & -\ 0° \ 00' \ 05'' \\
\hline
0° \ 00' \ 00'' & 42° \ 12' \ 10'' & 144° \ 20' \ 40''
\end{array}
$$

Segunda Serie:

$$
\begin{array}{ccc}
120° \ 00' \ 05'' & 162° \ 12' \ 25'' & 264° \ 20' \ 45'' \\
-120° \ 00' \ 05'' & -120° \ 00' \ 05''' & -120° \ 00' \ 05'' \\
\hline
0° \ 00' \ 00'' & 42° \ 12' \ 20'' & 144° \ 20' \ 40''
\end{array}
$$

Tercera Serie:

$$
\begin{array}{ccc}
240° \ 00' \ 05'' & 282° \ 12' \ 15'' & 384° \ 20' \ 35'' \\
-240° \ 00' \ 05'' & -240° \ 00' \ 05''' & -240° \ 00' \ 05'' \\
\hline
0° \ 00' \ 00'' & 42° \ 12' \ 10'' & 144° \ 20' \ 30''
\end{array}
$$

c) Direcciones definitivas.

Est.	P.V.	Direcciones Reducidas			Direcciones Definitivas
		1ª Serie	2ª Serie	3ª Serie	
A	1	0° 00' 00''	00''	00''	0° 00' 00''
	2	42° 12' 10''	20''	10''	42° 12' 13''
	3	144° 20' 40''	40''	30''	144° 20' 37''

d) Angulos, a partir de las direcciones definitivas.

∢ 1 - A - 2 = 42°12'13''
∢ 2 - A - 3 = 144°20'37'' — 42°12'13'' = 102°08'24''

2.- Las direcciones observadas con un teodolito aparecen en el registro siguiente. Obtenga los valores de los tres ángulos.

Est.	P.V.	Posición del anteojo	
		Directa	Inversa
A	B	37°29'21''	217°29'17''
	C	103°57'44''	283°57'46''
	D	267°09'27''	87°09'25''

SOLUCION:

a) Promedios de las lecturas directa e inversa.

Est.	P.V.	Promedios
A	B	37°29'19''
	C	103°57'45''
	D	267°09'26''

b) Angulos

∢ BAC = 103°57'45'' — 37°29'19''   =   66°28'26''
∢ CAD = 267°09'26'' — 103°57'45''   =   163°11'41''
∢ DAB = 397°29'19'' — 267°09'26''   =   130°19'53''
                                      Σ =   360°00'00''

Orientación astronómica

Para calcular las coordenadas de los vértices de la triangulación se utiliza como referencia el meridiano astronómico, por tanto, uno o más de los lados de la triangulación se deben orientar para conocer su azimut y en función de éste, calcular los rumbos de todos los lados de la triangulación con los ángulos horizontales ya compensados.

El azimut astronómico de cualquier línea se puede determinar por observaciones astronómicas.

En triangulaciones es preferible orientar con estrellas porque las medidas del Sol no se pueden tomar con tanta precisión como las de una estrella.

Los métodos para determinar el azimut astronómico de una línea por observaciones de la estrella Polar se describen en el capítulo correspondiente.

Correcciones a las medidas de la base.

En la medida de la base el efecto de temperatura es la fuente más seria de errores; por lo que en los trabajos más precisos es costumbre usar una cinta de metal invar y medir la base en un día nublado o en la noche, cuando el aire y el terreno están casi a la misma temperatura. Se corrige por longitud incorrecta de la cinta, por temperatura y por pendiente. También se corrige por catenaria y por tensión cuando es necesario por las condiciones hacer esas correcciones.

a) Corrección por temperatura. Las cintas de acero se dilatan al aumentar la temperatura y se contraen cuando la temperatura disminuye. El coeficiente de dilatación del acero es aproximadamente igual a 0.0000117 por grado centígrado. En tiempo extremadamente frío o caliente, el error por variaciones de temperatura es de significación aun para medidas de precisión ordinaria.

Si la cinta está calibrada a la temperatura de t grados centígrados y las medidas se toman a una temperatura de t' grados centígrados, la corrección por el cambio de longitud de la cinta, la da la fórmula:

$$C_1 = 0.0000117 \ (t' - t) \ L$$

siendo L la longitud medida, en metros.

Esta corrección es positiva o negativa según que la temperatura a la hora de la medida sea mayor o menor que la correspondiente a la longitud exacta de la cinta.

Los errores debidos a las variaciones de temperatura se reducen mucho utilizando cintas de metal invar. En la mayoría de los trabajos de la práctica, el efecto de la temperatura en la longitud de una cinta de invar es despreciable.

b) Corrección por pendiente.

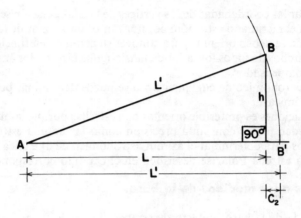

Figura Nº 74

En el triángulo rectángulo ABB' (Fig. Nº 74):

L' = longitud medida
L = longitud reducida al horizonte
h = desnivel entre los extremos A y B del tramo medido.

La corrección por pendiente es:

$$C_2 = L' - L \ \ldots\ldots (1)$$

Ahora bien, en el triángulo rectángulo ABB', se tiene:

$$h^2 = L'^2 - L^2 = (L' - L)(L' + L) \ \ldots\ldots (2)$$

y, si la pendiente no es grande, sin error apreciable se puede considerar que:

$$L' + L = 2L' \ \ldots\ldots (3)$$

Substituyendo (3) en (2), se encuentra:

$$h^2 = (L' - L) \, 2L'$$

$$\therefore \ \ L' - L = \frac{h^2}{2L'} \ \ldots\ldots (4)$$

224

y, por último, comparando las igualdades (1) y (4), resulta:

$$C_2 = \frac{h^2}{2L'}$$

Cuando las pendientes son fuertes, se puede obtener una precisión mayor al hacer la corrección, usando la fórmula en la que se incluyen los dos primeros términos de una serie de potencias:

$$C_2 = \frac{h^2}{2L'} + \frac{h^4}{8L'^3}$$

La corrección por pendiente siempre es substractiva.

c) Corrección por catenaria. Una cinta apoyada en sus dos extremos forma una curva llamada catenaria y la diferencia de longitud entre ella y la cuerda se obtiene con suficiente precisión con la fórmula:

$$C_3 = \frac{W^2 \, L}{24 \, T^2}$$

en la cual:

L = distancia entre los apoyos, en metros
W = peso total de la cinta que está entre apoyos, en Kg.
T = tensión aplicada, en Kg.

Esta corrección siempre es substractiva.

El efecto de catenaria se ilustra en la Fig. N° 75

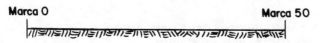

a) Cinta apoyada en toda su longitud, sobre un plano horizontal.

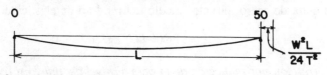

b) Cinta en catenaria libre.

Figura N° 75

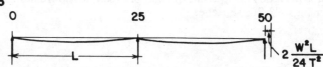

c) Cinta en catenaria, con un apoyo intermedio.

d) Corrección por tensión. Si la tensión es mayor o menor que la que se utilizó para comparar la cinta, resultará más larga o más corta con relación al patrón.

La corrección para la variación de tensión en las cintas de acero, está dada por la fórmula:

$$C_4 = \frac{(T' - T) L}{SE}$$

en la cual:

T' = tensión aplicada, en kg.
T = tensión a la que se gradúa la cinta, en kg.
L = longitud de la cinta, en centímetros
S = sección transversal de la cinta, en cm²
E = módulo de elasticidad del acero, en kg/cm²

El alargamiento que sufra la cinta por la diferencia de tensión T' — T, que se le aplique al hacer la medida, será la corrección, y puede ser positiva o negativa.

Si: T' > T, la corrección es aditiva; pero si T' < T, entonces la corrección es substractiva.

La sección transversal de la cinta puede calcularse de su peso y dimensiones, ya que el acero pesa 7.85 g por centímetro cúbico.

$$S = \frac{0.1274\ W}{L}$$

siendo:

S = sección transversal de la cinta, en cm²
W = peso de la cinta, en gramos
L = longitud de la cinta, en centímetros

Para cinta de acero, el valor medio del módulo de elasticidad es:

$$E = 1\ 900\ 000\ \text{kg/cm}^2$$

e) Corrección por reducción de la base al nivel del mar. En triangulaciones de cierta importancia conviene reducir la base al nivel medio del mar, a fin de que todos los lados de aquellas queden proyectados sobre la misma superficie.

En la Fig. N° 76, se tiene:

B = longitud de la base medida
b = longitud de la base reducida al nivel del mar
O = centro de la Tierra
h = altura media de la base B sobre el nivel del mar
R = radio de la Tierra

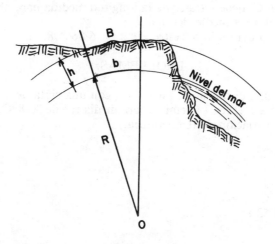

Figura Nº 76

$$C_5 = B - b \ \dots\dots \ (1)$$

siendo C_5 la corrección por reducción de la base B al nivel medio del mar.
De la proporción:

$$\frac{b}{B} = \frac{R}{R + h}$$

resulta:

$$b = \frac{BR}{R + h}$$

valor que substituído en la (1), da:

$$C_5 = B - \frac{BR}{R + h} = \frac{B(R + h) - BR}{R + h} = \frac{BR + Bh - BR}{R + h} = \frac{Bh}{R + h}$$

y, despreciando h en el denominador, se encuentra:

$$C_5 = \frac{B \, h}{R}$$

La corrección C_5 debe restarse de la longitud medida para obtener la de la base reducida al nivel medio del mar.

El valor medio del radio terrestre es: $R = 6\ 366\ 988$ m.

PROBLEMAS:

1.- Se midió una distancia de 1402.53 m con una cinta de acero, de 30 m, que se comparó a 21.1°C. La temperatura media fue de 30.8°C. Determine la corrección por variación de temperatura.

DATOS:

$t = 21.1°C$
$t' = 30.8°C$
$L = 1402.53$ m
$C_1 = ?$

SOLUCION:

Se aplica la fórmula:

$$C_1 = 0.0000117 \, (t' - t) \, L$$

$$\therefore \quad C_1 = 0.0000117 \, (30.8 - 21.1) \, 1402.53 = 0.159 \text{ m}$$

Esta corrección es aditiva porque: $t' > t$.

2.- La medida inclinada de una línea es de 583.108 m y el desnivel entre sus extremos es de 2.835 m. Determine la corrección por pendiente y la distancia horizontal.

DATOS:

$L' = 583.108$ m
$h = 2.835$ m
$C_2 = ?$
$L = ?$

SOLUCION:

a) La corrección por pendiente se encuentra substituyendo los datos en la fórmula:

$$C_2 = \frac{h^2}{2L'} = \frac{(2.835)^2}{2(583.108)} = 0.007 \text{ m}$$

b) Distancia horizontal.

$$L = L' - C_2 = 583.108 - 0.007 = 583.101 \text{ m}$$

3.- Calcúlese el efecto de la catenaria para una cinta de 30 metros, que pesa 0.68 kg, apoyada solamente en sus extremos y a una tensión de 9 kg.

DATOS:

$W = 0.68$ kg
$L = 30$ m
$T = 9$ kg
$C_3 = ?$

SOLUCION:

La corrección por catenaria se calcula con la fórmula:

$$C_3 = \frac{W^2 L}{24 T^2} = \frac{(0.68)^2 \, 30}{24 \, (9)^2} = 0.0071$$

$$\therefore \quad C_3 = 0.007 \text{ m}$$

4.- Si el peso de una cinta de 50 metros es de 1.75 kg y la medida se hace con un apoyo intermedio a los 25 metros. ¿Qué valor tendrá la corrección por catenaria, para una tensión de 10 kg?

DATOS:

$W = \dfrac{1.75}{2} = 0.875$ kg

$L = \dfrac{50}{2} = 25$ m

$T = 10$ kg.

$C_3 = ?$

SOLUCION:

$$C_3 = \frac{W^2 L}{24 T^2} = \frac{(0.875)^2 \, 25}{24 \, (10)^2}$$

$$C_3 = 0.00797$$

Esta es la corrección a una catenaria. La corrección total por catenaria, del tramo medido con una puesta de cinta, en vista de que hay dos catenarias por el apoyo intermedio, es:

$$C_3 = 2 \, (0.00797) = 0.0159 \text{ m}$$

5.- Calcule la corrección por variación de tensión para una cinta de 50 metros, que se graduó a una tensión de 10 kg, si al efectuar la medida la tensión aplicada fue de 12 kg. El peso de la cinta es de 1.8 kg.

DATOS:

T' = 12 kg
T = 10 kg
W = 1.8 kg = 1800 g
L = 50 m = 5000 cm
E = 2 150 000 kg/cm²
C_4 = ?

SOLUCION:

a) Sección transversal de la cinta:

$$S = \frac{0.1274 \, W}{L} = \frac{0.1274 \, (1800)}{5000} = 0.046 \text{ cm}^2$$

b) Corrección por variación de tensión:

$$C_4 = \frac{(T' - T) \, L}{SE} = \frac{(12 - 10) \, 5000}{(0.046) \, 2 \, 150 \, 000} = 0.101 \text{ cm}$$

El error sistemático por variación de tensión es despreciable, excepto para trabajos muy precisos.

6.- Obtenga la longitud de la base reducida al nivel del mar, con los siguientes DATOS:

Base medida = 1,200.842 m
Altura media de la base sobre el nivel del mar = 1340 m
Radio de la Tierra = 6 366 988 m

SOLUCION:

a) Corrección que se debe aplicar a la base medida:

$$C_5 = \frac{Bh}{R} = \frac{1200.842 \, (1340)}{6 \, 366 \, 988} = 0.253 \text{ m}$$

b) Base reducida al nivel del mar:

$$b = B - C_5 = 1200.842 - 0.253 = 1200.589 \text{ m}$$

7.- La longitud de una línea medida a 12.6°C, con una cinta de 30 metros de longitud a 20°C, es 274.861 m. Calcule la corrección por el cambio de temperatura y la longitud correcta de la línea.

DATOS:

$t = 20°C$

$t' = 12.6°C$

$L = 274.861 \text{ m}$

$C_1 = ?$

$L' = ?$

SOLUCION:

a) Corrección por temperatura:

$$C_1 = 0.0000117 \, (t' - t) \, L$$

$$C_1 = 0.0000117 \, (12.6 - 20) \, 274.861 = -0.024 \text{ m}$$

b) Longitud correcta de la línea:

$$L' = L - C_1$$

$$L' = 274.861 - 0.024 = 274.837 \text{ m}$$

8.- Se midió una distancia de 360.423 m con una cinta de acero, de 30 m de longitud a una tensión de 6 kg y cuya sección transversal es de 2.5 mm². Determine el incremento de longitud de la cinta para una tensión de 9 kg, así como la distancia corregida.

DATOS:

$T' = 9 \text{ kg}$

$T = 6 \text{ kg}$

$D = 360.423 \text{ m}$

$L = 30 \text{ m}$

$S = 2.5 \text{ mm}^2$

$E = 1\,900\,000 \text{ kg/cm}^2$

$C_4 = ?$

$D_1 = ?$

SOLUCION:

a) Incremento de longitud de la cinta:

$$C_4 = \frac{(T' - T) \, L}{SE}$$

$$C_4 = \frac{(9 - 6) \, 3000}{(0.025) \, 1\,900\,000} = 0.189 \text{ cm} = 0.00189 \text{ m}$$

o bien:

$$C_4 = 0.0019 \text{ m}$$

La corrección es aditiva porque: T' > T

b) *Distancia corregida:*

$$D_1 = D + C_4 \frac{D}{L}$$

$$D_1 = 360.423 + (0.0019) \frac{360.423}{30}$$

$$D_1 = 360.423 + 0.023 = 360.446 \text{ m}$$

9.- Una línea midió 172.683 metros con una cinta de acero cuya longitud real es de 30.006 metros. Determine la distancia real.

DATOS:

L = Longitud nominal de la cinta = 30.000 m
L' = Longitud real de la cinta = 30.006 m
D_1 = Distancia medida = 172.683 m
D = Distancia real = ?

SOLUCION:

a) *Factor unitario de corrección:*

$$C = \frac{L' - L}{L} = \frac{30.006 - 30.000}{30.000} = + 0.0002 \text{ m}$$

b) *Distancia real:*

$$D = D_1 + CD_1$$

$$D = 172.683 + 172.683 (0.0002) = 172.718 \text{ m}$$

10.- Con una cinta de 29.997 m de longitud real se midió una distancia de 183.704 m. ¿Cuál es la distancia real?

DATOS:

L = 30.000 m
L^1 = 29.997 m
D_1 = 183.704 m
D = ?

SOLUCION:

a) *Factor unitario de corrección:*

$$C = \frac{L^1 - L}{L} = \frac{29.997 - 30.000}{30.000}$$

$$C = \frac{-0.003}{30.000} = -0.0001 \text{ m}$$

b) *Distancia real:*

$$D = D_1 - C D_1 = 183.704 - (0.0001) \, 183.704 = 183.686 \text{ m}$$

Los problemas 9 y 10 se pueden resolver también calculando primero la cantidad en que la cinta de acero es más larga o más corta, y luego multiplicando dicho valor por el número de puestas de cinta que hay en la medida de la línea. Así, en el problema 9, se tiene; con una cinta 0.006 m más larga:

$$\text{corrección total} = \frac{172.683(0.006)}{30} = 0.035 \text{ m}$$

Distancia real = 172.683 + 0.035 = 172.718 m

11.- Al efectuar la medida de una distancia, con cinta de acero, de 30 metros de longitud, resultó de 732.17 m. Posteriormente se comprobó que la longitud real de la cinta es de 29.996 m. Determine la distancia real.

DATOS:

L = 30.000 m
L^1 = 29.996 m
D_1 = 732.17 m
D = ?

SOLUCION:

a) *Corrección total* $= \dfrac{732.17 \, (0.004)}{30} = 0.098 \text{ m}$

b) *Distancia real* $= 732.17 - 0.098 = 732.072 \text{ m}$

COMPROBACION:

$$D = \frac{732.17 \, (29.996)}{30} = 732.072 \text{ m}$$

Cálculos para determinar la longitud de la base

Se da en seguida un ejemplo en el que se muestran las correcciones que se aplican a la longitud medida de una base.

PRIMERA MEDIDA

Tramo	L^I	$t'-t$	C_I	$L^I \pm C_I$	h	C_2	L
0-1	49.9771	7.52	0.0044	49.9815	0.072	—0.0000	49.9815
1-2	49.9848	7.39	0.0043	49.9891	0.495	—0.0025	49.9866
2-3	49.9523	6.42	0.0038	49.9561	0.529	—0.0028	49.9533
3-4	49.9873	6.07	0.0035	49.9908	0.026	—0.0000	49.9908
4-5	49.9994	5.92	0.0035	50.0029	0.312	—0.0010	50.0019
5-6	49.9854	7.02	0.0041	49.9895	1.422	—0.0202	49.9693
...	...	...	...	...	...	...	...
23-24	49.9372	12.02	0.0070	49.9442	0.196	—0.0004	49.9438
24-25	49.9644	10.47	0.0061	49.9705	0.277	—0.0008	49.9697

SUMA = 1248.8701m

La longitud de cada tramo se determinó aplicando la fórmula:

$$L = L^I \pm C_1 - C_2$$

en la cual:

L^I = longitud medida, en metros
C_1 = corrección por temperatura, en metros
C_2 = corrección por pendiente, en metros.

EJEMPLO:

Tramo 0-1:

$C_1 = 0.0000117 \ (t' - t) \ L^I = 0.0000117 \ (7.52) \ 49.9771 = 0.0044$

$L^I + C_1 = 49.9771 + 0.0044 = 49.9815$

$C_2 = \dfrac{h^2}{2L^I} = \dfrac{(0.072)^2}{2(49.9771)} = 0.00005$

$L = L^I + C_1 - C_2 = 49.9815 - 0 = 49.9815 \ m$

234

PROBLEMAS

1.- Se ha registrado la longitud de una base como 1498.834 m y la temperatura media observada fue de 15.6°C.

Los datos de la comparación de la cinta son: longitud de 50.0107 m a 20°C, en catenaria, con un apoyo intermedio colocado a 25 m. y tensión de 10 kg La cinta pesa 1.720 kg y su sección transversal es de 4 mm². En el campo la cinta se usó en catenaria libre, aplicando una tensión de 12 kg.

La altura media de la base sobre el nivel del mar es de 1,270 m y la corrección total por pendiente de 0.172 m.

Determine las correcciones que se deben aplicar a la longitud medida y obtenga la longitud de la base reducida al nivel del mar.

SOLUCION:

a) Cálculo de las correcciones.

—Corrección en longitud.

$$C_6 = \frac{1,498.834\ (0.0107)}{50} = +0.321\ m$$

—Corrección por temperatura:

$$C_1 = 0.0000117\ (15.6 - 20)\ 1,498.834 = -0.077\ m$$

—Corrección por tensión:

$$C_4 = \frac{(12 - 10)\ 1,498.834}{(0.04)\ 1,900,000} = +0.039\ m$$

—Corrección por catenaria:

$$C_3 = \frac{(1.72)^2\ 1,498.834}{24\ (12)^2} = -1.283\ m$$

—Corrección por pendiente:

$$C_2 = -0.172\ m \quad \text{(dato)}$$

b) Longitud de la base.

Longitud registrada	**1,498.834 m**
Corrección en longitud .... +	0.321 "
Corrección por temperatura .... −	0.077 "
Corrección por tensión .... +	0.039 "
Corrección por catenaria .... −	1.283 "
Corrección por pendiente .... −	0.172 "
Longitud de la base .... =	1,497.662 m

c) Reducción de la base al nivel del mar.

Longitud de la base .... =   1,497.662 m

$$\text{Corrección} = \frac{1,497.662 \ (1,270)}{6,366,988} = -0.299 \text{ "}$$

Longitud de la base reducida al nivel del

mar   =   1,497.363 m

2.- Para la medida de una base se utilizó una cinta de acero que tiene una longitud de 29.984 m a 20°C, cuando se apoya en los puntos que marcan 0 y 30 m, bajo una tensión de 5 Kg. La temperatura media fue de 17.6°C y las estacas se colocaron en una pendiente del 2%. La longitud medida fue de 487.306 m y el intervalo entre apoyos y la tensión los mismos que los usados en la comparación de la cinta.- Calcule la longitud de la base.

SOLUCION:

CALCULO DE LAS CORRECCIONES

a) Corrección en longitud.

$$C_6 = \frac{487.306 \ (-0.016)}{30} = -0.260 \ m$$

b) Corrección por temperatura:

$$C_1 = 0.0000117 \ (17.6 - 20) \ 487.306 = -0.014 \ m$$

c) Corrección por pendiente.

$$C_2 = \frac{[487.306 \ (0.02)]^2}{2 \ (487.306)} = \frac{(9.74612)^2}{974.612} = -0.097 \ m$$

CALCULO DE LA LONGITUD DE LA BASE.

Longitud medida .... 487.306 m
Corrección en longitud .... − 0.260 "
Corrección por temperatura .... − 0.014 "
Corrección por pendiente .... − 0.097 "
Longitud de la base .... = 486.935 m

COMPENSACION ANGULAR.

En la triangulación de precisión ordinaria y de alta precisión, los ángulos observados se corrigen antes de calcular las longitudes de los lados.

COMPENSACION DE UNA CADENA DE TRIANGULOS

Una cadena de triángulos se compensa en dos etapas:

a).— Se compensan los ángulos alrededor de cada vértice para que la suma de los ángulos sea de 360°; y

b).— Se compensa cada triángulo para hacer que la suma de los tres ángulos sea igual a 180°. Esta operación se conoce como compensación de figura.

En la triangulación de primer orden la compensación se hace por el método de los mínimos cuadrados, pero para la mayoría de los casos de triangulaciones de precisión ordinaria se puede aplicar el procedimiento siguiente:

a) Para compensar los ángulos alrededor de cada vértice, se suman los ángulos observados.- La diferencia entre la suma de los ángulos observados y 360° se divide entre el número de ángulos y la cantidad resultante se suma algebráicamente a cada ángulo.

b) La compensación de los ángulos de cada triángulo se realiza de manera semejante, usando los valores obtenidos al compensar los ángulos alrededor de los vértices, es decir, se suman los ángulos de cada triángulo, se determina la diferencia entre la suma de los ángulos y 180° y se añade algebráicamente la tercera parte de esa diferencia a cada uno de los tres ángulos.

PROBLEMAS:

1.- En el registro siguiente se dan los ángulos observados de un triángulo ABC.
Determine los ángulos compensados alrededor de cada uno de los vértices A, B y C y los del triángulo.

SOLUCION:

a) Compensación de los ángulos alrededor de cada uno de los vértices.

Est.	Angulos Observados	Corrección	Angulos compensados
A	BAC = 85° 32' 31''	–3''	85° 32' 28''
	CAB = 274° 27' 35''	–3''	274° 27' 32''
	Suma = 360° 00' 06''		360° 00' 00''
B	CBA = 47° 13' 46''	+1''	47° 13' 47''
	ABC = 312° 46' 12''	+1''	312° 46' 13''
	Suma = 359° 59' 58''		360° 00' 00''
C	ACB = 47° 13' 40''	–1''	47° 13' 39''
	BCA = 312° 46' 23''	–2''	312° 46' 21''
	Suma = 360° 00' 03''		360° 00' 00''

b) Compensación de los ángulos del triángulo ABC.

Vértices	Angulos obtenidos en la compensación anterior	Corrección	Angulos Compensados
A	85° 32' 28''	+2''	85° 32' 30''
B	47° 13' 47''	+2''	47° 13' 49''
C	47° 13' 39''	+2''	47° 13' 41''
Sumas	179° 59' 54''		180° 00' 00''

2.- Determínese el valor compensado de los ángulos interiores del triángulo ABC, con los datos del registro siguiente:

Est.	Angulos interiores	Los demás angulos alrededor del vértice	Croquis
A	76° 30' 28''	283° 29' 36''	
B	54° 17' 30''	78° 45' 03'', 95° 06' 11'', 131° 51' 12''	
C	49° 12' 16''	108° 27' 15'', 202° 20' 32''	

SOLUCION:

a) Compensación de los ángulos alrededor de cada uno de los vértices.

238

Est.	Angulos observados	C	Angulos compensados
A	76° 30' 28''	–2''	76° 30' 26''
	283° 29' 36'	–2''	283° 29' 34''
Sumas	360° 00' 04''	–4''	360° 00' 00''
B	54° 17' 30''	+ 1''	54° 17' 31''
	78° 45' 03'	+ 1''	78° 45' 04''
	95° 06' 11'	+ 1''	95° 06' 12''
	131° 51' 12'	+ 1''	131° 51' 13''
Sumas	359° 59' 56''	+ 4''	360° 00' 00''
C	49° 12' 16''	–1''	49° 12' 15''
	108° 27' 15'	–1''	108° 27' 14''
	202° 20' 32'	–1''	202° 20' 31''
Sumas	360° 00' 03''	–3''	360° 00' 00''

La corrección se aplica con signo contrario al error.

b) Compensación de los ángulos interiores del triángulo ABC.

Est.	Angulos obtenidos en la compensación anterior	Corrección C	Angulos compensados
A	76° 30' 26''	-4''	76° 30' 22''
B	54° 17' 31''	-4''	54° 17' 27''
C	49° 12' 15''	-4''	49° 12' 11''
Sumas	180° 00' 12''	–12''	180° 00' 00''

COMPENSACION DE UNA CADENA DE CUADRILATEROS.

Como en el caso anterior, se compensan los ángulos alrededor de cada vértice del cuadrilátero y luego se hace la compensación de figura considerando las condiciones siguientes:

Condición geométrica:

$$\Sigma \text{ ángs. interiores } = 180° \ (n-2)$$

Condición trigonométrica:

$$\frac{a}{sen \ A} = \frac{b}{sen \ B} = \frac{c}{sen \ C}$$

Los ángulos se compensan de tal manera que la longitud calculada de un lado desconocido opuesto a un lado conocido sea la misma, indistintamente del camino elegido para su cálculo de los cuatro posibles.

COMPENSACION DE UNA CADENA DE POLIGONOS.

La solución exacta sólo es posible por el método de los mínimos cuadrados, pero se puede utilizar el método aproximado siguiente en las triangulaciones de precisión ordinaria, en el caso de una sola cadena de polígonos.

Los triángulos o cuadriláteros se compensan individualmente en la forma anteriormente expuesta.

Si se miden dos bases, la longitud de cada lado de la cadena de figuras que los une, deberá ser la misma cuando se calcule de una base como cuando se calcula de la otra, y la compensación lineal se puede efectuar por el procedimiento siguiente: se escoge un lado intermedio que esté aproximadamente a igual distancia de ambas bases y se calcula su longitud a partir de una y de otra base. La discrepancia entre los dos valores calculados será el error lineal. El valor definitivo para el lado intermedio será el promedio de los dos valores calculados.

Si el error lineal queda dentro de la tolerancia establecida, se divide entre dos y cada mitad se reparte a todas las figuras encadenadas a ambos lados del lado intermedio hasta llegar a las bases. Esto se hace mediante proyecciones del error y de los lados, variando las proyecciones de los lados de la figura adyacente y de ésta se pasa a la que sigue y así sucesivamente en ambos sentidos.

Las proyecciones del error se van variando disminuyéndolas para cada figura, proporcionalmente al número de figuras a través de las cuales se vaya realizando el cálculo hasta llegar a cada base en donde la variación será nula.

Este procedimiento cambia los valores de los ángulos y estos nuevos valores que se obtengan serán los definitivos y los que se utilicen en los siguientes cálculos.

REDUCCION AL CENTRO DE ESTACION.

Cuando se eligen como vértices de triangulación mojoneras altas o tórres por ser fácilmente visibles, no es posible instalar el tránsito en el punto escogido como vértice. Entonces el aparato se sitúa en un punto cercano y los ángulos en ese punto se corrigen de esa excentricidad por un procedimiento que se llama reducción al centro de estación.

Se pueden presentar los casos siguientes:

1.- El aparato se instala en un punto fuera del triángulo.

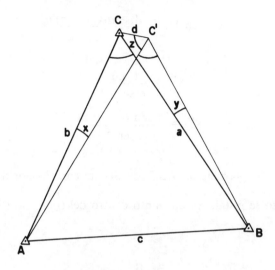

Figura Nº 77

En la Fig. Nº 77, C es vértice de la triangulación, C' punto en el cual se instala el aparato, d distancia del punto C' al vértice de la triangulación y AC'C = $= z$, ángulo auxiliar observado.

Por geometría:

$$\measuredangle BCA + \measuredangle x = \measuredangle BC'A + \measuredangle y$$

$$\therefore \measuredangle BCA = \measuredangle BC'A + \measuredangle y - \measuredangle x$$

Los valores de los ángulos x e y se calculan como sigue:
En el triángulo CC'A, aplicando la ley de los senos:

$$\frac{d}{\operatorname{sen} x} = \frac{b}{\operatorname{sen} z} \qquad \therefore \operatorname{sen} x = \frac{d \operatorname{sen} z}{b}$$

y en el triángulo CC'B:

$$\frac{d}{\operatorname{sen} y} = \frac{a}{\operatorname{sen} (C' + z)} \qquad \therefore \operatorname{sen} y = \frac{d \operatorname{sen} (C' + z)}{a}$$

241

Como la distancia d es pequeña comparada con los lados del triángulo y los ángulos x e y son también muy pequeños, se pueden expresar de la manera siguiente:

$$x'' \text{ sen } 1'' = \frac{d \text{ sen } z}{b}$$

$$y'' \text{ sen } 1'' = \frac{d \text{ sen } (C' + z)}{a}$$

∴

$$x'' = \frac{d \text{ sen } z}{b \text{ sen } 1''}$$

$$y'' = \frac{d \text{ sen } (C' + z)}{a \text{ sen } 1''}$$

Los lados a y b del triángulo ABC se calculan con el valor del ángulo C'.

2.- El aparato se instala en un punto dentro del triángulo (Fig. N° 78).

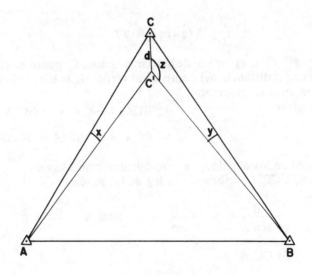

Figura Nº 78

242

En este caso, por geometría:

$$\measuredangle BCA + \measuredangle x + \measuredangle y = \measuredangle BC'A$$

$$\therefore \measuredangle BCA = \measuredangle BC'A - (\measuredangle x + \measuredangle y)$$

Los valores de los ángulos x e y, se calculan en forma semejante al caso anterior.

PROBLEMAS:

1.- Sea ABC un triángulo en cuyo vértice C no fue posible centrar el aparato (Fig. N° 79), el cual se instaló en el punto C'.

Se midieron d = 5.13 m y los ángulos: z = 68° 13' 50'' y BC'A = 47° 08' 12''. Las longitudes de los lados del triángulo son: a = 1,517.83 m y b = 1208.37 m. Determine el valor del ángulo en el vértice C del triángulo.

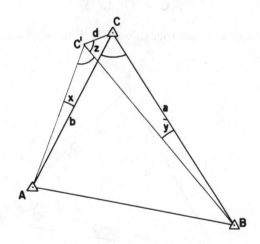

Figura N° 79

SOLUCION:

a) Cálculo de los ángulos x e y.

$$x'' = \frac{d \; sen \; (C' + z)}{b \; sen \; 1''} \; ... \; (1)$$

$$y'' = \frac{d \; sen \; z}{a \; sen \; 1''} \; ... \; (2)$$

substituyendo valores en las fórmulas (1) y (2) , se halla:

$$x'' = \frac{5.13 \ sen \ (47°\ 08'\ 12'' + 68°\ 13'\ 50'')}{1,208.37 \ sen \ 1''} = \frac{5.13 \ sen \ 64°\ 37'\ 58''}{1,208.37 \ (0.0000048)}$$

$$y'' = \frac{5.13 \ sen \ 68°\ 13'\ 50''}{1,517.83 \ sen \ 1''} = \frac{5.13 \ sen \ 68°\ 13'\ 50''}{1,517.83 \ (0.0000048)}$$

$$\begin{cases} x \ = 799'' = 13'\ 19'' \\ y \ = 654'' = 10'\ 54'' \end{cases}$$

b) Cálculo del ángulo C del triángulo ABC.

$$\measuredangle \ C = \measuredangle \ C' + \measuredangle \ x - \measuredangle \ y$$

$$\measuredangle \ C = 47°\ 08'\ 12'' + 13'\ 19'' - 10'\ 54''$$

$$\measuredangle \ C = 47°\ 10'\ 37''$$

2.- Calcule el ángulo C del triángulo ABC (Fig. N° 80), con los siguientes datos:

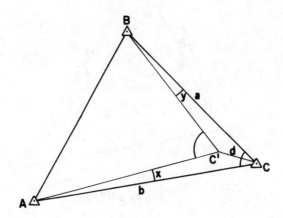

Figura Nº 80

$$a = 2,113.96 \ m$$
$$b = 2,678.12 \ m$$
$$d = 4.71 \ m$$
$$\measuredangle \ CC'A = 153°\ 28'\ 40''$$
$$\measuredangle \ AC'B = 64°\ 15'\ 20''$$
$$\measuredangle \ ACB = \ ?$$

244

SOLUCION:

a) Cálculo de los ángulos x e y.

$$x'' = \frac{d \text{ sen CC'A}}{b \text{ sen } 1''} = \frac{4.71 \text{ sen } 26° \ 31' \ 20''}{2,678.12 \ (0.0000048)} = 163.6''$$

$$y'' = \frac{d \text{ sen } [360° - (CC'A + AC'B)]}{a \text{ sen } 1''} = \frac{4.71 \text{ sen } 142° \ 16' \ 00''}{2,113.96 \ (0.0000048)} = 284.1''$$

.:

$$\begin{cases} x & = & 2' & 44'' \\ y & = & 4' & 44'' \end{cases}$$

b) Cálculo del ángulo C:

$$\angle C = \angle C' - (\angle x + \angle y)$$

$$\angle C = 64° \ 15' \ 20'' - (2' \ 44'' + 4' \ 44'')$$

$$\angle C = 64° \ 07' \ 52''$$

Cálculo de las longitudes de los lados.

Es conveniente seguir un procedimiento ordenado para evitar equivocaciones y para facilitar el trabajo.

Las longitudes de los lados de los triángulos se calculan con los ángulos corregidos y la base.- Se dibuja un croquis, marcando los vértices con las letras A, B, C y los lados opuestos a los vértices con las letras minúsculas correspondientes a, b, c y se aplica la ley de los senos.

$$\frac{a}{\text{sen A}} = \frac{b}{\text{sen B}} = \frac{c}{\text{sen C}}$$

.:

$$a = \frac{b \text{ sen A}}{\text{sen B}} = \frac{c \text{ sen A}}{\text{sen C}}$$

$$\log a = \log b + \log \text{ sen A} + \text{colog sen B}$$
$$\log a = \log c + \log \text{ sen A} + \text{colog sen C}$$

PROBLEMAS:

1.- Calcular las longitudes de los lados b y c de un triángulo, cuando se conocen el lado a que es la base de la triangulación y los ángulos interiores del triángulo. (Fig. N° 81).

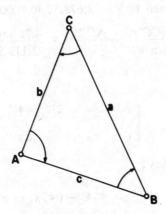

Figura N° 81

DATOS:

$$a = 4,432.582 \text{ m}$$
$$A = 85° 32' 30''$$
$$B = 47° 13' 49''$$
$$C = 47° 13' 41''$$

SOLUCION:

$$b = \frac{a \text{ sen } B}{\text{sen } A} = \frac{4,432.582 \text{ sen } 47° 13' 49''}{\text{sen } 85° 32' 30''} = 3,263.784 \text{ m}$$

$$c = \frac{a \text{ sen } C}{\text{sen } A} = \frac{4,432.582 \text{ sen } 47° 13' 41''}{\text{sen } 85° 32' 30''} = 3,263.667 \text{ m}$$

Comprobación:

log 4,432.582 =	3.646657	log 4,432.582 =	3.646657
log sen 47° 13' 49'' =	9.865749 −10	log sen 47° 13' 41'' =	9.865734 −10
colog sen 85° 32' 30'' =	0.001316	colog sen 85° 32' 30'' =	0.001316
	13.513722 −10		13.513707 −10
log b =	3.513722	log c =	3.513707
b =	3,263.784 m	c =	3,263.667 m

246

2.- Con los datos del registro siguiente, obtenga:

a) Los ángulos compensados y
b) Las longitudes de los lados b y c.

Vértices	Angulos observados	Croquis
A	29° 38' 10"	
B	69° 31' 40"	
C	80° 50' 00"	

SOLUCION:

a) Compensación de los ángulos del triángulo.

Angulos observados	Corrección	Angulos compensados
A = 29° 38' 10"	+3"	A = 29° 38' 13"
B = 69° 31' 40"	+3"	B = 69° 31' 43"
C = 80° 50' 00"	+4"	C = 80° 50' 04"
Sumas = 179° 59' 50"	+10"	180° 00' 00"

b) Cálculo de las longitudes de los lados.

$$a = \frac{c \ sen \ A}{sen \ C} = \frac{4,092.795 \ sen \ 29° \ 38' \ 13''}{sen \ 80° \ 50' \ 04''} = 2,050.072 \ m$$

$$b = \frac{c \ sen \ B}{sen \ C} = \frac{4,092.795 \ sen \ 69° \ 31' \ 43''}{sen \ 80° \ 50' \ 04''} = 3,883.912 \ m$$

Comprobación:

log 4,092.795 =	3.612020		log 4,092.795 =	3.612020
log sen 29° 38' 13" =	9.694169 −10		log sen 69° 31' 43" =	9.971669 −10
colog sen 80° 50' 04" =	0.005581		colog sen 80° 50' 04" =	0.005581
	13.311770 −10			13.589270 −10
log a =	3.311770		log b =	3.589270
a =	2,050.072 m		b =	3,883.912 m

Cálculo de las coordenadas de las estaciones.

En el triángulo ABC (Fig. N° 82), a partir de las coordenadas del vértice A, se desea determinar las del vértice C. Con el rumbo y la longitud del lado b, se calculan las proyecciones de este lado sobre los ejes E-W y N-S, y se suman algebráicamente a las coordenadas de A para obtener las del Vértice C.

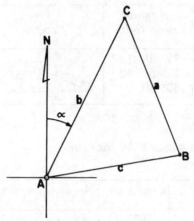

Figura N° 82

Las proyecciones del lado b, son:

$$x_b = b \text{ sen } \propto$$
$$y_b = b \cos \propto$$

y las coordenadas del vértice C:

$$X_c = X_A + x_b$$
$$Y_c = Y_A + y_b$$

PROBLEMAS:

1.- Calcule las coordenadas del vértice C del triángulo ABC (Fig. N° 82) y compruebe el cálculo.

DATOS:

A (+1,169.71; +661.36)
B (+2,590.94; +841.37)
Rbo AC = N 34° 32' 54'' E
Rbo BC = N 12° 40' 27'' W
b = 1,942.94 m
a = 1,455.74 m

248

SOLUCION:

a) Cálculo de las proyecciones del lado AC.

$$x = 1,942.94 \text{ sen } 34° \ 32' \ 54'' = +1,101.84 \text{ m (E)}$$
$$y = 1,942.94 \cos 34° \ 32' \ 54'' = +1,600.30 \text{ m (N)}$$

b) Cálculo de las coordenadas del vértice C.

$$\begin{array}{l} \text{A } (+1,169.71; + \quad 661.36) \\ \underline{\quad +1,101.84 \ +1,600.30} \\ \text{C } (+2,271.55; +2,261.66) \end{array}$$

c) Comprobación del cálculo, a partir de las coordenadas del vértice B.

$$x = 1,455.74 \text{ sen } 12° \ 40' \ 27'' = -319.40 \text{ m (W)}$$

$$y = 1,455.74 \cos 12° \ 40' \ 27'' = + 1,420.27 \text{ m (N)}$$

$$\begin{array}{l} \text{B } (+2,590.94; + \quad 841.37) \\ \underline{\quad -319.40; \ +1,420.27} \\ \text{C } (+2,271.54; \ +2,261.64) \end{array}$$

Si se usan logaritmos el cálculo se dispone como sigue:

$X_C = +2,271.54$	$X_C = +2,271.54$
$X_A = +1,169.71$	$X_B = +2,590.94$
$x = +1,101.83$	$x = -319.40$
$\log x = 3.042120$	$\log x = 2.504334$
$\log \text{ sen } Rbo = 9.753661$	$\log \text{ sen } Rbo = 9.341250$
$\log L = 3.288459$	$\log L = 3.163084$
$\log \cos Rbo = 9.915742$	$\log \cos Rbo = 9.989287$
$\log y = 3.204201$	$\log y = 3.152371$
$y = +1,600.30$	$y = +1,420.27$
$Y_A = + \quad 661.36$	$Y_B = + \quad 841.37$
$Y_C = +2,261.66$	$Y_C = +2,261.64$

2.- Con los datos del registro siguiente, calcular:

a) Angulos compensados
b) Rumbos de los lados BC y CA
c) Longitudes de los lados BC y CA; y
d) Coordenadas del vértice C.

Est.	P.V.	Angulos observados	Distancias (en metros)	Croquis y notas
A	B	65° 05' 12"	1411.787	
B	C	77° 20' 48"		
C	A	37° 34' 09"		
		Rbo AB = N 20° 42' 46" E		
		A (21 + 098.624; 29 + 170.804)		

SOLUCION:

a) Compensación angular.

Vértices	Angulos observados	Corrección C	Angulos Compensados
A	65° 05' 12"	–3"	65° 05' 09"
B	77° 20' 48"	–3"	77° 20' 45"
C	37° 34' 09"	–3"	37° 34' 06"
Sumas	180° 00' 09"	–9"	180° 00' 00"

$$C = \frac{9''}{3} = 3''$$

b) Cálculo de los rumbos de los lados BC y CA. (Fig. Nº 83)

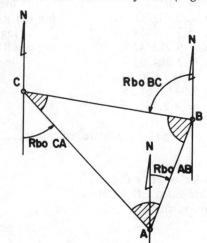

Figura Nº 83

250

$$Rbo\ AB\ =\ N\ 20^\circ\ 42'\ 46''\ E$$

$$Rbo\ BC\ =\ 180^\circ- (Rbo\ AB\ +\ B)$$

$$Rbo\ BC\ =\ 180^\circ- (20^\circ\ 42'\ 46''\ +\ 77^\circ\ 20'\ 45'')$$

$$Rbo\ BC\ =\ N\ 81^\circ\ 56'\ 29''\ W$$

$$Rbo\ CA\ =\ Rbo\ BC - C\ =\ 81^\circ\ 56'\ 29'' - 37^\circ\ 34'\ 06''$$

$$Rbo\ CA\ =\ S\ 44^\circ\ 22'\ 23''\ E$$

Comprobación del cálculo de rumbos:

$$Rbo\ AB\ =\ A - Rbo\ CA\ =\ 65^\circ\ 05'\ 09'' - 44^\circ\ 22'\ 23''$$

$$Rbo\ AB\ =\ N\ 20^\circ\ 42'\ 46''\ E$$

c) *Cálculo de las longitudes de los lados BC y CA.*

$$BC\ =\ \frac{AB\ sen\ A}{sen\ C}\ =\ \frac{1,411.787\ sen\ 65^\circ\ 05'\ 09''}{sen\ 37^\circ\ 34'\ 06''}\ =\ 2,100.034\ m$$

$$CA\ =\ \frac{AB\ sen\ B}{sen\ C}\ =\ \frac{1,411.787\ sen\ 77^\circ\ 20'\ 45''}{sen\ 37^\circ\ 34'\ 06''}\ =\ 2,259.273\ m$$

d) *Cálculo de las proyecciones del lado AC.*

$$x_{AC}\ =\ AC\ sen\ Rbo\ AC\ =\ 2,259.273\ sen\ 44^\circ\ 22'\ 23''$$
$$y_{AC}\ =\ AC\ cos\ Rbo\ AC\ =\ 2,259.273\ cos\ 44^\circ\ 22'\ 23''$$

$$x_{AC}\ =-1,579.971\ m\ (W)$$
$$y_{AC}\ =\ +1,614.932\ m\ (N)$$

e) *Cálculo de las coordenadas del vértice C.*

$$
\begin{array}{l}
A\ (21\ +\ 098.624;\ 29\ +\ 170.804) \\
\underline{-(1\ +\ 579.971);\ +\ (1\ +\ 614.932)} \\
C\ (19\ +\ 518.653;\ 30\ +\ 785.736)
\end{array}
$$

Comprobación del cálculo de coordenadas del vértice C.

$$x_{AB} = AB \text{ sen Rbo AB} = 1{,}411.787 \text{ sen } 20° \, 42' \, 46''$$
$$y_{AB} = AB \cos \text{Rbo AB} = 1{,}411.787 \cos 20° \, 42' \, 46''$$

$$x_{AB} = +499.326 \text{ m (E)}$$
$$y_{AB} = +1{,}320.536 \text{ m (N)}$$

$$x_{BC} = BC \text{ sen Rbo BC} = 2{,}100.034 \text{ sen } 81° \, 56' \, 29''$$
$$y_{BC} = BC \cos \text{Rbo BC} = 2{,}100.034 \cos 81° \, 56' \, 29''$$

$$x_{BC} = -2{,}079.297 \text{ m (W)}$$
$$y_{BC} = + \quad 294.395 \text{ m (N)}$$

$$
\begin{array}{ll}
A \ (21 \ + \ 098.624; & 29 \ + \ 170.804) \\
\quad\ +499.326; & 1 \ + \ 320.536 \\
\hline
B \ (21 \ + \ 597.950; & 30 \ + \ 491.340) \\
-(2 \ + \ 079.297); & \quad +294.395 \\
\hline
C \ (19 \ + \ 518.653; & 30 \ + \ 785.735
\end{array}
$$

Las cotas de los vértices se pueden determinar por medio de nivelación trigonométrica, a partir de un B.N. aplicando el método de observaciones simultáneas.

PROBLEMA DE LOS TRES VERTICES.

El problema conocido con el nombre de "problema de Pothenot" o más comúnmente como "problema de los tres vértices", consiste en fijar un punto por medio de visuales dirigidas a tres vértices de posición conocida, los cuales pueden ser puntos de una triangulación o de una poligonal. Para el efecto, se hace estación con el tránsito en el mismo punto que se trata de situar.

Este procedimiento se aplica para:

a) Situar puntos que deban servir como vértices de último orden en una triangulación. Sucede muchas veces que después de concluida una triangulación, se tienen que hacer levantamientos de detalles en regiones que por su posición no permiten que se pueda ver desde ellas ningún vértice de la red y, en casos semejantes, se puede subsanar este inconveniente fijando por tres vértices algunos puntos notables cercanos a la poligonal que sean visibles desde aquella, con lo cual podrá comprobarse el trabajo, llevando la poligonal a que cierre en los puntos así establecidos.

b) Fijar linderos de propiedades con cierta precisión. Si los puntos que marcan los linderos no están muy distantes entre sí, puede ser más ventajoso hacer el levantamiento por medio de poligonales; pero si hay una gran distancia entre ellos es más conveniente en muchos casos fijar cada uno por tres vértices.

c) Comprobar el cierre de tramos parciales de una poligonal larga, para lo cual se van fijando puntos intermedios por tres vértices, evitando de esta manera que se propaguen los errores angulares y lineales.

d) Localizar un fuerte error en una poligonal, fijando para el efecto puntos intermedios por tres vértices.

e) Situar puntos importantes que estén lejos de los vértices de la triangulación o de las poligonales, como: picos, contrafuertes, puertos, caseríos (torres, pararrayos, etc.), ranchos, haciendas, etc.

El hecho de ser tan diversas las aplicaciones de este procedimiento unido a la precisión que suministra en los resultados y al poco tiempo que exige para las observaciones, hacen de él uno de los métodos más útiles y recomendables en Topografía.

SOLUCION ANALITICA:

En la Fig. N° 84, los puntos A, B y C son vértices de una triangulación y, en consecuencia, se conocen sus coordenadas así como los rumbos y longitudes de los lados AB y BC. Se desea situar en el plano de la triangulación un cuarto punto D, en el cual se encuentra instalado el tránsito, y para ello se miden los ángulos P y Q, lo que será suficiente para poder fijar en el plano el punto D, como puede demostrarse a continuación.

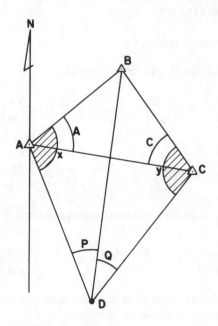

Figura N⁰ 84

$$A\ (X_A;\ Y_A)$$

$$B\ (X_B;\ Y_B)$$

$$C\ (X_C;\ Y_C)$$

a) Cálculo de los rumbos y longitudes de los lados del triángulo ABC.

$$\text{Rbo AB} = \text{arc tan } \frac{X_B - X_A}{Y_B - Y_A}; \qquad \text{AB} = \frac{X_B - X_A}{\text{sen Rbo AB}}$$

$$\text{Rbo BC} = \text{arc tan } \frac{X_C - X_B}{Y_C - Y_B}; \qquad \text{BC} = \frac{X_C - X_B}{\text{sen Rbo BC}}$$

$$\text{Rbo CA} = \text{arc tan } \frac{X_A - X_C}{Y_A - Y_C}; \qquad \text{CA} = \frac{X_A - X_C}{\text{sen Rbo CA}}$$

b) Cálculo de los ángulos interiores del triángulo ABC

$A = 180° - (\text{Rbo AB} + \text{Rbo AC})$
$B = \text{Rbo AB} + \text{Rbo BC}$
$C = \text{Rbo AC} - \text{Rbo BC}$

c) Cálculo de los ángulos x e y.

En el triángulo BAD, por trigonometría:

$$\frac{BD}{\text{sen x}} = \frac{AB}{\text{sen P}} \qquad \therefore \qquad BD = \frac{AB \text{ sen x}}{\text{sen P}} \dots \quad (1)$$

y en el triángulo BCD:

$$\frac{BD}{\text{sen y}} = \frac{BC}{\text{sen Q}} \qquad \therefore \qquad BD = \frac{BC \text{ sen y}}{\text{sen Q}} \dots \quad (2)$$

Igualando los segundos miembros de las ecuaciones (1) y (2), se encuentra:

$$\frac{BC \text{ sen y}}{\text{sen Q}} = \frac{AB \text{ sen x}}{\text{sen P}} \qquad \therefore \qquad \frac{\text{sen y}}{\text{sen x}} = \frac{AB \text{ sen Q}}{BC \text{ sen P}}$$

y como todas las cantidades del segundo miembro son conocidas, para abreviar se puede hacer la siguiente convención:

$$\frac{AB \text{ sen Q}}{BC \text{ sen P}} = m \qquad \therefore \qquad \frac{\text{sen y}}{\text{sen x}} = m \dots \quad (3)$$

254

Si se agrega la unidad a los dos miembros de la ecuación (3) y se restan de la unidad los dos miembros de ella, se obtienen las igualdades:

$$\frac{\text{sen } x + \text{sen } y}{\text{sen } x} = 1 + m \ldots \quad (4)$$

$$\frac{\text{sen } x - \text{sen } y}{\text{sen } x} = 1 - m \ldots \quad (5)$$

Luego, dividiendo la (5) por la (4), resulta:

$$\frac{\text{sen } x - \text{sen } y}{\text{sen } x + \text{sen } y} = \frac{1 - m}{1 + m} \ldots \ldots (6)$$

Ahora bien, por trigonometría:

$$\frac{\text{sen } x - \text{sen } y}{\text{sen } x + \text{sen } y} = \frac{\tan \frac{1}{2} (x - y)}{\tan \frac{1}{2} (x + y)} \ldots \ldots (7)$$

y comparando las igualdades (6) y (7), se encuentra:

$$\frac{\tan \frac{1}{2} (x - y)}{\tan \frac{1}{2} (x + y)} = \frac{1 - m}{1 + m} \ldots \ldots (8)$$

Por otra parte, si consideramos el cuadrilátero ABCD, se tiene:

$$x + y + B + P + Q = 360°$$

$$\therefore \quad \frac{1}{2} (x + y) = 180° - \frac{1}{2} (B + P + Q) \ldots \ldots (9)$$

y substituyendo el valor de $\frac{1}{2} (x + y)$ en la (8), se obtiene el de $\frac{1}{2} (x - y)$, por lo que si de las magnitudes angulares x e y, se conocen su semisuma y su semidiferencia, se podrá determinar el valor de cada una de ellas.

d) Cálculo de los rumbos y longitudes de las líneas AD y CD.

En la Fig. N° 84 se ve que:

$$\text{Rbo } AD = 180° - (\text{Rbo } AB + x)$$

$$\text{Rbo } CD = 180° - (\text{Rbo } BC + y)$$

y aplicando la ley de los senos a los triángulos ABD y BCD, se obtiene:

$$\frac{AD}{\text{sen } [180° - (P + x)]} = \frac{AB}{\text{sen } P}$$

$$\therefore \quad AD = \frac{AB \text{ sen } [180° - (P + x)]}{\text{sen } P}$$

$$\frac{CD}{\text{sen } [180° - (Q + y)]} = \frac{BC}{\text{sen } Q}$$

$$\therefore \quad CD = \frac{BC \text{ sen } [180° - (Q + y)]}{\text{sen } Q}$$

e) Cálculo de las proyecciones de las líneas AD y CD, sobre los ejes E-W y N-S.

$$x_{AD} = + AD \text{ sen Rbo } AD \rightarrow (E)$$
$$y_{AD} = - AD \cos \text{ Rbo } AD \rightarrow (S)$$

$$x_{CD} = - CD \text{ sen Rbo } CD \rightarrow (W)$$
$$y_{CD} = - CD \cos \text{ Rbo } CD \rightarrow (S)$$

f) Cálculo de las coordenadas del punto D.

$$X_D = X_A + x_{AD}$$
$$Y_D = Y_A - y_{AD}$$

comprobación:

$$X_D = X_C - x_{CD}$$
$$Y_D = Y_C - y_{CD}$$

PROBLEMAS:

1.- Dadas las coordenadas de los tres vértices A, B y C de una triangulación, así como los ángulos P y Q observados desde el punto D, calcular las coordenadas de éste, para situarlo en el plano. (Fig. N° 85)

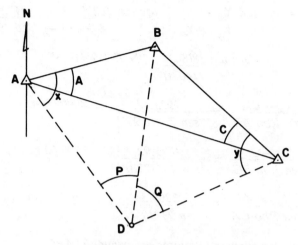

Figura Nº 85

DATOS:

A (10 + 238.58; 8 + 496.30)

B (12 + 172.00; 9 + 008.04)

C (14 + 047.92; 7 + 355.49)

P = 44°50'15''

Q = 59°01'10''

SOLUCION:

a) Cálculo de los rumbos y longitudes de los lados del triángulo ABC.

$$Rbo\ AB = arc\ tan\ \frac{X_B - X_A}{Y_B - Y_A} = arc\ tan\ \frac{12172.00 - 10238.58}{9008.04 - 8496.30} =$$

$$= arc\ tan\ \frac{1933.42}{511.74} = N\ 75°10'29''\ E$$

$$Rbo\ BC = arc\ tan\ \frac{X_C - X_B}{Y_C - Y_B} = arc\ tan\ \frac{14047.92 - 12172.00}{7355.49 - 9008.04} =$$

$$= arc\ tan\ \frac{1875.92}{1652.55} = S\ 48°37'20''\ E$$

257

$$Rbo\ CA = arc\ tan\ \frac{X_A - X_C}{Y_A - Y_C} = arc\ tan\ \frac{10238.58 - 14047.92}{8496.30 - 7355.49} =$$

$$= arc\ tan\ \frac{3809.34}{1140.81} = N\ 73°19'42''\ W$$

$$AB = \frac{X_B - X_A}{sen\ Rbo\ AB} = \frac{1933.42}{sen\ 75°10'29''} = 2000.00\ m$$

$$BC = \frac{X_C - X_B}{sen\ Rbo\ BC} = \frac{1875.92}{sen\ 48°37'20''} = 2500.00\ m$$

$$CA = \frac{X_A - X_C}{sen\ Rbo\ CA} = \frac{3809.34}{sen\ 73°19'42''} = 3976.49\ m$$

b) *Cálculo de los ángulos interiores del triángulo ABC.*

$$A = 180° - (Rbo\ AB + Rbo\ AC) = 180° - (75°10'29'' + 73°19'42'')$$

$$A = 31°29'49''$$

$$B = Rbo\ AB + Rbo\ BC = 75°10'29'' + 48°37'20''$$

$$B = 123°47'49''$$

$$C = Rbo\ AC - Rbo\ BC = 73°19'42'' - 48°37'20''$$

$$C = 24°42'22''$$

COMPROBACION:

$$
\begin{array}{rl}
A = & 31°29'49'' \\
B = & 123°47'49'' \\
C = & 24°42'22'' \\
\hline
A + B + C = & 180°00'00''
\end{array}
$$

c) *Cálculo de los ángulos x e y.*

$$x + y = 360° - (P + Q + B) = 360° - 227°39'14''$$

$$x + y = 132°20'46''$$

$$\tfrac{1}{2}\ (x + y) = 66°10'23''\ \ldots\ldots\ (1)$$

$$\tan\ \tfrac{1}{2}\ (x - y) = \frac{1 - m}{1 + m}\ \tan\ \tfrac{1}{2}\ (x + y)\ \ldots\ldots\ (2)$$

258

$$m = \frac{AB \, \text{sen} \, Q}{BC \, \text{sen} \, P} = \frac{2000 \, \text{sen} \, 59°01'10''}{2500 \, \text{sen} \, 44°50'15''} = \frac{1714.684}{1762.7462}$$

$$m = 0.972734$$

$$\tan \tfrac{1}{2} (x - y) = \frac{1 - 0.972734}{1 + 0.972734} \tan 66°10'23''$$

$$\tan \tfrac{1}{2} (x - y) = \frac{0.027266}{1.972734} (2.264419) = 0.0312975$$

$$\therefore \quad \tfrac{1}{2} (x - y) = 1°47'33'' \,\ldots\ldots (3)$$

De las ecuaciones (1) y (3), se deduce:

$$x = \tfrac{1}{2} (x + y) + \tfrac{1}{2} (x - y) = 66°10'23'' + 1°47'33''$$

$$y = \tfrac{1}{2} (x + y) - \tfrac{1}{2} (x - y) = 66°10'23'' - 1°47'33''$$

$$\begin{cases} x = 67°57'56'' \\ y = 64°22'50'' \end{cases}$$

d) Cálculo de los rumbos y longitudes de los lados AD y CD.

Rbo AD = 180° — (Rbo AB + x)
Rbo AD = 180° — (75°10'29'' + 67°57'56'') = 180° — 143°08'45''

$$Rbo \, AD = S \, 36°51'15'' \, E$$

Rbo CD = 180° — (Rbo BC + y)
Rbo CD = 180° — (48°37'20'' + 64°22'50'') = 180° — 113°00'10''

$$Rbo \, CD = S \, 66°59'50'' \, W$$

$$AD = \frac{AB \, sen \, [180° - (P + x)]}{sen \, P}$$

$$AD = \frac{2000 \, sen \, (180° - 112°48'11'')}{sen \, 44°50'15''} = \frac{2000 \, sen \, 67°11'49''}{sen \, 44°50'15''}$$

$$AD = 2614.79 \, m$$

$$CD = \frac{BC \, sen \, [180° - (Q + y)]}{sen \, Q}$$

$$CD = \frac{2500 \, sen \, (180° - 123°24'00'')}{sen \, 59°01'10''} = \frac{2500 \, sen \, 56°36'00''}{sen \, 59°01'10''}$$

$$CD = 2434.41 \, m$$

e) Cálculo de las proyecciones de los lados AD y CD.

$$AD \begin{cases} x_{AD} = AD \, sen \, Rbo \, AD = 2614.79 \, sen \, 36°51'15'' \\ y_{AD} = AD \, cos \, Rbo \, AD = 2614.79 \, cos \, 36°51'15'' \end{cases}$$

$$x_{AD} = + 1568.30 \, m$$
$$y_{AD} = - 2092.26 \, m$$

$$CD \begin{cases} x_{CD} = CD \, sen \, Rbo \, CD = 2434.41 \, sen \, 66°59'50'' \\ y_{CD} = CD \, cos \, Rbo \, CD = 2434.41 \, cos \, 66°59'50'' \end{cases}$$

$$x_{CD} = - 2240.84 \, m$$
$$y_{CD} = - 951.31 \, m$$

f) Cálculo de las coordenadas del punto D.

$X_A =$	10 + 238.58		$Y_A =$	8 + 496.30
$+ \, x_{AD} =$	1 + 568.30		$- \, y_{AD} =$	2 + 092.26
$X_D =$	11 + 806.88		$Y_D =$	6 + 404.04
$X_C =$	14 + 047.92		$Y_C =$	7 + 355.49
$- \, x_{CD} =$	2 + 240.84		$- \, y_{CD} =$	951.36
$X^1_D =$	11 + 807.08		$Y^1_D =$	6 + 404.13

Las diferencias encontradas en el cálculo de las coordenadas, fueron:

$$\triangle X = 0.20 \, m$$
$$\triangle Y = 0.09 \, m$$

y promediando los valores X_D y X^1_D, así como Y_D y Y^1_D, se halla definitivamente:

$$D \, (11 + 806.98; \, 6 + 404.09)$$

2.- Calcular las coordenadas del punto D (Fig. Nº 86) con los siguientes DATOS:

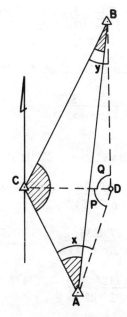

Figura N⁰ 86

A (35 + 056.93; 87 + 218.57)

B (35 + 716.93; 92 + 968.20)

C (33 + 930.57; 89 + 425.53)

P = 73°00'24''; Q = 89°04'12''

SOLUCION:

a) Cálculo de los rumbos y de las longitudes de los lados del triángulo ABC.

$$\text{Rbo AB} = \text{arc tan } \frac{X_B - X_A}{Y_B - X_A}$$

$$\text{Rbo AB} = \text{arc tan } \frac{35716.93 - 35056.93}{92968.20 - 87218.57} = \text{arc tan } \frac{\substack{+ \ (E)\\660.00}}{\substack{5749.63\\+ \ (N)}}$$

$$\therefore \quad \text{Rbo AB} = \text{N } 6°32'54'' \text{ E}$$

261

$$\text{Rbo } BC = \text{arc tan } \frac{33930.57 - 35716.93}{89425.53 - 92968.20} = \text{arc tan } \frac{\overset{-\ (W)}{1786.36}}{\underset{-\ (S)}{3542.67}}$$

$$\therefore \text{ Rbo } BC = S\ 26°45'33''\ W$$

$$\text{Rbo } CA = \text{arc tan } \frac{35056.93 - 33930.57}{87218.57 - 89425.53} = \text{arc tan } \frac{\overset{+\ (E)}{1126.36}}{\underset{-\ (S)}{2206.96}}$$

$$\therefore \text{ Rbo } CA = S\ 27°02'18''\ E$$

$$AB = \frac{X_B - X_A}{\text{sen Rbo } AB} = \frac{660.00}{\text{sen } 6°32'54''} = 5787.38 \text{ m}$$

$$BC = \frac{X_C - X_B}{\text{sen Rbo } BC} = \frac{1786.36}{\text{sen } 26°45'33''} = 3967.56 \text{ m}$$

$$CA = \frac{X_A - X_C}{\text{sen Rbo } CA} = \frac{1126.36}{\text{sen } 27°02'18''} = 2477.77 \text{ m}$$

b) *Cálculo de los ángulos interiores del triángulo ABC.*

$$A = \text{Rbo } AB + \text{Rbo } CA = 6°32'54'' + 27°02'18''$$

$$B = \text{Rbo } BC - \text{Rbo } AB = 26°45'33 - 6°32'54''$$

$$C = 180° - (\text{Rbo } BC + \text{Rbo } CA) = 180° - (26°45'33'' + 27°02'18'')$$

$$
\begin{array}{rl}
A = & 33°35'12'' \\
B = & 20°12'39'' \\
C = & 126°12'09'' \\
\hline
A + B + C = & 180°00'00''
\end{array}
$$

c) *Cálculo de los ángulos x e y.*

$$x + y = 360° - (C + P + Q)$$
$$x + y = 360° - (126°12'09'' + 73°00'24'' + 89°04'12'')$$
$$x + y = 360° - 288°16'45'' = 71°43'15''$$

$$\tfrac{1}{2}(x + y) = 35°51'37.5'' \ \dots\dots \ (1)$$

En el triángulo ACD (Fig. N° 86), por trigonometría:

$$CD = \frac{AC \text{ sen } x}{\text{sen } P} \ \dots\dots \ (2)$$

y en el triángulo BCD:

$$CD = \frac{BC \operatorname{sen} y}{\operatorname{sen} Q} \ \ldots\ldots\ (3)$$

Igualando los valores de CD, se encuentra:

$$\frac{AC \operatorname{sen} x}{\operatorname{sen} P} = \frac{BC \operatorname{sen} y}{\operatorname{sen} Q}$$

$$\therefore \quad \frac{\operatorname{sen} x}{\operatorname{sen} y} = \frac{BC \operatorname{sen} P}{AC \operatorname{sen} Q} = m \ \ldots\ldots\ (4)$$

y substituyendo valores, resulta:

$$m = \frac{3967.56 \operatorname{sen} 73°00'24''}{2477.77 \operatorname{sen} 89°04'12''} = 1.531551 \ \ldots\ldots\ (5)$$

Si se resta la unidad a los dos miembros de la ecuación (4), se halla:

$$\frac{\operatorname{sen} x - \operatorname{sen} y}{\operatorname{sen} y} = m - 1 \ \ldots\ldots\ (6)$$

y sumando la unidad a los dos miembros de la ecuación (4), se obtiene:

$$\frac{\operatorname{sen} x + \operatorname{sen} y}{\operatorname{sen} y} = m + 1 \ \ldots\ldots\ (7)$$

Luego, dividiendo la (6) entre la (7), resulta:

$$\frac{\operatorname{sen} x - \operatorname{sen} y}{\operatorname{sen} x + \operatorname{sen} y} = \frac{m - 1}{m + 1} \ \ldots\ldots\ (8)$$

pero, por trigonometría:

$$\frac{\operatorname{sen} x - \operatorname{sen} y}{\operatorname{sen} x + \operatorname{sen} y} = \frac{\tan \frac{1}{2} (x - y)}{\tan \frac{1}{2} (x + y)} \ \ldots\ldots\ (9)$$

y comparando las igualdades (8) y (9), se encuentra:

$$\frac{\tan \frac{1}{2} (x - y)}{\tan \frac{1}{2} (x + y)} = \frac{m - 1}{m + 1}$$

$$\therefore \quad \tan \frac{1}{2} (x - y) = \frac{(m - 1)}{m + 1} \tan \frac{1}{2} (x + y) \ \ldots\ldots\ (10)$$

Ahora bien, substituyendo (1) y (5) en la (10), se obtiene:

$$\tan \tfrac{1}{2} (x - y) = \frac{1.531551 - 1}{1.531551 + 1} \tan 35°51'37.5''$$

o bien:

$$\tan \tfrac{1}{2} (x - y) = \frac{0.531551}{2.531551} (0.7228269) = 0.15177231$$

$$\therefore \quad \tfrac{1}{2} (x - y) = 8°37'48'' \; \ldots\ldots (11)$$

De las igualdades (1) y (11), se deduce:

$$x = \tfrac{1}{2} (x + y) + \tfrac{1}{2} (x - y) = 35°51'37.5'' + 8°37'48''$$
$$y = \tfrac{1}{2} (x + y) - \tfrac{1}{2} (x - y) = 35°51'37.5'' - 8°37'48''$$

$$x = 44°29'25.5''$$
$$y = 27°13'49.5''$$

d) Cálculo de los rumbos y longitudes de los lados AD y BD.

$$\text{Rbo AD} = x - \text{Rbo AC} = 44°29'25.5'' - 27°02'18''$$

$$\text{Rbo AD} = \text{N } 17°27'07.5'' \text{ E}$$

$$\text{Rbo BD} = (y - B) - \text{Rbo AB} = 7°01'10.5'' - 6°32'54''$$

$$\text{Rbo BD} = \text{S } 0°28'16.5'' \text{ E}$$

$$AD = \frac{AC \operatorname{sen} [180° - (P + x)]}{\operatorname{sen} P}$$

$$AD = \frac{2477.77 \operatorname{sen} (180° - 117°29'49.5'')}{\operatorname{sen} 73°00'24''} = \frac{2477.77 \operatorname{sen} 62°30'10.5''}{\operatorname{sen} 73°00'24''}$$

$$AD = 2298.21 \text{ m}$$

$$BD = \frac{BC \operatorname{sen} [180° - (Q + y)]}{\operatorname{sen} Q}$$

$$BD = \frac{3967.56 \operatorname{sen} (180° - 116°18'01.5'')}{\operatorname{sen} 89°04'12''} = \frac{3967.56 \operatorname{sen} 63°41'58.5''}{\operatorname{sen} 89°04'12''}$$

$$BD = 3557.32 \text{ m}$$

264

e) Cálculo de las proyecciones de los lados AD y BD.

$$\text{AD} \begin{cases} x_{AD} = \text{AD sen Rbo AD} = 2298.21 \text{ sen } 17°27'07.5'' \\ y_{AD} = \text{AD cos Rbo AD} = 2298.21 \text{ cos } 17°27'07.5'' \end{cases}$$

$$x_{AD} = + \quad 689.25 \text{ m}$$
$$y_{AD} = + 2192.42 \text{ m}$$

$$\text{BD} \begin{cases} x_{BD} = \text{BD sen Rbo BD} = 3557.32 \text{ sen } 0°28'16.5'' \\ y_{BD} = \text{BD cos Rbo BD} = 3557.32 \text{ cos } 0°28'16.5'' \end{cases}$$

$$x_{BD} = + \quad 29.26 \text{ m}$$
$$y_{BD} = - 3557.20 \text{ m}$$

f) Cálculo de las coordenadas del punto D

$X_A =$	35 + 056.93		$Y_A =$	87 + 218.57	
$+ \; x_{AD} =$	689.25		$+ \; y_{AD} =$	2 + 192.42	
$X_D =$	35 + 746.18		$Y_D =$	89 + 410.99	

$X_B =$	35 + 716.93		$Y_B =$	92 + 968.20	
$+ \; x_{BD} =$	29.26		$- \; y_{BD} =$	3 + 557.20	
$X^1_D =$	35 + 746.19		$Y^1_D =$	89 + 411.00	

Las diferencias en el cálculo de coordenadas fueron:

$$\triangle X = 0.01 \text{ m}$$
$$\triangle Y = 0.01 \text{ m}$$

y promediando los valores obtenidos, resulta finalmente:

$$D \; (35 + 746.185; \; 89 + 410.995)$$

3.- Determine las coordenadas del punto D (Fig. N° 87) con los siguientes DATOS:

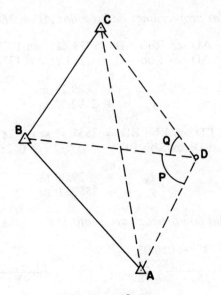

Figura N⁰ 87

A (2583.17; 1498.76)

B (1501.84; 2670.38)

C (2219.73; 3742.16)

P = 72°19'50''

Q = 46°03'10''

CAPITULO V

LEVANTAMIENTOS TOPOGRAFICOS PARA OBRAS HIDRAULICAS

En términos generales las obras hidráulicas son aquellas que se construyen con el propósito de aprovechar el agua: obras de irrigación, obras hidroeléctricas, obras de abastecimiento de agua potable; o con el fin de evitar los perjuicios que el agua pudiera causar en terrenos o poblaciones: obras de drenaje, obras de defensa de las márgenes de los ríos, obras de defensa de las costas, etc.

CUENCAS DE CAPTACION

Se entiende por CUENCA el territorio cuyas aguas afluyen todas a un mismo río, lago o mar. Geográficamente se define como una zona de gran extensión, formada por una red de corrientes de agua de lluvia que nacen en las partes más altas de las montañas y que se van uniendo a medida que descienden en el terreno hasta formar torrentes, arroyos y ríos en la parte más baja.

La *cuenca de captación* de una corriente es la superficie en la cual toda el agua que escurre reconoce esa corriente, y está limitada por una línea que pasa por la parte más alta de las montañas y que se denomina parteaguas.

El levantamiento topográfico de una cuenca de captación se ejecuta para conocer la superficie de la cuenca, las características generales de los parteaguas, las condiciones geológicas de los suelos y la forma de concentración de las aguas a fin de utilizar estos datos para la solución de problemas hidrológicos, como: determinación de coeficientes de escurrimiento y de gastos máximos probables, reconstrucción de regímenes de corrientes, etc., necesarios para el proyecto de diversas obras de ingeniería: presas, sistemas de riego, vías de comunicación, etc.

Reconocimiento

Cuando se trate de cuencas de gran extensión, el reconocimiento para localizar el parteaguas se deberá hacer mediante un recorrido en avión, con auxilio de un croquis tomado de una carta geográfica. Durante el recorrido se cuidará de anotar los lugares dudosos en los cuales el parteaguas no esté bien definido, para identificarlo posteriormente por métodos terrestres.

Si la cuenca no es muy extensa, la localización del parteaguas se hace por medio de un reconocimiento terrestre, que se aprovecha para dejar señales en puntos adecuados y que después se fijan por algunos procedimientos empleados para ese objeto.

Levantamiento Topográfico

Al efectuar el levantamiento de una cuenca de captación se deberán tomar los datos necesarios para determinar:

a) La forma y superficie de la cuenca.

b) La forma de concentración de las aguas (cauces principales y pendientes de los mismos.)

c) La vegetación (zonas cultivadas, bosques, praderas, etc.)

d) Las características generales de cada región de la cuenca.

Métodos de levantamiento

Después de practicar el reconocimiento para la localización del parteaguas se está en aptitud de elegir el método que se deberá emplear para el levantamiento topográfico de la cuenca. Los métodos de levantamiento varían según la extensión de la cuenca y los comúnmente usados son: poligonales áreas, triangulación topográfica, poligonales por el parteaguas y poligonales por caminos.

Poligonales aéreas: Este procedimiento se aplica para levantar cuencas de más de 100 km^2 y consiste en volar sobre el parteaguas en tramos rectos, anotando:

a) El rumbo magnético de la línea de vuelo, obtenido con la brújula del avión.

b) El tiempo que dura el vuelo en segundos, entre punto y punto de inflexión, obtenido con un cronógrafo que aproxime hasta quintos de segundo.

c) La velocidad media de vuelo, obtenida con el velocímetro del avión.

La longitud de cada lado de la poligonal se calcula multiplicando el tiempo de intervalo por la velocidad media de vuelo.

Una vez que se ha recorrido todo el parteaguas, se volará nuevamente, en sentido contrario, haciendo las mismas operaciones a fin de obtener una comprobación.

Durante el vuelo se toman fotografías oblícuas de los cauces principales que se crucen, con el objeto de tener una idea aproximada de los desniveles en dichos cauces; y se anotan las características más notables de la vegetación.

Triangulación topográfica: Este método es aplicable cuando la cuenca por levantar es muy extensa. Consiste en cubrir la zona con una red o cadena de triángulos, procurando que las figuras estén bien conformadas.

Se hará lo posible para localizar los vértices en picachos situados en el parteaguas y fijar por intersecciones el mayor número de puntos auxiliares en el propio parteaguas, cauce de la corriente principal y afluentes. Conviene fijar las cuencas parciales de cada uno de los alfuentes más importantes.

Se utilizarán tránsitos de un minuto de aproximación, los lados podrán ser hasta de 12 km y la base de la triangulación se medirá con cinta de acero pero sin dinamómetros, como si se tratara de una poligonal de primer orden. Desde los vértices de la triangulación se tomarán los datos relativos a la situación de poblados, rancherías, caminos, obras existentes, etc.

Las altitudes aproximadas se obtendrán con un aneroide o altímetro. Se dibujarán los croquis y se tomarán las notas necesarias para hacer una configuración a ojo, que de una idea de los accidentes del terreno y de la pendiente general del río y de las laderas.

Poligonal por el parteaguas: Este método es aplicable a cuencas de áreas menores de 100 km^2 y con la condición de que el terreno sea poco accidentado, que se pueda transitar fácilmente por el parteaguas y que la vegetación sea escasa y baja.

Se lleva una poligonal cerrada, con tránsto y estadia, por el parteaguas, verificando el cierre en el punto de partida o en los puntos de apoyo, pues siempre que se cuente con puntos de posición conocida, los levantamientos deberán apoyarse en dichos puntos. Esta poligonal servirá de apoyo para los levantamientos de las poligonales que se correrán a lo largo de los cauces que determinan la forma de concentración de las aguas. Las poligonales abiertas, para el levantamiento de detalles, quedarán ligadas a la poligonal principal que se levanta por el parteaguas.

Si se requiere la configuración del terreno, se usará la plancheta para detallar el parteaguas y sus cauces, y si es necesario perpetuar los vértices de las poligonales, se colocarán monumentos que puedan servir de apoyo al estudio geológico.

Poligonales por caminos: Este procedimiento es recomendable también para cuencas menores de 100 km^2 y se aplica cuando en la zona por levantar existen caminos y veredas con poca vegetación a los lados y son visibles claramente un número suficiente de puntos de la línea divisoria de aguas. En este caso resulta más rápido y económico llevar una poligonal por esos caminos y colocar señales en los puntos elegidos del parteaguas, para después situar dichos puntos por intersecciones desde las estaciones de la poligonal.

Como las poligonales son abiertas es necesario levantarlas con cuidado, porque los errores que se cometan afectarán a todos los puntos situados por intersecciones.

VASOS DE ALMACENAMIENTO

Un VASO DE ALMACENAMIENTO es una depresión del terreno que se puede cerrar en un sitio determinado por medio de una obra denominada CORTINA, con objeto de poder utilizar las aguas producidas por escurrimiento de las precipitaciones pluviales. Se llama boquilla la parte estrecha situada a la terminación del valle y que sirve para construir la cortina que permitirá el almacenamiento del agua en el vaso. (Fig. N° 88).

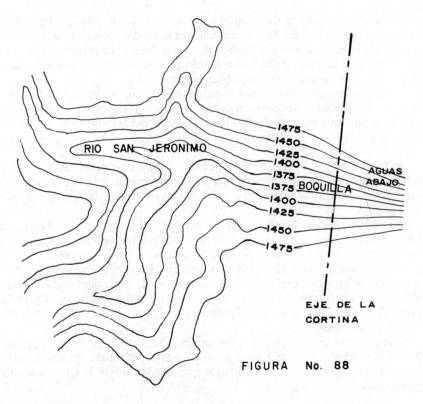

RIO SAN JERONIMO

1475
1450
1425
1400
1375
1375 BOQUILLA
1400
1425
1450
1475

AGUAS
ABAJO

EJE DE LA
CORTINA

FIGURA No. 88

El estudio topográfico del vaso de almacenamiento se ejectua para conocer:

a) La forma y el tamaño del vaso.

b) La capacidad del vaso a diferentes alturas de cortina.

c) Las áreas de embalse a diferentes elevaciones, con objeto de poder estimar las pérdidas por evaporación.

d) Las áreas y distribución de las propiedades inundadas, para determinar las indemnizaciones que haya que pagar a los afectados, y

e) La sección transversal de la boquilla para proyectar la cortina.

En resumen, el estudio topográfico de un vaso de almacenamiento se efectúa con objeto de obtener los datos necesarios para los estudios hidrológico, geológico, hidroeléctrico, etc., indispensables para proyectar las diferentes partes estructurales de una presa.

La utilidad de un vaso está determinada por sus condiciones topográficas de las cuales depende su capacidad y por su constitución geológica general que determina su impermeabilidad.

270

RECONOCIMIENTO

Ante todo se deberá efectuar un reconocimiento para localizar en el terreno el vaso y la boquilla del mismo.
La brigada de reconocimiento se forma como sigue:

A. PERSONAL
   Localizador, jefe de la brigada.
   Geólogo
   Guía
   Ayudante (s)
B. EQUIPO
   Brújula de reflexión
   Podómetro y/o telémetro
   Aneroide o altímetro
   Clisímetro

Una vez realizado el reconocimiento del terreno, se fija la cota de la curva de embalse, tomando en consideración los resultados obtenidos como consecuencia del estudio hidrológico de la cuenca del río, en virtud del cual se conocerá el volumen máximo que es posible almacenar y que depende principalmente de las precipitaciones en la cuenca.

LEVANTAMIENTO TOPOGRAFICO DEL VASO

Cuando el vaso ocupa una gran extensión se requiere una triangulación topográfica previa, que sirva de apoyo a las poligonales que después se levanten con objeto de tomar los datos necesarios para la configuración del terreno.
Si el vaso no es muy grande, la poligonal principal puede apoyarse en uno de los lados de alguna poligonal próxima o ligarse a uno de los vértices de alguna triangulación cercana.
El levantamiento de un vaso de almacenamiento comprende las operaciones siguientes:

Levantamiento de la boquilla

Se realiza con el objeto de disponer de un plano topográfico detallado para el proyecto de la cortina; contar con un apoyo para los estudios geológicos y establecer puntos que puedan emplearse para el control de líneas y niveles durante la construcción de la presa. El levantamiento de la boquilla prácticamente consiste en trazar la línea correspondiente al eje probable de la cortina. Esta línea se mide con cinta de acero y sus extremos se materializan por medio de monumentos de concreto, y sirve de apoyo a una red de poligonales que permiten un levantamiento detallado del sitio de la boquilla y se extiende unos 500 metros aguas arriba y aguas abajo.

Establecimiento de puntos de control

Para establecer los puntos de control tanto horizontal como vertical, se escogen los sitios que ofrezcan mayores ventajas para el levantamiento de relleno y se materializan con monumentos de concreto, ya que en ellos se apoyará el trazo de la cortina y de las obras y estructuras auxiliares.

Asimismo, deben colocarse referencias para una fácil localización de todos los vértices de las poligonales, teniendo cuidado de que se consignen en los planos de conjunto que se forman.

Orientación

La poligonal principal se puede orientar ligándola con uno de los lados de alguna poligonal cercana cuya orientación se conozca. También se puede determinar directamente el azimut del eje de la cortina en proyecto, por observaciones astronómicas, sirviendo esta línea como lado de partida de la poligonal.

En levantamientos en los que no se requiere mucha precisión, se puede orientar magnéticamente la poligonal, agregando la declinación al azimut magnético para referir los lados de dicha poligonal a la meridiana astronómica.

Poligonales principales

El levantamiento del vaso se ejecuta por medio de poligonales de control, con tránsito y estadia, a partir del eje probable de la cortina, una de ellas siguiendo la curva de embalse máximo y otra por el cauce del río que se cierra en el lado de partida. El levantamiento se realiza por el método de medida directa de ángulos.

Cuando los vasos son de grandes dimensiones o de forma alargada y de vegetación cerrada, lo más conveniente es levantar poligonales abiertas, con tránsito y estadia, a lo largo del cauce del río. En este caso para comprobar el cierre de las poligonales es necesario hacer orientaciones astronómicas de sus lados cuando menos cada 10 km de desarrollo.

El cierre angular de las poligonales principales deberá estar dentro de la tolerancia que da la fórmula:

$$T = \pm\, 2\, a \sqrt{n}$$

en la cual:

T = tolerancia angular, en minutos
a = aproximación del aparato, en minutos
n = número de vértices de la poligonal

La tolerancia lineal es: $\dfrac{1}{500}$

Poligonales secundarias

Apoyadas en las poligonales principales se levantan poligonales auxiliares o secundarias a través de los sitios más convenientes para el levantamiento de detalles; éstas se llevan generalmente por caminos, veredas, cauces de arroyos y ríos, límites de propiedades, etc. Con objeto de que las estaciones sean intervisibles, las poligonales se llevan por donde la vegetación sea más escasa y sus extremos se deben ligar con la poligonal principal.

Nivelación de control y de apoyo para los trabajos de relleno y de detalle

Para establecer el control vertical, después de levantadas las poligonales por la curva de embalse y por el cauce del río, se corre sobre ellas una nivelación cerrada, empleando nivel montado. Se parte de un banco de nivel de cota conocida y se llega a cerrar al mismo banco o a otro también de cota conocida. A todos los vértices de las poligonales se les determina su elevación referida al nivel del mar.

Las nivelaciones se comprueban independientemente en tramos de 500 m o hasta de 1 km, en terreno sensiblemente plano y cada 10 estaciones en terreno accidentado, haciendo nivelaciones de ida y vuelta. También se pueden comprobar las nivelaciones por el procedimiento de doble altura de aparato, porque además de ser más práctico se obtienen dos cotas para cada punto y el promedio de dichas cotas es el valor más probable de la cota del punto. Este método es útil cuando las líneas de nivelación son largas y no se quiere regresar al punto de partida.

Se aceptará como cota del banco de nivel que se establezca la que resulte de sumar o restar a la cota del banco de nivel de partida, el desnivel promedio de la nivelación de ida y vuelta, o bien el promedio de las dos cotas obtenidas si se usa el método de doble altura de aparato.

La tolerancia en la nivelación con nivel montado está dada por la fórmula:

$$T = \pm\, 12.6 \sqrt{K}$$

en donde:

T = tolerancia, en milímetros
K = número de kilómetros recorridos

Configuración y levantamiento de detalle

Por último, apoyándose en el eje de la cortina y en la red de poligonales establecidas se efectúa la configuración y el levantamiento de detalles, con tránsito y estadia o con plancheta. Cuando se emplea el primer método se simplifica mucho el trabajo de campo, pues al hacer estación en los vértices de las poligo-

nales se van fijando los puntos de cambio de pendiente y los más importantes
de los talvegs y crestas, determinando al mismo tiempo su posición en proyección horizontal y sus cotas. Cuando la configuración se hace con plancheta el
trabajo de campo es más lento, pero en cambio se abrevia la labor de gabinete.

En algunas ocasiones, al construir las presas, las aguas almacenadas inun-
dan terrenos particulares o poblaciones enteras, como ocurrió al construirse
la Presa Falcón, en que las aguas inundaron Ciudad Guerrero. Por tanto, al
ejecutar el levantamiento de detalles, se deben tomar todos los datos necesarios para la localización de casas, predios, terrenos de labor, ranchos, etc., que
vayan a quedar inundados parcial o totalmente al construir la presa que se proyecta, con objeto de calcular las superficies respectivas y las indemnizaciones
que haya que pagar, tomándose nota de los nombres de los propietarios que re-
sultarán afectados.

Cálculo de la capacidad de un vaso de almacenamiento

Para conocer la capacidad de un vaso de almacenamiento hay dos procedimientos generales: el del prismoide y el de las áreas medias.

Método del prismoide: El procedimiento más exacto de los conocidos consiste en la aplicación de la fórmula prismoidal. Se ejecutan las operaciones siguientes:

a) Determinación de las áreas de las curvas de nivel, desde la correspondiente al fondo del cauce hasta aquella del nivel probable de aguas máximas, con
planímetro, recorriéndolas en sentido retrógado a partir del eje de la cortina
en proyecto.

b) Cálculo de los volúmenes parciales por medio de la fórmula del prismoide:

$$v = \frac{d}{6} (A_1 + 4 A_m + A_2)$$

en la cual:

v = volumen parcial
d = distancia entre las áreas extremas A_1 y A_2
A_m = área intermedia

A_m no es promedio de A_1 y A_2, puesto que entonces no habría diferencia entre los resultados obtenidos con la fórmula del prismoide y la de las áreas medias.

c) Cálculo de los volúmenes acumulados y de la capacidad del vaso.

Método de las áreas medias: Aunque en general se obtienen valores más grandes para los volúmenes, este procedimiento es muy recomendable en la práctica dada la economía en tiempo que permite y para su aplicación se procede como sigue:

a) Se determinan las áreas de las distintas curvas de nivel por medio del planímetro.

b) Se calculan los volúmenes parciales multiplicando la suma de las áreas de dos curvas de nivel consecutivas por la mitad de la equidistancia:

$$v = (A_1 + A_2) \frac{e}{2}$$

siendo:

v = volumen parcial
A_1 y A_2 = áreas de dos curvas de nivel consecutivas
e = equidistancia

c) Se calculan los volúmenes acumulados hasta obtener el volumen total o capacidad del vaso.

Sumando los volúmenes parciales, se halla:

$$V = (A_1 + A_2)\frac{e}{2} + (A_2 + A_3) \frac{e}{2} + \ldots + (A_{n-1} + A_n) \frac{e}{2}$$

o bien:

$$V = \frac{e}{2} (A_1 + 2A_2 + 2A_3 + \ldots + 2A_{n-1} + A_n)$$

y finalmente:

$$V = e \left(\frac{A_1}{2} + A_2 + A_3 + \ldots + A_{n-1} + \frac{A_n}{2} \right)$$

V = volumen total o capacidad del vaso
e = equidistancia
A_1 y A_n = áreas extremas
A_2, A_3, ... A_{n-1} = áreas intermedias

El volumen susceptible de contenerse en un vaso de almacenamiento es siempre menor que su capacidad total, o sea la que resulta del cálculo, pues siempre queda en el vaso cierta cantidad de agua sin salida bajo el nivel de la compuerta y además, los azolves disminuyen su capacidad.

Gráfica de áreas y capacidades

Los valores de las áreas y de los volúmenes parciales y acumulados se tabulan y con ellos se construye una gráfica que se denomina "Curvas de áreas-capacidades-elevaciones". en donde se aprecian las áreas inundadas y los volúmenes almacenados para diferentes alturas de embalse.

En el eje de las ordenadas se marcan las elevaciones a una escala adecuada, de manera que abarquen desde el fondo del cauce hasta el nivel probable de aguas máximas; y en el eje de las abscisas se marcan los valores de las áreas y capacidades del vaso. De la tabla del cálculo de volúmenes se obtienen los valores del área y de la capacidad correspondientes a cada elevación, marcándolas en la gráfica y una vez dibujados todos los puntos, se unen por medio de una línea continua los que corresponden a las áreas, haciendo otro tanto con los correspondientes a las capacidades.

EJEMPLO:
Con los datos de la "Tabla del cálculo de volúmenes" de la Presa PALOS ALTOS, construir la gráfica de áreas y capacidades.

ELEV.	ÁREAS en Ha.	$A_1 + A_2 (m^2)$	½ e	VOL. PARCIALES	VOL. ACUMULADOS
369	0.00				0
370	2.04	20 400	0.5	10 200	10 200
375	17.00	190 400	2.5	476 000	486 200
380	44.55	615 500	2.5	1 538 750	2 024 950
385	106.70	1 512 500	2.5	3 781 250	5 806 200
390	195.35	3 020 500	2.5	7 551 250	13 357 450
395	314.75	5 101 000	2.5	12 752 500	26 109 950
400	445.27	7 600 200	2.5	19 000 500	45 110 450

SOLUCION:

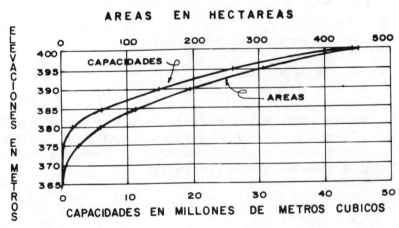

PROBLEMAS:

1.- Determine el volumen total del agua que almacenará la presa representada en la Fig. Nº 89

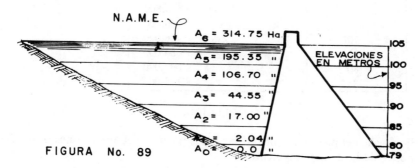

FIGURA No. 89

SOLUCION:

El volumen más pequeño, comprendido entre las curvas de nivel de cotas 79 y 80 m, es:

$$v = (0 + 20,400) \ \tfrac{1}{2} = 10,200 \ m^3 \ ..... \ (1)$$

y el volumen restante, entre las curvas de cotas 80 y 105 m, se calcula aplicando la fórmula:

$$V^1 = e \left(\frac{A_1}{2} + A_2 + A_3 + A_4 + A_5 + \frac{A_6}{2} \right)$$

en la cual, substituyendo los valores de las áreas y de la equidistancia, resulta:

$$V^1 = 5 \ (1.02 + 17.0 + 44.55 + 106.70 + 195.35 + 157.375) \ 10,000$$

$$V^1 = 50,000 \ (521.995) = 26'099,750 \ m^3 \ ..... \ (2)$$

y, finalmente, se obtiene el volumen total:

$$V = v + V^1 = 10,200 + 26'099,750$$

$$V = 26'109,950 \ m^3$$

277

2.- Calcule la capacidad de un vaso de almacenamiento con los siguientes datos:

Elevaciones	Areas en m^2
59	0
60	10,800
65	160,000
70	426,000
75	1'084,000
80	2'002,000
85	3'128,000

SOLUCION:

Si se aplica el procedimiento de las áreas medias, las operaciones se pueden disponer de la manera siguiente:

Volúmenes parciales

$$V_1 = \frac{0 + 10,800}{2} \quad (1) \qquad\qquad = \quad 5,400 \text{ m}^3$$

$$V_2 = \frac{10,800 + 160,000}{2} \quad (5) \qquad\qquad = \quad 427,000 \text{ m}^3$$

$$V_3 = \frac{160,000 + 426,000}{2} \quad (5) \qquad\qquad = 1'465,000 \text{ m}^3$$

$$V_4 = \frac{426,000 + 1,084,000}{2} \quad (5) \qquad\qquad = 3'775,000 \text{ m}^3$$

$$V_5 = \frac{1'084,000 + 2'002,000}{2} \quad (5) \qquad\qquad = 7,715,000 \text{ m}^3$$

$$V_6 = \frac{2'002,000 + 3'128,000}{2} \quad (5) \qquad\qquad = 12'825,000 \text{ m}^3$$

Volumen total : $\qquad\qquad$ V = 26'212,400 m³

3.- Calcule la capacidad del vaso de almacenamiento "Piedra Parada" y construya la gráfica de áreas y capacidades, con los siguientes datos:

Elevaciones	Areas en m³
305	200
310	15,700
315	434,000
320	1'381,400
325	2'720,600
330	3'717'400
335	4'588,400
340	5'427,400
345	6'301,200
350	7'244,200

SOLUCION:

a) *Cálculo de la capacidad del vaso:* Las operaciones se facilitan utilizando la siguiente "Tabla de cálculo de volúmenes":

Elevaciones	Areas en m²	$A_1 + A_2$	½ e	Volúmenes parciales	Volúmenes acumulados
305	200	200	2.5	500	500
310	15,700	15,900	2.5	39,750	40,250
315	434,000	449,700	2.5	1'124,250	1,164,500
320	1'381,400	1'815,400	2.5	4'538,500	5'703,000
325	2'720,600	4'102,000	2.5	10'255,000	15'958,000
330	3'717,400	6'438,000	2.5	16'095,000	32'053,000
335	4'588,400	8'305,800	2.5	20'764,500	52'817,500
340	5'427,400	10'015,800	2.5	25'039,500	77'857,000
345	6'301,200	11'728,600	2.5	29'321,500	107'178,500
350	7'244,200	13'545,400	2.5	33'863,500	141'042,000

Capacidad del vaso = 141'042,000 m³

b) *Construcción de la gráfica de áreas y capacidades.*

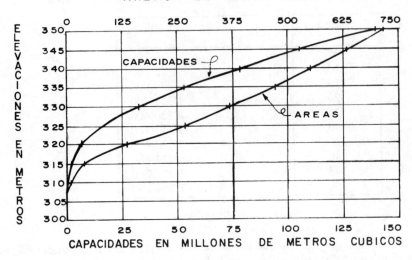

FIGURA   No. 90

DISTRITOS DE RIEGO

El levantamiento topográfico de los terrenos regables tiene por objeto formar un plano lo suficientemente preciso y a una escala adecuada para proyectar en él los sistemas de distribución de agua, drenaje, caminos, instalaciones y elementos que constituyen un distrito de riego.

DISTRITO DE RIEGO es una unidad agrícola que cuenta con las aguas y obras necesarias para efectuar el riego de las tierras comprendidas en ella y que dispone asimismo de las obras que permiten el correcto funcionamiento y conservación de las tierras bajo riego y el desarrollo agrícola, comercial, industrial y social de esta unidad.

LEVANTAMIENTO TOPOGRAFICO

El levantamiento de los terrenos regables se puede ejecutar por poligonales y por medio de la cuadrícula rectangular.

El control horizontal del levantamiento puede ser una red de poligonales, una cuadrícula o una triangulación; y el control vertical consiste en una serie de bancos de nivel para comprobar cierres en circuitos y que sirven también para hacer la configuración del terreno.

280

POLIGONALES

Los poligonales se levantan con tránsito y cinta de acero, por el método de medida directa de ángulos. El error angular se debe sujetar a la tolerancia dada por la fórmula:

$$T = \pm \, a \sqrt{n}$$

siendo:

a = aproximación del aparato
n = número de vértices de la poligonal

La precisión en estos levantamientos será de 1/5000.

Cuando los errores estén fuera de tolerancia, se deberán localizar y corregir.

Como se tienen que hacer trabajos de relleno, es necesario materializar los vértices de las poligonales por medio de monumentos de concreto, para asegurar su permanencia. Generalmente la configuración y el levantamiento de detalles se hacen con plancheta.

La nivelación se ejecuta con nivel montado, utilizando los vértices de las poligonales en los cuales previamente se colocan los monumentos respectivos, y las cotas deberán estar referidas al nivel medio del mar.

CUADRICULA RECTANGULAR

La cuadrícula rectangular es un sistema de control para el levantamiento topográfico detallado de una zona. En nuestro país se usa generalmente para los distritos de riego. (Fig. N° 91)

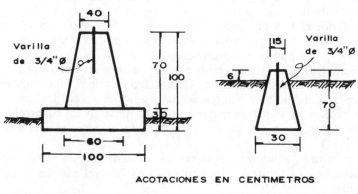

ACOTACIONES EN CENTIMETROS

MONUMENTO MAYOR   MONUMENTO MENOR

FIGURA No. 92   FIGURA No. 93

281

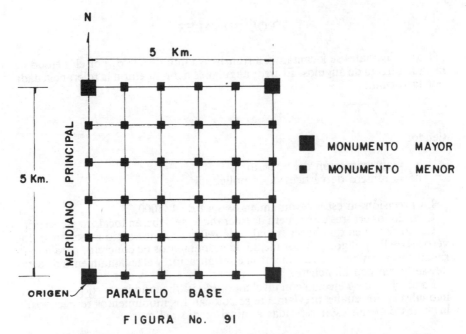

N

5 Km.

MERIDIANO PRINCIPAL

5 Km.

■ MONUMENTO MAYOR
▪ MONUMENTO MENOR

ORIGEN PARALELO BASE

FIGURA No. 91

Las operaciones necesarias para aplicar este tipo de control son las siguientes:

1.- Se forma un sistema de ejes ortogonales estableciendo:

a) Un origen o punto inicial

b) Un meridiano principal que representa a la meridiana astronómica que pasa por el origen prolongándose al Norte y al Sur de este punto.

c) Un paralelo base, normal al meridiano principal que se extienda hacia el Este y el Oeste del origen.

2.- Se divide el área por levantar en cuadros principales de 5 ó 10 km por lado, por medio de líneas normales al meridiano principal y al paralelo base, que parten de los puntos marcados cada 5 ó 10 km.

3.- Se subdividen los cuadros principales en cuadros secundarios de 1 km por lado, estableciendo líneas paralelas al meridiano principal y que parten a cada kilómetro del paralelo base o de los paralelos guías de los cuadros principales.

4.- Se colocan monumentos mayores en las esquinas de los cuadros principales y monumentos menores en las esquinas de los cuadros secundarios (Figs. Nos. 92 y 93).

5.- Se nivelan los monumentos mencionados refiriendo sus elevaciones al nivel medio del mar a fin de usarlos como bancos de nivel para las construcciones futuras.

Elección del origen

Se procura que el origen quede convenientemente localizado, buscando para el efecto un punto prominente de gran visibilidad, fácilmente accesible y situado de preferencia en la parte central de la zona, junto a algún punto notable o accidente del terreno. El origen se debe materializar mediante un monumento de concreto con las dimensiones señaladas para monumento mayor.

Trazo del meridiano principal

Para trazar el meridiano principal se requiere previamente orientar desde el origen O, una línea definida por el propio origen y un punto lejano P, como la cruz de una iglesia, un pararrayos o cualquier punto fijo. (Fig. N° 94).

La orientación astronómica de la línea OP se realiza por observaciones de la polar y una estrella auxiliar o por distancias zenitales absolutas del Sol. A partir de esta línea orientada se obtiene la dirección del meridiano principal de la siguiente manera:

a) Se centra el aparato en el origen O, se visa el extremo P de la línea orientada y se marca con el ángulo α aproximadamente la dirección de la meridiana astronómica.

b) A continuación se miden, a partir del origen, 500 m en esa dirección y se clava un trompo.

c) Posteriormente se establece el ángulo α por el método de repeticiones, 6 en posición directa y 6 en posición inversa del anteojo, por lo que un aparato de un minuto dará una aproximación de 5 segundos.

d) La diferencia entre el valor obtenido y el ángulo que se desea establecer se corrige desalojando la línea preliminar del meridiano, a la derecha o a la izquierda, una distancia "c" que se obtiene multiplicando la distancia del origen al trompo por la tangente natural del ángulo resultante de la diferencia entre el ángulo por establecer y el obtenido.

EJEMPLO:

Sea la línea OP cuyo azimut astronómico es 248°26'39''. Para fijar la meridiana se tiene que establecer el ángulo α , en la forma que se ilustra a continuación:

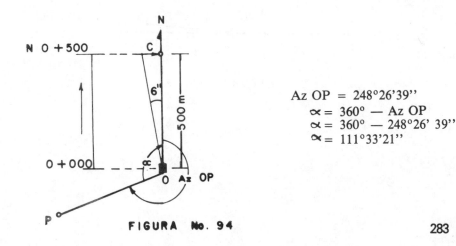

$$Az\ OP = 248°26'39''$$
$$\alpha = 360° - Az\ OP$$
$$\alpha = 360° - 248°26'\ 39''$$
$$\alpha = 111°33'21''$$

FIGURA No. 94

283

Estación	P.V.	Repeticiones	θ	Promedios
0 + 000	P	0	0°00'	
	N0 + 500	1	111°33'	
	N0 + 500	6	309°20'	111°33'20''
0 + 000	P	0	0°00'	
	N0 + 500	1	111°33'	
	N0 + 500	6	309°19'	111°33'10''

Promedio de promedios		111°33'15''
Angulo por establecer		111°33'21''
Diferencia		0°00'06''

$$c = 500 \tan 6'' = 500 \,(0.0000291) = 0.014 \text{ m}$$
$$\text{corrección} = 14 \text{ milímetros a la derecha}$$

Efectuada la corrección se continúa el trazo del meridiano prolongando el alineamiento por un número par de vueltas de campana del anteojo, una en posición directa y otra en posición inversa, y se dan como mínimo dos pares de vueltas de campana. Se toma como punto correcto del alineamiento el centro de la distancia entre los dos puntos determinados por cada serie de vueltas de campana.

EJEMPLO:

Para prolongar AB (Fig. Nº 95), el procedimiento es como sigue: con el tránsito en B se visa atrás al punto A, con el anteojo en posición directa, se da al anteojo vuelta de campana y se marca el punto C'; se suelta el movimiento general y con el anteojo en posición inversa se visa nuevamente el punto A y luego, dando vuelta de campana al anteojo, regresa-éste a su posición directa, y se marca el punto C''. El punto medio C de la distancia C'C'' es el punto correcto en la prolongación del alineamiento AB.

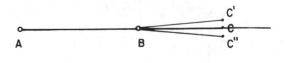

FIGURA No. 95

284

Los puntos de cambio de aparato se dan lo más retirado posible uno del otro; en condiciones atmosféricas favorables se toma como límite distancias de 500 m, dejando trompos cada 50 m con sus respectivas estacas testigo (Fig, Nº 96), las cuales van numeradas con crayón en la forma siguiente:

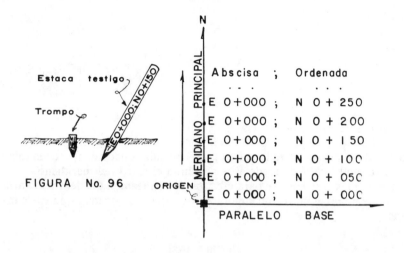

FIGURA No. 96

Abscisa	;	Ordenada
. . .		. . .
E 0 + 000	;	N 0 + 250
E 0 + 000	;	N 0 + 200
E 0 + 000	;	N 0 + 150
E 0 + 000	;	N 0 + 100
E 0 + 000	;	N 0 + 050
E 0 + 000	;	N 0 + 000

PARALELO   BASE

Las letras mayúsculas de la estaca testigo indican el cuadrante en que están colocados los trompos y los números de la abscisa y la ordenada son los kilometrajes con relación al meridiano principal y al paralelo base.

Con objeto de descubrir equivocaciones y de garantizar la precisión, al medirse el meridiano principal se usan dos parejas de cadeneros, una efectúa las medidas y la otra las comprueba. Cada pareja de cadeneros mide 100 distancias de 50 m y para que estas medidas se acepten ha de obtenerse entre ambas una diferencia que no exceda la tolerancia dada por la fórmula:

$$T = \pm\, 0.04 \sqrt{\frac{L}{l}}$$

siendo:

T = tolerancia lineal, en metros
L = longitud total del tramo medido, en metros
l = longitud de la cinta, en metros.

EJEMPLO:

Determinar la tolerancia lineal con los siguientes datos:

L = 5 km
l = 50 m   SOLUCION:
T = ?

$$T = \pm\, 0.04 \sqrt{\frac{5000}{50}} = \pm\, 0.40 \text{ m}$$

Luego, en 5 km la tolerancia es de $\pm$ 0.40 m

Si la diferencia encontrada entre las dos medidas queda dentro de la tolerancia no se modifica el estacado y se continúa el trazo del meridiano.

La hora más conveniente para efectuar los alineamientos del trazo varía de
acuerdo con la región, recomendándose por lo general trabajar antes de las 10
horas.

PROBLEMAS:

1.- Para trazar el meridiano principal de una cuadrícula rectangular en un
sistema de riego se obtuvieron los datos de campo siguientes: (Fig. Nº 97).

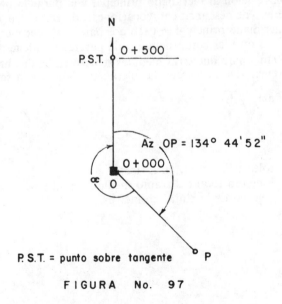

P.S.T. = punto sobre tangente

FIGURA   No.   97

286

$$6 \; \propto \; = 271°33' \text{ (posición directa)}$$
$$6 \; \propto \; = 271°32' \text{ (posición inversa)}$$

Calcular:

a) El ángulo obtenido según los datos de campo; y

b) El desplazamiento, en milímetros, del P.S.T. establecido en el terreno, indicando el sentido de la corrección.

SOLUCION:

El ángulo por establecer es:

$$\propto = 360° - Az \; OP = 360° - 134°44'52''$$
$$\propto = 225°15'08''$$

El ángulo obtenido según los datos de campo, se calcula como sigue:

posición directa: $\dfrac{271°33' + 360°(3)}{6} = \dfrac{271°33' + 1080°}{6}$

posición inversa: $\dfrac{271°32' + 360°(3)}{6} = \dfrac{271°32' + 1080°}{6}$

Promedios

posición directa: $\dfrac{1351°33'}{6} =$ $225°15'30''$

posición inversa: $\dfrac{1351°32'}{6} =$ $\underline{225°15'20''}$

promedio de promedios $=$ $225°15'25''$
ángulo por establecer $=$ $225°15'08''$
diferencia $=$ $\quad 0°00'17''$

El desplazamiento del P.S.T. establecido en el terreno es:

$$c = 500 \tan 17'' = 500 (0.0000824) = 0.041 \text{ m}$$

$$\underline{c = 41 \text{ milímetros, a la izquierda}}$$

2.- Sea la línea auxiliar OP cuyo azimut astronómico es 276°21'48'' (Fig. N° 98). Para el trazo del meridiano principal de una cuadrícula rectangular, se tiene que establecer el ángulo $\propto$. Con los datos del registro de campo siguiente, calcule:

a) La diferencia entre el ángulo obtenido según los datos de campo y el ángulo por establecer; y

b) El desplazamiento del P.S.T. establecido en el terreno, indicando el sentido de la corrección.

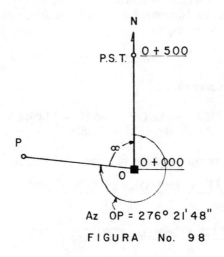

Az OP = 276° 2I' 48"

FIGURA No. 98

Registro de Campo

EST.	P.V.	REPETI-CIONES	θ
0	P	0	0°00'
	N0 + 500	1	83°38'
	N0 + 500	6	141°51'
0	P	0	0°00'
	N0 + 500	1	83°38'
	N0 + 500	6	141°50'

SOLUCION:

a) Angulo por establecer:

$$\propto = 360° - \text{Az OP} = 360° - 276°21'48'' = \underline{83°38'12''}$$

b) Angulo obtenido según los datos de campo y diferencia entre éste y el ángulo por establecer:

288

Posición directa del anteojo.

$$\frac{141°51' + 360°}{6} = \frac{501°51'}{6} = 83°38'30''$$

Posición inversa del anteojo

$$\frac{141°50' + 360°}{6} = \frac{501°50'}{6} = 83°38'20''$$

promedio de promedios = 83°38'25''
ángulo por establecer = 83°38'12''
diferencia = 0°00'13''

c) *Desplazamiento del P.S.T. y sentido de la corrección.*

c = 500 tan 13'' = 500 (0.000063) = 0.032 m

c = 32 milímetros, a la izquierda

3.- Para trazar el meridiano principal de una cuadrícula rectangular, se obtuvieron los datos de campo que siguen:

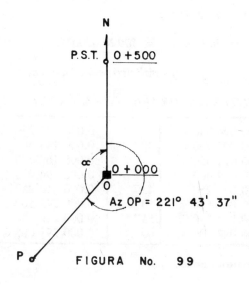

FIGURA No. 99

289

$$6 \; \alpha \; = \; 109°38' \; \text{(posición directa)}$$
$$6 \; \alpha \; = \; 109°37' \; \text{(posición inversa)}$$

Calcular el ángulo obtenido según los datos de campo, así como el desplazamiento del P.S.T. establecido en el terreno.

SOLUCION:

a) Angulo por establecer:

$$\alpha = 360° - Az \; OP = 360° - 221°43'37'' = 138°16'23''$$

b) Angulo obtenido según los datos de campo, y diferencia entre éste y el ángulo por establecer:

posición directa: $\dfrac{109°38' + 720°}{6} = 138°16'20''$

posición inversa: $\dfrac{109°37' + 720°}{6} = \underline{138°16'10''}$

$$\begin{aligned}
\textit{promedio de promedios} &= \; 138°16'15'' \\
\textit{ángulo por establecer} &= \; 138°16'23'' \\
\textit{diferencia} &= \; 0°00'08''
\end{aligned}$$

c) Desplazamiento del P.S.T.

$$c = 500 \tan 8'' = 500 \, (0.0000388) = 0.019 \; m$$

$$c = 19 \; \textit{milímetros, a la derecha}$$

TANGENTES NATURALES PARA ANGULOS PEQUEÑOS

1''	0.000 004 850	25''	0.000 121 250
2''	0.000 009 700	30''	0.000 145 500
3''	0.000 014 550	35''	0.000 169 750
4''	0.000 019 400	40''	0.000 194 000
5''	0.000 024 250	45''	0.000 218 250
10''	0.000 048 500	50''	0.000 242 500
15''	0.000 072 750	55''	0.000 266 750
20''	0.000 097 000	60''	0.000 291 000

Trazo del paralelo base.

Una vez trazado el meridiano principal se procede al trazo del paralelo base en dirección normal a la del meridiano, para lo cual se establecen en el origen ángulos de 90°, a partir del meridiano principal. (Fig. N° 100).

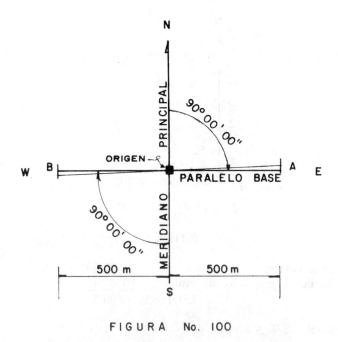

FIGURA No. 100

Estos ángulos se fijan de la misma manera que se determinó la dirección del meridiano principal, es decir, acumulando los ángulos de 90° por repeticiones.

Las correcciones que se hacen a las posiciones preliminares de los puntos A y B, se calculan multiplicando las distancias del origen a los puntos A y B, por la tangente natural de la diferencia entre los ángulos promedio obtenidos y 90°00'00'', respectivamente. Al aplicar las correcciones, los puntos A y B quedan situados en el alineamiento correcto.

Los ángulos de 90° que determinan la dirección del paralelo base deben establecerse cuidadosamente en el origen, uno al Este y otro al Oeste del meridiano principal y una vez establecidas estas direcciones se procede a prolongar los alineamientos, en ambos sentidos y en la longitud que se requiera, ejecutando las mismas operaciones indicadas para el trazo del meridiano principal.

PROBLEMAS:

1.- En el trazo del paralelo base (Fig. Nº 101), se midió a partir del meridiano un ángulo de 90°00' y se estableció en el terreno un P.S.T. a 500.00 m del origen. Luego, por el método de repeticiones, 6 en posición directa y 6 en posición inversa, se obtuvo el valor del ángulo $\alpha = 89°59'45''$.

Calcule la corrección que se debe aplicar a la posición del P.S.T. y el sentido de ésta.

291

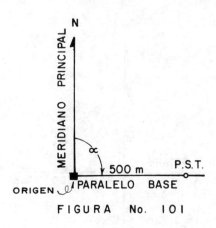

FIGURA No. 101

SOLUCION:

Angulo por establecer: 90°00'00''
Angulo obtenido según datos de campo: 89°59'45''
                             Diferencia: 0°00'15''

corrección del P.S.T. y sentido de ésta:

c = 500 tan 15'' = 500 (0.00007275) = 0.036 m

c = 36 milímetros, a la derecha.

     2.- Para trazar el paralelo base de una cuadrícula rectangular se han obtenido los datos de campo siguientes: (Fig. N° 102).

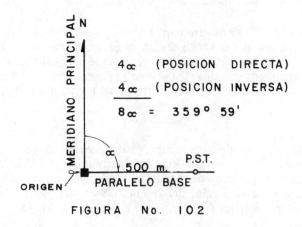

FIGURA No. 102

Calcular:

a) El ángulo obtenido según los datos de campo; y

b) El desplazamiento, en milímetros, del P.S.T. para establecer la perpendicularidad deseada, indicando el sentido de la corrección.

SOLUCION:

a) Angulo obtenido según los datos de campo.

$$\propto = \frac{359°59' + 360°00'}{8} = \frac{719°59'}{8} = 89°59'52.5''$$

Angulo por establecer: 90°00'00''
Angulo obtenido según datos de campo: 89°59'52.5''
Diferencia: 0°00'07.5''

b) Desplazamiento del P.S.T. y sentido de la corrección

$$c = 500 \tan 7.5'' = 500 (0.0000364) = 0.018 \text{ m}$$

$$c = 18 \text{ milímetros, a la derecha}$$

Trazo de los cuadros principales

En el caso de una cuadrícula cuyos cuadros principales sean de 5 km por lado, una vez que se trazan como mínimo 5 km del meridiano principal y 5 km del paralelo base, se inicia el trazo de la cuadrícula. Por los puntos múltiples marcados cada 5 km sobre el meridiano principal se trazan los paralelos y por los puntos marcados cada 5 km sobre el paralelo base se trazan los meridianos. Procediendo como se indica se materializan cuadros de 5 km por lado, procurando siempre cerrar el cuadro por el vértice opuesto al origen. Al prolongar

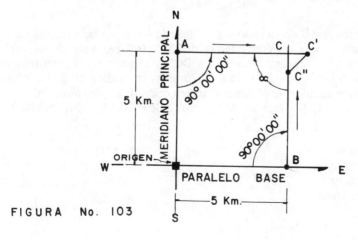

FIGURA No. 103

los dos alineamientos que cierran el cuadro se obtienen dos puntos de kilometraje. Estos puntos C' y C'' (Fig. N°103) que teóricamente deben coincidir, a causa de los errores de alineamiento, errores en la medida de ángulos y distancias, etc., no coinciden y la distancia C'C'' entre dichos puntos determina el error de cierre lineal del cuadro. Si este error está dentro de la tolerancia establecida se aceptan las medidas lineales; en caso contrario deben repetirse.

Para determinar el cierre angular del cuadro, se encuentra la intersección de los dos alineamientos y se mide el ángulo α que forman éstos, por el método de repeticiones. El valor del ángulo α obtenido se compara con 90°00'00'' y la diferencia determina el error de cierre angular. Si este error no excede de la tolerancia angular, se acepta el cuadro como angularmente correcto.

TOLERANCIAS:

Para el cierre de los cuadros principales, las tolerancias están dadas por las siguientes fórmulas:

Tolerancia lineal, en metros:

$$T_L = \sqrt{P \ (0.000000013 \ P + 0.00003)}$$

P = suma de las longitudes de los lados del cuadro, en metros.

Tolerancia angular, en segundos.

$$T_A = \pm 2 \ \sqrt{16^2 N + 10^2 n}$$

N = número de estaciones en vértices de cuadrícula donde se estableció ángulo, incluyendo el vértice en que se hace el cierre.
n = número de estaciones de tránsito en prolongación de alineamiento.

PROBLEMAS

1. En los puntos A y B de un cuadro principal de 5 km por lado de una cuadrícula rectangular se establecieron ángulos de 90°00'00'' por repeticiones; luego se prolongaron los alineamientos AC' y BC'' y se encontraron errores de + 0.62 m en la medida de AC' y de — 0.70 m en la medida de BC''. Para determinar el error angular, en el punto C intersección de los dos alineamientos se midió el ángulo α por repeticiones y resultó de 90°00'55'' (Fig. N° 104). Calcular:

  a) Error angular
  b) Tolerancia angular
  c) Error lineal; y
  d) Tolerancia lineal

Indicar si se considera correcto el cuadro o no. Sea afirmativa o negativa la respuesta, señale las razones en que se apoya.

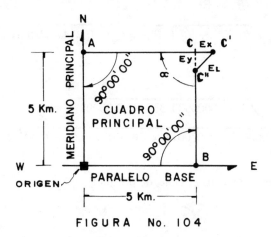

FIGURA No. 104

DATOS:

$E_x = + 0.62$ m
$E_y = - 0.70$ m
$P = 20$ km $= 20,000$ m
$N = 4$
$n = 4 \times 10 = 40$
$\alpha = 90°00'55''$

SOLUCION:

a) Error angular:

$E_A = \alpha - 90°00'00''$
$E_A = 90°00'55' - 90°00'00'' = + 55''$

b) Tolerancia angular:

$$T_A = \pm 2 \sqrt{16^2 N + 10^2 n}$$

$$T_A = \pm 2 \sqrt{16^2 (4) + 10^2 (40)} = \pm 2 \sqrt{5024} = \pm 142''$$

c) Error lineal

$$E_L = \sqrt{E_x^2 + E_y^2}$$

$$E_L = \sqrt{(0.62)^2 + (-0.70)^2} = \sqrt{0.8744} = 0.94 \text{ m}$$

d) Tolerancia lineal:

$$T_L = \sqrt{P(0.000000013\,P + 0.00003)}$$

$$T_L = \sqrt{20,000\,(0.000000013 \times 20,000 + 0.00003)} = \sqrt{20,000\,(0.00029)} =$$
$$= 2.41 \text{ m}$$

Si se considera correcto el cuadro, porque:

$$E_A < T_A \quad y \quad E_L < T_L$$

2.- En el cierre del cuadro principal, de una cuadrícula rectangular, de 5 km por lado, el error lineal resultó de 0.87 m y el error angular de + 1'20''.
¿Se acepta el cuadro como correcto o deben repetirse las medidas?

DATOS:

$E_L = 0.87$ m
$E_A = + 1'20''$ \qquad $N = 4$
$P = 20$ km $= 20,000$ m \qquad $n = 4 \times 10 = 40$

SOLUCION:

a) Tolerancia lineal:

$$T_L = \sqrt{P(0.000000013\,P + 0.00003)}$$

$$T_L = \sqrt{20,000\,(0.000000013 \times 20,000 + 0.00003)} =$$
$$= \sqrt{20,000\,(0.00029)} = 2.41 \text{ m}$$

b) Tolerancia angular:

$$T_A = \pm 2\sqrt{16^2 N + 10^2 n}$$

$$T_A = \pm 2\sqrt{16^2\,(4) + 10^2\,(40)} = \pm 2\sqrt{5024} = \pm 142''$$

296

Se acepta el cuadro como correcto, porque:

$$E_L < T_L \; y \; E_A < T_A$$

3.- Con los datos de la Fig. Nº 105, determine si se considera correcto el cuadro principal de 2 km por lado, de la cuadrícula rectangular.

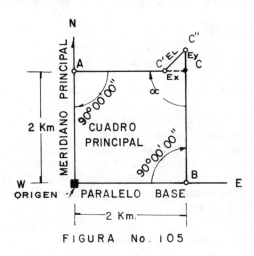

FIGURA No. 105

DATOS:

Ex = − 0.54 m
Ey = + 0.52 m
P = 8 km = 8000 m
N = 4
n = 4 × 4 = 16
∝ = 89°59'20''

SOLUCION:

a) Error lineal:

$$E_L = \sqrt{E_x^2 + E_y^2} = \sqrt{(-0.54)^2 + (0.52)^2} = 0.75 \text{ m}$$

b) Tolerancia lineal:

$$T_L = \sqrt{P\,(0.000000013\,P + 0.00003)} =$$

$$= \sqrt{8000\,(0.000000013 \times 8000 + 0.00003)} =$$

$$= \sqrt{8000\,(0.000134)} = \sqrt{1.072} = 1.04 \text{ m}$$

c) Error angular:

$$E_A = \propto - 90°00'00'' = 89°59'20'' - 90°00'00'' = -40''$$

d) Tolerancia angular:

$$T_A = \pm 2\sqrt{16^2N + 10^2n} = \pm 2 \sqrt{16^2(4) + 10^2(16)} = \pm 2 \sqrt{2624} =$$

$$= \pm 2(51.22) = \pm 102''$$

Si se considera correcto el cuadro, porque: $E_L < T_L$; $E_A < T_A$

Trazo de los cuadros secundarios

Una vez cerrado un cuadro principal, se colocan monumentos mayores en la intersección de los dos alineamientos y en los otros dos vértices del cuadro y monumentos menores a cada kilómetro sobre las líneas respectivas; y se procede a trazar los cuadros secundarios de 1 km por lado.

A partir de los monumentos colocados en los linderos Norte y Sur de un cuadro principal se trazan líneas paralelas al meridiano principal a los monumentos opuestos. (Fig. N° 106)

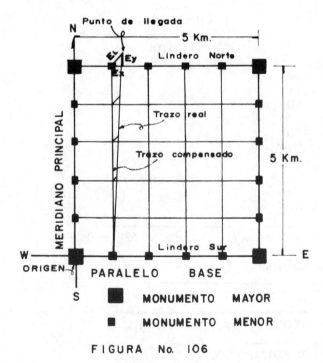

FIGURA No. 106

298

Ex = error sobre el eje E-W
Ey = error sobre el eje N-S
E_L = error de cierre lineal.

Se procura trazar la línea directamente de monumento a monumento, visando una señal que se coloca en el punto opuesto al de partida, pero en el caso de no ser posible por la topografía del terreno, se establece un ángulo de 90°00'00'' por el método de repeticiones y con este alineamiento se mide la distancia entre lindero y lindero que, teóricamente, en el ejemplo propuesto, debe ser de 5 km, pero en la práctica se llega con un error que debe ser menor que la tolerancia dada por la fórmula:

$$T_L = \sqrt{P\ (0.000000013\ P\ +\ 0.00003)}$$

en la cual: P = distancia medida, en metros

La posición de los trompos intermedios se corrige proporcionalmente a los errores Ex y Ey.

El cierre lineal de los cuadros depende del cuidado que se tenga al medir las distancias, por tanto, se deben tomar todas las precauciones que contribuyan a efectuar un trabajo lo más preciso posible.

Una vez que se ha aceptado el cierre y se ha corregido la posición de los trompos intermedios, se substituyen éstos por monumentos menores, que son fácilmente identificables en el terreno y que sirven como bancos de nivel y también para el levantamiento de detalles y la configuración.

Monumentación de la cuadrícula

Es de gran importancia en el trazo de una cuadrícula dedicar a la colocación de los monumentos un cuidado muy especial, pues sucede que fácilmente se pierden estacas y trompos por el labrado de la tierra o por ignorancia de la gente, por lo que se recomienda que en cuanto se cierre un cuadro principal inmediatamente se substituyan los trompos por monumentos.

El procedimiento a seguir para colocar un monumento consiste en clavar dos estacas que sobresalgan de la superficie del terreno unos 50 cm, a 2 m de separación, de modo que tendiendo un alambre delgado de centro a centro de estacas, pase precisamente por el punto de cruce o tachuela del trompo; luego se clavan otras dos estacas en dirección transversal de manera que al unirse con otro alambre pase también por el punto de cruce. (Fig. N° 107). La intersección de los dos alambres coincidirá con el punto de cruce o tachuela del trompo; ya con esta referencia se retira el trompo y se hace la excavación para colocar el monumento correspondiente. Una vez colocado el monumento, por la intersección de los dos alambres se hace pasar una plomada que indicará un punto en la varilla empotrada en el monumento. Este punto se marcará en la varilla por medio de un punzón.

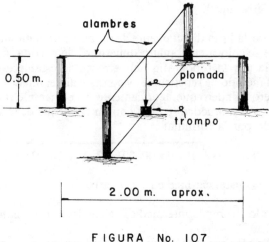

FIGURA No. 107

En una de las caras del monumento está ahogada una pequeña placa de duraluminio en la que se marcan con letras y números de golpe, las coordenadas del punto, así como su cota referida al nivel medio del mar. Los monumentos se fabrican en sitios estratégicos para su pronto traslado al sitio de su colocación.

Nivelación de la cuadrícula

Después de colocar los monumentos se procede a determinar sus elevaciones. La nivelación juega un papel importante en el levantamiento de la zona ya que las elevaciones de los bancos de nivel son datos básicos para el control vertical de los trabajos topográficos, empleándose posteriormente como apoyo para el proyecto y construcción de las obras del distrito de riego; por eso es necesario realizar con mucho cuidado tanto los trabajos de campo como los de gabinete.

Los bancos de nivel de la cuadrícula son precisamente los monumentos de concreto colocados en las esquinas de los cuadros secundarios y sus elevaciones deben estar referidas al nivel medio del mar.

Las nivelaciones se ejecutan con nivel montado, por circuitos principales y secundarios.

Circuito principal

Para la nivelación de un circuito principal, formado por un cuadro de 5 km por lado, se opera de la manera siguiente:

a) Se parte de un banco de nivel de cota conocida, recorriendo el perímetro del cuadro, por costumbre, en el sentido del movimiento de las manecillas del reloj y usando como puntos de liga los monumentos intermedios colocados a 1 km uno de otro.

b) Despúes de nivelar el circuito principal se calculan los desniveles entre monumentos cada kilómetro.

c) La suma algebráica de los desniveles deberá ser cero teóricamente, puesto que se regresa al punto de partida, pero en la práctica se llega con un error. Este error debe ser menor que la tolerancia dada por la fórmula:

$$T = \pm 12.6 \sqrt{K}$$

siendo:

   T = tolerancia, en milímetros
   K = longitud del circuito, en kilómetros

d) Admitido el error de cierre, se efectúa la compensación de la nivelación distribuyendo proporcionalmente el error de cierre entre los desniveles de los tramos, con objeto de hacer iguales las sumas de los desniveles positivos y negativos.

e) Una vez realizada la compensación de los desniveles, se calculan la cotas de los monumentos colocados en el perímetro del cuadro principal sumando algebráicamente y en forma progresiva los desniveles compensados a la cota del punto de partida.

f) En seguida se procede a acotar los monumentos.

Después de compensado el circuito principal, las cotas de éste son invariables, por tanto, las compensaciones de las cotas de los circuitos secundarios y de los otros circuitos principales deben sujetarse a esas cotas compensadas.

PROBLEMAS:

1.- Con los desniveles que se anotan en el **circuito principal** de una cuadrícula rectangular: (Fig. N° 108)

a) Determinar el error de cierre,
b) Calcular la tolerancia,
c) Compensar los desniveles y
d) Obtener las cotas compensadas de los monumentos.

cota BN — 1 = 415.621 m

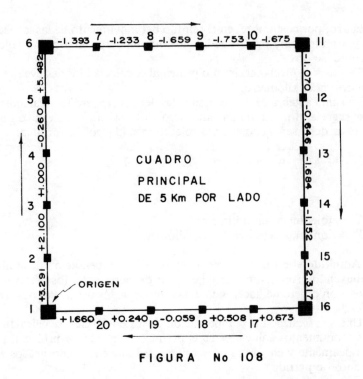

FIGURA No 108

SOLUCION:

a) Error de cierre

$$E = \quad \Sigma h(+) - \quad \Sigma h(-) = 14.954 - 14.901 = 0.053 \text{ m}$$

$$E = + 53 \text{ mm}$$

b) Tolerancia:

$$T = \pm 12.6 \ \sqrt{K} = \pm 12.6 \ \sqrt{20} = 56.34$$

$$T = 56 \text{ mm}$$

c) Comparación del error de cierre con la tolerancia:

$$E < T$$

302

d) Compensación de los desniveles. Cálculo del factor unitario de corrección:

$$K = \frac{E}{\sum h(+) + \sum h(-)} = \frac{0.053}{14.954 + 14.901} = \frac{0.053}{29.855}$$

$$K = 0.0018$$

e) Correcciones que se aplicarán a los desniveles:

3.291 (0.0018) = 0.006	1.070 (0.0018) = 0.002
2.100 (0.0018) = 0.004	0.646 (0.0018) = 0.001
1.000 (0.0018) = 0.002	1.684 (0.0018) = 0.003
0.260 (0.0018) = 0.000	1.152 (0.0018) = 0.002
5.482 (0.0018) = 0.010	2.317 (0.0018) = 0.004
1.393 (0.0018) = 0.003	0.673 (0.0018) = 0.001
1.233 (0.0018) = 0.002	0.508 (0.0018) = 0.001
1.659 (0.0018) = 0.003	0.059 (0.0018) = 0.000
1.753 (0.0018) = 0.003	0.240 (0.0018) = 0.000
1.675 (0.0018) = 0.003	1.660 (0.0018) = 0.003

d) Desniveles compensados: Se obtienen aplicando la corrección calculada a los desniveles sin compensar. La corrección se aplica con signo contrario al error.

Tramos	Desniveles sin compensar	Corrección	Desniveles compensados
1- 2	+ 3.291	— 0.006	+ 3.285
2- 3	+ 2.100	— 0.004	+ 2.096
3- 4	+ 1.000	— 0.002	+ 0.998
4- 5	— 0.260	— 0.000	— 0.260
5- 6	+ 5.482	— 0.010	+ 5.472
6- 7	— 1.393	— 0.003	— 1.396
7- 8	— 1.233	— 0.002	— 1.235
8- 9	— 1.659	— 0.003	— 1.662
9-10	— 1.753	— 0.003	— 1.756
10-11	— 1.675	— 0.003	— 1.678
11-12	— 1.070	— 0.002	— 1.072
12-13	— 0.646	— 0.001	— 0.647
13-14	— 1.684	— 0.003	— 1.687
14-15	— 1.152	— 0.002	— 1.154
15-16	— 2.317	— 0.004	— 2.321
16-17	+ 0.673	— 0.001	— 0.672
17-18	+ 0.508	— 0.001	+ 0.507
18-19	— 0.059	— 0.000	— 0.059
19-20	+ 0.240	— 0.000	+ 0.240
20- 1	+ 1.660	— 0.003	+ 1.657
SUMAS	+ 0.053	— 0.053	0

e) Cotas compensadas: Se calculan a partir de la cota conocida del BN—1, sumando algebráicamente y en forma progresiva los desniveles compensados a dicha cota de partida.

cota BN— 1 = 451.621 m
　　　　　　　+3.285
cota BN— 2 = 418.906
　　　　　　　+2.096
cota BN— 3 = 421.002
　　　　　　　+0.998
cota BN— 4 = 422.000
　　　　　　　−0.260
cota BN— 5 = 421.740
　　　　　　　+5.472
cota BN— 6 = 427.212
　　　　　　　−1.396
cota BN— 7 = 425.816
　　　　　　　−1.235
cota BN— 8　424.581

cota BN— 8 = 424.581
　　　　　　　−1.662
cota BN— 9 = 422.919
　　　　　　　−1.756
cota BN—10 = 421.163
　　　　　　　−1.678
cota BN—11 = 419.485
　　　　　　　−1.072
cota BN—12 = 418.413
　　　　　　　−0.647
cota BN—13 = 417.766
　　　　　　　−1.687
cota BN—14 = 416.079
　　　　　　　−1.154
cota BN −15 = 414.925

cota BN—15 = 414.925
　　　　　　　−2.321
cota BN—16 = 412.604
　　　　　　　+0.672
cota BN—17 = 413.276
　　　　　　　+0.507
cota BN—18 = 413.783
　　　　　　　−0.059
cota BN—19 = 413.724
　　　　　　　+0.240
cota BN—20 = 413.964
　　　　　　　+1.657
cota BN— 1 = 415.621m

2.- Obtener las cotas compensadas de los monumentos del **circuito principal** (Fig. N° 109) de la cuadrícula rectangular, determinando previamente si el error de cierre de la nivelación está dentro de la tolerancia.

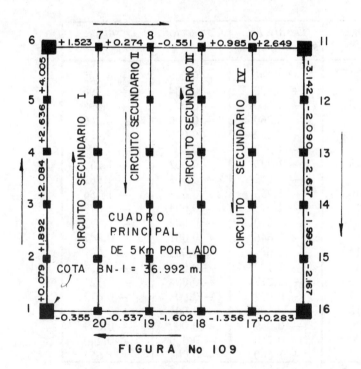

FIGURA No 109

304

S O L U C I O N :

La ejecución de las operaciones se facilita tabulando los datos y los resultados obtenidos, en la forma siguiente:

CIRCUITO PRINCIPAL

Tramo	Desniveles sin compensar		Corrección	Desniveles compensados		BN	Cotas COMPEN-SADAS
	+	−		+	−		
						1	36.992
1-2	0.079		-	0.079		2	37.071
2-3	1.892		+0.002	1.894		3	38.965
3-4	2.084		+0.003	2.087		4	41.052
4-5	2.636		+0.003	2.639		5	43.691
5-6	4.005		+0.005	4.010		6	47.701
6-7	1.523		+0.002	1.525		7	49.226
7-8	0.274		-	0.274		8	49.500
8-9		0.551	+0.001		0.550	9	48.950
9-10	0.985		+0.001	0.986		10	49.936
10-11	2.649		+0.003	2.652		11	52.588
11-12		3.142	+0.004		3.138	12	49.450
12-13		2.090	+0.003		2.087	13	47.363
13-14		2.657	+0.003		2.654	14	44.709
14-15		1.995	+0.003		1.992	15	42.717
15-16		2.167	+0.003		2.164	16	40.553
16-17	0.283		-	0.283		17	40.836
17-18		1.356	+0.002		1.354	18	39.482
18-19		1.602	+0.002		1.600	19	37.882
19-20		0.537	+0.001		0.536	20	37.346
20-1		0.355	+0.001		0.354	1	36.992
SUMAS	16.410	16.452		16.429	16.429		

Error de cierre:

$$E = 16.410 - 16.452 = -0.042 \text{ m}$$

Tolerancia:
$$T = \pm 12.6 \sqrt{20} = \pm 56 \text{ mm}$$

$$E < T$$

Factor unitario de corrección:
$$K = \frac{0.042}{32.862} = 0.0013$$

305

Circuitos secundarios.

Los circuitos secundarios se nivelan partiendo del monumento correspondiente del circuito principal y cerrando en el monumento opuesto del propio circuito.

a) El desnivel total entre el monumento de partida y el de llegada del circuito principal se obtiene sumando algebráicamente los desniveles de la línea.

b) El desnivel total debe ser igual a la diferencia de cotas compensadas de los monumentos de partida y de llegada, pero esto generalmente no se logra. El error que resulta debe ser menor que la tolerancia dada por la fórmula:

$$T = \pm\ 12.6\sqrt{K}$$

en la cual

T = tolerancia, en milímetros.
K = longitud de la línea nivelada, en kilómetros.

c) La compensación de los desniveles de los circuitos secundarios se lleva al cabo de una manera análoga a la de los circuitos principales.

d) Para calcular las cotas de los cuatro monumentos intermedios del circuito secundario, se sumarán algebráicamente y en forma progresiva los desniveles compensados a la cota del punto de partida del circuito principal.

e) Se procederá después a acotar los monumentos.

PROBLEMAS

1. Con los desniveles que se anotan del CIRCUITO SECUNDARIO I ((Fig. N° 110) de una cuadrícula rectangular:

a) Determinar el error de cierre,
b) Calcular la tolerancia,
c) Compensar los desniveles y
d) Obtener las cotas definitivas de los monumentos intermedios.

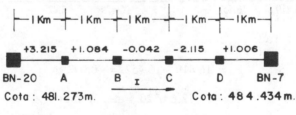

FIGURA No. 110

CIRCUITO SECUNDARIO I

Tramo	Desniveles sin compensar		Correc- ciones	Desniveles compensados		B.N.	Cotas compensadas
	+	−		+	−		
-	-	-	-	-	-	20	481.273
20-A	3.215		+0.005	3.220		A	484.493
A-B	1.084		+0.002	1.086		B	485.579
B-C		0.042	-		0.042	C	485.537
C-D		2.115	+0.004		2.111	D	483.426
D-7	1.006		+0.002	1.008		7	484.434
Sumas	5.305	2.157		5.314	2.153		

a) *Determinación del error de cierre:*

$$
\begin{aligned}
\text{cota BN-7 (llegada)} &= \quad 484.434 \text{ m} \\
-\text{ cota BN-20 (salida)} &= \quad -481.273 \text{ m} \\
\text{Diferencia} &= \quad + \ 3.161 \text{ m}
\end{aligned}
$$

$$
\begin{aligned}
\Sigma \text{ desniveles positivos} &= \quad 5.305 \text{ m} \\
-\Sigma \text{ desniveles negativos} &= \quad -2.157 \text{ m} \\
\text{Diferencia:} &= \quad +3.148 \text{ m}
\end{aligned}
$$

$$
E = 3.148 - 3.161 = -0.013 \text{ m} = -13 \text{ mm}
$$

b) *Cálculo de la tolerancia:*

$$
T = \pm 12.6\sqrt{K} = \pm 12.6\sqrt{5} = \pm 28 \text{ mm}
$$

$$
E < T
$$

c) *Cálculo del factor unitario de corrección:*

$$
K = \frac{0.013}{5.305 + 2.157} = \frac{0.013}{7.462} = 0.0017
$$

d) *Cálculo de las correcciones:*

$$
C = \begin{cases}
3.215\,(0.0017) = 0.005 \\
1.084\,(0.0017) = 0.002 \\
0.042\,(0.0017) = \underline{\quad\quad} \\
2.115\,(0.0017) = 0.004 \\
1.006\,(0.0017) = 0.002
\end{cases}
$$

La corrección se aplica con signo contrario al error.

e) Cálculo de los desniveles compensados:

Desniveles sin compensar	Corrección	Desniveles compensados
+3.215	+0.005	+3.220
+1.084	+0.002	+1.086
—0.042	+ 0	—0.042
—2.115	+0.004	—2.111
+1.006	+0.002	+1.008

f) Cálculo de las cotas compensadas:

$$\text{cota BN-20} = \quad 481.273 \text{ m}$$
$$+ \quad 3.220$$

$$\text{cota A ..... } = \quad 484.493 \text{ m}$$
$$+ \quad 1.086$$
$$\text{cota B ..... } = \quad 485.579 \text{ m}$$
$$- \quad 0.042$$
$$\text{cota C ..... } = \quad 485.537 \text{ m}$$
$$- \quad 2.111$$
$$\text{cota D ..... } = \quad 483.426 \text{ m}$$
$$+ \quad 1.008$$
$$\text{cota BN-7} = \quad 484.434 \text{ m}$$

2.-Complete el siguiente registro del CIRCUITO SECUNDARIO III de una cuadrícula rectangular, calculando previamente el error de cierre y la tolerancia. Desarrollo de la línea nivelada: 5 Km.

DATOS: ⎯⎯⎯⎯⎯⎯ SOLUCION:⎯⎯⎯⎯⎯⎯

Tramo	Desniveles sin compensar	Corrección	Desniveles compensados	B.N.	Cotas compensadas
-	-	-	-	18	422.919
18-A	-1.134	-0.002	-1.136	A	421.783
A-B	-1.663	-0.002	-1.665	B	420.118
B-C	-2.041	-0.003	-2.044	C	418.074
C-D	-1.738	-0.002	-1.740	D	416.334
D-9	-2.583	-0.004	-2.587	9	413.747
Sumas	-9.159		-9.172		

cota BN-18 = 422.919
cota BN- 9 = 413.747

SOLUCION:

a) Determinación del error de cierre:

cota BN- 9 (llegada) =   413.747 m
–cota BN-18 (salida) = –422.919 m
Diferencia =   – 9.172 m

Σ desniveles de los tramos =   – 9.159 m

$$E = -9.159 - (-9.172) = +0.013 \text{ m} = +13 \text{ mm}$$

b) Cálculo de la tolerancia:

$$T = \pm 12.6\sqrt{5} = \pm 28 \text{ mm}$$

c) Comparación de E con T:

$$E < T$$

d) Cálculo del factor unitario de corrección:

$$K = \frac{0.013}{9.159} = 0.0014$$

e) Cálculo de las correcciones:

$$C = \begin{cases} 1.134 \ (0.0014) & = & 0.002 \\ 1.663 \ (0.0014) & = & 0.002 \\ 2.041 \ (0.0014) & = & 0.003 \\ 1.738 \ (0.0014) & = & 0.002 \\ 2.583 \ (0.0014) & = & 0.004 \end{cases}$$

Las correcciones se aplican con signo contrario al error.

f) Cálculo de los desniveles compensados:

Desniveles sin compensar	Corrección	Desniveles compensados
-1.134	-0.002	-1.136
-1.663	-0.002	-1.665
-2.041	-0.003	-2.044
-1.738	-0.002	-1.740
-2.583	-0.004	-2.587

g) Cálculo de las cotas compensadas:

$$\text{cota BN-18} = 422.919 \text{ m}$$
$$- \underline{1.136}$$
$$\text{cota A ....} = 421.783 \text{ m}$$
$$- \underline{1.665}$$
$$\text{cota B ....} = 420.118 \text{ m}$$
$$- \underline{2.044}$$
$$\text{cota C ....} = 418.074 \text{ m}$$
$$- \underline{1.740}$$
$$\text{cota D ....} = 416.334 \text{ m}$$
$$- \underline{2.587}$$
$$\text{cota BN- 9} = 413.747 \text{ m}$$

3. En la Fig. N° 111 se anotan los desniveles del CIRCUITO SECUNDA-RIO de una cuadrícula rectangular.

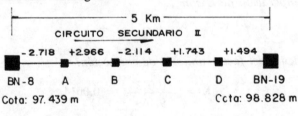

FIGURA No. III

a) Determinar el error de cierre.
b) Calcular la tolerancia,
c) Compensar los desniveles y
d) Obtener las cotas compensadas de los monumentos intermedios.

SOLUCION:

CIRCUITO SECUNDARIO II

Tramo	Desniveles sin compensar		Corrección	Desniveles compensados		B.N.	Cotas compensadas
	+	−		+	−		
-	-	-	-	-	-	8	97.439
8-A		2.718	+0.004		2.714	A	94.725
A-B	2.966		+0.005	2.971		B	97.696
B-C		2.114	+0.003		2.111	C	95.585
C-D	1.743		+0.003	1.746		D	97.331
D-19	1.494		+0.003	1.497		19	98.828
Sumas	6.203	4.832		6.214	4.825		

a) Determinación del error de cierre:

$$
\begin{array}{rr}
\text{cota BN-19 (llegada)} & = \quad 98.828 \text{ m} \\
\text{--cota BN- 8 (salida)} & = -\underline{\ 97.439 \text{ m}} \\
\text{Diferencia} & = + \ 1.389 \text{ m}
\end{array}
$$

$$
\begin{array}{rr}
\Sigma \text{ desniveles positivos} & = \quad 6.203 \text{ m} \\
-\Sigma \text{ desniveles negativos} & = -\underline{\ 4.832 \ \text{ m}} \\
\text{Diferencia} & = + \ 1.371 \text{ m}
\end{array}
$$

$$
E = 1.371 - 1.389 = -0.018 \text{ m} = -18 \text{ mm}
$$

b) Cálculo de la tolerancia:

$$
T = \pm 12.6 \sqrt{5} = \pm 28 \text{ mm}
$$

c) Comparación del error de cierre con la tolerancia:

$$
E < T
$$

d) Cálculo del factor unitario de corrección:

$$
K = \frac{0.018}{6.203 + 4.832} = \frac{0.018}{11.035} = 0.00163
$$

e) Cálculo de las correcciones:

$$
C = \begin{cases}
2.718 \ (0.00163) & = \quad 0.004 \\
2.966 \ (0.00163) & = \quad 0.005 \\
2.114 \ (0.00163) & = \quad 0.003 \\
1.743 \ (0.00163) & = \quad 0.003 \\
1.494 \ (0.00163) & = \quad 0.003
\end{cases}
$$

Las correcciones se
aplican con signo
contrario al error.

f) Cálculo de los desniveles compensados

Desniveles sin compensar	Corrección	Desniveles compensados
—2.718	+ 0.004	—2.714
+ 2.966	+ 0.005	+ 2.971
—2.114	+ 0.003	—2.111
+ 1.743	+ 0.003	+ 1.746
+ 1.494	+ 0.003	+ 1.497

g) Cálculo de las cotas compensadas.

Cota BN-8	=	97.439 m
	—	2.714
Cota A	=	94.725
	+	2.971
Cota B	=	97.696
	—	2.111
Cota C	=	95.585
	+	1.746
Cota D	=	97.331
	+	1.497
Cota BN-19	=	98.828 m

*4.- Obtener las cotas compensadas de los monumentos intermedios del **Circuito secundario IV*** de una cuadrícula rectangular (Fig. N° 112) con los siguientes datos:

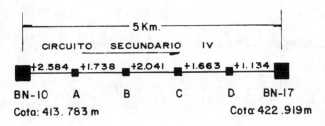

FIGURA No. 112

SOLUCION:

CIRCUITO SECUNDARIO IV

Tramo	Desniveles sin Compensar	Corrección	Desniveles Compensados	B.N.	Cotas Compensadas
				10	*413.783*
10-A	+ 2.584	— 0.007	+ 2.577	A	416.360
A-B	+ 1.738	— 0.005	+ 1.733	B	418.093
B-C	+ 2.041	— 0.005	+ 2.036	C	420.129
C-D	+ 1.663	— 0.004	+ 1.659	D	421.788
D-17	+ 1.134	— 0.003	+ 1.131	17	422.919
SUMAS:	+ 9.160		+ 9.136		

a) Cálculo del error de cierre.

Cota BN-17 (llegada) =   422.919 m
−Cota BN-10 (salida) =   − 413.783 m
           Diferencia = +   9.136 m

Σ desniveles de los tramos = + 9.160 m

E = 9.160 − 9.136 = + 0.024 m = + 24 mm

b) Cálculo de la tolerancia.

$$T = \pm = 12.6 \sqrt{5} = \pm 28 \text{ mm}$$

c) Comparación del error de cierre con la tolerancia.

$$E < T$$

d) Cálculo del factor unitario de corrección.

$$K = \frac{0.024}{9.160} = 0.0026$$

e) Cálculo de las correcciones.

$$C = \begin{cases} 2.584 \ (0.0026) & = 0.007 \\ 1.738 \quad " & = 0.005 \\ 2.041 \quad " & = 0.005 \\ 1.663 \quad " & = 0.004 \\ 1.134 \quad " & = 0.003 \end{cases}$$

Las correcciones se aplican con signo contrario al error.

f) Cálculo de los desniveles compensados.

Desniveles sin compensar	Corrección	Desniveles compensados
+ 2.584	− 0.007	+ 2.577
+ 1.738	− 0.005	+ 1.733
+ 2.041	− 0.005	+ 2.036
+ 1.663	− 0.004	+ 1.659
+ 1.134	− 0.003	+ 1.131
Sumas: + 9.160	− 0.024	+ 9.136

g) Cálculo de las cotas compensadas.

Cota BN-10	=	413.783 m
	+	2.577
Cota A	=	416.360
	+	1.733
Cota B	=	418.093
	+	2.036
Cota C	=	420.129
	+	1.659
Cota D	=	421.788
	+	1.131
Cota BN-17	=	422.919 m

Levantamiento de detalle y configuración.

Una vez compensadas las cotas de los monumentos de cuadros principales y secundarios de la cuadrícula rectangular, se calculan las cotas de las estaciones intermedias colocadas cada 100 metros y se procede al levantamiento de detalle y configuración de la zona de riego.

Generalmente este levantamiento se ejecuta con plancheta por la rapidez con que se hace el trabajo, eliminando en gran parte las labores de gabinete y porque la representación del terreno, al tenerlo a la vista, se efectúa con bastante fidelidad.

Las hojas de plancheta se preparan con anticipación, se dibuja en ellas el control horizontal y vertical y se inicia el trabajo que consiste en localizar los puntos notables del terreno, fijar su posición por radiaciones y determinar su cota. De esta manera se obtiene en la hoja de plancheta una serie de puntos con cota conocida y por interpolación se dibujan las curvas de nivel.

Para garantizar la liga de las hojas de plancheta se deberán tomar con sumo cuidado los detalles más importantes, como: caminos, vías férreas, ríos, arroyos, canales, líneas de transmisión, etc. Terminado el trabajo de campo se llevan las hojas de plancheta al gabinete para comprobar su liga, operación que consiste en verificar el enlace de las hojas entre sí y examinar si coinciden la topografía y los detalles comunes a las hojas.

Cada hoja de plancheta abarca 6 kilómetros cuadrados a escala 1:5,000 y se denomina por las coordenadas de la esquina superior derecha (Fig. N° 113)

Después de entintar las hojas de plancheta se procede a reducirlas de la escala 1:5,000 a que están dibujadas, a la escala 1:20,000 adoptada para la representación de planos generales.

Finalmente se unen todas las hojas de plancheta, obteniéndose así un plano de conjunto (Fig. N° 114) con todos los detalles topográficos que sirven en el caso de un distrito de riego para controlarlo eficientemente y para planear todas las obras del mismo, como: red de distribución, drenaje, caminos, etc.

HOJA DE PLANCHETA
N 72 - E4

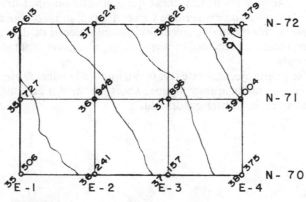

ESCALA
1:5000   FIGURA No. 113

PLANO   DE   CONJUNTO

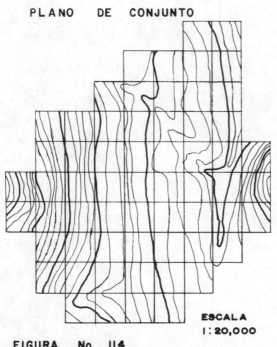

ESCALA
1:20,000

FIGURA   No. 114

315

En el plano así construido se obtienen los datos para el cálculo de las superficies de los terrenos que serán beneficiados con esta obra y también se localizan los puntos por donde resulte más ventajoso llevar el canal principal, los canales secundarios y las demás obras que constituyen un distrito de riego.

En zonas de vegetación exuberante y en terreno plano, con pocos accidentes topográficos, es recomendable ejecutar el levantamiento de detalle y la configuración por medio de secciones transversales, con nivel montado, apoyadas en la cuadrícula.

También se puede ejecutar este levantamiento de la zona de riego, con tránsito y estadia, por radiaciones y algunas veces por medio de poligonales auxiliares apoyadas en la misma cuadrícula.

CAPITULO VI

LEVANTAMIENTOS TOPOGRAFICOS PARA OBRAS DE INGENIERIA SANITARIA

En la elaboración del proyecto para un sistema de abastecimiento de agua potable o para una red de alcantarillado, los levantamientos topográficos constituyen uno de los trabajos básicos y, por tanto, debe concedérseles la atención debida para asegurar su correcta ejecución. Por consiguiente, en los estudios para el suministro de agua potable y saneamiento de una localidad, los trabajos topográficos deben realizarse con la exactitud requerida de acuerdo con su categoría y en el orden siguiente.

Trabajo de campo.

1.- Reconocimiento. Se ejecuta con aparatos portátiles, poco precisos, como: brújula, podómetro, aneroide o altímetro, etc. En el registro de campo, en forma clara y ordenada se anotarán los datos recogidos durante el reconocimiento. Estos datos son los rumbos de las líneas, las distancias aproximadas, las presiones si se emplea el aneroide o las altitudes si se usa el altímetro, las características generales de la topografía del terreno, las temperaturas, la hora y fecha de la observación.

El reconocimiento tiene las siguientes finalidades:

a) Formar un catálogo completo de las fuentes de abastecimiento de agua para la población considerada.

b) Fijar los itinerarios para la localización de la línea de conducción de agua, incluyendo la ubicación de bancos de nivel y estaciones de observación astronómica para determinación del azimut.

c) Determinar los trabajos topográficos que deben efectuarse en la población y ubicar en la misma los bancos de nivel y las estaciones de observación astronómica.

d) Fijar los itinerarios para localizar las líneas y zonas de desagüe probable; y

e) Recoger la información necesaria para la correcta realización de los proyectos de abastecimiento de agua potable y saneamiento.

Con los datos obtenidos en el reconocimiento se formula un **Diagrama de operaciones topográficas** (Fig. N° 115) que indica el orden de ejecución de las mismas.

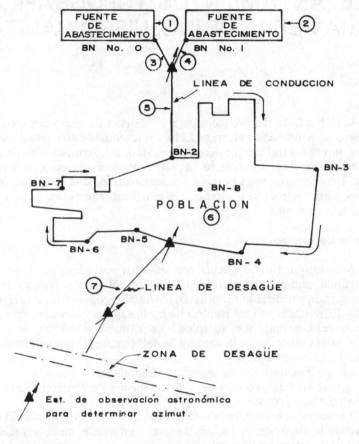

DIAGRAMA DE OPERACIONES TOPOGRAFICAS

FIGURA No 115

2.- Colocación de bancos de nivel y estaciones de observación astronómica de azimut. Se materializan en el terreno por medio de placas de duraluminio, bronce o fierro, que se numeran en orden progresivo, grabándose el número del banco y la cota, en el sector que existe para tal fin en la placa. (Fig. N° 116)

318

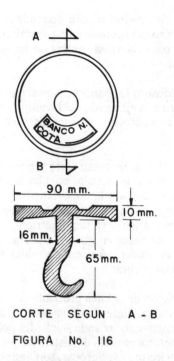

CORTE SEGUN A - B

FIGURA No. 116

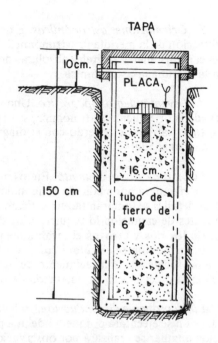

FIGURA No. 117

En los lugares en que no exista roca ni construcciones permanentes y establecidos, se deben utilizar postes (Fig. N° 117) para proteger las placas. El poste, constituido por un tubo de fierro y empotrado en concreto, quedará cubierto por una tapa de fierro asegurada por medio de un perno con tornillo.

Las placas se empotrarán en los postes o directamente en la roca o en construcciones permanentes y estables. En las poblaciones se procurará ubicarlas en los lugares en que no queden expuestas a deterioros. Se instalará de preferencia en la parte central, en el palacio municipal, una placa que servirá para fijar el **punto dato** de la población.

La ubicación de placas y postes se hará en lugares visibles y de fácil acceso. En donde exista una placa de control para observación de azimut astronómico se omitirá la de banco de nivel y viceversa.

Se registrarán las referencias de cada poste y placa colocados, en una hoja diseñada para tal fin y desde el punto que marca la ubicación de la placa se determinarán los rumbos y las distancias a lugares notables del terreno. Las referencias se dibujarán a la escala 1:100 y en el reverso de la hoja de referencias se colocará una fotografía que muestre el lugar de ubicación de la placa o poste.

Se procurará que las placas para observación astronómica de azimut no tengan un alejamiento mayor de 4 km; y la distancia máxima entre placas de banco de nivel será de 800 m.

3.- Orientaciones astronómicas. Existen varios métodos para determinar la dirección de la meridiana astronómica. El de uso más común en estos trabajos es el de distancias zenitales absolutas del Sol, para referir el control horizontal a la meridiana astronómica.

4.- Levantamiento topográfico. Una vez colocados los bancos de nivel y efectuada la orientación astronómica, se procederá a la ejecución del levantamiento topográfico, de acuerdo con el diagrama de operaciones adoptado y en el orden siguiente:

Fuentes de Abastecimiento. En los manantiales, el levantamiento topográfico se efectuará por medio de poligonales taquimétricas cerradas angularmente. Los detalles se tomarán taquimétricamente. Sólo cuando la importancia de las fuentes de captación lo requieran los detalles se tomarán con cinta de acero.

En los ríos y arroyos el levantamiento topográfico será taquimétrico.

La nivelación se ejecutará con nivel fijo en los casos en que la importancia de las fuentes de abastecimiento de agua o las pendientes por determinar requieran precisión en la obtención de desniveles y cotas.

Línea probable de conducción. El levantamiento de la línea probable de conducción se ejecutará por medio de una poligonal taquimétrica cuya comprobación angular se realizará por observaciones astronómicas cada 4 km. La poligonal se levantará por el método de deflexiones. La medida de distancias y ángulos verticales se comprobarán por medio de lecturas recíprocas, tomándolas de una estación a la de adelante y viceversa.

La nivelación de la línea probable de conducción será trigonométrica y se aprovecharán cotas trigonométricas para la configuración del terreno. Sólo en casos especiales se levantarán secciones transversales con nivel de mano. Cuando se requiera mayor precisión en la obtención de las cotas y de los desniveles, la nivelación se ejecutará con nivel fijo.

Población. En las poblaciones el levantamiento topográfico se efectuará por medio de poligonales cerradas. Estas poligonales se denominan perimetrales o envolventes y se levantan por el método de medida directa de ángulos. Cuando la extensión de la población lo requiera, se formarán circuitos cerrados.

De las poligonales perimetrales o de circuito, se desprenderán las poligonales transversales o de relleno utilizadas para situar todos los cruceros y detalles de la población, debiendo cerrar estas poligonales en estaciones de las perimetrales o de circuito, comprobando en todo caso los cierres angular y lineal respectivos.

Las estaciones de poligonal se designarán por numeración arábiga corrida, partiendo del cero que corresponderá a la iniciación del trabajo en las fuentes de abastecimiento o en la localidad, según el caso. Los puntos de detalle se designarán con letra minúscula y subíndices que corresponderán al número de la estación de la que se detalló.

Se tomarán los detalles de cruceros y deflexiones de los paramentos de las calles, así como todos los accidentes naturales, obras de arte, caminos, ferrocarriles, ríos, arroyos, canales, etc., que permitan localizar las líneas de conducción o el emisor que se haya proyectado.

Se llevará un croquis con las anotaciones necesarias que faciliten el dibujo de las poligonales.

Estos levantamientos se deben sujetar a las tolerancias siguientes:

Levantamientos	Tolerancias	
	Angular	Lineal
Con tránsito y cinta	$T_A = \pm\, a \sqrt{n}$	$T_L = 0.0002\ P$
Con tránsito y estadía	$T_A = \pm\, 2a \sqrt{n}$	$T_L = 0.1 \sqrt{P}$

a = aproximación del aparato.
n = número de estaciones de la poligonal.
P = desarrollo de la poligonal, en metros.

Nivelaciones. Se ejecutará la nivelación de las estaciones de poligonal, cruceros de calles, cambios de pendientes, talvegs, etc. Cada nivelación se comprobará y no se aceptará como banco de nivel un punto con cota sin comprobar.

Cada banco de nivel será localizado en los planos, tomándose además sus referencias y fotografías.

Las nivelaciones se ejecutarán con nivel fijo. Sólo cuando se trate de poblaciones muy accidentadas topográficamente, podrán aceptarse las nivelaciones trigonométricas. Las cotas de los bancos de nivel se determinarán tomando como plano de comparación el nivel medio del mar.

En los trabajos de nivelación se aplican las fórmulas siguientes para calcular la tolerancia:

Nivelaciones	Tolerancias (m)
Topográfica, con nivel fijo	$T = \pm\, 0.01 \sqrt{K}$
Trigonométrica, en terreno plano	$T = \pm\, 0.0025 \sqrt{P}$
Trigonométrica, en terreno abrupto	$T = \pm\, 0.0075 \sqrt{P}$

K = desarrollo de la línea nivelada, en kilómetros.
P = desarrollo de la línea nivelada, en metros.

Secciones transversales. Las secciones transversales se levantarán preferentemente por medios taquimétricos; su extensión y espaciamiento será tal que permita dar una idea clara del relieve del terreno. Solamente en casos especiales se levantarán las secciones transversales con nivel de mano y cinta.

El levantamiento topográfico de las poblaciones se efectuará tomando en consideración su número de habitantes.
Se distinguen cinco grupos de poblaciones.

Primer grupo: Población hasta de 2,000 habitantes.

a) Levantamiento topográfico por medio de poligonales taquimétricas cerradas.

b) Nivelación trigonométrica cerrada, excepto en los casos en que las condiciones de carga hidráulica requieran mayor precisión en la determinación de las cotas o lo exija la configuración del terreno, pues entonces las nivelaciones se harán con nivel fijo y debidamente comprobadas.

c) Orientación magnética.

d) Se omitirá la construcción de postes y sólo se fijará la placa correspondiente al **punto dato** de la localidad.

Segundo grupo: Población de 2000 a 3500 habitantes.

a) Levantamiento topográfico por medio de poligonales cerradas, con tránsito y cinta de acero, y detalladas taquimétricamente. En terreno abrupto el levantamiento será taquimétrico.

b) Nivelación con nivel fijo y debidamente comprobada.

c) Orientación magnética.

Tercer Grupo: Población de 3,500 a 7000 habitantes.

a) Levantamiento topográfico por poligonales cerradas, con tránsito y cinta de acero. En terreno abrupto la poligonal se levantará con tránsito y estadía.

b) Nivelación con nivel fijo y debidamente comprobada.

c) Orientación astronómica. Como azimut de partida se considerará el azimut astronómico observado.

Cuarto grupo: Población de 7,000 a 15,000 habitantes.

a) Levantamiento preferentemente fotogramétrico con puntos de apoyo topográficos. Estos puntos serán localizados por medio de poligonales perimetrales levantadas por circuitos o bien por vértices de triangulación. En el caso en que el levantamiento se realice por medios topográficos exclusivamente, las poligonales perimetrales serán de circuito y las poligonales auxiliares siempre se apoyarán en vértices de las perimetrales cuyas coordenadas compensadas sean conocidas.

b) Nivelación con nivel fijo y debidamente comprobada, excepto la que se realice en terreno abrupto que será taquimétrica.

c) Orientación astronómica.

Quinto grupo: Población mayor de 15,000 habitantes. En este caso el levantamiento será fotogramétrico.

Línea probable de desagüe. El levantamiento topográfico se ejecutará por medio de una poligonal taquimétrica, con lecturas angulares y lineales recíprocas comprobatorias.

La nivelación de la línea será trigonométrica y la configuración se efectuará por medio de radiaciones trigonométricas. Cuando se requiera mayor precisión en la determinación de las pendientes, la nivelación se hará con nivel fijo.

Lugares de desagüe: El levantamiento topográfico se efectuará por medio de poligonales taquimétricas y la nivelación de la zona de desagüe se hará trigonométricamente.

Trabajo de Gabinete.

1.- *Cálculo.* Se ejecutará la compensación angular de las poligonales previamente al cálculo de las proyecciones corregidas siempre que el error angular se encuentre dentro de la tolerancia establecida. La compensación lineal se efectuará cuando el cierre lineal sea menor que la tolerancia especificada. En caso contrario se desecharán los trabajos ejecutados.

El cálculo de la orientación astronómica se efectuará independientemente para cada serie de observaciones. El azimut del lado orientado puede diferir como máximo un minuto para cada una de las series, debiendo desecharse la serie o series cuya diferencia sea mayor que dicha tolerancia y se aceptará como azimut de la línea el promedio de los azimutes calculados en cada serie.

2.- *Dibujo.* Después de haber realizado los cálculos se procede al dibujo de las poligonales, generalmente por el método de coordenadas que es el más exacto, vaciando los detalles y datos necesarios para la configuración de la zona levantada.

El plano topográfico de la población se dibujará a la escala 1:2,000, con curvas de nivel con equidistancia de un metro; se consignarán cotas de cruceros y cambios de pendiente al centímetro; nombre de calles y de corrientes superficiales, indicando el sentido de escurrimiento.

Se indicará en el plano la ubicación de rastros, cuarteles, cines, teatros, escuelas, mercados, templos, baños públicos, albercas, jardines, hospitales, cementerios, etc., y los lugares en que se hayan establecido los bancos de nivel y las estaciones de observación astronómica para determinación de azimut.

Los perfiles y la planta de la línea de conducción o del emisor se presentarán en una misma hoja, ocupando la parte superior la planta y la inferior el perfil. La escala horizontal de dibujo de los perfiles será 1:2,000 y la escala vertical 1:200.

Se tendrá especial cuidado en localizar en el plano a la fuente o fuentes de abastecimiento.

El plano topográfico de la población consignará invariablemente todas las características topográficas que se requieran para proyectar el abastecimiento de agua potable y el alcantarillado.

CAPITULO VII

LEVANTAMIENTOS TOPOGRAFICOS PARA VIAS DE COMUNICACION

Generalidades.

En términos generales se entiende por vía de comunicación el medio que sirve para el transporte de personas, mercancías, agua, fluídos, corriente eléctrica, etc., de un lugar a otro.

El transporte propiamente dicho se refiere a personas o mercancías y se puede efectuar por tierra (caminos, ferrocarriles, tranvías), por medio del agua (marítimos, fluviales, lacustres, canales) o por medio del aire (aviones, helicópteros, globos).

Desde el punto de vista de la Topografía las vías de comunicación terrestre se estudian en forma semejante y su principal diferencia es la pendiente que se les puede dar para salvar los accidentes topográficos. En los ferrocarriles la pendiente máxima varía de 2% a 3% y en los caminos de 3% a 10%, según el tipo de camino. En los canales se usan diversas pendientes, generalmente muy suaves para que el agua circule a una velocidad que no cause erosión del material en que está alojado el canal ni depósito de azolve. En el caso de tuberías a presión o de líneas de transmisión eléctrica, la pendiente no afecta.

El transporte tiene una importancia vital en el desarrollo económico porque es la liga indispensable entre la producción y el consumo, liga sin la cual esos fenómenos no podrían existir con el carácter masivo que presentan en la actualidad. De ahí el gran significado económico que reviste la minimización de los costos en los desplazamientos, lo que se traduce en la búsqueda del costo mínimo global del servicio de transporte.

Definiciones.

CAMINO (del lat. caminus) tierra hollada y preparada de cierto modo, por donde se pasa para ir de un sitio a otro. Es la adaptación o formación de una faja sobre la superficie terrestre que llene las condiciones de ancho, alineamiento y pendiente que permitan el rodamiento adecuado de los vehículos que deban transitar sobre él. Para conseguir el acondicionamiento de esa faja y dadas las irregularidades que presenta la superficie terrestre es necesario modificar la topografía en la superficie que ocupa dicha faja por medio de excavaciones y rellenos principalmente.

Los caminos constan de una faja central llamada calzada, que se destina al tránsito de vehículos y de dos fajas laterales más estrechas denominadas paseos o acotamientos destinados al tránsito de peatones y bestias de carga y que sirven a su vez para depositar los materiales de conservación o reparación; el conjunto de estas fajas recibe el nombre de corona. Si el camino está en corte la corona queda limitada por las cunetas y si está en terraplén, después de la corona siguen los taludes. (Fig. Nº 118)

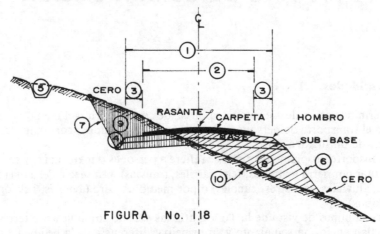

FIGURA No. 118

Elementos de una sección transversal de un camino.

1 corona
2 calzada
3 acotamientos
4 cuneta
5 contracuneta
6 talud del terraplén
7 talud del corte
8 área de terraplén
9 área de corte
10 terreno natural.

CORONA es la superficie del camino terminado que queda comprendida entre los hombros del camino.

CALZADA es la parte de la corona destinada al tránsito de vehículos y constituida por uno o más carriles.

CARRIL es la faja de ancho suficiente para la circulación de una hilera de vehículos.

ACOTAMIENTOS son las fajas contiguas a la calzada, comprendidas entre sus orillas y las líneas definidas por los hombros del camino. Protegen la calzada

326

contra la humedad y la erosión, mejoran la visibilidad en los tramos en curva, facilitan los trabajos de conservación del camino y mejoran la apariencia del mismo.

SUBCORONA es la superficie que limita las terracerías y sobre la que se apoyan las capas del pavimento.

RASANTE es la línea obtenida al proyectar el alineamiento vertical del camino.

SUB-RASANTE es la proyección sobre un plano vertical del desarrollo del eje de la subcorona.

ANCHO es la distancia horizontal comprendida entre los puntos de intersección de la subcorona con los taludes del terraplén, cuneta o corte.

BOMBEO es la pendiente que se da a la corona en las tangentes del alineamiento horizontal hacia uno y otro lado de la rasante para evitar la acumulación del agua sobre el camino. El bombeo depende de la precipitación pluvial y de la clase de superficie del camino, ya que una superficie dura y tersa requiere menos bombeo que una rugosa y falta de compactación.

SOBREELEVACION es la pendiente que se da a la corona hacia el centro de la curva horizontal para contrarrestar parcialmente el efecto de la fuerza centrífuga de un vehículo.

CUNETA es una zanja, generalmente de sección triangular, con talud 3:1, que se construye en los tramos en corte a uno o a ambos lados de la corona, con el objeto de recibir el agua que escurre por la corona y los taludes de corte.

CONTRACUNETA es una zanja de sección trapezoidal que se excava arriba de la línea de ceros de un corte y en dirección normal a la pendiente máxima del terreno, para interceptar los escurrimientos superficiales del terreno natural y evitar deslaves en los cortes.

TALUD es la superficie comprendida, en cortes entre la línea de ceros y el fondo de la cuneta; y en terraplenes, entre la línea de ceros y el hombro correspondiente. Los taludes en cortes y terraplenes se fijan de acuerdo con su altura y la naturaleza del material que los forma.

PENDIENTE GOBERNADORA es la pendiente del eje de un camino que se puede mantener indefinidamente y que sirve de base para fijar las longitudes máximas que se debe dar a pendientes mayores que ella, para una velocidad de proyecto dada.

PENDIENTE MAXIMA es la mayor pendiente del eje de un camino que se podrá usar en una longitud determinada.

VELOCIDAD DE PUNTO es la velocidad de un vehículo a su paso por un punto del camino. Los valores usuales para estimarla son: el promedio de las velocidades en un punto de todos los vehículos o de una clase dada de vehículos.

VELOCIDAD DE MARCHA es la velocidad de un vehículo en un tramo de un camino, obtenida al dividir la distancia recorrida entre el tiempo en el cual el vehículo estuvo en movimiento.

VELOCIDAD DE PROYECTO es la velocidad máxima a la cual los vehículos pueden circular con seguridad en un camino y se utiliza para determinar los elementos geométricos del mismo.

VELOCIDAD DE OPERACION es la máxima velocidad a la cual un vehículo puede viajar en un tramo de un camino, en condiciones atmosféricas favorables y en las prevalecientes de tránsito, sin rebasar en ningún caso la velocidad de proyecto del tramo.

DISTANCIA DE VISIBILIDAD es la longitud de camino que un conductor ve continuamente delante de él, cuando las condiciones atmosféricas y de tránsito son favorables.

DISTANCIA DE VISIBILIDAD DE PARADA es la distancia necesaria para que el conductor de un vehículo desplazándose a la velocidad de proyecto, pueda detenerse antes de llegar a un objeto fijo colocado en su línea de circulación.

DISTANCIA DE VISIBILIDAD DE REBASE es la distancia suficiente para que el conductor de un vehículo pueda adelantar a otro que circula por el mismo carril, sin peligro de interferir con un tercer vehículo que venga en sentido contrario y se haga visible al iniciarse la maniobra.

GRADO MAXIMO DE CURVATURA es el límite superior del grado de curvatura que se podrá usar en el alineamiento horizontal de un camino o tramo del mismo, dentro de la velocidad de proyecto dada.

Clasificación de los caminos.

1.- En cuanto a su finalidad y la zona en que se ubicarán los caminos se clasifican como sigue:

a) Caminos de función social cuyo objetivo es la incorporación de los núcleos de población marginados al desarrollo socioeconómico del país.

b) Caminos de penetración económica que se construyen en zonas con una gran riqueza potencial susceptibles de ser explotadas económicamente.

c) Caminos en zonas en pleno desarrollo que tienen como finalidad propiciar el desarrollo de zonas que por su ubicación y condiciones particulares son aptas para la construcción de grandes centros industriales.

2.- Desde el punto de vista administrativo los caminos se clasifican de la manera siguiente:

a) Caminos federales, cuyo costo de construcción y conservación está a cargo de la Federación. Son los caminos principales y constituyen la base de la red de caminos del país.

b) Caminos estatales, comprendidos en el plan llamado de cooperación, costeados 50% por la Federación y 50% por el Gobierno del Estado correspondiente. La conservación de estos caminos queda a cargo del Gobierno del Estado.

c) Caminos vecinales, construidos en forma tripartita por la Federación, el Gobierno del Estado correspondiente y los particulares. La conservación queda a cargo del Gobierno del Estado.

d) Caminos de cuota, a cargo de Caminos y Puentes Federales de Ingresos y Servicios Conexos. La inversión es recuperable a través de las cuotas de los usuarios.

3.- La clasificación técnica oficial de los caminos, según la intensidad del tránsito, es la siguiente:

a) Tipo especial, para un tránsito diario promedio anual superior a 3,000 vehículos, equivalente a un tránsito horario máximo anual mayor de 360.

b) Tipo A, para un tránsito diario promedio anual de 1500 a 3000 vehículos, equivalente a un tránsito horario máximo anual de 180 a 360.

c) Tipo B, para un tránsito diario promedio anual de 500 a 1500 vehículos, equivalente a un tránsito horario máximo anual de 60 a 180.

d) Tipo C, para un tránsito diario promedio anual de 50 a 500 vehículos, equivalente a un tránsito horario máximo anual de 6 a 60.

e) Tipo D, para un tránsito similar al del tipo C, pero con especificaciones para proyecto que lo hace más económico de construir.

f) Tipo E, para un tránsito diario promedio anual hasta de 100 vehículos, con ancho de corona y calzada de 4.00 metros.
Los caminos vecinales son los que van de un poblado a otro; los que unen un poblado con un punto cualquiera de una vía de comunicación y los que ligan dos puntos situados en sendas vías de comunicación.
Los caminos vecinales son complemento de la red de caminos federales y estatales y son también afluentes y ramales de los ferrocarriles, de la rutas aereas, de las marítimas y de las fluviales.

CLASIFICACION DE CAMINOS VECINALES.

Características	T I P O			
	Especial	Primer orden	Segundo orden	Tercer orden
Clase de Terreno	Plano Lomerío suave	Plano Lomerío suave Montañoso	Plano Lomerío suave Montañoso Escarpado	Plano Lomerío suave Montañoso Escarpado
Velocidad máxima en Kph	80	60	40	30
Drenaje	Definitivo	Semidefinitivo	Semidefinitivo y provisional	Provisional
Carga de velocidad	H-20	H-15 mínimo	H-15	H-10
Tránsito	100 - 400	50 - 100	Máx. 50	25 ó menos
Superficie de Rodamiento	Petrolizada	Revestida	Revestida en lo necesario	La natural del terreno.

* CARGA DE VELOCIDAD es la que puede adquirir un vehículo en una curva vertical cóncava, con superficie de rodamiento, visibilidad y alineamiento buenos, para dominar cuestas cortas, superiores a las que le permitiría su potencia exclusivamente, si iniciara la cuesta sin esa carga de velocidad adicional.

ETAPAS DEL ESTUDIO DE UN CAMINO.

En el estudio de un camino se consideran las etapas siguientes:

a) Planeación
b) Reconocimiento
c) Elección de ruta
d) Trazo preliminar
e) Proyecto
f) Trazo definitivo
g) Construcción
h) Uso o explotación
i) Conservación y
j) Abandono.

PLANEACION

Se entiende por planeación el proceso que consiste en el análisis documentado, sistemático y tan cuantitativo como sea posible, previo al mejoramiento de una determinada situación, y en el ordenamiento de los actos conducentes a dicho mejoramiento.

En este proceso se distinguen varias etapas que constituyen los mecanismos de planeación.

a) El conocimiento de la situación que se pretende cambiar.

b) La necesidad y el interés de los integrantes de la comunidad de realizar la modificación y su proyecto al futuro, lo que implica la definición de una meta.

c) Una proposición que sea la expresión concreta del deseo de la colectividad.

d) Un juicio que valorice las consecuencias de la proposición; y

e) Un programa que ordene en forma precisa, en tiempo y espacio, el desarrollo de los actos necesarios.
Toda planeación exige objetivos precisos así como los medios para alcanzarlos, asociándose unos a otros de manera coherente. Esta doble preocupación establece relación entre plan y programa.

PLAN es un conjunto coherente de objetivos y de medios relativos al mejoramiento deseado; se refiere por lo general al mediano o largo plazo.

PROGRAMA es el conjunto de operaciones bien determinadas, inscritas dentro del marco del plan y cuya realización debe preverse para una cierta fecha; se refiere esencialmente al corto plazo.

En resumen, un plan constituye un objetivo y un programa constituye una decisión.
En la planeación de un camino deben estudiarse los siguientes puntos:
a) Inventario de los recursos naturales de la zona: centros agrícolas, ganaderos, mineros, turísticos, industriales, etc.
b) Estimación de la población de la zona.
c) Tendencia en el futuro.
d) Estimación del tránsito actual y futuro.
e) Conveniencia o no de construir el camino.
Las diferentes fases y conceptos de la planeación de un camino se presentan en la tabla siguiente:

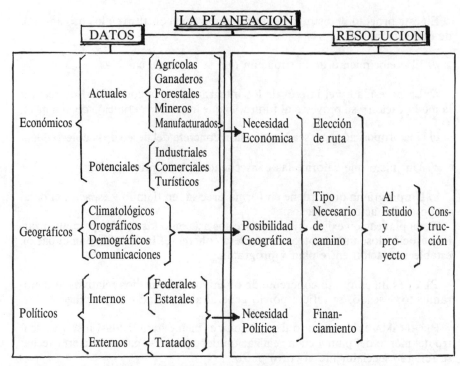

RECONOCIMIENTO.

Los reconocimientos que se requieren para el proyecto, diseño y construcción de caminos, adquieren mayor importancia que la que tienen los que se realizan para la construcción de otras vías de comunicación ya que al aspecto puramente ingenieril debe añadirse el punto de vista del beneficio social.

El reconocimiento del terreno puede ser aéreo, terrestre o combinado.

Reconocimiento aéreo.

Como su nombre lo indica, el reconocimiento aéreo se hace desde el aire por medio de aviones ó helicópteros. Estos vuelos se llevan al cabo con el fin de darse cuenta de la forma general del terreno, la densidadde la vegetación y su tipo, la hidrografía, la cantidad y calidad de las vías de comunicación y de una manera aproximada la constitución geológica del terreno.

El reconocimiento aéreo efectuado en la forma expuesta, da una información general, pero para obtener información más completa es necesario disponer de las fotografías aéreas de toda la zona.

El reconocimiento aéreo ofrece ventajas notables sobre el terrestre, siendo las principales las siguientes:

a) Rapidez y economía en el procedimiento.

b) Obtención de gran cantidad de detalles existentes en el terreno; y

c) Posibilidad de enmendar los errores cometidos sin necesidad de ir al terreno, puesto que las fotografías tomadas se archivan.

Reconocimiento terrestre.

El reconocimiento consiste en el examen de una faja de terreno en donde se alojará el camino que se pretende construir y fijar los puntos obligados, es decir, aquéllos puntos por los cuales debe pasar el camino.

Los puntos obligados por razones políticas y sociales son los que sirven de base para la planeación, como los poblados que es conveniente tocar aun desviando un poco el camino. Desde el punto de vista económico son puntos obligados los centros agrícolas, ganaderos y mineros, las fincas productivas, centros de interés turístico, zonas arqueológicas, etc., y por razones topográficas, son puntos obligados los puertos, los cruces de ríos y los necesarios para evitar pantanos y médanos.

Brigada de reconocimiento.

A.- Personal.
    Ingeniero localizador
    Ingeniero geólogo
    Ingeniero especialista en planeación
    Guía
    Peones

B.- Equipo.
    Podómetro y/o telémetro
    Brújula de mano
    Aneroide o altímetro
    Clisímetro
    Machetes y hachas
    Vehículo apropiado o caballos.

El ingeniero localizador escoge todos aquellos lugares que a su criterio juzgue obligados en el proyecto, como: poblados, haciendas, centros agrícolas y ganaderos, puertos, cruces de ríos, etc., que más tarde serán unidos por una poligonal sobre la cual se apoyará el estudio del trazo definitivo. Asimismo, determina distancias aproximadas entre los puntos obligados, direcciones de las líneas, pendientes, cotas de los puntos obligados y de puntos notables del terreno, etc.

El ingeniero geólogo recopila datos sobre la calidad del suelo y observa la existencia de posibles bancos de préstamo, así como la posibilidad de que haya fallas geológicas a lo largo de la ruta.

El ingeniero especialista en planeación define de la mejor manera la ruta que se deberá seguir por ser la que mayores beneficios ofrece a la comunidad.

Es conveniente que el ingeniero localizador se acompañe de un buen mapa de la región y de personas conocedoras de la misma pues aunque los datos que proporcionan generalmente son exagerados, resultan de gran utilidad al combinarse con los que toma el localizador durante su estudio. No siempre conviene seguir en la localización los caminos viejos porque con frecuencia dan alineamientos forzados, fuertes pendientes y costo antieconómico.

El localizador recorrerá la ruta que en términos generales se haya fijado previamente y recabará todos los datos necesarios para poder formular el estudio preliminar.

Datos que se deben recoger durante el reconocimiento.

a) Ubicación del camino.- Por ubicación se entiende el Estado de la República en que se encuentra el camino.

b) Distancias, medidas aproximadamente, con podómetro o telémetro, recorriéndolas a pié (4 Km/h) o a caballo (6 a 7 Km/h) o bien en un vehículo apropiado.

c) Direcciones de las líneas, por medio de la brújula.

d) Pendientes longitudinales entre los puntos obligados y pendientes transversales, tomadas con el clisímetro, con el cual se puede ir buscando la línea cuya pendiente se acerque más a la pendiente que deberá tener el camino.

e) Elevaciones de los puntos obligados y de los que sean característicos del relieve del terreno, con aneroide o altímetro.

f) Características generales de la topografía del terreno.

g) Recursos naturales y producción de los lugares de paso.

h) Condiciones climatológicas de la región.

i) Precipitación pluvial a fin de considerar la necesidad de las obras de arte en el estudio del drenaje.

j) Naturaleza del terreno en que se cimentará la construcción.

k) Clasificación geológica a que pertenece el material de construcción de que se dispone. Se deben recoger muestras del material para analizarlas en el laboratorio, lo que facilitará la determinación del costo de la obra y de la clase de maquinaria que deba utilizarse.

l) Ubicación de bancos y clase de material de revestimiento.

m) Volúmenes probables por kilómetro que tendrá el camino, obtenidos con bastante aproximación, con los datos recabados especialmente por lo que hace a pendientes transversales y topografía en general.

n) Puntos importantes que se toquen o crucen, como centros agrícolas, ganaderos y mineros, lugares de interés turístico, ríos, barrancas, puertos, etc.

o) Propiedades que se toquen, etc.

REGISTRO DE RECONOCIMIENTO,
DE UN TRAMO DEL CAMINO "DURANGO-SOMBRERETE"

Estaciones	Distancias	Alturas	Clasificación del subsuelo	Observaciones
0 + 000	0 + 000	1 885.0		Bajío
Río Tunal	8 + 500	1 870.0		Lecho arenoso
Río Santiago	16 + 300	1 862.0		Bajío
Puerto Javier	25 + 800	1 932.0		Puerto
30 + 000	30 + 000	1 920.0		Tierra de labor
Puerto Clavo	33 + 000	1 927.0		Puerto
Presa	35 + 000	1 865.0		Presa
36 + 000	36 + 000	1 870.0		Lomerío
...	...	...		...

ELECCION DE RUTA.

Una vez que el ingeniero efectúe el reconocimiento se encontrará en muchas ocasiones con dos o más rutas, entre las cuales deberá elegir la más adecuada, siendo la topografía una de las principales causas para determinarla. Así, por ejemplo, puede adoptarse la ruta por una u otra ladera de una cañada, con un desarrollo largo pero de bajo costo de construcción o con menor desarrollo pero de mayor costo de construcción.

Otro aspecto muy importante que debe estudiarse también para elegir la ruta consiste en que el camino toque todos los poblados intermedios o bien se construya directo entre los puntos terminales, con ramales a todos los poblados.

En la Fig. Nº 119 se ilustran una ruta directa entre los puntos A y E, con ramales a los puntos intermedios, y otra, con mayor desarrollo que toca todos los puntos.

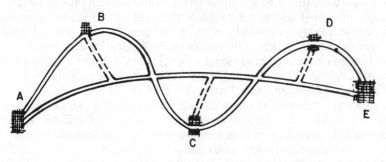

FIGURA No. 119

335

La elección de ruta no es sólo un problema técnico y, por tanto, requiere analizar cuidadosamente todas las posibilidades existentes, inclusive las de carácter político y balancear todas las consecuencias, para facilitar la decisión final.

TRAZO PRELIMINAR

Terminado el reconocimiento del terreno donde posiblemente se ubicará el camino, se procede a trazar una poligonal abierta que ligue todos los puntos obligados que marcó el ingeniero localizador y que siga aproximadamente la dirección y la pendiente que deberá tener el camino que se pretende construir.

La línea preliminar ideal será aquella que, salvo pequeñas modificaciones, pueda servir después como línea definitiva.

Brigada de Trazo.

Se integra como sigue:
  A.- Personal.
    Ingeniero trazador, jefe de la brigada.
    Cadenero de primera
    Cadenero de segunda
    Peón aparatero
    Peón trompero
    Peones brecheros
  B.- Equipo.
    Tránsito de 1'
    Cinta de acero, de 20 metros
    2 balizas
    Marro
    Trompos, estacas y tachuelas
    Machetes y hachas.

La misión consiste en buscar en el terreno tangentes largas con deflexiones pequeñas, que satisfagan la condición de pendiente, evitando en lo posible las obras de arte, los tajos profundos y los terraplenes altos. Se procurará que las tangentes se puedan enlazar por curvas en forma fácil y económica.

El trazo de la línea preliminar se hace por el método de deflexiones y la comprobación angular de la poligonal se obtiene por medio de orientaciones astronómicas que se efectúan cada 5 Km o 10 Km.

En zonas montañosas las tangentes son cortas con grandes deflexiones, inversamente en los valles las tangentes son largas con deflexiones pequeñas.

Centrado el tránsito en la estaca inicial y una vez establecido en el terreno el extremo del primer lado de la poligonal, se van clavando estacas cada 20 metros y en los puntos notables hasta llegar al extremo del lado, anotando el kilometraje respectivo, con crayón rojo, en una estaca testigo que se clava procurando que la cara en que se hace la anotación quede hacia el trazador para que éste al trasladarse a la siguiente estación, revise el estacado y corrija en caso de equivocación.- La estación inicial se marca 0 + 000, la segunda estaca 0 + 020, la tercera 0 + 040 y así sucesivamente hasta llegar al final de la recta.

Es conveniente tomar como punto de partida un cruce de carreteras o un puente que pueda ser fácilmente identificado. En caso de no existir ni uno ni el otro, se debe establecer el punto de partida, tomando las referencias del mismo de tal manera que se le pueda encontrar varios años después si fuere necesario.

Se determina el azimut astronómico del primer lado de la poligonal, mediante cinco observaciones solares usando el promedio de los azimutes calculados como azimut inicial.

Si no se cuenta con un banco de nivel dentro de los 5 Km alrededor del punto de partida del cual se pueda correr una nivelación diferencial, se fija la cota de dicho punto con un aneroide o altímetro.

El registro se lleva de abajo hacia arriba para semejar la forma en que el ingeniero trazador ve la línea desde el aparato.

REGISTRO DE CAMPO

PRELIMINAR "A"

Fecha: 24-Abr-53
Trazo: Alejandro
García L.

Est.	Dist.	C.V.	Defl.	R.M.O.	R.A.C.	Notas
+500 +480 +460 +440 +420	129.48m					
▲5 +402.25 +400 +380 +360	50.65m	-3°09'	21°04'I	N12°00'E	N20°49'E	Est. 5 +402.25, orilla superior cantil.
▲5 +351.60 +340 +320 +300 +280 +260 +240 +220	143.26m	-6°12'	20°33'D	N66°30'E	N75°04'E	De Est. 5 + 300 a Est. 5 +400, levantar topografía hacia la derecha para proyectar la curva.
▲5 +208.34		-3°09'	16°13'I	N50°30'E	N59°02'E	

▲ *Estación de tránsito*
R.M.O. Rumbo magnético observado.
R.A.C. Rumbo astronómico calculado.

337

El trazo preliminar constituye la base para la selección constitutiva del trazado y proporciona datos que sirven para preparar presupuestos preliminares de la obra. Debido a ello se debe ejecutar reflexiva y cuidadosamente, marcando todos los accidentes topográficos que de una manera u otra afecten el trazo definitivo.

Durante el trazo se debe evitar o disminuir al mínimo el daño a los sembradíos, árboles frutales, etc., tratando de pasar el trazo paralelo a las hileras de lo sembrado y no en diagonal o en forma transversal al terreno.

En la libreta de campo se deben registrar los detalles topográficos, las distancias a corrientes de agua, cercas, cruces con linderos de propiedades, caminos, vías férreas, etc.

NIVELACION PRELIMINAR.

Este trabajo se realiza para conocer el perfil de la línea preliminar, determinando las cotas de todas las estaciones del trazo y además de todos los puntos intermedios que a juicio del ingeniero sean de utilidad para definir fielmente el perfil del terreno, como: cambios de pendiente, cauces de arroyos, barrancas, canales, etc.

Brigada de nivelación.

A.- *Personal*.
Nivelador, jefe de la brigada
Estadalero de primera
Estadalero de segunda
Peón aparatero
B.- *Equipo*.
Nivel fijo
Nivel de mano
2 estadales
Cinta de lino
Marro
Trompos y grapas.

La nivelación se debe referir al nivel medio del mar, obteniendo la elevación del primer banco de nivel que se establezca, de una estación de ferrocarril cercana, de un puente de ferrocarril ó de un puente de un camino, pero si esto no es posible se puede partir de una cota obtenida con un aneroide o bien asumir una cota arbitraria para el primer banco de nivel.

Los bancos de nivel se colocan en sitios que garanticen su permanencia, preferentemente obras de mampostería, rocas fijas y troncos de árboles, anotando en lugar visible el kilómetro en que se encuentra y el ńumero de orden que le corresponde en ese kilómetro, así como su elevación.

EJEMPLO:

> BN-38-2
> Elev. 174.836 m

El 38 indica el kilómetro en que se encuentra el banco de nivel y el 2 que es el segundo banco de tal kilómetro.

Es necesario colocar bancos de nivel a cada 500 m y en todos los puntos apropiados para la ubicación de puentes.

Los puntos de liga merecen también cierto cuidado, debiendo establecerse sobre piedras fijas o en trompos con estoperol o grapas, donde descanse libremente la base del estadal, para lograr las elevaciones correctas de la línea nivelada.

En los bancos de nivel y puntos de liga las lecturas de estadal se toman al milímetro, en tanto que en las estaciones del trazo y accidentes del terreno, se toman sólo al centímetro.

La nivelación entre dos B.N. se puede comprobar regresando al punto inicial, utilizando los mismos o diferentes P.L., o bien llevando dos nivelaciones, usando dobles puntos de liga con una misma altura de aparato. El primer procedimiento aunque más tardado por nivelarse dos veces el mismo tramo, ofrece mayor seguridad que el segundo que siendo más rápido se encuentra más expuesto a errores.

TOLERANCIAS EN LAS NIVELACIONES

Nivelaciones:	Tolerancias:
De ida y regreso	$T = \pm\, 0.01 \sqrt{P}$ P = distancia (ida y regreso) en Km
Por doble punto de liga	$T = \pm\, 0.015 \sqrt{P}$ P = doble distancia recorrida, en Km

T = tolerancia, en metros.

Se desecha y repite aquella nivelación cuyo error sea mayor que la tolerancia.

Frecuentemente al ir corriendo una nivelación se presenta alguna depresión que de nivelarse con el nivel fijo ocasionaría muchos cambios de aparato con enorme pérdida de tiempo; conviene entonces no mover el nivel sino que, con la cota de alguna de las estaciones, levantar el perfil de ese accidente del terreno utilizando el nivel de mano. (Fig. N° 120).

339

El registro de campo se lleva como se indica en el ejemplo siguiente:

NIVELACION PRELIMINAR						Fecha: 30-Ago-54 Niveló: F. García Lara
Estación	+	𝐀	−	L.I.	Cotas	Notas
BN3-2	0.125	177.137			177.012	BN3-2, en tronco cedro
2 +800				0.71	176.43	a 21.80 m Der. de Est.
+820				0.83	176.31	2 +800
+840				1.21	175.93	
2 +844.38				1.30	175.84	
+860				2.15	174.99	
PL	0.781	174.009	3.909		173.228	Centro camino viejo.
+880				1.57	172.44	
2 +900				1.74	172.27	
+920				2.07	171.94	
+940				2.31	171.70	
+960				2.63	171.38	
2 +970.12				2.79	171.22	
+980				2.89	171.12	
PL	0.962	172.097	2.874		171.135	Sobre trompo 2 +980
3 +000				1.36	170.74	
3 +000	0.50	171.24			170.74	
+020				2.81	168.43	Con nivel de mano. La
+040	2.98	170.95	3.27		167.97	estación 3 +052 está
+052				3.90	167.05	en el fondo del arroyo.
+060			0.86		170.09	
+060				2.03	170.07	
+080				2.31	169.79	
PL			1.957		170.140	
SUMAS	1.868		8.740			

Comprobación aritmética:

$$\Sigma \text{ Lect } (+) = 1.868$$
$$\Sigma \text{ Lect } (-) = -8.740$$
$$= -6.872\text{m}$$

$$\text{cota PL (llegada)} = 170.140$$
$$-\text{cota BN3-2 (salida)} = 177.012$$
$$\text{Dif.} = -\ 6.872\ m$$

340

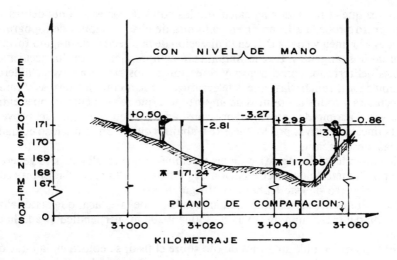

FIGURA No. 120

SECCIONES TRANSVERSALES.

La configuración del terreno se puede obtener mediante secciones transversales apoyadas en la poligonal que permiten conocer los puntos de cota cerrada o la cota de los puntos de influencia en el perfil de la sección o sea aquellos que determinen el relieve del terreno.

Brigada de secciones transversales.

A.- *Personal.*
   Topógrafo, jefe de la brigada
   Estadalero
   2 cadeneros
   Peones brecheros
B.- *Equipo.*
   Nivel de mano
   Estadal
   Cinta de género, de 30 metros
   1 juego de fichas
   Machetes y hachas

El ancho de la faja que se levanta depende esencialmente de las condiciones topográficas del terreno; si éste es prácticamente plano, la sección podrá ser de 150 m a 200 m hacia uno y otro lado de la estación considerada y si es accidentado, es recomendable hacerla hasta alcanzar un desnivel de 20 m como máximo.

Una vez que el nivelador ha calculado las cotas de las estaciones del trazo, el topógrafo procede a levantar en cada una de ellas secciones de topografía normales a la línea y en los P.I. en la dirección de la bisectriz del ángulo formado por las dos tangentes. Este levantamiento comprenderá todos los accidentes notables del terreno, como cruces y dirección de los ríos y arroyos, linderos de propiedades, rancherías, líneas telegráficas, cruces con vías ferreas y caminos vecinales y todos los puntos de importancia que se encuentren, pues entre mayor sea el acopio de datos, mayor seguridad habrá en el estudio del proyecto de la línea definitiva, por lo que este trabajo requiere un minucioso cuidado y mucha observación.

El levantamiento topográfico de las secciones transversales se hace generalmente por el método de determinación de puntos de cota redonda. El procedimiento y registro de este trabajo es el siguiente:

a) Los peones brecheros limpian a ambos lados de la estaca, que materializa la estación del trazo, una distancia de 150 m a 200 m, perpendicular a la línea preliminar.

b) El topógrafo mide su altura de ojo sobre el piso, se coloca en la estación desde la cual va a obtenerse la sección y en dirección normal al trazo para buscar el primer punto de cota redonda, procediendo luego con los demás que correspondan a la equidistancia de las curvas de nivel.

Si el terreno desciende, el primer punto que buscará el topógrafo tendrá la cota redonda inmediata inferior a la de la estación y le corresponderá una lectura en el estadal (Fig. Nº 121).

$$L = H + a - H^1$$

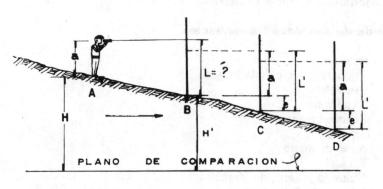

FIGURA No. 121

siendo: H = cota de la estación en que se apoya la sección

a = altura de ojo del topógrafo

H' = cota redonda buscada.

c) Una vez calculada la lectura que se requiere en el estadal, el estadalero se desplaza hasta que el topógrafo pueda tomar dicha lectura, manteniendo al

342

mismo tiempo la perpendicularidad con relación al alineamiento. El estadal estará entonces en el punto B de cota redonda H^1. Se mide la distancia de la estación A al estadal y se anota en el registro de campo.

d) A continuación se traslada el topógrafo al punto B y dirige al estadalero hasta encontrar el punto C, en el cual debe observarse en el estadal la lectura:

$$L^1 = a + e$$

$$a = \text{altura de ojo del topógrafo}$$
$$e = \text{equidistancia vertical}$$

Anota la distancia de la estación al punto C y pasa a este punto para continuar el trabajo. La lectura $L' = a + e$, será la que tendrá que hacer el topógrafo en lo sucesivo para ir obteniendo los puntos de cota redonda.

Si el terreno asciende, el topógrafo con el nivel debe ir adelante y él será el que avance o retroceda hasta colocarse en un punto desde el cual observe en el estadal la lectura deseada: (Fig. Nº 122)

$$L_1 = H_1 + a - H$$

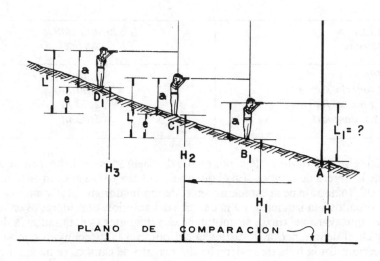

FIGURA No. 122

en la cual:

H_1 = cota redonda buscada
a = altura de ojo del topógrafo
H = cota de la estación en que se apoya la sección.

El primer punto B_1 tendrá cota redonda H_1, y la lectura en el estadal colocado en la estación A será L_1. Una vez localizado el punto B_1 se mide la distancia de dicho punto a la estación A; a continuación el estadalero se pasa al punto B_1 y el topógrafo se desplaza hasta encontrar el punto C_1, desde el cual puede leer en el estadal:

$$L^1 = a + e$$

Luego se mide la distancia de C_1 a la estación. Para encontrar los siguientes puntos de cota redonda, se tomará en el estadal la lectura L^1.

La equidistancia vertical "e" en las secciones de topografía varía según el tipo de terreno, como se indica en la tabla siguiente:

CURVAS DE NIVEL

Clase de terreno	Equidistancia vertical
Plano	0.50 m
Lomerio suave	1.00 m
Lomerio fuerte	2.00 m
Accidentado	5.00 m

El registro de datos se lleva por medio de quebrados, en la hoja de la izquierda de la libreta de campo.- En el quebrado del centro, se anotan en el numerador el kilometraje de la estación y en el denominador su cota; y en los quebrados situados a la izquierda y a la derecha del anterior, considerados en el sentido en que avanza el trazo, se anotan en el numerador la cota redonda del punto y en el denominador la distancia del punto a la estación en que se apoya la sección. En la hoja de la derecha del registro de campo, se hace un croquis de la topografía.

Secciones transversales					Fecha: 3-Jul-31		
			℄		Seccionó: E. García M.		
176	175	174	0 + 540	173	172	171	
31.0	19.0	7.00	173.50	5.00	22.0	35.0	
	178	177		170	169	168	
	56.0	45.0		47.0	60.0	81.0	
174	173	172	0 + 520	171	170	169	
30.0	21.0	14.0	172.10	34.0	41.0	54.0	
177	176	175		168	167		
60.0	53.0	41.0		69.0	83.0		
176	175	174	0 + 500	173	172	171	
43.0	20.0	7.00	173.40	9.00	36.0	52.0	
	178	177		170	169		
	58.0	49.0		65.0	77.0		

CONSTRUCCION DE PLANOS Y PERFILES.

El plano de localización o dibujo en planta se puede construir por el método de tangentes naturales ó por el de coordenadas. Por el primero, tomando las tangentes correspondientes a los ángulos de deflexión, se obtiene suficiente exactitud, pero solamente se emplea en preliminares para estudios rápidos, prefiriéndose el segundo por lo práctico y por no existir en él la propagación de errores. Se debe dibujar a una escala que esté de acuerdo con lo accidentado del terreno, pero para la mayor parte de los casos se ha establecido el uso de las escalas horizontal 1:2000 y vertical 1:200.

Se empieza por dibujar la línea preliminar, llevando las longitudes y los ángulos correspondientes de las diferentes alineaciones. Después se dibujan líneas tenues perpendiculares a la línea de trazo y se fijan los puntos de cota redonda; en seguida se obtienen las curvas de nivel uniendo entre sí todos los puntos de igual cota. Se dibujan también los arroyos, vías férreas, caminos, linderos de propiedades y todos aquellos detalles que satisfagan el objeto principal del plano de hacer una buena representación del terreno, con los elementos necesarios para proyectar la línea definitiva.

PROYECTO.

Se entiende por localización de un camino hacer el proyecto de él sobre el plano para después trazarlo en el terreno. Un camino cuyo eje es una serie de rectas, de curvas y de pendientes es más sencillo proyectarlo en el plano que directamente en el campo, puesto que en el plano se tiene a la vista todo el terreno con sus accidentes y detalles y el ingeniero puede localizar fácilmente la ruta más conveniente no sucediendo lo mismo en el campo en el cual es limitado el terreno que puede abarcar la vista del operador y, además, sucede a menudo que las pendientes se estiman erróneamente.

El proyecto de un camino se basa en los factores siguientes:

1.- *Características físicas y psicológicas del usuario del camino.* Las condiciones del medio ambiente que pueden afectar el comportamiento de los usuarios del camino, son:

a) La tierra: su uso y actividades.
b) El ambiente atmosférico; estado del tiempo y visibilidad.
c) Obras viales: carreteras, ferrocarriles, puentes y terminales.
d) La corriente de tránsito y sus características.
e) Visión del usuario: agudeza visual, recuperación al deslumbramiento, percepción de colores, profundidad de percepción.
f) Tiempo de reacción del conductor, que depende de su edad, experiencia y estado emocional.

2.- *Características de los vehículos.* Los vehículos que transitan por un camino se pueden dividir como sigue:

a) Vehículos ligeros, de carga y/o pasajeros, que tienen dos ejes y cuatro ruedas, como: automóviles y camionetas.
b) Vehículos pesados, que tienen dos o más ejes y seis o más ruedas; son unidades de transporte de pasajeros o de carga, incluyen camiones y autobuses.
c) Vehículos especiales, son aquellos que ocasionalmente transitan por el camino o lo cruzan, como: tractores, camiones y remolques especiales para el transporte de troncos, minerales, maquinaria pesada y otros productos voluminosos.

3.- *Características del camino.* Las características geométricas del camino controlan las velocidades a las que se mueve un vehículo y son las siguientes:

a) Alineamiento horizontal,
b) Alineamiento vertical,
c) Ancho de corona,
d) Ancho de carpeta y
e) Derecho de vía.

El proyecto de la línea definitiva se hace en el plano de localización, con la ayuda de un compás de puntas secas. Conociendo la equidistancia entre curvas de nivel y la pendiente gobernadora, se calcula la abertura del compás para que al interceptar con sus puntas dos curvas de nivel consecutivas, la línea imaginaria que une esos dos puntos tenga la pendiente deseada. Por ejemplo, si la equidistancia es de 2 metros y la pendiente es del 4%, la separación entre las puntas del compás deberá ser de 50 metros.

A la misma escala del plano, se toma la separación entre las puntas del compás y partiendo del punto inicial se procede a ascender ó descender, de curva en curva, marcando así los puntos en que una línea ideal encuentre las curvas de nivel dibujadas en el plano. Esta línea quebrada "a pelo de tierra" es la base para proyectar el trazo de la línea definitiva que, con tangentes de la mayor longitud posible, deberá ajustarse lo más que se pueda a la línea "a pelo de tierra".

ALINEAMIENTO HORIZONTAL.

El alineamiento horizontal es la proyección del eje del camino sobre un plano horizontal. Los elementos que lo integran son: tangentes, curvas circulares y curvas de transición.

TANGENTES. Las tangentes son los tramos rectos del camino y se unen con curvas que también se apeguen lo más posible a la línea "a pelo de tierra" o compensen su trazo a izquierda y derecha aproximadamente. La longitud máxima de una tangente está condicionada por la seguridad, ya que las tangentes muy largas son causa potencial de accidentes; la longitud mínima de tangente entre dos curvas consecutivas está definida por la distancia necesaria para dar la sobreelevación y la ampliación en esas curvas.

Las tangentes se pueden cambiar de posición cuando con un nuevo trazo más largo, se eviten curvas o se disminuya por lo menos su curvatura. También puede adoptarse un trazo si reduce la pendiente sin gran aumento de longitud o cuando se sustituyen algunas curvas innecesarias por una sola que permita buena visibilidad y que quede ligada a las curvas anterior y posterior por tangentes de transición adecuadas que hagan del camino una ruta cómoda y segura.

Los rumbos y longitudes de las tangentes proyectadas se calculan con las coordenadas de los P.I. obtenidas gráficamente en el plano de localización.

Cada vez que en el plano la línea definitiva cruce la preliminar, se calculará el kilometraje de ésta que corresponda al punto de cruce así como el ángulo de cruce. Cuando en una longitud de un kilómetro aproximadamente, la línea de proyecto no cruce la preliminar, se determinará gráficamente la distancia que separe ambas líneas escogiendo puntos conocidos, como PI y PST. Estos puntos se llaman ligas y sirven para que el ingeniero inicie el trazo definitivo en uno de ellos y, en lo sucesivo, vaya comprobando que la línea que proyectó en el plano, va siendo trasladada fielmente al terreno.

1.- Con las coordenadas de los P.I., calcular el rumbo y la longitud de la tangente.

DATOS:

PI_1 (+ 120.4; + 630.3)
PI_2 (+ 250.2; + 640.8)
Rbo T = ?   T = ?

SOLUCION:

$$\text{Rbo } T = \text{arc tan } \frac{250.2 - 120.4}{640.8 - 630.3} \begin{matrix} + E \\ \end{matrix} = \text{arc tan } \frac{129.8}{10.5} \begin{matrix} \\ + N \end{matrix}$$

$$\text{Rbo } T = N\ 85°\ 22'\ 31''\ E$$

$$T = \frac{250.2 - 120.4}{\text{sen } 85°\ 22'\ 31''} = \frac{129.8}{0.9967443} = 130.224$$

$$T = 130.22 \text{ m}$$

2. Con las coordenadas de los P.I., obtenidas gráficamente en el plano de localización, calcular:

a) Rumbos de las tangentes T_1 y T_2
b) Longitudes de las tangentes T_1 y T_2
c) Deflexión en el PI_2

DATOS:

PI_1 (+ 140.4; + 630.3)
PI_2 (+ 250.2; + 640.8)
PI_3 (+ 370.0; + 600.4)

SOLUCION:

a) Rumbos de las tangentes T_1 y T_2

$$\text{Rbo } T_1 = \text{arc tan } \frac{250.2 - 140.4}{640.8 - 630.3} \begin{matrix} + E \\ \\ + N \end{matrix} = N\ 84°\ 32'\ E$$

$$\text{Rbo } T_2 = \text{arc tan } \frac{370.0 - 250.2}{600.4 - 640.8} \begin{matrix} + E \\ \\ - S \end{matrix} = S\ 71°\ 22'\ E$$

b) Longitudes de las tangentes T_1 *y* T_2

$$T_1 = \frac{250.2 - 140.4}{\text{sen } 84° \ 32'} = 110.30 \text{ m}$$

$$T_2 = \frac{370.0 - 250.2}{\text{sen } 71° \ 22'} = 126.43 \text{ m}$$

c) Deflexión en el PI_2

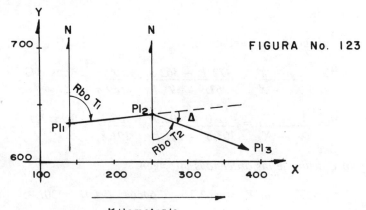

FIGURA No. 123

$$\Delta = 180° - (\text{Rbo } T_1 + \text{Rbo } T_2) = 180° - (84° \ 32' + 71° \ 22')$$

$$\Delta = 24° \ 06' \ D$$

3.- Calcular las coordenadas del punto de cruce de la preliminar y la línea de proyecto, con los siguientes datos:

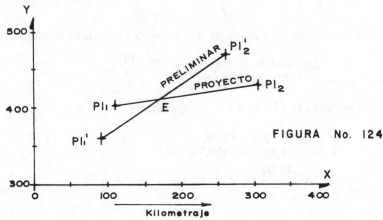

FIGURA No. 124

349

Línea preliminar

PI$_1$' (+ 94.1; + 362.3)
PI$_2$' (+ 263.9; + 472.1)

Línea de proyecto

PI$_1$ (+ 111.8; + 402.9)
PI$_2$ (+ 303.6; + 432.0)

SOLUCION:

a) Cálculo de las pendientes:

$$m' = \frac{Y_2 - Y_1}{X_2 - X_1} = \frac{472.1 - 362.3}{263.9 - 94.1} = \frac{109.8}{169.8} = 0.646643$$

$$m = \frac{Y_2 - Y_1}{X_2 - X_1} = \frac{432.0 - 402.9}{303.6 - 111.8} = \frac{29.1}{191.8} = 0.151721$$

b) Cálculo de las ordenadas al origen:

$$b' = Y_1 - m'X_1 = 362.3 - 0.646643 \,(94.1) = 301.45$$

$$b = Y_1 - mX_1 = 402.9 - 0.151721 \,(111.8) = 385.94$$

c) Cálculo de las coordenadas del punto de cruce.
Se resuelve el sistema:

$$\left. \begin{array}{l} Y = m'\,X + b' \\ Y = m\,X + b \end{array} \right\} \quad \text{... (1)}$$

Sustituyendo los valores de las pendientes y de las ordenadas al origen:

$$Y = 0.646643\,X + 301.45 \quad \text{... (2)}$$
$$Y = 0.151721\,X + 385.94 \quad \text{... (3)}$$

y restando la (3) de la (2) , se encuentra:

$$0 = 0.494922\,X - 84.49$$
$$\therefore \quad X = \frac{84.49}{0.494922} = 170.71$$

350

valor que sustituído en la ecuación (2) , da:

Y = 0.646643 (170.71) + 301.45 = 411.84

∴   Punto de cruce: E (+ 170.71; + 411.84)

4.- Calcular el kilometraje de la preliminar que corresponde al punto de cruce con la línea de proyecto, con los siguientes datos: (Fig. Nº 125)

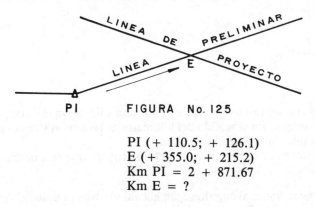

FIGURA No. 125

PI (+ 110.5; + 126.1)
E (+ 355.0; + 215.2)
Km PI = 2 + 871.67
Km E = ?

SOLUCION:

a) Cálculo de la distancia D del PI al punto de cruce E:

$$D = \sqrt{(355.0 - 110.5)^2 + (215.2 - 126.1)^2} = \sqrt{(244.5)^2 + (89.1)^2}$$

D = 260.23 m

b) Cálculo del kilometraje del punto de cruce :

Km PI = 2 + 871.67
+ D =   260.23
———————————————
Km E = 3 + 131.90

CURVAS CIRCULARES

Las curvas circulares son arcos de círculo y se emplean para unir dos tangentes consecutivas. Los radios de estas curvas dependen evidentemente de la clase y dimensiones de los vehículos, velocidad a que marchen, condiciones de la carga y pendiente longitudinal del camino.

Diferentes clases de curvas circulares. Las curvas circulares pueden ser:

a) Simples
b) Compuestas y
c) Inversas o reversas.

Curva simple.

Cuando dos tangentes están unidas entre sí por una sóla curva circular, ésta se denomina curva simple. En el sentido del kilometraje, las curvas simples pueden ser hacia la izquierda o hacia la derecha.

La curva simple tiene como elementos característicos los que se muestran en Fig. Nº 126

Grado de la curva se llama al ángulo según el cual se observa desde el centro de la curva, una cuerda de 20 metros.

Subtangente es la distancia tangencial comprendida entre el PC y el PI o entre el PI y el PT.

Principio de curva (PC) y *principio de tangente* (PT) son los puntos de tangencia de la curva

Radio de la curva es el radio de la curva circular.

Cuerda es la recta comprendida entre dos puntos de la curva.

Angulo de cuerda es el ángulo comprendido entre la prolongación de la tangente y la cuerda considerada.

Externa es la distancia mínima entre el PI y la curva.

Flecha es la ordenada media de la curva circular.

Cuerda larga es la distancia entre el PC y el PT.

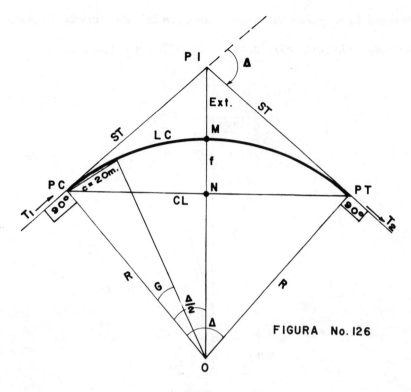

FIGURA No. 126

T_1 = tangente de entrada
T_2 = tangente de salida
PI = punto de inflexión
Δ = deflexión
PC = principio de curva
PT = principio de tangente
LC = longitud de curva
CL = cuerda larga
ST = subtangente
O = centro de la curva
R = radio de la curva
M = punto medio de la curva
N = punto medio de la cuerda larga
Ext = externa
f = flecha u ordenada media
G = grado de la curva.

Deducción de las fórmulas empleadas para calcular curvas circulares.

a) Grado de la curva (G). En la Fig. N° 127, por trigonometría:

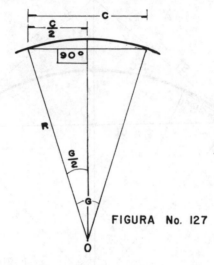

FIGURA No. 127

$$\operatorname{sen}\frac{G}{2} = \frac{\frac{c}{2}}{R} = \frac{c}{2R}$$

y, para: c = 20 metros
resulta:

$$\operatorname{sen}\frac{G}{2} = \frac{10}{R} \qquad \ldots (1)$$

b) Radio de la curva (R). Se puede establecer la proporción: (Fig. N° 128)

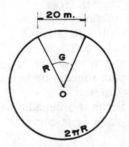

FIGURA No. 128

$$\frac{2\pi R}{360°} = \frac{20}{G}$$

$$\therefore \quad R = \frac{20\,(360)}{2\,(3.1416)\,G} = \frac{3600}{3.1416\,G}$$

$$R = \frac{1145.92}{G} \quad \ldots (2)$$

c) Subtangente (ST). En el triángulo rectángulo PC - PI - O, por trigonometría:

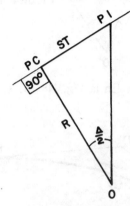

FIGURA No. 129

$$\tan\frac{\Delta}{2} = \frac{ST}{R}$$

$$\therefore \quad ST = R\,\tan\frac{\Delta}{2} \quad \ldots (3)$$

d) Longitud de curva (LC). De la proporción:

$$\frac{LC}{\Delta} = \frac{20}{G}$$

se deduce:

$$LC = \frac{\Delta}{G}\,20 \quad \ldots (4)$$

355

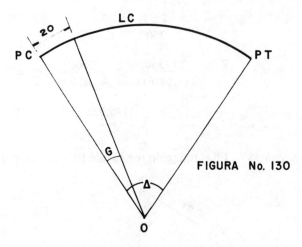

FIGURA No. 130

e) Kilometraje del PC (Km PC). En la Fig. N° 131 se ve que:

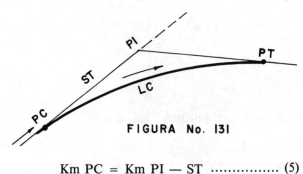

FIGURA No. 131

$$Km\ PC = Km\ PI - ST \quad \text{...............} \quad (5)$$

f) Kilometraje del PT (Km PT). Una vez obtenido el kilometraje del principio de curva, se puede calcular el del PT (Fig. N° 131)

$$Km\ PT = Km\ PC + LC \text{...............} (6)$$

g) Angulo de deflexión por metro, en minutos de arco (D'm). El ángulo formado por una tangente a la curva y una cuerda de 20 metros que parten del mismo punto, se llama ángulo de deflexión y es igual a la mitad del grado de la curva. (Fig. N° 132)

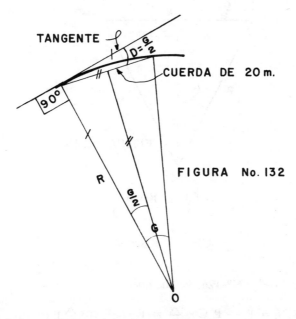

TANGENTE

CUERDA DE 20 m.

FIGURA No. 132

Si se designa por Dm el ángulo de deflexión que corresponde a una cuerda de 1 metro, se puede establecer la proporción:

$$\frac{Dm}{1} = \frac{\frac{G}{2}}{20}$$

o bien:

$$Dm = \frac{G}{40}$$

y para expresar Dm en minutos de arco, basta multiplicar su valor por 60', y así se obtiene:

$$D'm = \frac{60}{40} G \quad \therefore \quad D'm = 1.5\,G \quad \ldots (7)$$

h) Cuerda larga (CL). En el triángulo rectángulo PC - O - N de la Fig. N° 133, por trigonometría:

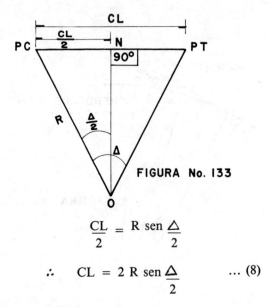

FIGURA No. 133

$$\frac{CL}{2} = R \text{ sen } \frac{\Delta}{2}$$

$$\therefore \quad CL = 2 R \text{ sen } \frac{\Delta}{2} \quad \dots (8)$$

i) Flecha (f). En la Fig. N° 126, vemos que:

$$f = OM - ON = R - R \text{ Cos } \frac{\Delta}{2} = R \left(1 - \cos \frac{\Delta}{2}\right)$$

y como:
$$1 - \cos \frac{\Delta}{2} = \text{sen verso } \frac{\Delta}{2}$$

se encuentra finalmente:
$$f = R \text{ sen verso } \frac{\Delta}{2} \quad \dots (9)$$

j) Externa (Ext). En el triángulo rectángulo PI - O - PC de la Fig. N° 126, por trigonometría:

$$\cos \frac{\Delta}{2} = \frac{R}{R + Ext} \quad \therefore \quad Ext = \frac{R}{\cos \frac{\Delta}{2}} - R$$

$$Ext = R \text{ sec } \frac{\Delta}{2} - R = R \left(\sec \frac{\Delta}{2} - 1\right)$$

pero:
$$\sec \frac{\Delta}{2} - 1 = \text{ex sec } \frac{\Delta}{2}$$

por tanto:
$$Ext = R \text{ ex sec } \frac{\Delta}{2} \quad \dots\dots (10)$$

ESPECIFICACIONES.

Grado máximo de curvatura.

El grado máximo de curvatura es el que permite a un vehículo recorrer con seguridad la curva con la sobreelevación máxima, a la velocidad de proyecto.

Tipo de camino	Grado máximo de curvatura
ESPECIAL	11°
PRIMER ORDEN	28°
SEGUNDO ORDEN	40°
TERCER ORDEN	40°

Longitud de cuerda.

Aunque la cuerda usada en nuestro país es la de 20 metros, cuando el radio de la curva es corto conviene emplear cuerdas de menor magnitud, por ejemplo, de 10 ó 5 metros, pues de otro modo el arco no se confunde sensiblemente con la cuerda.

En la tabla siguiente se da a conocer la variación de la cuerda con respecto al arco, para diversos valores del radio y del grado de la curva. Esta variación muestra porque para determinados valores de G se deja de usar la cuerda de 20 metros y se emplea de 10 ó 5 metros.

Radio, en metros	Grado	Cuerda del arco de 20 m
De 6876.00 a 229.00	De 0°10' a 5°00'	20.00 m
De 208.36 a 143.25	De 5°30' a 8°00'	19.99 m
De 134.82 a 114.60	De 8°30' a 10°00'	19.98 m
De 109.14 a 95.50	De 10°30' a 12°00'	19.97 m
De 91.68 a 84.89	De 12°30' a 13°30'	19.96 m
57.30	20°	19.90 m
40.93	28°	19.80 m
28.65	40°	19.60 m

Use cuerda de 20 metros, para: $G \leqq 10°$
Use cuerda de 10 metros, sí: $10° < G \leqq 20°$
Use cuerda de 5 metros, sí: $20° < G \leqq 40°$

Proyecto de curvas circulares.

Generalmente se emplean dos procedimientos para proyectar curvas:

a) Trazar en el plano la curva que mejor se adapte y calcular después su grado. En este caso, sobre el plano de la preliminar en que aparecen los dos alineamientos se marca la bisectriz del ángulo formado y, sobre ella con un compás y por tanteos, se traza el arco de círculo con una curvatura tan pronunciada como se estime conveniente, midiendo gráficamente el radio. En seguida, conocido el radio, se calcula el grado de la curva y como éste estará expresado en grados, minutos y segundos, se adoptará para facilidad de los cálculos el valor en grados, que más se aproxime al obtenido. Aceptado el grado conveniente, se recalcula el radio y será éste el valor que se admita.

b) Utilizar curvas de grado determinado y calcular todos sus elementos. Una forma muy práctica de adaptar las curvas gráficamente a la línea ''a pelo de tierra'' consiste en utilizar plantillas de papel transparente, mica, plástico, etc. Estas plantillas de corte circular, construidas a la escala del plano, para los grados más usuales, se van colocando tangentes a los dos alineamientos, para saber cual es la curva que más conviene, escogiéndose la que mejor se pliegue al terreno, de acuerdo con la configuración representada por las curvas de nivel.

Si el terreno es accidentado primero se acomodan las curvas y después las tangentes y si es prácticamente plano, se sigue este procedimiento en forma inversa.

Una vez que se ha escogido la curva, se calculan sus elementos.

PROBLEMAS

1.- Calcular la curva circular horizontal, con los siguientes datos:

$$\text{Km P.I.} = 7 + 283.11$$
$$\Delta = 36°20'D$$
$$G = 5°00'$$

SOLUCION:

El cálculo se dispone de la manera siguiente:

$$R = \frac{1145.92}{G} = \frac{1145.92}{5} = 229.18 \text{ m}$$

$$ST = R \tan \frac{\Delta}{2} = 229.18 \tan 18°10' = 75.20 \text{ m}$$

$$LC = \frac{\Delta}{G} 20 = \frac{36.33}{5} (20) = 145.32 \text{ m}$$

Km PI = 7 + 283.11
— ST =   75.20
Km PC = 7 + 207.91
+ LC =   145.32
Km PT = 7 + 353.23

D'm = 1.5 G = 1.5 (5) = 7'.5

$f = R$ sen verso $\dfrac{\Delta}{2}$ = 229.18 (0.0498463) = 11.42 m

Ext = R ex sec $\dfrac{\Delta}{2}$ = 229.18 (0.0524613) = 12.02 m

Tabla de deflexiones para trazar la curva.

G = 5°00' ∴ c = 20 metros

Estaciones	Cuerdas	Deflexiones parciales	Deflexiones totales
PC 7 + 207.91			0°00'
+ 220	12.09	1°31'	1°31'
+ 240	20.	2°30'	4°01'
+ 260	20.	2°30'	6°31'
+ 280	20.	2°30'	9°01'
7 + 300	20.	2°30'	11°31'
+ 320	20.	2°30'	14°01'
+ 340	20.	2°30'	16°31'
P T 7 + 353.23	13.23	1°39'	18°10' = $\dfrac{\Delta}{2}$
LC =	145.32 m		

Las cuerdas de 12.09 m y 13.23 m, de longitud menor que la empleada, se llaman subcuerdas.

D_1 = 7'.5 (12.09) = 91' = 1°31'
D_2 = 7'.5 (20.00) = 150' = 2°30'
D_3 = 7'.5 (13.23) = 99' = 1°39'

Comprobación: 145.32 (7'.5) = 1090' = 18°10' = $\dfrac{\Delta}{2}$

361

2.- Calcular la curva circular horizontal con los datos siguientes

Km PI = 5 + 166.29
   $\triangle$ = 58°48' D
   D = 15°00'

SOLUCION:

$$R = \frac{1145.92}{G} = \frac{1145.92}{15} = 76.39 \text{ m}$$

$$ST = R \tan \frac{\triangle}{2} = 76.39 \tan 29°24' = 43.04 \text{ m}$$

$$LC = \frac{\triangle}{G} 20 = \frac{58.8}{15} (20) = 78.40 \text{ m}$$

Km PI =	5 +	166.29
— ST =		43.04
Km PC =	5 +	123.25
+ LC =		78.40
Km PT =	5 +	201.65

D'm = 1.5 G = 1.5 (15) = 22'.5

$$f = R \text{ sen verso } \frac{\triangle}{2} = 76.39 \ (0.1287861) = 9.84 \text{ m}$$

$$\text{Ext} = R \text{ ex sec } \frac{\triangle}{2} = 76.39 \ (0.1478237) = 11.29 \text{ m}$$

Tabla de deflexiones para trazar la curva.

G = 15°00'   ∴   c = 10 metros.

Estaciones	Cuerdas	Deflexiones parciales	Deflexiones totales
PC 5 + 123.25			0°00'
+ 130	6.75	2°32'	2°32'
+ 140	10.	3°45'	6°17'
+ 150	10.	3°45'	10°02'
+ 160	10.	3°45'	13°47'
+ 170	10.	3°45'	17°32'
+ 180	10.	3°45'	21°17'
+ 190	10.	3°45'	25°02'
5 + 200	10.	3°45'	28°47'
P T 5 + 201.65	1.65	0°37'	29°24' $= \dfrac{\Delta}{2}$
LC =	78.40 m		

$D_1 = 22'.5 \ (6.75) = 152' = 2°32'$
$D_2 = 22'.5 \ (10.00) = 225' = 3°45'$
$D_3 = 22'.5 \ (1.65) = 37' = 0°37'$
Comprobación:

$$78.40 \ (22'.5) = 1764' = 29°24' = \frac{\Delta}{2}$$

3.- Calcular la curva circular horizontal con los datos siguientes

$$Km \ PI = \quad 10 + 112.87$$
$$ST = \quad \quad 55.50 \ m$$
$$\Delta = \quad \quad 27°14' \ D$$

SOLUCION:

$$R = \frac{ST}{\tan \dfrac{\Delta}{2}} = \frac{55.50}{\tan 13°37'} = 229.12 \ m$$

$$sen \ \frac{G}{2} = \frac{10}{R} = \frac{10}{229.12} = 0.04364525$$

$$\therefore \ \frac{G}{2} = 2°30' \ \therefore \ G = 5°00'$$

$$LC = \frac{\Delta}{G} \ 20 = \frac{27.23}{5} \ (20) = 108.92 \ m$$

Km PI = 10 + 112.87
$\underline{-\text{ ST} = 55.50}$
Km PC = 10 + 057.37
$\underline{+\text{ LC} = 108.92}$
Km PT = 10 + 166.29

D'm = 1.5 (G) = 1.5 (5) = 7'.5

Tabla de deflexiones para trazar la curva.

G = 5°00' ∴ c = 20 metros

Estaciones	Cuerdas	Deflexiones parciales	Deflexiones totales
PC 10 + 057.37			0°00'
+ 060	2.63	0°20'	0°20'
+ 080	20.	2°30'	2°50'
10 + 100	20.	2°30'	5°20'
+ 120	20.	2°30'	7°50'
+ 140	20.	2°30'	10°20'
+ 160	20.	2°30'	12°50'
PT 10 + 166.29	6.29	0°47'	13°37' = $\frac{\triangle}{2}$
LC =	108.92 m		

D_1 = 7'.5 (2.63) = 20' = 0°20'
D_2 = 7'.5 (20.00) = 150' = 2°30'
D_3 = 7'.5 (6.29) = 47' = 0°47'
Comprobación: 108.92 (7'.5) = 817' = 13°37' = $\dfrac{\triangle}{2}$

4.- Calcular la curva circular horizontal con los datos siguientes

Km PI = 2 + 782.22
$\triangle$ = 47°36' D
G = 8°30'

SOLUCION:

$$R = \frac{1145.92}{G} = \frac{1145.92}{8.5} = 134.81 \text{ m}$$

$$ST = R \tan \frac{\triangle}{2} = 134.81 \tan 23°48' = 59.46 \text{ m}$$

364

$$LC = \frac{\Delta}{G} 20 = \frac{47.6 \ (20)}{8.5} = 112.00 \text{ m}$$

$$
\begin{array}{rl}
\text{Km PI} = & 2 + 782.22 \\
- \ ST = & \underline{59.46} \\
\text{Km PC} = & 2 + 722.76 \\
+ \ LC = & \underline{112.00} \\
\text{Km PT} = & 2 + 834.76
\end{array}
$$

$$D'm = 1.5 \ G = 1.5 \ (8.5) = 12'.75$$

$$f = R \text{ sen verso } \frac{\Delta}{2} = 134.81 \ (0.08504) = 11.46 \text{ m}$$

$$\text{Ext} = R \text{ ex sec } \frac{\Delta}{2} = 134.81 \ (0.0929443) = 12.53 \text{ m}$$

Tabla de deflexiones para trazar la curva.

$$G = 8°30' \quad \therefore \quad c = 20 \text{ metros}$$

Estaciones	Cuerdas	Deflexiones parciales	Deflexiones totales
PC 2 + 722.76			0°00'
+ 740	17.24	3°40'	3°40'
+ 760	20.	4°15'	7°55'
+ 780	20.	4°15'	12°10'
2 + 800	20.	4°15'	16°25'
+ 820	20.	4°15'	20°40'
P T 2 + 834.76	14.76	3°08'	23°48' = $\frac{\Delta}{2}$
LC =	112.00 m		

Comprobación: $112.00 \ (12'.75) = 1428' = 23°48' = \dfrac{\Delta}{2}$

$$D_1 = 12'.75 \ (17.24) = 220' = 3°40'$$
$$D_2 = 12'.75 \ (20.00) = 255' = 4°15'$$
$$D_3 = 12'.75 \ (14.76) = 188' = 3°08'$$

Caso en que el PI no es accesible.

Cuando se presenta este caso no se pueden medir directamente la deflexión ni las subtangentes. El procedimiento que se sigue consiste en formar un triángulo ABC (Fig. N° 134), estableciendo dos estaciones de tránsito A y B, una en cada tangente y midiendo los ángulos $\propto$ y β , así como la distancia AB, se tendrán los datos suficientes para calcular la deflexión Δ y las distancias de los puntos A y B al PI.

En efecto, en el triángulo ABC, por geometría: $\Delta = \propto + \beta$

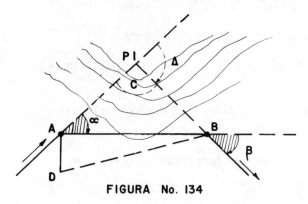

FIGURA No. 134

y, aplicando la ley de los senos, se obtiene:

$$AC = \frac{AB \operatorname{sen} \beta}{\operatorname{sen} C} = \frac{AB \operatorname{sen} \beta}{\operatorname{sen} \Delta}$$

$$BC = \frac{AB \operatorname{sen} \propto}{\operatorname{sen} C} = \frac{AB \operatorname{sen} \propto}{\operatorname{sen} \Delta}$$

Debido a que la distancia AB casi siempre es muy difícil de medir y que cualquier pequeño error que se cometa en su determinación influye en el cálculo de las distancias de los puntos A y B al PI, se conserva en las subtangentes y da por resultado que la curva no cierre, se recomienda medir dicha distancia indirectamente, valiéndose de otro triángulo auxiliar como el ABD, en el cual se miden la distancia AD y los tres ángulos. Con estos datos y los ángulos $\propto$ y β del triángulo ABC, se pueden calcular la distancia AB y todos los demás elementos de la curva.

Se procurará que los puntos A y D queden más o menos al mismo nivel y como a unos 30 metros, a fin de que la medida se haga lo más exacta posible.

PROBLEMAS

1.- Se tienen dos tangentes del trazo definitivo de un camino cuyo PI es inaccesible, como se muestra en la Fig. N° 135.

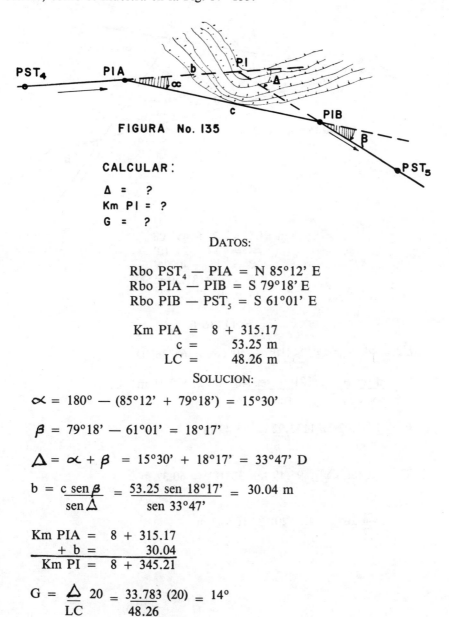

FIGURA No. 135

CALCULAR:

Δ = ?
Km PI = ?
G = ?

DATOS:

Rbo PST$_4$ — PIA = N 85°12' E
Rbo PIA — PIB = S 79°18' E
Rbo PIB — PST$_5$ = S 61°01' E

Km PIA = 8 + 315.17
c = 53.25 m
LC = 48.26 m

SOLUCION:

α = 180° — (85°12' + 79°18') = 15°30'

β = 79°18' — 61°01' = 18°17'

Δ = α + β = 15°30' + 18°17' = 33°47' D

$b = \dfrac{c \; sen \, \beta}{sen \, \Delta} = \dfrac{53.25 \; sen \; 18°17'}{sen \; 33°47'} = 30.04$ m

$$\begin{array}{rl} Km \; PIA = & 8 + 315.17 \\ + \; b = & 30.04 \\ \hline Km \; PI = & 8 + 345.21 \end{array}$$

$G = \dfrac{\Delta}{LC} \; 20 = \dfrac{33.783 \; (20)}{48.26} = 14°$

367

2.- Calcular la curva circular horizontal, con PI inaccesible, con los siguientes datos:

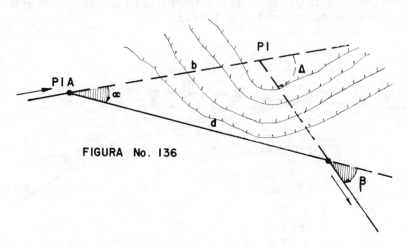

FIGURA No. 136

$$\text{Km PIA} = 2 + 457.08$$
$$\alpha = 24°10'$$
$$\beta = 40°26'$$
$$d = 181.50 \text{ m}$$
$$G = 12°$$

SOLUCION:

$$\Delta = \alpha + \beta = 24°10' + 40°26' = 64°36' \text{ D}$$

$$b = \frac{d \text{ sen } \beta}{\text{sen } \Delta} = \frac{181.50 \text{ sen } 40°26'}{\text{sen } 64°36'} = 130.31 \text{ m}$$

$$R = \frac{1145.92}{G} = \frac{1145.92}{12} = 95.49 \text{ m}$$

$$ST = R \tan \frac{\Delta}{2} = 95.49 \tan 32°18' = 60.37 \text{ m}$$

$$LC = \frac{\Delta}{G} 20 = \frac{64.6}{12} (20) = 107.67 \text{ m}$$

```
Km PIA  =    2 +  457.08
   + b  =            130.31
Km PI   =    2 +  587.39
  — ST  =             60.37
Km PC   =    2 +  527.02
  + LC  =            107.67
Km PT   =    2 +  634.69
```

D'm = 1.5 G = 1.5 (12) = 18'

Tabla de deflexiones para trazar la curva.

G = 12°00'   ∴ c = 10 metros

Estaciones	Cuerdas	Deflexiones parciales	Deflexiones totales
PC 2 + 527.02			0°00'
+ 530	2.98	0°54'	0°54'
+ 540	10.	3°00'	3°54'
+ 550	10.	3°00'	6°54'
+ 560	10.	3°00'	9°54'
+ 570	10.	3°00'	12°54'
+ 580	10.	3°00'	15°54'
+ 590	10.	3°00'	18°54'
2 + 600	10.	3°00'	21°54'
+ 610	10.	3°00'	24°54'
+ 620	10.	3°00'	27°54'
+ 630	10.	3°00'	30°54'
P T 2 + 634.69	4.69	1°24'	32°18' $=\dfrac{\Delta}{2}$
LC =	107.67 m		

Comprobación: 107.67 (18') = 1938' = 32°18' $=\dfrac{\Delta}{2}$

$D_1 = 18'\ (2.98) = 54' = 0°54'$
$D_2 = 18'\ (10.00) = 180' = 3°00'$
$D_3 = 18'\ (4.69) = 84' = 1°24'$

3.- En el caso de PI inaccesible que se muestra en la Fig. N° 137, calcule la deflexión, el kilometraje del PI, la subtangente y las distancias necesarias para fijar el PC y el PT de la curva circular horizontal.

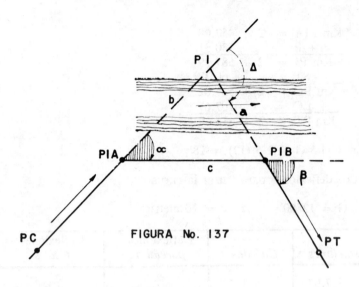

PI

Δ

b

a

PIA ∝

c

PIB

β

PC

FIGURA No. 137

PT

DATOS:

$$\text{Km PIA} = 6 + 036.78$$
$$\alpha = 45°48'$$
$$\beta = 57°52'$$
$$c = 38.76 \text{ m}$$
$$G = 8°00'$$

SOLUCION:

$$\Delta = \alpha + \beta = 45°48' + 57°52' = 103°40' \text{ D}$$

$$a = \frac{c \text{ sen } \alpha}{\text{sen } \Delta} = \frac{38.76 \text{ sen } 45°48'}{\text{sen } 103°40'} = 28.60 \text{ m}$$

$$b = \frac{c \text{ sen } \beta}{\text{sen } \Delta} = \frac{38.76 \text{ sen } 57°52'}{\text{sen } 103°40'} = 33.78 \text{ m}$$

$$\begin{array}{ll} \text{Km PIA} = & 6 + 036.78 \\ + b = & 33.78 \\ \hline \text{Km PI} = & 6 + 070.56 \end{array}$$

$$R = \frac{1145.92}{G} = \frac{1145.92}{8} = 143.24 \text{ m}$$

$$ST = R \tan \frac{\Delta}{2} = 143.24 \tan 51°50' = 182.24 \text{ m}$$

370

PIA — PC = ST — b = 182.24 — 33.78 = 148.46 m

PIB — PT = ST — a = 182.24 — 28.60 = 153.64 m

4.- Calcular la curva circular horizontal con PI inaccesible con los siguientes DATOS:

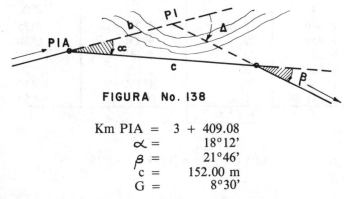

FIGURA No. 138

$$Km\ PIA = 3 + 409.08$$
$$\alpha = 18°12'$$
$$\beta = 21°46'$$
$$c = 152.00\ m$$
$$G = 8°30'$$

SOLUCION:

$$\Delta = \alpha + \beta = 18°12' + 21°46' = 39°58'D$$

$$b = \frac{c\ sen\,\beta}{sen\,\Delta} = \frac{152\ sen\ 21°46'}{sen\ 39°58'} = 87.75\ m$$

$$R = \frac{1145.92}{G} = \frac{1145.92}{8.5} = 134.81\ m$$

$$ST = R\ tan\frac{\Delta}{2} = 134.81\ tan\ 19°59' = 49.02\ m$$

$$LC = \frac{\Delta 20}{G} = \frac{39.97\ (20)}{8.5} = 94.05\ m$$

Km PIA =	3 +	409.08
+ b =		87.75
Km PI =	3 +	496.83
— ST =		49.02
Km PC =	3 +	447.81
+ LC =		94.05
Km PT =	3 +	541.86

$$D'm = 1.5\ G = 1.5\ (8.5) = 12'.75$$

371

Tabla de deflexiones para trazar la curva.

$$G = 8°30' \qquad \therefore \qquad c = 20 \text{ metros}$$

Estaciones	Cuerdas	Deflexiones parciales	Deflexiones totales
PC 3 + 447.81			0°00'
+ 460	12.19	2°35'	2°35'
+ 480	20.	4°15'	6°50'
3 + 500	20.	4°15'	11°05'
+ 520	20.	4°15'	15°20'
+ 540	20.	4°15'	19°35'
PT 3 + 541.86	1.86	0°24'	$19°59' = \dfrac{\Delta}{2}$
LC =	94.05 m		

Comprobación: $94.05\ (12'.75) = 1199' = 19°59' = \dfrac{\Delta}{2}$

$$D_1 = 12'.75\ (12.19) = 155' = 2°35'$$
$$D_2 = 12'.75\ (20.00) = 255' = 4°15'$$
$$D_3 = 12'.75\ (1.86) = 24' = 0°24'$$

Caso en que el PC no es accesible.

El problema se resuelve formando un triángulo equilátero ABC (Fig. N° 139), al llegar con el trazo al lugar del obstáculo.

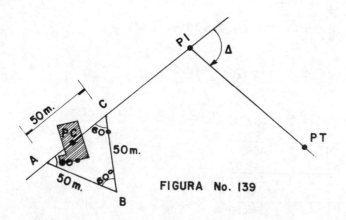

FIGURA No. 139

De esta manera se determina una distancia entre los puntos A y C, que en el ejemplo propuesto se ha considerado de 50 metros, y se continúa el trazo para fijar el PI.

Caso en que un punto intermedio de la curva es inaccesible.

Cuando se presenta este caso (Fig. N° 140) se traza una parte de la curva desde el PC y otra del PT, hasta llegar al obstáculo.

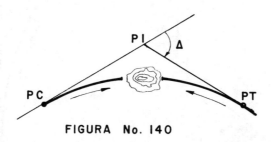

FIGURA No. 140

Curvas compuestas

Una curva compuesta es una curva contínua, formada por dos o más curvas circulares simples del mismo sentido y diferente radio. Los arcos circulares que la forman son tangentes entre sí en su punto de unión que se denomina punto de curva compuesta (PCC), estando dichos arcos del mismo lado de la tangente común.

Las curvas AC y CB se trazan en el campo como dos curvas por separado, sólo que el PT de la primera coincide con el PC de la segunda. (Fig. n° 141).

Las curvas compuestas podrían ser útiles en muchos casos porque facilitarían la adaptación de la curva a la topografía del terreno, pero el cambio brusco de radio de una a otra ocasiona incomodidad al conductor y muchas veces son peligrosas por lo que debe evitarse el uso de estas curvas cuando sea posible.

PI — punto de intersección de las dos tangentes
$\triangle$ — deflexión entre las tangentes
STC_1 y STC_2 — subtangentes de la curva circular compuesta.
O_1 y O_2 — centros de las curvas circulares simples que forman la curva compuesta.
$\triangle_1$ y $\triangle_2$ — ángulos centrales de las curvas circulares simples
R_1 y R_2 — radios de cada una de las curvas simples
PC_1 — principio de curva compuesta.
PCC — punto de curva compuesta o sea donde termina una curva simple y empieza otra.
PT_2 — punto donde termina la curva compuesta.

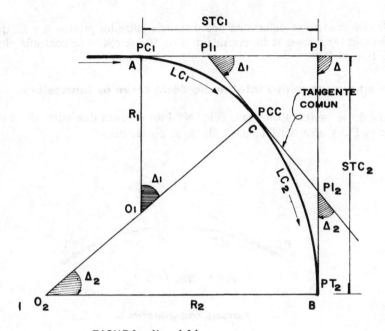

FIGURA No. 141

Curvas inversas

Una curva inversa es aquélla que está formada por dos curvas circulares simples contíguas y de sentido contrario. Las curvas simples AC y CB que la forman están en los lados opuestos de la tangente común a ambas curvas. El punto C común a las dos curvas se llama punto de curva reversa (PCR) (Fig. Nº 142).

Las curvas inversas son indeseables y deben evitarse en la mayoría de los casos. Estas curvas se usan en las ciudades en las líneas de tranvías o en las estaciones de ferrocarriles, cuando de una determinada dirección se quiere pasar a otra paralela a la primera, como sucede frecuentemente en las calles.

Las curvas inversas se usan poco en el trazo de caminos pues no es conveniente que a continuación de una curva AC venga inmediatamente otra CB de sentido contrario, sin ninguna tangente intermedia. En la práctica no pueden estar contíguas ya que la distancia mínima del PT de la primera al PC de la segunda será igual a la suma de las transiciones de ambas curvas, aunque es preferible que haya además un tramo de tangente intermedia, con sección a nivel.

O_1 y O_2 — centros de las curvas circulares simples
$\triangle_1$ y $\triangle_2$ — deflexiones de las curvas simples
R_1 y R_2 — radios de cada una de las curvas simples
ST_1 y ST_2 — subtangentes de las curvas simples
LC_1 y LC_2 — longitudes de las curvas simples
PCR — punto de curva reversa o punto de inversión.

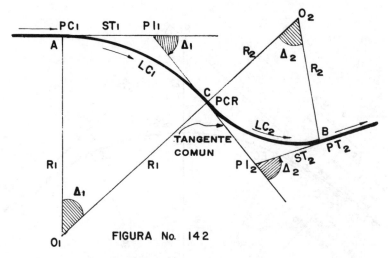

FIGURA No. 142

CURVAS DE TRANSICION.

Se define como curva de transición a la que liga una tangente con una curva circular, teniendo como característica principal que en su longitud se efectúa, de manera contínua, el cambio en el valor del radio de curvatura, desde infinito para la tangente hasta el que corresponde para la curva circular.

Las curvas de transición se usan para lograr que el paso de un vehículo de un tramo en tangente a otro en curva, se haga en forma gradual, tanto por lo que se refiere al cambio de dirección como a la sobreelevación y a la ampliación necesarias.

La ecuación de la curva conocida como clotoide o espiral de Euler, que cumple con la condición de que el producto del radio y la longitud a un punto cualquiera es constante, se expresa.

$$RL = K^2$$

Curva circular simple con espirales de transición.

Las curvas circulares con espirales de transición constan de una espiral de entrada, una curva circular simple y una espiral de salida. (Fig. N° 143)

Elementos de la curva circular con espirales de transición.

PI — punto de intersección de las tangentes
TE — punto donde termina la tangente y empieza la espiral
EC — punto donde termina la espiral y empieza la curva circular.
CE — punto donde termina la curva circular y empieza la espiral.
ET — punto donde termina la espiral y empieza la tangente.

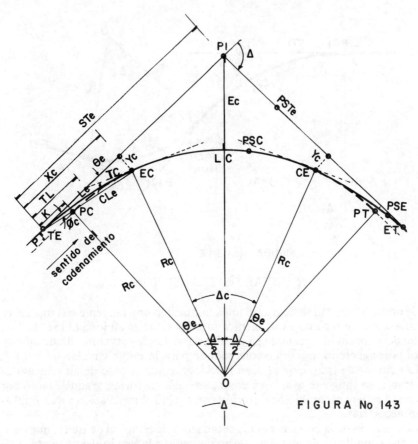

FIGURA No 143

PSC — punto sobre la curva circular.
PSE — punto sobre la espiral.
PSTe — punto sobre la tangente.
Δ — deflexión de las tangentes.
Δc — ángulo central de la curva circular.
θe — deflexión de la espiral.
ϕc — ángulo de la cuerda larga de la espiral con la STe.
STe — subtangente.
TL — tangente larga.
TC — tangente corta.
CLe — cuerda larga de la espiral.
Ec — externa.
Rc — radio de la curva circular.
LC — longitud de la curva circular.
Le — longitud de la espiral de entrada o de salida.
Xc, Yc — coordenadas del EC o del CE.
k, p — coordenadas del PC o del PT.

376

Deducción de las fórmulas empleadas para el cálculo de curvas de transición.

En la ecuación de la clotoide:

$$RL = K^2 \ldots\ldots (1)$$

R = radio de curvatura
L = distancia del TE a un punto cualquiera de la espiral
K = constante.

Además: R máx = Rc
            L máx = Le

por tanto:

$$RL = Rc\ Le = K^2 \quad \therefore \quad R = \frac{Le}{L}\ Rc \ \ldots\ldots (2)$$

Si llamamos t el tiempo empleado en recorrer L a la velocidad V, se tendrá:

$$t = \frac{L}{V}$$

y para t máx:

$$t\ \text{máx} = \frac{Le}{V} \ \ldots\ldots (3)$$

La aceleración centrífuga en un punto cualquiera de la curva es:

$$\propto = \frac{V^2}{R}$$

pero la aceleración centrífuga máxima se deja sentir en el punto donde empieza la curva circular:

$$\propto \text{máx} = \propto c = \frac{V^2}{Rc} \ \ldots\ldots (4)$$

Por otra parte:

$$\frac{\propto c}{t\ \text{max}} = \text{incremento de aceleración} = J$$

$$\frac{\propto c}{t\ \text{máx}} = J \ \ldots\ldots (5)$$

sustituyendo los valores (3) y (4), en la (5), se encuentra:

$$J = \frac{\propto c}{t \text{ máx}} = \frac{\dfrac{V^2}{Rc}}{\dfrac{Le}{V}} = \frac{V^3}{Le \; Rc}$$

luego:

$$J = \frac{V^3}{Le \; Rc} \;\;..... \;(6)$$

F.C. Royal Dawson determinó el valor de J = 0.61

R.A. Mayer encontró para J los valores: $\begin{cases} 0.915 \text{ para } V = 50 \text{ km/h} \\ 0.61 \;\; \text{ para } V = 100 \text{ km/h} \end{cases}$

Los valores de J se pueden obtener aplicando la fórmula:

$$J = 1.22 - 0.0061 \; V \;\;...... \;(7)$$

siendo V la velocidad en km/h.

Longitud de la espiral (Le)

De la fórmula (6) se deduce:

$$Le = \frac{V^3}{JRc} \;\;...... \;(8)$$

en la cual la velocidad V, en m/seg.

$$Le = \frac{V^3}{46.7 \; JRc} \;\;...... \;(9) \quad V, \text{ en km/h}$$

Una fórmula que nos da un valor bastante aproximado al obtenido por la fórmula (9), es:

$$Le = 1.2 \; V \;\;...... \;(10) \qquad \begin{array}{l} V, \text{ en km/h} \\ Le, \text{ en metros} \end{array}$$

378

PROBLEMA

Calcular la longitud de la espiral de transición Le, utilizando las fórmulas (9) y (10)   con los siguientes datos:

$$V = 70 \text{ km/h}$$
$$Rc = 143.24 \text{ m}$$
$$J = 0.60$$
$$Le = ?$$

SOLUCION:

a) Con la fórmula (9):

$$Le = \frac{(70)^3}{46.7 \; (0.60) \; 143.24} = 85.46 \text{ m}$$

b) Con la fórmula (10):

$$Le = 1.2 \; (70) = 84.00 \text{ m}$$

Ecuación polar de la espiral.

Consideremos un elemento diferencial dL de la longitud de la espiral (Fig. N° 144)

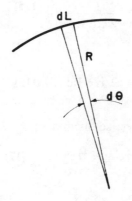

FIGURA No 144

$$dL = Rd\theta \quad \therefore \quad d\theta = \frac{dL}{R} \ \ldots\ldots(11)$$

Pero: $RL = RcLe =$ constante

$$\therefore \quad R = \frac{Rc\ Le}{L} \ \ldots\ldots(12)$$

Sustituyendo (12) en (11)

$$d\theta = \frac{dL}{\dfrac{Rc\ Le}{L}} = \frac{L\ dL}{Rc\ Le} \ \ldots\ldots(13)$$

Integrando la ecuación (13):

$$\int_{o}^{\theta e} d\theta = \frac{1}{Rc\ Le}\int_{o}^{Le} LdL; \qquad \left[\theta\right]_{o}^{\theta e} = \frac{1}{Rc\ Le}\left[\frac{L^2}{2}\right]_{o}^{Le}$$

$$\therefore \quad \theta e = \frac{Le}{2\ Rc} \ \ldots\ldots(14) \quad \text{para: } \theta \text{ máx.}$$

y, de la integral, sin considerar límites, para un valor cualquiera de θ:

$$\theta = \frac{L^2}{2\ Rc\ Le} \ \ldots\ldots(15) \qquad \text{Ecuación polar de la espiral}$$

De la (14), se obtiene:

$$Le = 2\ \theta e\ Rc \ \ldots\ldots(16) \qquad \text{Longitud de la espiral}$$

Para expresar θe, en radianes. se dividirá entre $57.3°$

$$\theta e = \frac{\theta e°}{57.3°} \ \ldots\ldots(17)$$

Por otra parte:

$$Rc = \frac{1145.92}{G} \quad .....(18)$$

sustituyendo (17) y (18) en (16), resulta:

$$Le = 2 \; \frac{\theta^{o}e}{57.3^{o}} \; \frac{1145.92}{G} = \frac{40 \; \theta^{o}e}{G} \quad ......(19)$$

$$\therefore \; \theta^{o}e = \frac{Le. \; G}{40} \quad ......(20)$$

Finalmente, para hallar la fórmula que permita calcular el ángulo θ que forma una tangente a la espiral en un punto cualquiera de coordenadas x, y, con la subtangente STe, vamos a igualar los valores de Rc obtenidos de las fórmulas (14) y (15)

$$\theta e = \frac{Le}{2 \, Rc} \qquad \therefore \; Rc = \frac{Le}{2 \, \theta e}$$

$$\theta = \frac{L^{2}}{2 \, Rc \, Le} \qquad \therefore \; Rc = \frac{L^{2}}{2 \, \theta \, Le}$$

$$\left. \right\} \therefore \frac{Le}{2 \, \theta e} = \frac{L^{2}}{2 \, \theta \, Le}$$

y despejando a θ :

$$\theta = \frac{2 \, \theta e \, L^{2}}{2 \, L^{2}e}$$

$$\therefore \quad \theta = \frac{L^{2}}{L \, e^{2}} \theta e \quad ......(21) \quad \begin{cases} \theta \text{máx} = \theta \; e \\ \theta e \text{máx} = \dfrac{\triangle}{2} \end{cases}$$

En la Fig. N° 145 se muestra el ángulo φ , que es el ángulo bajo el cual se ve un punto cualquiera de la espiral, de coordenadas x, y, desde el TE.

FIGURA No. 145

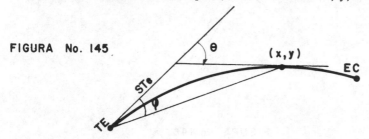

Para ligar los valores de θ y φ, se emplea la fórmula:

$$\varphi = \frac{\theta}{3} - C \ldots\ldots (22)$$

C = Corrección cuyo valor depende del valor de θ

θ, en grados	C, en minutos
20°	0.4
25°	0.8
30°	1.4
35°	2.2
40°	3.4
45°	4.8
50°	6.6
55°	8.8

El valor de C
es menor de
medio minuto
cuando $\theta = 21°$

Al aplicar la corrección C debe expresarse en grados para hacer homogénea la ecuación.

EJEMPLO:

Hallar el valor de φ cuando $\theta = 40°$

$$\varphi = \frac{\theta}{3} - C = \frac{40°}{3} - \frac{3.4}{60} = 13.333 - 0.057 = 13°.276$$

$$\varphi = 13°17'$$

Ecuaciones cartesianas de la espiral.

Los valores de las coordenadas x, y, para un punto cualquiera de la espiral, se obtienen como sigue:

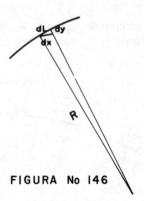

FIGURA No 146

$$dx = dL \cos \theta \left.\vphantom{\begin{matrix}a\\b\end{matrix}}\right\} \cdots (1)$$
$$dy = dL \, sen \, \theta$$

Desarrollando en serie sen θ y cos θ, y sustituyendo estos desarrollos en la (1):

$$dx = dL \left(1 - \frac{\theta^2}{2!} + \frac{\theta^4}{4!} - \frac{\theta^6}{6!} + \ldots \right)$$
$$\left.\vphantom{\begin{matrix}a\\b\\c\\d\end{matrix}}\right\} \cdots (2)$$
$$dy = dL \left(\theta - \frac{\theta^3}{3!} + \frac{\theta^5}{5!} - \frac{\theta^7}{7!} + \ldots \right)$$

Teniendo en cuenta que:

$$\theta = \frac{L^2}{2 \, Rc \, Le}$$

y haciendo: $2 \, Rc \, Le = C = $ constante.
se obtiene:

$$\theta = \frac{L^2}{C}$$

valor que substituido en las ecuaciones (2), da:

$$dx = \left(1 - \frac{L^4}{C^2 \, 2!} + \frac{L^8}{C^4 \, 4!} - \frac{L^{12}}{C^6 \, 6!} + \ldots \right) dL$$

$$dy = \left(\frac{L^2}{C} - \frac{L^6}{C^3 \, 3!} + \frac{L^{10}}{C^5 \, 5!} - \frac{L^{14}}{C^7 \, 7!} + \ldots \right) dL$$

Integrando:

$$x = L \left(1 - \frac{L^4}{5 \, C^2 \, 2!} + \frac{L^8}{9 \, C^4 \, 4!} - \frac{L^{12}}{13 \, C^6 \, 6!} + \ldots \right)$$

$$y = L \left(\frac{L^2}{3C} - \frac{L^6}{7 \, C^3 \, 3!} + \frac{L^{10}}{11 \, C^5 \, 5!} - \frac{L^{14}}{15 \, C^7 \, 7!} + \ldots \right)$$

expresando los resultados anteriores en función de θ:

$$x = L \left(1 - \frac{\theta^2}{5 \times 2!} + \frac{\theta^4}{9 \times 4!} - \frac{\theta^6}{13 \times 6!} + \ldots \right)$$
$$\left.\vphantom{\begin{matrix}a\\b\\c\\d\end{matrix}}\right\} \cdots (3)$$
$$y = L \left(\frac{\theta}{3} - \frac{\theta^3}{7 \times 3!} + \frac{\theta^5}{11 \times 5!} - \frac{\theta^7}{15 \times 7!} + \ldots \right)$$

En las expresiones anteriores θ está en radianes.

De la ecuación polar de la espiral:

$$\theta = \frac{L^2}{2 \text{ Rc Le}}$$

se deduce:

$$L^2 = 2 \text{ Rc Le } \theta$$

$$\therefore \quad L = \sqrt{2 \text{ Rc Le}} \sqrt{\theta} \quad \text{......(4)}$$

y haciendo: $\qquad m = \sqrt{2 \text{ Rc Le}}$

la ecuación (4) se simplifica y queda:

$$L = m \sqrt{\theta} \quad \text{......(5)}$$

Ahora bien, sustituyendo el valor de L en la (3) y tomando sólo los dos primeros términos de la serie, se encuentra:

$$\left. \begin{array}{l} x = m \sqrt{\theta} \left(1 - \dfrac{\theta^2}{10} \right) \\[3mm] y = m \sqrt{\theta} \left(\dfrac{\theta}{3} - \dfrac{\theta^3}{42} \right) \end{array} \right\} \quad \text{..... (6)}$$

para fines prácticos basta tomar el primer término de la serie:

$$\left. \begin{array}{l} x = m \sqrt{\theta} \\[2mm] y = \dfrac{m}{3} \sqrt{\theta^3} \end{array} \right\} \quad \text{...... (7)}$$

Coordenadas del EC de la curva.

De las ecuaciones (3) resulta:

$$\left. \begin{array}{l} Xc = Le \left(1 - \dfrac{\theta^2 e}{10} \right) \\[3mm] Yc = Le \left(\dfrac{\theta e}{3} - \dfrac{\theta^3 e}{42} \right) \end{array} \right\} \quad \text{......(8)}$$

y de las ecuaciones (7) se obtiene:

$$Xc = m \sqrt{\theta e}$$
$$Yc = \frac{m}{3} \sqrt{\theta_e^3} \quad \ldots \text{(8)}$$

en donde θ e está en radianes.

Longitud total de la curva.

Es la suma de las dos espirales de transición y de la longitud de la curva circular.

$$L = 2 Le + LC \ldots \text{(1)}$$

pero:

$$Le = \frac{40\,\theta\,e}{G}$$

$$LC = \frac{\triangle c\ 20}{G}$$

luego:

$$L = 2\left(\frac{40\,\theta\,e}{G}\right) + \frac{\triangle c\ 20}{G} = \frac{80\,\theta e + 20\triangle c}{G}$$

pero:

$$\triangle c = \triangle - 2\theta e$$

$$\therefore \quad L = \frac{80\,\theta e + 20\,(\triangle - 2\theta e)}{G} = \frac{80\,\theta e + 20\triangle - 40\,\theta e}{G} = \frac{40\,\theta e + 20\triangle}{G}$$

$$L = \frac{40\,\theta e}{G} + \frac{\triangle}{G}\,20 = Le + \frac{\triangle}{G}\,20$$

$$L = Le + \frac{\triangle}{G}\,20 \ldots \text{(9)}$$

Esta fórmula expresa que al insertar una curva espiral se incrementa la longitud total de la curva en Le.

Cuerda larga de la espiral.

En la Fig. Nº 143 vemos que:

$$CLe = \sqrt{X_c^2 + Y_c^2} \ldots \text{(10)}$$

Además:

$$\operatorname{sen} \phi c = \frac{Yc}{CLe} \qquad \therefore \quad CLe = \frac{Yc}{\operatorname{sen} \phi c} \quad \dots\dots (11)$$

$$\cos \phi c = \frac{Xc}{CLe} \qquad \therefore \quad CLe = \frac{Xc}{\cos \phi c} \quad \dots\dots (12)$$

Tangente larga. (TL)

En la misma figura se ve que:

$$TL = Xc - Yc \cot \theta e \dots\dots (13)$$

Tangente corta (TC)

$$\operatorname{sen} \theta e = \frac{Yc}{TC} \qquad \therefore \quad TC = \frac{Yc}{\operatorname{sen} \theta e} \quad \dots\dots (14)$$

Subtangente (STe)

$$STe = (Rc + p) \tan \frac{\triangle}{2} + k \dots\dots (15)$$

Coordenadas del PC y PT (k,p)

$$k = Xc - Rc \operatorname{sen} \theta e \dots\dots (16)$$
$$p + Rc = Yc + Rc \cos \theta e$$
$$\therefore \quad p = Yc + Rc \cos \theta e - Rc$$

$$\therefore \quad p = Yc - Rc (1 - \cos \theta e) \dots\dots (17)$$

Externa (Ec)

Por trigonometría, en la Fig. N° 143:

$$\cos \frac{\triangle}{2} = \frac{p + Rc}{Ec + Rc}$$

$$\therefore \quad Ec + Rc = \frac{p + Rc}{\cos \dfrac{\triangle}{2}}$$

$$\therefore \quad Ec = \frac{p + Rc}{\cos \dfrac{\triangle}{2}} - Rc = (p + Rc) \sec \frac{\triangle}{2} - Rc$$

Añadiendo — p + p al segundo miembro de la igualdad anterior, se tiene:

$$Ec = (p + Rc) \sec \frac{\Delta}{2} - Rc + p - p$$

y sacando como factor común a (Rc + p):

$$Ec = (Rc + p) \sec \frac{\Delta}{2} + (Rc + p)(-1) + p$$

$$\therefore \quad Ec = (Rc + p) \left(\sec \frac{\Delta}{2} - 1\right) + p \ \ldots\ldots(18)$$

PROBLEMAS:

1.- Calcular la curva circular ampliada con dos espirales, con los siguientes datos:

$$
\begin{array}{rl}
\text{Km PI} = & 25 + 385.66 \\
\Delta = & 39°44' \ D \\
G = & 3°00' \\
V = & 110 \ \text{km/h} \\
J = & 0.61
\end{array}
$$

Solucion:

$$Rc = \frac{1145.92}{G} = \frac{1145.92}{3} = 381.97 \ m$$

$$Le = \frac{V^3}{46.7 \ J \ Rc} = \frac{110^3}{46.7 \ (0.61) \ 381.97} = 122.32 \ m$$

$$\theta °e = \frac{Le \ G}{40} = \frac{122.32 \ (3)}{40} = 9°.174 = 9°10'26''$$

$$\theta e^{rad} = \frac{\theta °e}{57.3} = \frac{9°.174}{57.3} = 0.16$$

$$\Delta c = \Delta - 2\theta e = 39°44' - 2 \ (9°10'.44) = 39°44' - 18°21' = 21°23'$$

$$Lc = \frac{\Delta c \ 20}{G} = \frac{21.383 \ (20)}{3} = 142.55 \ m$$

$$Xc = Le \left(1 - \frac{\theta^2 e}{10}\right) = 122.32 \left(1 - \frac{0.16^2}{10}\right) = 122.32 \ (0.99744)$$

$$Yc = Le \left(\frac{\theta e}{3} - \frac{\theta^3 e}{42}\right) = 122.32 \left(\frac{0.16}{3} - \frac{0.16^3}{42}\right) = 122.32 \ (0.05324)$$

EC $\begin{cases} Xc = 122.01 \text{ m} \\ Yc = 6.51 \text{ m} \end{cases}$

$$k = Xc - Rc \text{ sen } \theta e = 122.01 - 381.97 \ (0.159433)$$
$$p = Yc - Rc \ (1 - \cos \theta e) = 6.51 - 381.97 \ (1 - 0.987209)$$

PC $\begin{cases} k = 61.11 \text{ m} \\ p = 1.62 \text{ m} \end{cases}$

$$STe = (Rc + p) \tan \frac{\triangle}{2} + k = (381.97 + 1.62) \tan 19°52' + 61.11$$

$$STe = 383.59 \ (0.361337) + 61.11 = 199.72 \text{ m}$$

$$TL = Xc - Yc \cot \theta e = 122.01 - 6.51 \cot 9°.174 = 81.70 \text{ m}$$

$$TC = Yc \csc \theta e = \frac{6.51}{\text{sen } 9°.174} = 40.83 \text{ m}$$

$$CLe = \sqrt{X_c^2 + Y_c^2} = \sqrt{(122.01)^2 + (6.51)^2} = 122.18 \text{ m}$$

$$Ec = \frac{Rc + P}{\cos \frac{\triangle}{2}} - Rc = \frac{381.97 + 1.62}{\cos 19°52'} - 381.97 = 25.89 \text{ m}$$

$$L = Le + \frac{\triangle}{G} \ 20 = 122.32 + \frac{39.733}{3} \ (20) = 387.21 \text{ m}$$

$$\phi c = \frac{\theta e}{3} - C = \frac{9°.174}{3} = 3°.058 = 3°03'$$

(El valor de C se desprecia)

Comprobación del cálculo de las coordenadas del EC de la curva.

EC $\begin{cases} Xc = CLe \cos \phi c = 122.18 \cos 3°.058 = 122.01 \text{ m} \\ Yc = CLe \text{ sen } \phi c = 122.18 \text{ sen } 3°.058 = 6.51 \text{ m} \end{cases}$

Kilometrajes:

$$
\begin{array}{rcl}
\text{Km PI} &=& 25 + 385.66 \\
- \text{STe} &=& 199.72 \\
\hline
\text{Km TE} &=& 25 + 185.94 \\
+ \text{Le} &=& 122.32 \\
\hline
\text{Km EC} &=& 25 + 308.26 \\
+ \text{LC} &=& 142.55 \\
\hline
\text{Km CE} &=& 25 + 450.81 \\
+ \text{Le} &=& 122.32 \\
\hline
\text{Km ET} &=& 25 + 573.13
\end{array}
$$

En la fórmula: $\quad \theta^{\circ} = \dfrac{\theta^{\circ}e}{L^2e} \cdot L^2$

hacemos:

$$ K = \frac{\theta^{\circ}e}{L^2e} = \frac{9.174}{(122.32)^2} = 0.000613; \therefore \quad \theta^{\circ} = K \cdot L^2 $$

Tabla de deflexiones para el trazo de la curva.

G = 3°00' .: C = 20 metros

Estaciones	Cuerdas	L	L²	$\theta^{\circ} = KL^2$	$\phi_c = \dfrac{\theta}{3} - C$
TE 25 + 185.94	---	---	---	---	---
+ 200	14.06	14.06	197.6836	0°.1212	0°.0404
+ 220	20.	34.06	1160.0836	0°.7111	0°.2370
+ 240	20.	54.06	2922.4836	1°.7915	0°.5972
+ 260	20.	74.06	5484.8836	3°.3622	1°.1207
+ 280	20.	94.06	8847.2836	5°.4234	1°.8078
25 + 300	20.	114.06	13009.6836	7°.9749	2°.6583
EC 25 + 308.26	8.26	122.32	14962.1824	9°.1718	3°.0573

Le = 122.32 m

Estaciones	Cuerdas	Defl. Parciales	Defl. Totales
EC 25 + 308.26	---	---	0°00'
+ 320	11.74	0°53'	0°53'
+ 340	20.	1°30'	2°23'
+ 360	20.	1°30'	3°53'
+ 380	20.	1°30'	5°23'
25 + 400	20.	1°30'	6°53'
+ 420	20.	1°30'	8°23'
+ 440	20.	1°30'	9°53'
CE 25 + 450.81	10.81	0°49'	$10°42' = \dfrac{\Delta}{2}c$

LC = 142.55 m

CE 25 + 450.81	---	122.32	14962.1824	9°.1718	3°.0573
+ 460.	9.19	113.13	12798.3869	7°.8454	2°.6151
+ 480	20.	93.13	8673.1969	5°.3167	1°.7722
25 + 500	20.	73.13	5347.9969	3°.2783	1°.0928
+ 520	20.	53.13	2822.7969	1°.7304	0°.5768
+ 540	20.	33.13	1097.5969	0°.6728	0°.2243
+ 560	20.	13.13	172.3969	0°.1057	0°.0352
ET 25 + 573.13	13.13	---	---	---	---

Le = 122.32 m

$$D'm = 1.5 \, G = 1.5 \, (3) = 4'.5$$

TABLA DE DEFLEXIONES
DE LA ESPIRAL DE ENTRADA.

Estaciones	Cuerdas	Deflexiones
TE 25 + 185.94		0°00'
+ 200	14.06	0°02'
+ 220	20.	0°14'
+ 240	20.	0°36'
+ 260	20.	1°07'
+ 280	20.	1°48'
25 + 300	20.	2°39'
EC 25 + 308.26	8.26	3°03'
Le =	122.32 m	

TABLA DE DEFLEXIONES
DE LA CURVA CIRCULAR.

Estaciones	Cuerdas	Deflexiones
EC 25 + 308.26		0°00'
+ 320	11.74	0°53'
+ 340	20.	2°23'
+ 360	20.	3°53'
+ 380	20.	5°23'
25 + 400	20.	6°53'
+ 420	20.	8°23'
+ 440	20.	9°53'
CE 25 + 450.81	10.81	10°42' = $\frac{\Delta c}{2}$
LC =	142.55 m	

390

TABLA DE DEFLEXIONES
DE LA ESPIRAL DE SALIDA.

Estaciones	Cuerdas	Deflexiones
CE 25 + 450.81		3°03'
+ 460	9.19	2°37'
+ 480	20.	1°46'
25 + 500	20.	1°06'
+ 520	20.	0°35'
+ 540	20.	0°13'
+ 560	20.	0°02'
ET 25 + 573.13	13.13	0°00'
Le =	122.32 m	

2.- Calcular la curva circular ampliada con espirales, con los siguientes datos:

$$Km\ PI = 4 + 326.42$$
$$\mathbb{A} = 78°24'D$$
$$G = 30°00'$$
$$V = 35\ Km/h$$
$$J = 0.616$$

SOLUCION:

$$Rc = \frac{1145.92}{G} = \frac{1145.92}{30} = 38.20\ m$$

$$Le = \frac{V^3}{46.7\ J\ Rc} = \frac{35^3}{46.7\ (0.616)\ 38.20} = 39.02\ m$$

$$\theta e = \frac{Le\ G}{40} = \frac{39.02\ (30)}{40} = 29°.265 = 29°16'$$

$$m = \sqrt{2\ Rc\ Le} = \sqrt{2(38.20)\ 39.02} = 54.60\ m$$

$$EC \begin{cases} Xc = m\sqrt{\theta e} = 54.6\sqrt{\dfrac{29°.265}{57.3}} = 39.02\ m \\[3mm] Yc = \dfrac{m}{3}\sqrt{\theta^3 e} = \dfrac{54.6}{3}\sqrt{\left(\dfrac{29°.265}{57.3}\right)^3} = 6.64\ m \end{cases}$$

$$PC \begin{cases} k = Xc - Rc \operatorname{sen} \theta e = 39.02 - 38.20 \operatorname{sen} 29°.265 = 20.35 \text{ m} \\ p = Yc - Rc (1\text{-}\cos \theta e) = 6.64 - 38.20 (1\text{-}\cos 29°.265) = 1.76 \text{ m} \end{cases}$$

$$\triangle c = \triangle - 2\theta e = 78°24' - 2(29°16') = 19°52'$$

$$LC = \frac{\triangle c}{G} 20 = \frac{19.867}{30} (20) = 13.24 \text{ m}$$

$$STe = (Rc + p) \tan \frac{\triangle}{2} + k = (38.20 + 1.76) \tan 39°12' + 20.35 = 52.94 \text{ m}$$

$$CLe = \sqrt{Xc^2 + Yc^2} = \sqrt{(39.02)^2 + (6.64)^2} = 39.58 \text{ m}$$

$$TL = Xc - Yc \cot \theta e = 39.02 - 6.64 \cot 29°.265 = 27.17 \text{ m}$$

$$TC = \frac{Yc}{\operatorname{sen} \theta e} = \frac{6.64}{\operatorname{sen} 29°.265} = 13.58 \text{ m}$$

$$Ec = \frac{Rc + p}{\cos \dfrac{\triangle}{2}} - Rc = \frac{38.20 + 1.76}{\cos 39°12'} - 38.20 = 13.36 \text{ m}$$

$$L = Le + \frac{\triangle}{G} 20 = 39.02 + \frac{78.4}{30} (20) = 91.28 \text{ m}$$

Comprobación del cálculo de las coordenadas del EC de la curva.

$$\phi c = \frac{\theta e}{3} - C = \frac{29°.265}{3} - 0°.0218 = 9°.7332 = 9°44'$$

(El valor de C se encuentra por interpolación: $C = 1'.31 = 0°.0218$)

$$EC \begin{cases} Xc = CLe \cos \phi c = 39.58 \cos 9°.7332 = 39.01 \text{ m} \\ Yc = CLe \operatorname{sen} \phi c = 39.58 \operatorname{sen} 9°7332 = 6.69 \text{ m} \end{cases}$$

En la fórmula:
$$\theta° = \frac{\theta e°}{Le^2} L^2 = K L^2$$

$$K = \frac{\theta e°}{Le^2} = \frac{29°.265}{(39.02)^2} = 0.01922$$

Kilometrajes:

$$
\begin{array}{ll}
\text{Km PI} = & 4 + 326.42 \\
- \text{STe} = & 52.94 \\
\hline
\text{Km TE} = & 4 + 273.48 \\
+ \text{Le} = & 39.02 \\
\hline
\text{Km EC} = & 4 + 312.50 \\
+ \text{LC} = & 13.24 \\
\hline
\text{Km CE} = & 4 + 325.74 \\
+ \text{Le} = & 39.02 \\
\hline
\text{Km ET} = & 4 + 364.76 \\
\hline
\end{array}
$$

TABLAS DE DEFLEXIONES

G = 30°   C = 5 metros
K = 0.01922

ESPIRAL DE ENTRADA.

Estaciones	Cuerdas	L	L^2	$\theta° = KL^2$	$\phi_c = \dfrac{\theta°}{3}\text{-}c$
TE 4 + 273.48					
+ 275	1.52	1.52	2.31	0°.0444	0°.0148
+ 280	5.	6.52	42.51	0°.8170	0°.2723
+ 285	5.	11.52	132.71	2°.5506	0°.8502
+ 290	5.	16.52	272.91	5°.2453	1°.7484
+ 295	5.	21.52	463.11	8°.9010	2°.9670
4 + 300	5.	26.52	703.31	13°.5176	4°.5059
+ 305	5.	31.52	993.51	19°.0953	6°.3651
+ 310	5.	36.52	1333.71	25°.6339	8°.5446 — 0.015
EC 4 + 312.50	2.50	39.02	1522.56	29°.2636	9°.7545 — 0.022
Le =	39.02 m				

CURVA CIRCULAR

Estaciones	Cuerdas	Defl. parciales	Defl. totales.
EC 4 + 312.50			0°00'
+ 315	2.50	1°53'	1°53'
+ 320	5.	3°45'	5°38'
+ 325	5.	3°45'	9°23'
CE 4 + 325.74	0.74	0°33'	9°56' = $\dfrac{\Delta_c}{2}$
LC =	13.24 m		

D'm = 1.5 G = 1.5 (30) = 45'

Estaciones	Cuerdas	L	L^2	$\theta^\circ = KL^2$	$\phi_c = \dfrac{\theta^\circ}{3} - c$
CE 4 + 325.74		39.02	1522.56	29°.2636	9°.7545 — 0.022
+ 330	4.26	34.76	1208.26	23°.2228	7°.7409 — 0.011
+ 335	5.	29.76	885.66	17°.0224	5°.6741
+ 340	5.	24.76	613.06	11°.7830	3°.9277
+ 345	5.	19.76	390.46	7°.5046	2°.5015
+ 350	5.	14.76	217.86	4°.1873	1°.3958
+ 355	5.	9.76	95.26	1°.8309	0°.6103
+ 360	5.	4.76	22.66	0°.4355	0°.1452
ET 4 + 364.76	4.76	0			
Le =	39.02 m				

TABLA DE DEFLEXIONES PARA TRAZAR LA CURVA.

ESPIRAL DE ENTRADA.

Estaciones	Cuerdas	Deflexiones
TE 4 + 273.48		0°00'
+ 275	1.52	0°01'
+ 280	5.	0°16'
+ 285	5.	0°51'
+ 290	5.	1°45'
+ 295	5.	2°58'
4 + 300	5.	4°30'
+ 305	5.	6°22'
+ 310	5.	8°32'
EC 4 + 312.50	2.50	9°44'
Le =	39.02 m	

CURVA CIRCULAR.

Estaciones	Cuerdas	Deflexiones
EC 4 + 312.50		0°00'
+ 315	2.50	1°53'
+ 320	5.	5°38'
+ 325	5.	9°23'
CE 4 + 325.74	0.74	$9°56' = \dfrac{\Delta c}{2}$
LC =	13.24 m	

ESPIRAL DE SALIDA.

Estaciones	Cuerdas	Deflexiones
CE 4 + 325.74		9°44'
+ 330	4.26	7°44'
+ 335	5.	5°40'
+ 340	5.	3°56'
+ 345	5.	2°30'
+ 350	5.	1°24'
+ 355	5.	0°37'
+ 360	5.	0°09'
ET 4 + 364.76	4.76	0°00'
Le =	39.02 m	

3.- Calcular la curva circular ampliada con espirales, con los siguientes datos:

$$Km\ PI = 0 + 357.36$$
$$\Delta = 64°18'\ D$$
$$G = 8°00'$$
$$V = 70\ km/h$$
$$J = 0.61$$

SOLUCION:

$$Rc = \frac{1145.92}{G} = \frac{1145.92}{8} = 143.24\ m$$

$$Le = \frac{V^3}{46.7\ J.\ Rc} = \frac{70^3}{46.7\ (0.61)\ 143.24} = 84.06\ m$$

$$\theta\ e° = \frac{Le\ G}{40} = \frac{84.06\ (8)}{40} = 16°.812 = 16°48'.7$$

$$\theta\ e^{rad} = \frac{16°.812}{57.3} = 0.2934$$

$$\Delta c = \Delta - 2\theta e = 64°.3 - 2\ (16.812) = 30°.676 = 30°40'.5$$

$$LC = \frac{\Delta c\ 20}{G} = \frac{30°.676\ (20)}{8°} = 76.69\ m$$

$$L = Le + \frac{\Delta}{G}\ 20 = 84.06 + \frac{64.3}{8}\ (20) = 244.81\ m$$

$$Xc = Le \left(1 - \frac{\theta^2 e}{10}\right) = 84.06 \left(1 - \frac{0.2934^2}{10}\right) = 84.06 \,(0.991392)$$

$$Yc = Le \left(\frac{\theta\, e}{3} - \frac{\theta e^3}{42}\right) = 84.06 \left(\frac{0.2934}{3} - \frac{0.2934^3}{42}\right) = 84.06 \,(0.097199)$$

$$EC \begin{cases} Xc = 83.34 \text{ m} \\ Yc = 8.17 \text{ m} \end{cases}$$

$$k = Xc - Rc \operatorname{sen} \theta\, e = 83.34 - 143.24 \operatorname{sen} 16°.812$$

$$p = Yc - Rc \,(1 - \cos \theta\, e) = 8.17 - 143.24 \,(1 - \cos 16°.812)$$

$$PC \begin{cases} k = 41.91 \text{ m} \\ p = 2.05\text{m} \end{cases}$$

$$STe = (Rc + p) \tan \frac{\Delta}{2} + k = (143.24 + 2.05) \tan 32°09' + 41.91$$

$$STe = 145.29 \,(0.6270556) + 41.91 = 133.01 \text{ m}$$

$$TL = Xc - Yc \cot \theta\, e = 83.34 - 8.17 \cot 16°.812 = 56.30 \text{ m}$$

$$TC = Yc \csc \theta\, e = 8.17 \csc 16°.812 = 28.25 \text{ m}$$

$$CLe = \sqrt{Xc^2 + Yc^2} = \sqrt{(83.34)^2 + (8.17)^2} = 83.74 \text{ m}$$

$$Ec = \frac{Rc + p}{\cos \dfrac{\Delta}{2}} - Rc = \frac{143.24 + 2.05}{\cos 32°09'} - 143.24 = 28.36 \text{ m}$$

$$\phi = \frac{\theta e - C}{3} = \frac{16°.812}{3} = 5°.604$$

$$(C = o)$$

Comprobación del cálculo de las coordenadas del EC de la curva.

$$EC \begin{cases} Xc = CLe \cos \phi\, c = 83.74 \cos 5°.604 = 83.34 \text{ m} \\ Yc = CLe \operatorname{sen} \phi\, c = 83.74 \operatorname{sen} 5°.604 = 8.17 \text{ m} \end{cases}$$

Kilometrajes:

$$
\begin{array}{rl}
\text{Km PI} = & 0 + 357.36 \\
-\ \text{STe} = & \underline{\quad 133.01} \\
\hline
\text{Km TE} = & 0 + 224.35 \\
+\ \text{Le} = & \underline{\quad 84.06} \\
\hline
\text{Km EC} = & 0 + 308.41 \\
+\ \text{LC} = & \underline{\quad 76.69} \\
\hline
\text{Km CE} = & 0 + 385.10 \\
+\ \text{Le} = & \underline{\quad 84.06} \\
\hline
\text{Km ET} = & 0 + 469.16
\end{array}
$$

TABLA DE DEFLEXIONES

$$G = 8°00' \quad \therefore \quad c = 20 \text{ metros.}$$

$$K = \frac{\theta e°}{Le^2} = \frac{16°.812}{(84.06)^2} = 0.00238$$

ESPIRAL DE ENTRADA.

Estaciones	Cuerdas	L	L^2	$\theta° = KL^2$	$\phi c = \dfrac{\theta°}{3} - c$
TE 0 + 224.35					
+ 240	15.65	15.65	244.92	0°.5829	0°.1943
+ 260	20.	35.65	1270.92	3°.0248	1°.0083
+ 280	20.	55.65	3096.92	7°.3707	2°.4569
0 + 300	20.	75.65	5722.92	13°.6205	4°.5402
EC 0 + 308.41	8.41	84.06	7066.08	16°.8173	5°.6058
Le =	84.06 m				

CURVA CIRCULAR.

Estaciones	Cuerdas	Defl. parciales	Defl. totales.
EC 0 + 308.41			0°00'
+ 320	11.59	2°19'	2°19'
+ 340	20.	4°00'	6°19'
+ 360	20.	4°00'	10°19'
+ 380	20.	4°00'	14°19'
CE 0 + 385.10	5.10	1°01'	15°20' $= \Delta c$
LC =	76.69 m		2

$$D'm = 1.5\,G = 1.5\,(8) = 12'$$

Estaciones	Cuerdas	L	L^2	$\theta° = KL^2$	$\phi_c = \dfrac{\theta°}{3} - c$
CE 0 + 385.10		84.06	7066.08	16°.8173	5°.6058
0 + 400	14.90	69.16	4783.11	11°.3838	3°.7946
+ 420	20.	49.16	2416.71	5°.7518	1°.9173
+ 440	20.	29.16	850.31	2°.0237	0°.6746
+ 460	20.	9.16	83.91	0°.1997	0°.0666
ET 0 + 469.16	9.16	0			
Le =	84.06 m				

TABLA DE DEFLEXIONES
PARA TRAZAR LA CURVA.

Estaciones	Cuerdas	Deflexiones
TE 0 + 224.35		0°00'
+ 240	15.65	0°12'
+ 260	20.	1°00'
+ 280	20.	2°27'
0 + 300	20.	4°32'
EC 0 + 308.41	8.41	5°36'
EC 0 + 308.41		0°00'
+ 320	11.59	2°19'
+ 340	20.	6°19'
+ 360	20.	10°19'
+ 380	20.	14°19'
CE 0 + 385.10	5.10	15°20'
CE 0 + 385.10		5°36'
+ 400	14.90	3°48'
+ 420	20.	1°55'
+ 440	20.	0°40'
+ 460	20.	0°04'
ET 0 + 469.16	9.16	0°00'
L =	244.81 m	

PERFIL DEDUCIDO.

El perfil deducido es el que se obtiene del relieve del terreno, representado en el plano por las curvas de nivel. La diferencia entre el perfil deducido y el que se obtendría nivelando la línea del trazo definitivo será muy poca cuando la configuración topográfica se haya ejecutado cuidadosamente, para lograr así que las curvas de nivel que cruza la línea de proyecto en el plano correspondan a la topografía del terreno.

El perfil deducido se dibuja en papel milimétrico, de la manera siguiente: (Fig. N° 147)

a) Con un compás se toma del plano de la planta el kilometraje que le corresponde a los cruces de las curvas de nivel con la línea de proyecto.

b) Se marcan las alturas conocidas de cada uno de los puntos de cruce de la línea de proyecto con las curvas de nivel.

c) Se unen los puntos de cota conocida y la línea que enlaza dichos puntos representa el perfil deducido de la línea de proyecto.

d) Cuando una curva de nivel cruce dos veces consecutivas la línea de proyecto, como ocurre en los fondos de ríos, barrancas, cimas, etc., se determinará por interpolación la cota mínima o máxima del accidente topográfico de que se trate y se deducirá su kilometraje, para dibujar este punto en el perfil.

El perfil deducido permite modificar el proyecto en el plano antes de trazarlo en el terreno, con lo que se ahorra mucho tiempo. También resulta ventajoso porque pequeños cambios ejecutados en el plano pueden significar grandes economías en volumen de terracerías, principalmente cuando el terreno es muy accidentado.

Para el dibujo del perfil se emplean dos escalas: la horizontal 1:2000 y la vertical 1:200. Cuando el terreno es muy quebrado se utilizan las escalas 1:1000 y 1:100, respectivamente.

FIGURA No 147

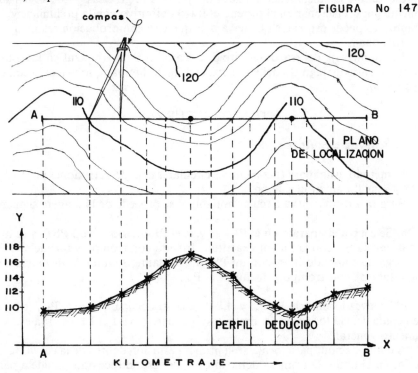

TRAZO DEFINITIVO.

Terminado el proyecto de la línea definitiva, se procede a trazarla en el terreno, tal como se dibujó en el plano que tiene la topografía. El trazo definitivo está compuesto de tangentes y curvas.

Si el plano de la planta se dibujó por el método de coordenadas, se obtienen gráficamente las coordenadas de los PI del trazo definitivo y en función de éstas se calculan rumbos y longitudes de tangentes, deflexiones y curvas. Con estos datos se va al terreno y apoyándose en el origen de la preliminar se trazan tangentes y curvas.

Cuando el plano de la planta se construyó por el método de tangentes naturales, entonces en el plano se trazan normales a la línea preliminar, desde estaciones de ésta hasta interceptar a la línea definitiva; se miden gráficamente estas distancias y con ellas se van localizando tangentes contíguas en el terreno, las cuales se prolongan hasta encontrar su intersección. Conseguida ésta y establecido el PI correspondiente, se mide la deflexión y se calcula y traza la curva.

Como comprobación se obtienen del plano en forma gráfica los kilometrajes de los puntos de cruce de ambos trazos, debiendo corresponder, dentro de pequeñas tolerancias, a los mismos puntos del terreno. El ingeniero debe tener presente que las distancias tomadas del plano son gráficas y que sirven solamente para relacionar en el terreno el trazo definitivo con la preliminar y, por tanto, no puede esperarse que haya más que una comprobación relativamente aproximada.

El kilometraje del trazo definitivo se marca con crayón azul en las estacas testigo, para distinguirlo del kilometraje de la preliminar que se marca con crayón rojo.

TRAZO DE CURVAS.

Curvas circulares.

El método usual para trazar curvas circulares es el de deflexiones por lo rápido y sencillo en su ejecución.

Para trazar una curva circular horizontal se procede de la manera siguiente:

a) Se centra el aparato en el PI y se visa el PI anterior, o un PST, y se mide la distancia ST con la mayor exactitud, fijando con trompo y tachuela el PC; en seguida tomando línea con un PST de adelante, se mide la distancia ST y se establece con trompo y tachuela el PT.

c) Una vez localizados el PC y el PT, se centra el aparato en el PC, se ponen en coincidencia los ceros del limbo y su vernier, se visa el PI y se fija el movimiento general.

A continuación, para localizar la primera estación dentro de la curva, se inscribe en el limbo la primera deflexión y sobre esta dirección, se mide a partir del PC la longitud correspondiente a la primera subcuerda. Para la localización del punto siguiente se inscribe en el limbo la deflexión correspondiente, se desplazan los cadeneros y apoyándose el de atrás en la estación localizada obliga al de adelante a describir un arco de círculo, de radio igual a la longitud de la cuerda adoptada, hasta interceptar la dirección definida por la línea de colimación del aparato. El trabajo se prosigue en esta forma para 4 ó 5 estaciones que son las que sin error sensible se pueden trazar desde el PC.

Cuando se cambia el aparato a una estación intermedia de la curva, previamente fijada con tachuela, para continuar el trazo se visará hacia atrás con el anteojo en posición inversa, ya sea al PC o a cualquier otro punto de la curva, con el aparato marcando la deflexión que para el punto que se observe tiene asignada la tabla. En estas condiciones, dando vuelta de campana, la deflexión que se debe marcar en el aparato para cualquier otro punto de adelante será la misma que se calculó en la tabla para su trazo desde el PC.

Si toda la curva es visible desde el PT, se evitan los cambios de estación, instalándolo ahí para el trazo total de la curva, con la ventaja, además, de continuar de inmediato el trazo de la tangente posterior al PT.

EJEMPLO:

Para trazar la curva circular horizontal con los datos de la tabla de deflexiones, se ejecutan las operaciones siguientes: (Fig. N° 148)

Estaciones	Cuerdas	Deflexiones	Datos curva
PC 3 + 286.84		0°00'	
3 + 300	13.16	1°39'	PI = 3 + 388.04
+ 320	20.	4°09'	Δ = 47°38' D
+ 340	20.	6°39'	G = 5°00'
+ 360	20.	9°09'	ST = 101.20 m
+ 380	20.	11°39'	LC = 190.53 m
3 + 400	20.	14°09'	
+ 420	20.	16°39'	
+ 440	20.	19°09'	
+ 460	20.	21°39'	
P T 3 + 477.37	17.37	23°49'	= $\dfrac{\Delta}{2}$
LC =	190.53 m		

a) Con el tránsito en el PI, en las direcciones de las tangentes, se miden las distancias ST = 101.20 m, para fijar con trompo y tachuela el PC y el PT.

b) A continuación, con el tránsito en el PC, se ponen en coincidencia los ceros del limbo y del vernier y con el movimiento general se dirige el anteojo a visar el PI, fijando dicho movimiento.

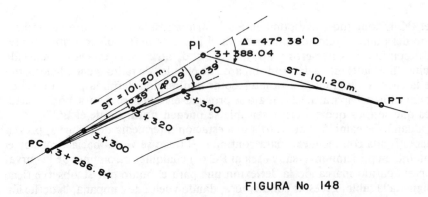

FIGURA No 148

c) Se inscribe en el limbo la primera deflexión igual a 1°39' y sobre esta dirección se mide la distancia 13.16 m, correspondiente a la subcuerda, obteniéndose así la primera estación 3 + 300. Para fijar la siguiente estación 3 + 320, se inscribe en el limbo la deflexión 4°09' y se mide la cuerda de 20 m, a partir de la estación anterior hasta interceptar la dirección definida por la línea de colimación del aparato; y así sucesivamente hasta llegar a la visual correspondiente a la estación 3 + 460.

Como comprobación, la última deflexión será igual a $\dfrac{\Delta}{2}$ = 23°49' y la distancia de la estación 3 + 460 al PT será igual a 17.37 m que es la longitud de la subcuerda.

Curva circular con espirales de transición.

Para el trazo de una curva circular ampliada con dos espirales, se procede de la manera siguiente (Fig. N° 149):

a) Se centra el tránsito en el PI y, sobre ambas tangentes, se mide a partir de este punto la subtangente STe del conjunto de curvas, para localizar el TE y el ET.

b) En seguida, centrado el aparato en el TE, se ponen en coincidencia los ceros del limbo horizontal y su vernier, con el movimiento general se dirige el anteojo a visar el PI y se fija dicho movimiento; en esta dirección se miden las distancias TL y Xc, para fijar en el terreno los puntos PIe y A, respectivamente.

c) Luego se centra el aparato en A, se toma línea con el PI y se inscribe en el limbo una deflexión de 90°00', midiéndose sobre esta dirección la distancia Yc, en cuyo extremo queda localizado el EC.

402

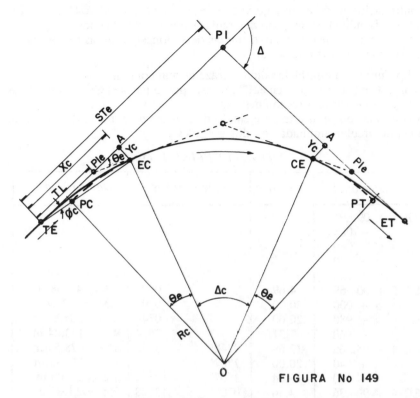

FIGURA No 149

Para comprobar la posición del EC, se centra el aparato en el PIe, se toma línea con el PI, se inscribe en el limbo el ángulo θ e y se mide sobre la dirección obtenida la distancia TC; el extremo de esta línea deberá tener la misma posición del EC colocado por el procedimiento anterior.

También se puede comprobar la posición del EC como sigue: se centra el aparato en el TE, se toma línea con el PI, se inscribe en el limbo el ángulo ϕ c y sobre la dirección resultante se mide la distancia CLe, cuyo extremo debe coincidir con el EC establecido en el terreno.

d) Las operaciones realizadas para localizar el EC, se repiten en el ET para fijar el CE.

e) La espiral se traza de manera semejante a la curva circular. Para trazar la espiral de entrada, se centra el aparato en el TE, se toma línea con el PI y se van fijando los puntos de la curva utilizando la tabla (Fig. Nº 150) en la que figuran las deflexiones y las cuerdas previamente calculadas.

f) Para trazar la curva circular, se centra el aparato en el EC o en el CE y con el anteojo en posición inversa, se toma línea con el PIe correspondiente.

403

A continuación se da al anteojo vuelta de campana y queda éste como si se estuviera·visando el PI de la curva circular simple, procediéndose a fijar en el terreno los puntos de dicha curva con las deflexiones y cuerdas registradas en la libreta para el trazo de la curva.

g) Por último, la espiral de salida se traza de manera semejante a la de entrada, con el tránsito centrado en el ET, de este punto hacia el CE, con las deflexiones y las cuerdas correspondientes.

A continuación se inserta un ejemplo de registro de datos para el trazo de una curva circular ampliada con dos espirales.

TRAZO DEFINITIVO

Estaciones	Cuerdas	Deflexiones	Datos curva.
TE 5 + 099.94			
+ 080			
+ 060			
+ 040			
+ 020			PI = 4 + 930.94
ET 5 + 004.69	4.69	0°00'	Δ = 40°08' I
5 + 000	20.00	0°02'	Δc = 19°20'
+ 980	20.00	0°47'	G = 8°00'
+ 960	7.31	2°34'	Rc = 143.24 m
CE 4 + 952.69	12.69	9°40' 3°28'	STe = 78.58 m
+ 940	20.00	7°07'	LC = 48.33 m
+ 920	15.64	3°07'	Le = 52.00 m
EC 4 + 904.36	4.36	0°00' 3°28'	Xc = 51.83 m
4 + 900	20.00	2°55'	Yc = 3.14 m
+ 880	20.00	0°59'	θ e = 10°24'
+ 860	7.64	0°04'	TL = 34.73 m
TE 4 + 852.36		0°00'	TC = 17.39 m
+ 840			
+ 820			
4 + 800			

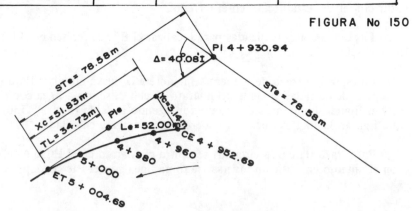

FIGURA No 150

404

TRAZO DE CURVAS CIRCULARES CON CINTA DE ACERO.

Este procedimiento es recomendable para el trazo de caminos vecinales de segundo y tercer orden, en terrenos planos y lomeríos y es muy útil cuando se traza directamente porque si el ingeniero tiene dudas sobre el acomodo de la curva puede hacer tanteos trazándola con cinta antes de trazarla con el tránsito. En muchas ocasiones el trazo de las curvas circulares con la cinta de acero quedará como definitivo sin necesidad de volver a trazarlas con el aparato.

El trazo de curvas circulares con cinta de acero se puede realizar aplicando alguno de los procedimientos siguientes:

Método de coordenadas.

Se conoce también como método de perpendiculares a las tangentes y consiste en fijar los puntos b, c, d, etc., de la curva con relación a las tangentes, midiendo con la cinta de acero, sobre la tangente, las abscisas ab', ac', ad', etc., y las ordenadas b'b, c'c, d'd, etc.

En este caso es una regla trazar la curva a partir del PC y del PT y cerrarla enmedio, así como comprobar la longitud de la cuerda al fijar cada punto de la curva (Fig. N° 151).

En la Fig. N° 151, G' es el ángulo en el centro que corresponde a la subcuerda ab, G es el grado de la curva y G'' es el ángulo central correspondiente a la subcuerda ef.

En la misma figura, por trigonometría, se obtienen las fórmulas para calcular las coordenadas de los puntos de la curva circular.

Las abscisas se calculan por medio de las fórmulas:

$$ab' = R \ \text{sen} \ G'$$
$$ac' = R \ \text{sen} \ (G' + G)$$
$$ad' = R \ \text{sen} \ (G' + 2G), \ \text{etc.}$$

y las ordenadas se obtienen por las fórmulas:

$$b'b = R - R \cos G' = R \ (1 - \cos G')$$
$$c'c = R - R \cos (G' + G)$$
$$d'd = R - R \cos (G' + 2G), \ \text{etc.}$$

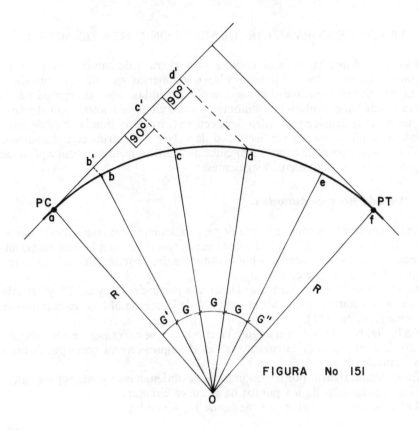

FIGURA No 151

o bien:

$$b'b = R \text{ sen verso } G'$$
$$c'c = R \text{ sen verso } (G' + G)$$
$$d'd = R \text{ sen verso } (G' + 2G), \text{ etc.}$$

Método de las cuerdas prolongadas.

Consiste en prolongar la cuerda a'b del punto anterior b y medir sobre esa prolongación una longitud igual a la cuerda, marcando un punto m y a partir de ese punto trazar el punto c de la curva por medio de intersecciones de una cuerda medida desde el punto anterior b y un desvío mc medido desde el punto m de la cuerda prolongada. (Fig. Nº 152)

El desvío mc = t, se calcula por la fórmula:

$$t = 2c \text{ sen } \frac{G}{2} \quad ......(1)$$

406

siendo c la cuerda adoptada y G el grado de la curva, pero:

$$\operatorname{sen} \frac{G}{2} = \frac{c}{2R}$$

luego, substituyendo el valor de sen $\frac{G}{2}$ en la (1), se tiene la fórmula:

$$t = \frac{c^2}{R} \ \ldots\ldots(2)$$

en la cual c es la cuerda y R el radio de la curva.

Los valores de t se obtienen mediante el cálculo, en función del grado o del radio de la curva, o se toman de una tabla cuyo argumento es el grado G o el radio R de la curva circular.

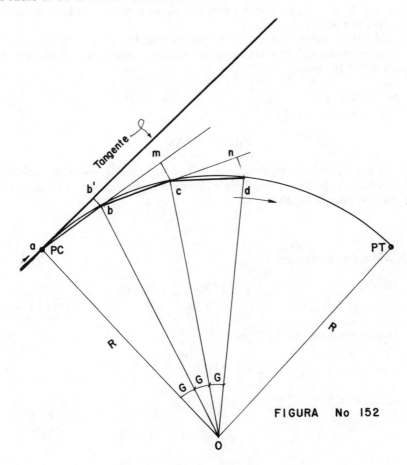

FIGURA No 152

$$b'b = \frac{t}{2}$$

$$mc = nd = t$$

Si el primer punto b corresponde a una cuerda completa, se fija midiendo sobre la tangente una distancia igual a la cuerda para obtener el punto b' y, por intersecciones de una cuerda medida desde a y la distancia $b'b = \frac{t}{2}$, medida a partir de b' se localiza el punto b de la curva.

Una vez fijado el primer punto b de la curva, se prolonga la cuerda ab y se mide en la prolongación una longitud igual a la cuerda con lo cual se determina la posición del punto m y luego, por intersecciones de una cuerda medida desde b y un desvío mc = t, que se mide a partir de m se fija el punto c de la curva.

Para continuar el trazo de la curva, se prolonga la cuerda bc y sobre esta prolongación se mide una distancia igual a la longitud de la cuerda y se marca el punto n; y por intersecciones de una cuerda medida desde el punto anterior c y un desvío nd = t, medido a partir del punto n de la cuerda prolongada, se localiza el punto d de la curva.

Cuando ab es subcuerda, el primer punto b de la curva se fija por medio de sus coordenadas ab', b'b, las cuales se calculan, como en el método descrito antes, por las fórmulas:

ab' = R sen G'
b'b = R sen verso G'

PROBLEMAS:

1.- Para trazar una curva circular de 143.36 m de radio, por el procedimiento de las cuerdas prolongadas, calcule el desvío necesario para una subcuerda de 5.80 m y cuerda de 20 m.

SOLUCION:

a) Desvío para la subcuerda:

$$t' = \frac{c'^2}{R} = \frac{(5.80)^2}{143.36} = 0.23 \text{ m}$$

b) Desvío para cuerda de 20 m.

$$t = \frac{c^2}{R} = \frac{(20)^2}{143.36} = 2.79 \text{ m}$$

2.- Calcular las coordenadas para trazar la curva circular por el procedimiento de perpendiculares a las tangentes (Fig. N° 153), con los siguientes DATOS:

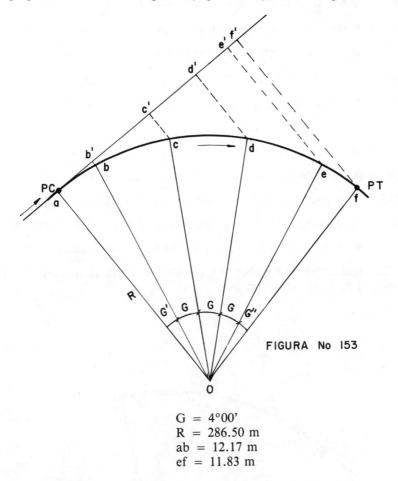

FIGURA No 153

$$G = 4°00'$$
$$R = 286.50 \ m$$
$$ab = 12.17 \ m$$
$$ef = 11.83 \ m$$

a) Cálculo de los ángulos centrales G' y G'', que corresponden a las subcuerdas ab y ef, respectivamente:

$$G' = \frac{G. \ ab}{20} = \frac{4 \ (12.17)}{20} = 2°.434 = 2°26'$$

$$G'' = \frac{G. \ ef}{20} = \frac{4 \ (11.83)}{20} = 2°.366 = 2°22'$$

b) Cálculo de las abscisas:

ab' = R sen G' = 286.50 sen 2°.434 = 12.17 m

ac' = R sen (G' + G) = 286.50 sen 6°.434 = 32.10 m

ad' = R sen (G' + 2G) = 286.50 sen 10°.434 = 51.89 m

ae' = R sen (G' + 3G) = 286.50 sen 14°.434 = 71.41 m

af' = R sen (G' + 3G + G'') = 286.50 sen 16°.8 = 82.81 m

c) Cálculo de las ordenadas:

b'b = R sen verso G' = 286.50 sen verso 2°.434 = 0.26 m

c'c = R sen verso (G' + G) = 286.50 sen verso 6°.434 = 1.80 m

d'd = R sen ver (G' + 2G) = 286.50 sen verso 10°.434 = 4.74 m

e'e = R sen ver (G' + 3G) = 286.50 sen verso 14°.434 = 9.04 m

f'f = R sen ver (G' + 3G + G'') = 286.50 sen verso 16°.8 = 12.23 m

3. Con los datos de la Fig. N° 154, calcule las coordenadas para fijar los puntos b, c, d, de la curva circular.

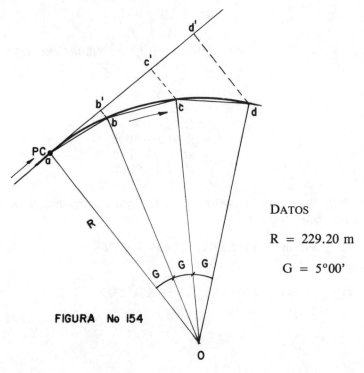

DATOS

R = 229.20 m

G = 5°00'

FIGURA No 154

410

SOLUCION:

a) Cálculo de las abscisas:

ab' = R sen G = 229.20 sen 5° = 19.98 m

ac' = R sen 2G = 229.20 sen 10° = 39.80 m

ad' = R sen 3G = 229.20 sen 15° = 59.32 m

b) Cálculo de las ordenadas:

b'b = R sen verso G = 229.20 sen verso 5° = 0.87 m

c'c = R sen verso 2 G = 229.20 sen verso 10° = 3.48 m

d'd = R sen verso 3G = 229.20 sen verso 15° = 7.81 m

REFERENCIAS.

Las referencias son indispensables para evitar que se pierdan los puntos que definen el trazo, que el ingeniero ha ejecutado en el terreno, tales como PI, PST, PC, PT, etc., y su objeto es fijar la posición de un punto con relación a otros fijos, denominados puntos de referencia (PR) que se escogen o establecen preferentemente fuera del derecho de vía.

Se pueden utilizar como PR, rocas, troncos de árboles, aristas de edificios, etc. y si no se encuentran referencias de esta índole, se establecerán por medio de trompo con tachuela, clavando cerca del trompo una estaca testigo en la que se anotarán el número de referencia del punto y su distancia al eje del camino.

Como los puntos del trazo desaparecen desde que empieza el desmonte, las referencias permiten reponer dichos puntos y comprobar si la construcción del camino se va realizando con apego al proyecto.

Las referencias que se utilizan son ángulos y distancias medidos con exactitud. Los ángulos se medirán en cuadrantes, tomando como origen el eje del camino y en los PI el origen será la tangente del lado del PC.

La numeración de los PR se hará en el sentido del movimiento de las manecillas del reloj, de adentro hacia afuera, y comenzando adelante y a la derecha del eje del camino. (Fig. N° 155)

Cada visual tendrá dos PR y se medirán las distancias parciales entre los puntos.

Todos estos datos se consignarán en la libreta de trazo.

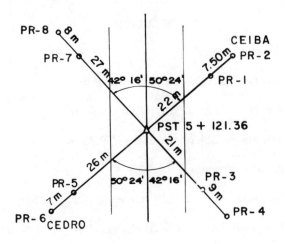

FIGURA No 155

Modelo de referencias del trazo de un camino.

Cuando la construcción del camino tuviera que aplazarse por un período más o menos largo, es conveniente colocar mojoneras de mampostería o monumentos de concreto en los PI y PST de la línea.

NIVELACION DEFINITIVA.

La nivelación del trazo definitivo tiene la misma finalidad que la de la preliminar, es decir, determinar las elevaciones de las estaciones del trazo y de los puntos intermedios correspondientes a cambio de pendiente, fondo de arroyos, cruces con otros caminos, vías férreas, etc., y en lo único que difiere es en su aplicación, ya que la nivelación preliminar sirve de apoyo a la topografía y la nivelación definitiva se emplea para hacer el estudio y proyecto de la rasante.

La brigada de nivelación se integra con el mismo personal y equipo requerido para la preliminar.

Los bancos de nivel se establecen de preferencia fuera del derecho de vía para que se puedan conservar aún después de construido el camino. También se procurará dejar bancos de nivel en lugares cercanos a obras de arte: puentes, pasos a desnivel, etc., en puntos de fácil identificación.

En esta nivelación se utilizará un registro de campo igual al de la preliminar, con la variante de que no se toman los PI sino únicamente los PC y PT, así como los puntos que sirvan para definir fielmente el perfil del terreno.

412

NIVELACION DEFINITIVA

Estación	+	⋏	—	LI	Cotas	Notas
BN-1	1.007	116.409			115.402	BN-1, monumento de
+ 080				1.93	114.48	concreto, a 42.50 m a
5 + 100				1.69	114.72	la izq. de Est. 5 + 060
+ 120				1.50	114.91	
+ 140				2.71	113.70	
+ 160				3.40	112.01	
PL₁	0.377	113.162	3.624		112.785	Centro camino viejo
+ 180				1.38	111.78	
PC5 + 185.42				1.60	111.56	
7 + 200				2.31	110.85	
PL₂	1.111	111.788	2.485		110.677	Sobre Trompo 7 + 220
+ 220				1.09	110.70	
+ 240				2.73	109.06	
+ 260				3.57	108.22	
PT5 + 276.90				3.92	107.87	
PL₃			2.783		109.005	
SUMAS	2.495		8.892			

Comprobación aritmética:

Σ Lect (+) = 2.495   cota PL$_3$ = 109.005

Σ Lect (—) = — 8.892   cota BN-1 = — 115.402

h = — 6.397 m   h = — 6.397 m

La comprobación de la nivelación de perfil se realiza mediante una nivelación diferencial, regresando al banco de nivel anterior, por el camino que se tomó en la nivelación de perfil o por otro diferente. También se puede comprobar la nivelación por medio de una doble nivelación conservando la misma altura del aparato y empleando diferentes puntos de liga o bien, conservando los mismos puntos de liga y en cambio variando la altura del aparato.

El perfil se dibuja en papel milimétrico grueso para que no se maltrate al borrar cuando se hagan los ensayos para proyectar la subrasante. Generalmente se usan las escalas horizontal 1:2000 y vertical 1:200

Este perfil será el del eje del camino proyectado, siguiendo por las tangentes y curvas horizontales.

SECCIONES DE CONSTRUCCION.

Las secciones de construcción son perfiles del terreno, normales al eje proyectado en planta, que se levantan en cada estación de 20 metros, siguiendo el kilometraje, y en todos aquellos puntos intermedios en que el terreno presente cambios notables con respecto a las estaciones completas de 20 metros que le anteceden o siguen. A estas últimas se les denomina secciones de construcción intermedias.

La brigada que levanta las secciones de construcción se integra con el mismo personal e igual equipo que aquella que ejecuta el levantamiento de las secciones de topografía.

En terreno plano o en lomerío suave las secciones de construcción se levantan a 20 metros, a cada lado del eje del camino, pero cuando la pendiente transversal del terreno es fuerte entonces se prolonga hasta el lugar en que se estime que el pie del talud llegue a juntarse con el terreno natural.

Las secciones de construcción difieren de las topográficas en que siempre la elevación del trompo que materializa la estación tiene por valor cero y, además, se buscan los puntos en que el terreno cambia de pendiente, debiendo registrarse los desniveles relativos.

El registro se lleva anotando en el centro el kilometraje de la estación y en los quebrados situados a la izquierda y a la derecha, se anotan en el numerador el desnivel relativo del punto y en el denominador su distancia a la estación.

EJEMPLO:

	IZQ.		₵		DER.	
$\dfrac{-1.70}{13.10}$	$\dfrac{-0.50}{8.00}$	$\dfrac{-0.10}{2.50}$	$4 + 880$	$\dfrac{+0.20}{3.80}$	$\dfrac{+0.40}{4.20}$	$\dfrac{+1.20}{14.00}$
		$\dfrac{-2.30}{20.00}$		$\dfrac{+1.90}{20.00}$		
$\dfrac{-1.50}{17.40}$	$\dfrac{-0.80}{9.10}$	$\dfrac{0}{0.80}$	$4 + 900$	$\dfrac{+0.10}{1.70}$	$\dfrac{+0.50}{5.30}$	$\dfrac{+0.70}{16.00}$
		$\dfrac{-1.90}{20.00}$		$\dfrac{+1.30}{20.00}$		

Las secciones de construcción se dibujan en papel milimétrico y como se aprovechan para determinar areas, es necesario que las escalas horizontal y vertical sean iguales. La escala comunmente usada es 1:100. Posteriormente, al tener el proyecto de la subrasante y, por tanto, los espesores en corte y terraplén, se dibuja la sección tipo de camino que puede ser en corte, terraplén y balcón, determinando por medio del planímetro las áreas de las secciones.

ALINEAMIENTO VERTICAL.

El alineamiento vertical es la proyección sobre un plano vertical del desarrollo del eje del camino. En el perfil longitudinal de un camino la subrasante es la línea de referencia que define el alineamiento vertical y su posición depende primordialmente de la topografía de la zona.

Los elementos que forman el alineamiento vertical son las tangentes verticales y las curvas parabólicas que ligan dichas tangentes.

PROYECTO DE SUBRASANTE.

La subrasante es el perfil de las terracerías terminadas del camino y la rasante es el perfil de la superficie de rodamiento, y en general es paralela a la subrasante y queda sobre ella.

La subrasante está formada por una serie de líneas rectas con sus respectivas pendientes, y unidas de una pendiente a otra por curvas verticales tangentes a ellas. Las pendientes, siguiendo el sentido del kilometraje, serán ascendentes o descendentes. Las primeras se consideran positivas y las segundas se marcan con signo negativo.

El proyecto de la subrasante se hace sobre el perfil del trazo definitivo, procurando compensar las excavaciones y los rellenos, pero sin sobrepasar las pendientes especificadas para el camino que se proyecta. Es indispensable tomar en consideración los puntos de paso obligado, como: cruces con caminos, vías férreas, oleoductos, líneas de alta tensión, barrancas, etc., ya que en estos lugares tanto el trazo como las elevaciones son elementos que limitan las posibilidades de compensar los cortes y terraplenes al proyectar la rasante. Las pendientes se proyectan aproximándolas hasta décimos, por ejemplo: 5.2%, 3.8%, etc., aunque a veces se requieren con 3 ó 4 decimales para lograr mayor exactitud en el cálculo de los desniveles.

Tangentes verticales.

Las tangentes verticales se caracterizan por su longitud y su pendiente y están limitadas por dos curvas sucesivas. Su longitud es la distancia comprendida entre el fin de la curva anterior y el principio de la siguiente y su pendiente es la relación entre el desnivel y la distancia entre dos puntos de la misma.

La pendiente es equivalente a la tangente trigonométrica del ángulo de inclinación del terreno (Fig. N° 156)

El valor de la pendiente se obtiene tomando gráficamente las elevaciones de los extremos A y B de la línea de proyecto y dividiendo la diferencia de dichas elevaciones entre la diferencia de kilometraje de los mismos puntos A y B.

En efecto, en la Fig. N° 156, se ve que:

$$h = \text{cota B} - \text{cota A}$$
$$D = \text{Km B} - \text{Km A}$$

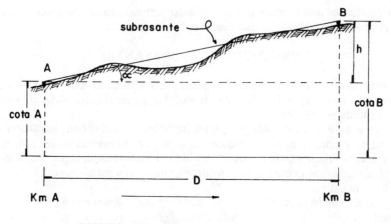

FIGURA No 156

$$\text{pendiente línea } AB = \tan \propto = \frac{h}{D} \quad \ldots\ldots(1)$$

h = desnivel entre los puntos A y B
D = distancia horizontal entre A y B

Para determinar las cotas de las estaciones de 20 metros en la subrasante se parte del origen de la primera tangente del alineamiento vertical. La elevación de la estación de partida se obtiene gráficamente del perfil dibujado y, de acuerdo con la pendiente de la primera tangente, se calcula el desnivel por estación que se va sumando algebraicamente a la cota de partida para obtener las elevaciones proyecto correspondientes a toda la tangente hasta llegar al primer punto de inflexión vertical (PIV).

Como las tangentes verticales se proyectan, por comodidad, de tal manera que los PIV queden en estación completa o en media estación, el cálculo de elevaciones se lleva hasta estos puntos; una vez que se llega a ellos, para continuar el cálculo de elevaciones, basta determinar el desnivel por estación para la siguiente tangente y aplicarlo con el signo correspondiente en la forma descrita hasta llegar al otro PIV. Así se prosigue el cálculo hasta encontrar las elevaciones en tangente para todas las estaciones del trazo.

PROBLEMAS.

1.- Las elevaciones, obtenidas gráficamente del perfil, y el Kilometraje de los extremos A y B de la línea de proyecto son:

Elev. A = 1143.00 m   Km A = 2 + 020
Elev. B = 1134.00 m   Km B = 2 + 380

416

CALCULAR:

a) La pendiente de la línea
b) El desnivel por estación
c) Las elevaciones en tangente de las estaciones del trazo.

SOLUCION:

a) Pendiente de la línea:

$$p = \frac{\text{Elev B} - \text{Elev A}}{\text{Km B} - \text{Km A}} = \frac{1134 - 1143}{2380 - 2020} = \frac{-9}{360} = -0.025$$

$$\therefore \quad p = -2.5 \text{ \%}$$

b) Desnivel por estación:

En cada 100 m hay 5 estaciones de 20 m, por tanto:

$$h_{EST} = \frac{-2.50 \text{ m}}{5} = -0.50 \text{ m}$$

c) Elevaciones en tangente de las estaciones del trazo.

Estaciones	Elevaciones
A 2 + 020	1143.00
	— 0.50
+ 040	1142.50
	— 0.50
+ 060	1142.00
	— 0.50
+ 080	1141.50
	— 0.50
2 + 100	1141.00
	— 0.50
+ 120	1140.50
	— 0.50
+ 140	1140.00
	— 0.50
+ 160	1139.50
	— 0.50
+ 180	1139.00
	— 0.50
2 + 200	1138.50
...	...
+ 360	1134.50
	0.50
B 2 + 380	1134.00

2.- Con los datos de la Fig. N° 157, calcule las cotas de los PIV y de las estaciones intermedias.

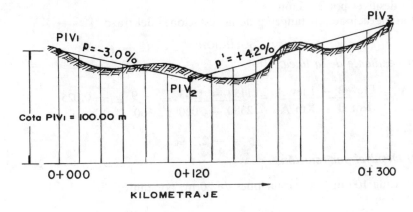

FIGURA No 157

SOLUCION:

a) Desnivel por estación

— Primera tangente vertical:

$$h_1 = \frac{-3.00 \text{ m}}{5} = -0.60 \text{ m}$$

— Segunda tangente vertical:

$$h_2 = \frac{+4.20 \text{ m}}{5} = +0.84 \text{ m}$$

b) Cotas de los PIV y de las estaciones intermedias.

418

	Estaciones	*Cotas*
PIV$_1$	0 + 000	100.00
		— 0.60
	+ 020	99.40
		— 0.60
	+ 040	— 98.80
		— 0.60
	+ 060	98.20
		— 0.60
	+ 080	97.60
		— 0.60
	0 + 100	97.00
		— 0.60
PIV$_2$	0 + 120	96.40
		+ 0.84
	+ 140	97.24
		+ 0.84
	+ 160	98.08
		+ 0.84
	+ 180	98.92
		+ 0.84
	0 + 200	99.76
		+ 0.84
	+ 220	100.60
		+ 0.84
	+ 240	101.44
		+ 0.84
	+ 260	102.28
		+ 0.84
	+ 280	103.12
		+ 0.84
PIV$_3$	0 + 300	103.96

Curvas verticales.

La liga de dos tangentes verticales se hace mediante arcos de parábola tanto por la suavidad que se obtiene en la transición como por la facilidad de cálculo. Las curvas verticales contribuyen a la seguridad, apariencia y comodidad del camino y son de tanta importancia en el alineamiento vertical como las curvas circulares en el alineamiento horizontal.

Elementos de las curvas verticales.

En la Fig. N° 158 se representan dos tangentes verticales que se interceptan en un punto llamado PIV (punto de inflexión vertical), con pendientes respectivas — p% y + p'%, que se deberán enlazar por una curva vertical.

TV_1 = tangente vertical de entrada
TV_2 = tangente vertical de salida
p% = pendiente de la tangente de entrada

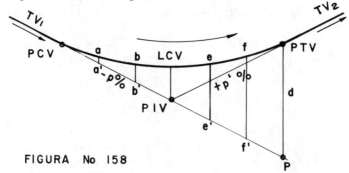

FIGURA No 158

p'% = pendiente de la tangente de salida
PIV = punto de inflexión vertical
PCV = principio de curva vertical
PTV = principio de tangente vertical
LCV = longitud de curva vertical.
d = ordenada del PTV, (distancia vertical del PTV a la tangente de entrada)
P = punto de intercepción de la tangente de entrada y la vertical que pasa
por el PTV.

a', b', ...e', f', = puntos sobre la tangente de entrada
a, b, ...e, f, = puntos sobre la curva
aa', bb', ...ee', ff' = ordenadas de los puntos a, b, ...e, f de la curva vertical

Con objeto de que las coordenadas resulten del mismo signo en todos los
puntos de la curva vertical, conviene tomar como eje de las abscisas, la tangente a la curva en el PCV, y como eje de las ordenadas, la vertical en el punto
de tangencia (Fig. N° 159)

Así, considerando el sistema de ejes oblícuos OX y OY, la ecuación de la
parábola es de la forma:

$$Y = Kx^2 \text{-----} \quad (1)$$

Ahora bien, para cada caso la inclinación del eje OX sería diferente, por tanto, es mejor tomar las proyecciones horizontales Xa, Xb, ...Xe, Xf de las abscisas y trabajar con distancias horizontales contadas a partir del PCV.
Para fijar los puntos a, b, ...e, f, de la curva vertical, se calcula primero K,
substituyendo en la ecuación anterior (1), las coordenadas conocidas del PTV
(L, d)

$$d = KL^2 \therefore K = \frac{d}{L^2} \text{-----} \quad (2)$$

420

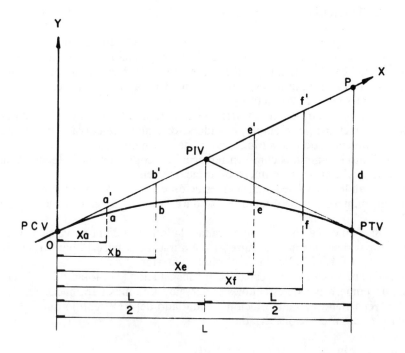

FIGURA No 159

valor que aplicado para cualquier otro punto de la curva, como el b, por ejemplo, dará:

$$bb' = \frac{d}{L^2} (Xb)^2 ----- \quad (3)$$

ecuación de la que se deduce que "las ordenadas de la curva contadas desde la tangente son proporcionales al cuadrado de las abscisas contadas desde el punto de tangencia."

Se puede generalizar estableciendo una fórmula igual a la anterior para el cálculo de curvas verticales:

$$c = \frac{d}{N^2} n^2 \quad .: K = \frac{d}{N^2}$$

en la cual: c = corrección que hay que aplicar a la cota de una estación dada sobre la tangente para obtener la cota sobre la curva.

d = ordenada del PTB

n = número de orden de la estación, contado a partir del PCV

N = número de estaciones de la curva vertical.

421

CONDICIONES PARA PROYECTAR CURVAS VERTICALES.

1ª.- Sólo se proyectarán curvas verticales cuando la diferencia algebráica de las pendientes por ligar sea mayor de 0.5% pues cuando es igual o menor a éste valor el cambio es tan pequeño que se pierde durante la construcción.

2ª.- La distancia mínima de tangente que deberá proyectarse entre dos curvas verticales será de 20 metros.

3ª.- La longitud de la curva vertical se mide tomando como unidad una estación de 20 metros; por ejemplo, cuando se dice que una curva es de 7 estaciones se sobreentiende que su longitud es de 140 metros.

4ª.- Tanto en caminos como en ferrocarriles conviene que la longitud de la curva vertical sea de un número de estaciones enteras.

5ª.- Cuando el PIV se localiza en estación cerrada y la longitud de la curva es de un número par de estaciones, se dará la mitad de ellas a cada lado del PIV.

6ª.- Si el PIV cae en estación cerrada y la longitud de la curva es de un número impar de estaciones, se agregará una más para hacerlo par y repartirlas en la misma forma indicada en el punto anterior.

7ª.- Cuando el PIV se localiza en media estación y la longitud de la curva es de un número par de estaciones se agregará una más para hacer el número impar, repartiendo media estación a cada lado del PIV, con lo que el PCV y el PTV caen en estación cerrada.

Longitud mínima de curva vertical.

1ª Por seguridad y comodidad se ha establecido que la variacion admisible de pendiente entre dos estaciones consecutivas no debe exceder de 1%, cuando la longitud de la curva medida en estaciones de 20 metros es igual a la diferencia algebráica de pendientes.

2ª La longitud de la curva vertical, medida en estaciones de 20 metros, será igual a la diferencia algebráica de las pendientes que se enlacen dividida entre la variación máxima admisible de pendiente entre dos estaciones consecutivas.

De esta manera, si se designan por p% y –p'% las pendientes por ligar, la longitud de la curva vertical será·

$$\text{LCV} = \frac{p\% - (-p'\%)}{1\%} = p + p'$$

$$\therefore \quad \text{LCV} = p + p'$$

En realidad existen fórmulas para el cálculo de la longitud de las curvas verticales, en cima y en columpio, que involucran además de la diferencia algebráica de pendientes, la distancia de visibilidad de parada, la altura del ojo del conductor sobre el pavimento y la altura del objeto observado que obliga a parar. Sin embargo, el procedimiento descrito para determinar la longitud de la curva vertical, satisface las necesidades de los caminos vecinales y proporciona los conocimientos básicos para el estudio y proyecto de éstas curvas en el curso de vías terrestres.

PROBLEMAS:

1.- ¿Cuál será la longitud de una curva vertical que ligue dos tangentes verticales que tienen pendientes de -3.0% y +4.2%, respectivamente?
El kilometraje del PIV es: 7 + 220

SOLUCION:

$$LCV = p - p' = -3.0 - (+4.2) = 7.2 = 8 \text{ Est.*}$$

$$LCV = 8 \text{ Est} = 160 \text{ m}$$

* En el cálculo de LCV, cualquiera que sea la fracción que resulte de la diferencia algebráica de pendientes, se aproxima siempre al número inmediato superior de estaciones completas de 20 metros.

2.- Calcular la longitud de la curva vertical con los siguientes datos:

Km PIV = 3 + 150
pendiente de la tangente de entrada: p = +3.7%
pendiente de la tangente de salida: p' = -4.1%

SOLUCION:

$$LCV = p - p' = 3.7 - (-4.1) = 7.8 = 8 \text{ Est.}$$

pero como el PIV se localiza en media estación, se agregará una más para hacer número impar de estaciones, por tanto:

$$LCV = 8 + 1 = 9 \text{ Est} = 180 \text{ m}$$

3.- Con los datos de la Fig. N° 160, calcular:
a) Longitud de curva vertical,
b) Kilometraje del PCV y del PTV
c) Elevaciones del PCV y PTV.

SOLUCION

a) Longitud de curva vertical:

$$LCV = p - p' = -2.3 - (+3.6) = 5.9 = 6 \text{ Est} = 120 \text{ m}$$

b) Kilometraje del PCV y del PTV:

$$
\begin{array}{rl}
\text{Km PIV} = & 2 + 500 \\
-\tfrac{1}{2}(\text{LCV}) = & 60 \\
\hline
\text{Km PCV} = & 2 + 440 \\
+ \text{ LCV} = & 120 \\
\hline
\text{Km PTV} = & 2 + 560 \\
\end{array}
$$

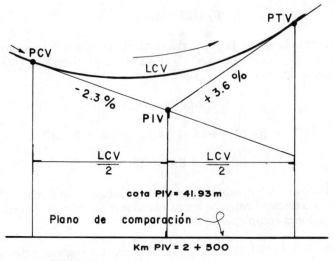

FIGURA No 160

c) *Elevaciones del PCV y PTV:*

$$
\begin{array}{ll}
\text{cota PIV} = 41.93 \text{ m} \\
\underline{+ \tfrac{1}{2}(\text{LCV}) \text{ p} = + 1.38 \text{ m}} \\
\text{cota PCV} = 43.31 \text{ m}
\end{array}
\qquad
\begin{array}{ll}
\text{cota PIV} = 41.93 \text{ m} \\
\underline{+ \tfrac{1}{2}(\text{LCV}) \text{ p'} = +2.16 \text{ m}} \\
\text{cota PTV} = 44.09 \text{ m}
\end{array}
$$

$$\tfrac{1}{2}(\text{LCV})\ p = 60\ \frac{2.3}{100} = 60\ (0.023) = 1.38 \text{ m}$$

$$\tfrac{1}{2}(\text{LCV})\ p' = 60\ \frac{3.6}{100} = 60\ (0.036) = 2.16 \text{ m}$$

4.- Calcular la curva vertical con los siguientes datos:

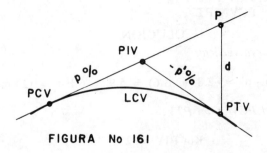

FIGURA No 161

424

$$\text{Km PIV} = 70 + 930$$
$$\text{Elev PIV} = 95.56 \text{ m}$$
$$p = +4.6\%$$
$$p' = -6.0\%$$

SOLUCION:

a) Longitud de curva vertical.

$$\text{LCV} = p - p' = 4.6 - (-6.0) = 10.6 = 11 \text{ Est}$$

$$\text{LCV} = 11 \text{ Est} = 220 \text{ m} \qquad N = 11$$

b) Kilometraje del PCV y del PTV:

Km PIV = 70 + 930	Km PIV = 70 + 930
$-\frac{1}{2}$(LCV) = -110	$+\frac{1}{2}$(LCV) = +110
Km PCV = 70 + 820	Km PTV = 71 + 040

c) Elevaciones del PCV, PTV y P

Elev PIV = 95.56 m	Elev PIV = 95.56 m
$-\frac{1}{2}$(LCV) p = -5.06 m	$-\frac{1}{2}$(LCV) p' = -6.60 m
Elev PCV = 90.50 m	Elev PTV = 88.96 m

Elev PIV = 95.56 m
$+\frac{1}{2}$(LCV) p = + 5.06 m
Elev P = 100.62 m

d) Cotas de las estaciones sobre la tangente de entrada:

Desnivel por estación: $h_{EST} = \dfrac{+4.60 \text{ m}}{5} = +0.92 \text{ m}$

Estaciones	Cotas
PCV 70 + 820	90.50
	+0.92
+840	91.42
	+0.92
+860	92.34
	+0.92
+880	93.26
	+0.92
70 + 900	94.18

425

70 + 900	94.18
	+ 0.92
+ 920	95.10
	+ 0.46
PIV 70 + 930	95.56
	+ 0.46
+ 940	96.02
	+ 0.92
+ 960	96.94
	+ 0.92
+ 980	97.86
	+ 0.92
71 + 000	98.78
	+ 0.92
+ 020	99.70
	+ 0.92
P 71 + 040	100.62

e) Constante K:

$$K = \frac{d}{N^2} = \frac{\text{cota P} - \text{cota PTV}}{N^2}$$

$$K = \frac{100.62 - 88.96}{11^2} = 0.09636$$

f) Correcciones que se aplican a las cotas dadas sobre la tangente para obtener las cotas sobre la curva.

Se aplica la fórmula: $c = Kn^2 = 0.09636 \, n^2$

siendo n el número de orden de la estación, contada a partir del PCV.

g) Cotas sobre la curva.

Estas y las correcciones se determinan fácilmente y se anotan directamente en el registro siguiente:

Estaciones	n	n^2	Cotas/Tan	$c = Kn^2$	Cotas/Curva
PCV 70 + 820	0	0	90.50	0	90.50
+ 840	1	1	91.42	-0.10	91.32
+ 860	2	4	92.34	-0.39	91.95
+ 880	3	9	93.26	-0.87	92.39
70 + 900	4	16	94.18	-1.54	92.64
+ 920	5	25	95.10	-2.41	92.69
PIV 70 + 930	5.5	30.25	95.56	-2.91	92.65
+ 940	6	36	96.02	-3.47	92.55
+ 960	7	49	96.94	-4.72	92.22
+ 980	8	64	97.86	-6.17	91.69
71 + 000	9	81	98.78	-7.81	90.97
+ 020	10	100	99.70	-9.64	90.06
PTV 71 + 040	11	121	100.62	-11.66	88.96

La curva calculada es una cima y por tal motivo las correcciones son negativas.- En el caso de que la curva sea en columpio, las correcciones son positivas y se sumarán a las cotas dadas sobre la tangente.

La cota del último punto debe ser igual a la calculada para el PTV.

5.- Calcular la curva vertical con los siguientes datos:

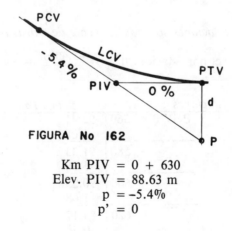

FIGURA No 162

$$\text{Km PIV} = 0 + 630$$
$$\text{Elev. PIV} = 88.63 \text{ m}$$
$$p = -5.4\%$$
$$p' = 0$$

SOLUCION:

a) Longitud de curva vertical:

$$\text{LCV} = p - p' = 5.4 \doteq 6 \text{ Est}$$

427

Como el PIV cae en media estación se agregará una más para tener número impar de estaciones, por tanto:

$$LCV = 6 + 1 = 7 \text{ Est} = 140 \text{ m} \qquad\qquad N = 7$$

b) Kilometraje del PCV y del PTV.

Km PIV = 0 + 630	Km PIV = 0 + 630
$-\frac{1}{2}$(LCV) = -70	$+\frac{1}{2}$(LCV) = +70
Km PCV = 0 + 560	Km PTV = 0 + 700

c) Elevaciones del PCV, PTV y P.

Elev PIV = 88.63	Elev PIV = 88.63
$+\frac{1}{2}$(LCV) p = +3.78	$+\frac{1}{2}$(LCV) p' = 0
Elev PCV = 92.41	Elev PTV = 88.63

Elev PIV = 88.63
$-\frac{1}{2}$(LCV) p = -3.78
Elev P = 84.85

d) Constante K

$$K = \frac{d}{N^2} = \frac{\text{cota PTV} - \text{cota P}}{N^2} = \frac{88.63 - 84.85}{7^2} = 0.07714$$

e) Cotas de las estaciones sobre la tangente de entrada.

$$\text{Desnivel por estación: } h_{EST} = \frac{-5.40 \text{ m}}{5} = -1.08 \text{ m}$$

Estaciones	Cotas/Tan
PCV 0 + 560	92.41
	-1.08
+ 580	91.33
	-1.08
0 + 600	90.25
	-1.08
+ 620	89.17
	-0.54
PIV 0 + 630	88.63
	-0.54
+ 640	88.09

$$
\begin{array}{r|l}
+ \ 640 & 88.09 \\
& -1.08 \\
\hline
+ \ 660 & 87.01 \\
& -1.08 \\
\hline
+ \ 680 & 85.93 \\
& -1.08 \\
\hline
P \ 0 \ + \ 700 & 84.85
\end{array}
$$

f) Correcciones que se aplican a las cotas dadas sobre la tangente para obtener las cotas sobre la curva.

Se aplica la fórmula: $c = Kn^2 = 0.07714 \ n^2$

en la cual n es el número de orden de la estación contado a partir del PCV.

g) Cotas sobre la curva.

Se hallan aplicando las correcciones calculadas a las cotas dadas sobre la tangente.

Las correcciones y las cotas sobre la curva se calculan y se anotan directamente en el registro siguiente:

Estaciones	n	n^2	Cotas/Tan	$c = Kn^2$	Cotas/Curva
PCV 0 + 560	0	0	92.41	0	92.41
+ 580	1	1	91.33	+0.08	91.41
0 + 600	2	4	90.25	+0.31	90.56
+ 620	3	9	89.17	+0.69	89.86
PIV 0 + 630	3.5	12.25	88.63	+0.94	89.57
+ 640	4	16	88.09	+1.23	89.32
+ 660	5	25	87.01	+1.93	88.94
+ 680	6	36	85.93	+2.78	88.71
PTV 0 + 700	7	49	84.85	+3.78	88.63

6.- Calcular las elevaciones de la subrasante incluyendo la curva vertical, con los siguientes datos:

$$PIV_1 \quad \begin{cases} Km \ 1 \ + \ 100 \\ Elev. \ 81.82 \ m \end{cases}$$

$$PIV_2 \quad \begin{cases} Km \ 1 \ + \ 310 \\ Elev. \ 76.78 \ m \end{cases}$$

$$PIV_3 \quad \begin{cases} Km \ 1 \ + \ 480 \\ Elev. \ 84.94 \ m \end{cases}$$

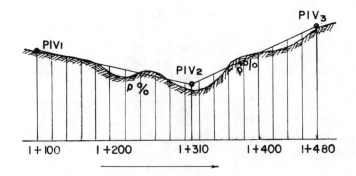

FIGURA No 163

SOLUCION:

a) Cálculo de las pendientes.

$$p = \frac{76.78 - 81.82}{1310 - 1100} = \frac{-5.04}{210} = -0.024 = -2.4\%$$

$$p' = \frac{84.94 - 76.78}{1480 - 1310} = \frac{+8.16}{170} = +0.048 = +4.8\%$$

b) Cálculo de la curva vertical.

$$LCV = p - p' = -2.4 - (+4.8) = 7.2 \doteq 8$$

pero como el PIV cae en media estación se añadirá una más para tener número impar de estaciones, luego:

$$LCV = 8 + 1 = 9 \; Est = 180 \; m \qquad N = 9$$

Km PIV = 1 + 310	Km PIV = 1 + 310
$-\frac{1}{2}$(LCV) = -90	$+\frac{1}{2}$(LCV) = $+90$
Km PCV = 1 + 220	Km PTV = 1 + 400

Elev PIV = 76.78 m	Elev PIV = 76.78 m
$+\frac{1}{2}$(LCV) p = 2.16 m	$+\frac{1}{2}$(LCV) p' = 4.32 m
Elev PCV = 78.94	Elev PTV = 81.10 m

Elev PIV = 76.78 m	Elev PTV = 81.10 m
$-\frac{1}{2}$(LCV) p = 2.16 m	$-$Elev P = 74.62 m
Elev P = 74.62 m	d = 6.48

$$K = \frac{d}{N^2} = \frac{6.48}{9^2} = \frac{6.48}{81} = 0.08$$

430

Cálculo de cotas / tangente.

— Tangente de entrada:
Desnivel por estación: $h_{EST} = \dfrac{-2.40\ m}{5} = -0.48\ m$

— Tangente de salida:
Desnivel por estación: $h'_{EST} = \dfrac{+4.80\ m}{5} = +0.96$

Estaciones	Elevaciones
PIV_1 1 + 100	81.82
+ 120	81.34
+ 140	80.86
+ 160	80.38
+ 180	79.90
1 + 200	79.42
PCV 1 + 220	78.94

CURVA VERTICAL

Estaciones	n	n^2	Cotas/Tan	$c = Kn^2$	Cotas/Curva
PCV 1 + 220	0	0	78.94	+ 0	78.94
+ 240	1	1	78.46	+ 0.08	78.54
+ 260	2	4	77.98	+ 0.32	78.30
+ 280	3	9	77.50	+ 0.72	78.22
1 + 300	4	16	77.02	+ 1.28	78.30
PIV_2 1 + 310	4.5	20.25	76.78	+ 1.62	78.40
+ 320	5	25	76.54	+ 2.00	78.54
+ 340	6	36	76.06	+ 2.88	78.94
+ 360	7	49	75.58	+ 3.92	79.50
+ 380	8	64	75.10	+ 5.12	80.22
PTV 1 + 400	9	81	74.62	+ 6.48	81.10

A partir del PTV, se calculan las elevaciones de la subrasante, con el desnivel por estación correspondiente a la tangente de salida.

Estaciones	Elevaciones
PTV 1 + 400	81.10
+ 420	82.06
+ 440	83.02
+ 460	83.98
PIV_3 1 + 480	84.94

7.- Calcular la curva vertical con los siguientes DATOS:

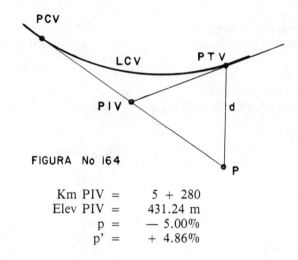

FIGURA No 164

$$
\begin{array}{rl}
\text{Km PIV} = & 5 + 280 \\
\text{Elev PIV} = & 431.24 \text{ m} \\
p = & -5.00\% \\
p' = & +4.86\%
\end{array}
$$

SOLUCION:

$$LCV = p - p' = -5.0 - (+4.86) = 9.86 \doteq 10 \text{ EST}$$

$$LCV = 10 \text{ EST} = 200 \text{ m}, \qquad N = 10$$

Km PIV =	5 + 280		Km PIV =	5 + 280
− ½ (LCV) =	− 100		+ ½ (LCV) =	+ 100
Km PCV =	5 + 180		Km PTV =	5 + 380

Elev. PIV =	431.24 m		Elev. PIV =	431.24 m
+ ½ (LCV) p =	+ 5.00 m		+ ½ (LCV) p' =	+ 4.86 m
Elev. PCV =	436.24 m		Elev. PTV =	436.10 m

Elev. PIV =	431.24 m		Elev. PTV =	436.10 m
− ½ (LCV) p =	− 5.00 m		− Elev P =	− 426.24 m
Elev. P =	426.24 m		d =	9.86 m

$$K = \frac{d}{N^2} = \frac{9.86}{10^2} = 0.0986$$

Desnivel por estación en la tangente de entrada:

$$h_{EST} = \frac{-5.00 \text{ m}}{5} = -1.00 \text{ m}$$

432

Estaciones	n	n^2	Cotas/Tan	$c = Kn^2$	Cotas/Curva
PCV 5 + 180	0	0	436.24	+ 0	436.24
5 + 200	1	1	435.24	+ 0.10	435.34
+ 220	2	4	434.24	+ 0.39	434.63
+ 240	3	9	433.24	+ 0.89	434.13
+ 260	4	16	432.24	+ 1.58	433.82
PIV 5 + 280	5	25	431.24	+ 2.47	433.71
5 + 300	6	36	430.24	+ 3.55	433.79
+ 320	7	49	429.24	+ 4.83	434.07
+ 340	8	64	428.24	+ 6.31	434.55
+ 360	9	81	427.24	+ 7.99	435.23
PTV 5 + 380	10	100	426.24	+ 9.86	436.10

8.- Calcular la curva vertical con los siguientes DATOS:

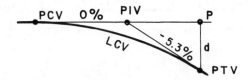

FIGURA No 165

$$\text{Km PIV} = \quad 3 + 410$$
$$\text{Elev. PIV} = \quad 183.17 \text{ m}$$
$$p = \quad 0$$
$$p' = \quad -5.3\%$$

SOLUCION:

$$\text{LCV} = p - p' = -5.3 \doteq 6$$

pero como el PIV cae en media estación se agregará una más para tener número impar de estaciones, por tanto:

$$\text{LCV} = 6 + 1 = 7 \text{ EST} = 140 \text{ m}, \quad N = 7$$

Km PIV =	3 + 410		Km PIV =	3 + 410
— ½ (LCV) =	— 70		+ ½ (LCV) =	+ 70
Km PCV =	3 + 340		Km PTV =	3 + 480

Elev PCV = Elev PIV = Elev P = 183.17 m

Elev PIV =	183.17 m		Elev P =	183.17 m
— ½ (LCV) p' =	— 3.71 m		— Elev PTV =	— 179.46 m
Elev PTV =	179.46 m		d =	3.71 m

433

$$K = \frac{d}{N^2} = \frac{3.71}{7^2} = \frac{3.71}{49} = 0.07571$$

Desnivel por estación en la tangente de entrada: $h_{EST} = \dfrac{0}{5} = 0$

Estaciones	n	n^2	Cotas/Tan	$c = Kn^2$	Cotas/Curva
PCV 3 + 340	0	0	183.17	+ 0	183.17
+ 360	1	1	183.17	— 0.08	183.09
+ 380	2	4	183.17	— 0.30	182.87
3 + 400	3	9	183.17	— 0.68	182.49
PIV 3 + 410	3.5	12.25	183.17	— 0.93	182.24
+ 420	4	16	183.17	— 1.21	181.96
+ 440	5	25	183.17	— 1.89	181.28
+ 460	6	36	183.17	— 2.73	180.44
PTV 3 + 480	7	49	183.17	— 3.71	179.46

9.- Calcular la curva vertical con los siguientes DATOS:

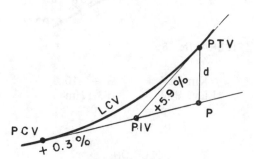

FIGURA No 166

Km PIV =   8 + 220
Elev PIV =   42.35 m
p =   + 0.3%
p' =   + 5.9%

SOLUCION:

$$LCV = p - p' = + 0.3 - (+ 5.9) = 5.6 \doteq 6 \, EST = 120 \, m, \quad N = 6$$

Km PIV =	8 + 220
— ½ (LCV) =	— 60
Km PCV =	8 + 160

Km PIV =	8 + 220
+ ½ (LCV) =	+ 60
Km PTV =	8 + 280

434

Elev PIV =	42.35 m	
− ½ (LCV) p =	− 0.18 m	
Elev PCV =	42.17 m	

Elev PIV =	42.35 m
+ ½ (LCV) p' =	+ 3.54 m
Elev PTV =	45.89 m

Elev PIV =	42.35 m
+ ½ (LCV) p =	+ 0.18 m
Elev P =	42.53 m

Elev PTV =	45.89 m
− Elev P =	− 42.53 m
d =	3.36 m

$$K = \frac{d}{N^2} = \frac{3.36}{6^2} = \frac{3.36}{36} = 0.09333$$

Desnivel por estación en la tangente de entrada: $h_{EST} = \dfrac{+\,0.30}{5} = +\,0.06$ m

Estaciones	n	n^2	Cotas/Tan	$c = Kn^2$	Cotas/Curva
PCV 8 + 160	0	0	42.17	+ 0	42.17
+ 180	1	1	42.23	+ 0.09	42.32
8 + 200	2	4	42.29	+ 0.37	42.66
PIV 8 + 220	3	9	42.35	+ 0.84	43.19
+ 240	4	16	42.41	+ 1.49	43.90
+ 260	5	25	42.47	+ 2.33	44.80
PTV 8 + 280	6	36	42.53	+ 3.36	45.89

10.- Calcular las cotas de la subrasante incluyendo la curva vertical, con los datos de la figura siguiente:

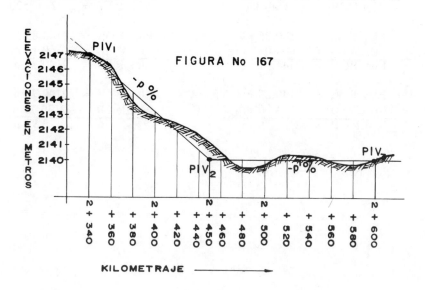

FIGURA No 167

$$\text{cota PIV}_1 = 2147.23 \text{ m}$$
$$\text{cota PIV}_2 = 2140.85 \text{ m}$$
$$\text{cota PIV}_3 = 2140.55 \text{ m}$$

SOLUCION:

a) Cálculo de las pendientes.

$$p = \frac{2140.85 - 2147.23}{(2 + 450) - (2 + 340)} = \frac{- 6.38}{110} = - 0.058 = - 5.8\%$$

$$p' = \frac{2140.55 - 2140.85}{(2 + 600) - (2 + 450)} = \frac{- 0.30}{150} = - 0.002 = - 0.2\%$$

b) Cálculo de la curva vertical

$$\text{LCV} = p - p' = - 5.8 - (- 0.2) = - 5.6 \doteq 6$$

pero como el PIV_2 cae en media estación, se agregará una más para tener número impar de estaciones, por tanto:

$$\text{LCV} = 6 + 1 = 7 \text{ EST} = 140 \text{ m}, \qquad N = 7$$

Km PIV$_2$ =	2 + 450	
− ½ (LCV) =	− 70	
Km PCV =	2 + 380	

Km PIV$_2$ =	2 + 450
+ ½ (LCV) =	+ 70
Km PTV =	2 + 520

Elev PIV$_2$ =	2140.85 m
+ ½ (LCV) p =	+ 4.06 m
Elev PCV =	2144.91 m

Elev PIV$_2$ =	2140.85 m
− ½ (LCV) p' =	− 0.14 m
Elev PTV =	2140.71 m

Elev PIV$_2$ =	2140.85 m
− ½ (LCV) p =	− 4.06 m
Elev P =	2136.79 m

Elev PTV =	2140.71 m
− Elev P =	−2136.79 m
d =	3.92 m

$$K = \frac{d}{N^2} = \frac{3.92}{7^2} = \frac{3.92}{49} = 0.08$$

Desnivel por estación:

— tangente de entrada: $h_{EST} = \dfrac{-5.80\ m}{5} = -1.16\ m$

— tangente de salida: $h'_{EST} = \dfrac{-0.20}{5} = -0.04\ m$

Estaciones	Pendiente	Cotas/Tan	$c = Kn^2$	Cotas/Curva
PIV_1 2 + 340	— 5.8%	2147.23		
+ 360		2146.07		
PCV 2 + 380		2144.91	0	2144.91
2 + 400		43.75	+ 0.08	43.83
+ 420		42.59	+ 0.32	42.91
+ 440		41.43	+ 0.72	42.15
PIV_2 2 + 450		40.85	+ 0.98	41.83
+ 460		40.27	+ 1.28	41.55
+ 480		39.11	+ 2.00	41.11
2 + 500		37.95	+ 2.88	40.83
PTV 2 + 520		2136.79	+ 3.92	2140.71
+ 540	— 0.2%	2140.67		
+ 560		2140.63		
+ 580		2140.59		
PIV_3 2 + 600		2140.55		

11.- Calcule la curva vertical con los siguientes DATOS:

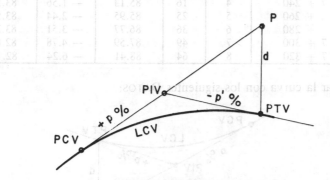

FIGURA No 168

Km PIV = 7 + 240
Elev PIV = 85.13 m
p = + 4.1%
p' = — 3.7%

437

SOLUCION:

$$LCV = p - p' = + 4.1 - (- 3.7) = 7.8 = 8 \text{ EST} = 160 \text{ m}, \quad N = 8$$

Km PIV =	7 + 240
— ½ (LCV) =	— 80
Km PCV =	7 + 160

Km PIV =	7 + 240
+ ½ (LCV) =	+ 80
Km PTV =	7 + 320

Elev. PIV =	85.13 m
— ½ (LCV) p =	— 3.28 m
Elev PCV =	81.85 m

Elev PIV =	85.13 m
— ½ (LCV) p' =	— 2.96
Elev PTV =	82.17 m

Elev PIV =	85.13 m
+ ½ (LCV) p =	+ 3.28 m
Elev P =	88.41 m

Elev P =	88.41 m
— Elev PTV =	— 82.17 m
d =	6.24 m

$$K = \frac{d}{N^2} = \frac{6.24}{8^2} = \frac{6.24}{64} = 0.0975$$

$$h_{EST} = \frac{+ 4.10 \text{ m}}{5} = + 0.82 \text{ m}$$

Estaciones	n	n^2	Cotas/Tan	$c = Kn^2$	Cotas/Curva
PCV 7 + 160	0	0	81.85	+ 0	81.85
+ 180	1	1	82.67	— 0.10	82.57
7 + 200	2	4	83.49	— 0.39	83.10
+ 220	3	9	84.31	— 0.88	83.43
PIV 7 + 240	4	16	85.13	— 1.56	83.57
+ 260	5	25	85.95	— 2.44	83.51
+ 280	6	36	86.77	— 3.51	83.26
7 + 300	7	49	87.59	— 4.78	82.81
PTV 7 + 320	8	64	88.41	— 6.24	82.17

12.- Calcular la curva con los siguientes DATOS:

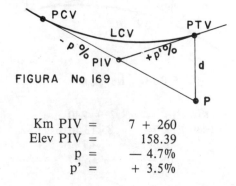

FIGURA No 169

Km PIV =	7 + 260
Elev PIV =	158.39
p =	— 4.7%
p' =	+ 3.5%

438

SOLUCION:

LCV = p — p' = — 4.7 — (+ 3.5) = 8.2 = 9 EST

pero como el PIV cae en estación cerrada se agregará una estación para tener número par de ellas, por tanto:

LCV = 9 + 1 = 10 EST = 200 m,   N = 10

Km PIV =	7 + 260	Km PIV =	7 + 260
— ½ (LCV) =	— 100	+ ½ (LCV) =	+ 100
Km PCV =	7 + 160	Km PTV =	7 + 360

Elev PIV =	158.39 m	Elev PIV =	158.39 m
+ ½ (LCV) p =	4.70 m	+ ½ (LCV) p' =	+ 3.50 m
Elev PCV =	163.09 m	Elev PTV =	161.89 m

Elev PIV =	158.39 m	Elev PTV =	161.89 m
— ½ (LCV) p =	— 4.70 m	- Elev P =	- 153.69 m
Elev P =	153.69 m	d =	8.20 m

$$K = \frac{d}{N^2} = \frac{8.20}{10^2} = 0.082 \qquad h_{EST} = \frac{-4.70\ m}{5} = -0.94\ m$$

Estaciones	n	n^2	Cotas/Tan	$c = Kn^2$	Cotas/Curva
PCV 7 + 160	0	0	163.09	+ 0	163.09
+ 180	1	1	162.15	+ 0.08	162.23
7 + 200	2	4	161.21	+ 0.33	161.54
+ 220	3	9	160.27	+ 0.74	161.01
+ 240	4	16	159.33	+ 1.31	160.64
PIV 7 + 260	5	25	158.39	+ 2.05	160.44
+ 280	6	36	157.45	+ 2.95	160.40
7 + 300	7	49	156.51	+ 4.02	160.53
+ 320	8	64	155.57	+ 5.25	160.82
+ 340	9	81	154.63	+ 6.64	161.27
PTV 7 + 360	10	100	153.69	+ 8.20	161.89

13.- Calcular la curva vertical con los siguientes DATOS:

Km PIV =	3 + 130
Elev PIV =	47.72 m
p =	+ 0.5%
p' =	+ 5.2%

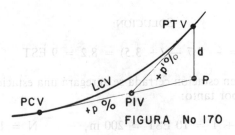

FIGURA No 170

SOLUCION:

$\underline{LCV}$ = p — p' = + 0.5 — (+ 5.2) = — 4.7 $\doteq$ 5 EST, $\underline{N = 5}$

$\underline{Km\ PCV}$ = Km PIV — ½ (LCV) = (3 + 130) — 50 = $\underline{3 + 080}$

$\underline{Km\ PTV}$ = Km PIV + ½ (LCV) = (3 + 130) + 50 = $\underline{3 + 180}$

$\underline{Elev\ PCV}$ = Elev PIV — ½ (LCV) p = 47.72 — 0.25 = $\underline{47.47\ m}$

$\underline{Elev\ PTV}$ = Elev PIV + ½ (LCV) p' = 47.72 + 2.60 = $\underline{50.32\ m}$

$\underline{Elev\ P}$ = Elev. PIV + ½ (LCV) p = 47.72 + 0.25 = $\underline{47.97\ m}$

$\underline{d}$ = Elev PTV — Elev P = 50.32 — 47.97 = $\underline{2.35\ m}$

$$K = \frac{d}{N^2} = \frac{2.35}{5^2} = \frac{2.35}{25} = \underline{0.094}$$

Desnivel por estación en la tangente de entrada: $h_{EST} = \dfrac{+0.50\ m}{5} = \underline{+0.10\ m}$

Estaciones	n	n^2	Cotas/Tan	$c = Kn^2$	Cotas/Curva
PCV 3 + 080	0	0	47.47	+ 0	47.47
3 + 100	1	1	47.57	+ 0.09	47.66
+ 120	2	4	47.67	+ 0.38	48.05
PIV 3 + 130	2.5	6.25	47.72	+ 0.59	48.31
+ 140	3	9	47.77	+ 0.85	48.62
+ 160	4	16	47.87	+ 1.50	49.37
PTV 3 + 180	5	25	47.97	+ 2.35	50.32

14.- Calcular la curva vertical con los siguientes DATOS:

Km PIV =   1 + 150
Elev PIV =   84.39 m
p =   — 6.9%
p' =   — 0.8%

440

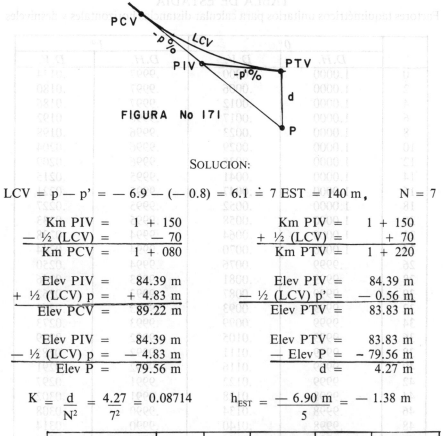

FIGURA No 171

SOLUCION:

$$LCV = p - p' = -6.9 - (-0.8) = 6.1 \doteq 7 \text{ EST} = 140 \text{ m}, \qquad N = 7$$

Km PIV =	1 + 150		Km PIV =	1 + 150
— ½ (LCV) =	— 70		+ ½ (LCV) =	+ 70
Km PCV =	1 + 080		Km PTV =	1 + 220

Elev PIV =	84.39 m		Elev PIV =	84.39 m
+ ½ (LCV) p =	+ 4.83 m		— ½ (LCV) p' =	— 0.56 m
Elev PCV =	89.22 m		Elev PTV =	83.83 m

Elev PIV =	84.39 m		Elev PTV =	83.83 m
— ½ (LCV) p =	— 4.83 m		— Elev P =	— 79.56 m
Elev P =	79.56 m		d =	4.27 m

$$K = \frac{d}{N^2} = \frac{4.27}{7^2} = 0.08714 \qquad h_{EST} = \frac{-6.90 \text{ m}}{5} = -1.38 \text{ m}$$

Estaciones	n	n^2	Cotas/Tan	$c = Kn^2$	Cotas/Curva
PCV 1 + 080	0	0	89.22	+ 0	89.22
1 + 100	1	1	87.84	+ 0.09	87.93
+ 120	2	4	86.46	+ 0.35	86.81
+ 140	3	9	85.08	+ 0.78	85.86
PIV 1 + 150	3.5	12.25	84.39	+ 1.07	85.46
+ 160	4	16	83.70	+ 1.39	85.09
+ 180	5	25	82.32	+ 2.18	84.50
1 + 200	6	36	80.94	+ 3.14	84.08
PTV 1 + 220	7	49	79.56	+ 4.27	83.83

TABLA DE ESTADIA
Factores taquimétricos unitarios para calcular distancias horizontales y desniveles

,	0°		1°	
	D.H.	*D.V.*	*D.H.*	*D.V.*
0	1.0000	.0000	.9997	.0174
2	1.0000	.0006	.9997	.0180
4	1.0000	.0012	.9997	.0186
6	1.0000	.0017	.9996	.0192
8	1.0000	.0023	.9996	.0198
10	1.0000	.0029	.9996	.0204
12	1.0000	.0035	.9996	.0209
14	1.0000	.0041	.9995	.0215
16	1.0000	.0047	.9995	.0221
18	1.0000	.0052	.9995	.0227
20	1.0000	.0058	.9995	.0233
22	1.0000	.0064	.9994	.0238
24	1.0000	.0070	.9994	.0244
26	.9999	.0076	.9994	.0250
28	.9999	.0081	.9993	.0256
30	.9999	.0087	.9993	.0262
32	.9999	.0093	.9993	.0267
34	.9999	.0099	.9993	.0273
36	.9999	.0105	.9992	.0279
38	.9999	.0111	.9992	.0285
40	.9999	.0116	.9992	.0291
42	.9999	.0122	.9991	.0297
44	.9998	.0128	.9991	.0302
46	.9998	.0134	.9990	.0308
48	.9998	.0140	.9990	.0314
50	.9998	.0145	.9990	.0320
52	.9998	.0151	.9989	.0326
54	.9998	.0157	.9989	.0331
56	.9997	.0163	.9989	.0337
58	.9997	.0169	.9988	.0343
60	.9997	.0174	.9988	.0349

,	2°		3°	
	D.H.	D.V.	D.H.	D.V.
0	.9988	.0349	.9973	.0523
2	.9987	.0355	.9972	.0528
4	.9987	.0360	.9971	.0534
6	.9987	.0366	.9971	.0540
8	.9986	.0372	.9970	.0546
10	.9986	.0378	.9969	.0552
12	.9985	.0384	.9969	.0557
14	.9985	.0390	.9968	.0563
16	.9984	.0395	.9968	.0569
18	.9984	.0401	.9967	.0575
20	.9983	.0407	.9966	.0580
22	.9983	.0413	.9966	.0586
24	.9982	.0418	.9965	.0592
26	.9982	.0424	.9964	.0598
28	.9981	.0430	.9963	.0604
30	.9981	.0436	.9963	.0609
32	.9980	.0442	.9962	.0615
34	.9980	.0448	.9962	.0621
36	.9979	.0453	.9961	.0627
38	.9979	.0459	.9960	.0633
40	.9978	.0465	.9959	.0638
42	.9978	.0471	.9959	.0644
44	.9977	.0476	.9958	.0650
46	.9977	.0482	.9957	.0656
48	.9976	.0488	.9956	.0661
50	.9976	.0494	.9956	.0667
52	.9975	.0499	.9955	.0673
54	.9974	.0505	.9954	.0678
56	.9974	.0511	.9953	.0684
58	.9973	.0517	.9952	.0690
60	.9973	.0523	.9951	.0696

	4°		5°	
,	D.H.	D.V.	D.H.	D.V.
0	.9951	.0696	.9924	.0868
2	.9951	.0702	.9923	.0874
4	.9950	.0707	.9922	.0880
6	.9949	.0713	.9921	.0885
8	.9948	.0719	.9920	.0891
10	.9947	.0725	.9919	.0897
12	.9946	.0730	.9918	.0903
14	.9946	.0736	.9917	.0908
16	.9945	.0742	.9916	.0914
18	.9944	.0748	.9915	.0920
20	.9943	.0753	.9914	.0925
22	.9942	.0759	.9913	.0931
24	.9941	.0765	.9911	.0937
26	.9940	.0771	.9910	.0943
28	.9939	.0776	.9909	.0948
30	.9938	.0782	.9908	.0954
32	.9938	.0788	.9907	.0960
34	.9937	.0794	.9906	.0965
36	.9936	.0799	.9905	.0971
38	.9935	.0805	.9904	.0977
40	.9934	.0811	.9903	.0983
42	.9933	.0817	.9901	.0988
44	.9932	.0822	.9900	.0994
46	.9931	.0828	.9899	.1000
48	.9930	.0834	.9898	.1005
50	.9929	.0840	.9897	.1011
52	.9928	.0845	.9896	.1017
54	.9927	.0851	.9894	.1022
56	.9926	.0857	.9893	.1028
58	.9925	.0863	.9892	.1034
60	.9924	.0868	.9891	.1040

444

,	6°		7°	
	D.H.	D.V.	D.H.	D.V.
0	.9891	.1040	.9851	.1210
2	.9890	.1045	.9850	.1215
4	.9888	.1051	.9848	.1221
6	.9887	.1057	.9847	.1226
8	.9886	.1062	.9846	.1232
10	.9885	.1068	.9844	.1238
12	.9883	.1074	.9843	.1243
14	.9882	.1079	.9841	.1249
16	.9881	.1085	.9840	.1255
18	.9880	.1091	.9839	.1260
20	.9878	.1096	.9837	.1266
22	.9877	.1102	.9836	.1272
24	.9876	.1108	.9834	.1277
26	.9874	.1113	.9833	.1282
28	.9873	.1119	.9831	.1288
30	.9872	.1125	.9829	.1294
32	.9871	.1130	.9828	.1300
34	.9869	.1136	.9827	.1305
36	.9868	.1142	.9825	.1311
38	.9867	.1147	.9824	.1317
40	.9865	.1153	.9822	.1322
42	.9864	.1159	.9820	.1328
44	.9863	.1164	.9819	.1333
46	.9861	.1170	.9817	.1339
48	.9860	.1176	.9816	.1345
50	.9858	.1181	.9814	.1350
52	.9857	.1187	.9813	.1356
54	.9856	.1193	.9811	.1361
56	.9854	.1198	.9810	.1367
58	.9853	.1204	.9808	.1373
60	.9851	.1210	.9806	.1378

445

,	8°		9°	
	D.H.	D.V.	D.H.	D.V.
0	.9806	.1378	.9755	.1544
2	.9805	.1384	.9753	.1551
4	.9803	.1389	.9752	.1556
6	.9801	.1395	.9750	.1562
8	.9800	.1401	.9748	.1567
10	.9798	.1406	.9746	.1573
12	.9797	.1412	.9744	.1578
14	.9795	.1417	.9743	.1584
16	.9793	.1423	.9741	.1589
18	.9792	.1428	.9739	.1595
20	.9790	.1434	.9737	.1600
22	.9788	.1440	.9735	.1606
24	.9787	.1445	.9733	.1611
26	.9785	.1451	.9731	.1617
28	.9783	.1456	.9729	.1622
30	.9782	.1462	.9728	.1628
32	.9780	.1467	.9726	.1633
34	.9778	.1473	.9724	.1639
36	.9776	.1479	.9722	.1644
38	.9775	.1484	.9720	.1650
40	.9773	.1490	.9718	.1655
42	.9771	.1495	.9716	.1661
44	.9769	.1501	.9714	.1666
46	.9768	.1506	.9712	.1672
48	.9766	.1512	.9710	.1677
50	.9764	.1517	.9708	.1683
52	.9762	.1523	.9706	.1688
54	.9761	.1528	.9704	.1694
56	.9759	.1534	.9702	.1699
58	.9757	.1540	.9700	.1705
60	.9755	.1545	.9698	.1710

,	10°		11°	
	D.H.	*D.V.*	*D.H.*	*D.V.*
0	.9698	.1710	.9636	.1873
2	.9696	.1716	.9634	.1878
4	.9694	.1721	.9632	.1884
6	.9692	.1726	.9629	.1889
8	.9690	.1732	.9627	.1895
10	.9688	.1737	.9625	.1900
12	.9686	.1743	.9623	.1905
14	.9684	.1748	.9621	.1911
16	.9682	.1754	.9618	.1916
18	.9680	.1759	.9616	.1921
20	.9678	.1765	.9614	.1927
22	.9676	.1770	.9612	.1932
24	.9674	.1776	.9609	.1938
26	.9672	.1781	.9607	.1943
28	.9670	.1786	.9605	.1948
30	.9668	.1792	.9603	.1954
32	.9666	.1797	.9600	.1959
34	.9664	.1803	.9598	.1964
36	.9662	.1808	.9596	.1970
38	.9660	.1814	.9593	.1975
40	.9657	.1819	.9591	.1980
42	.9655	.1824	.9589	.1986
44	.9653	.1830	.9586	.1991
46	.9651	.1835	.9584	.1996
48	.9649	.1841	.9582	.2002
50	.9647	.1846	.9579	.2007
52	.9645	.1851	.9577	.2012
54	.9642	.1857	.9575	.2018
56	.9640	.1862	.9572	.2023
58	.9638	.1868	.9570	.2028
60	.9636	.1873	.9568	.2034

'	12°		13°	
	D.H.	D.V.	D.H.	D.V.
0	.9568	.2034	.9494	.2192
2	.9565	.2039	.9491	.2197
4	.9563	.2044	.9489	.2202
6	.9561	.2050	.9486	.2208
8	.9558	.2055	.9484	.2213
10	.9556	.2060	.9481	.2218
12	.9553	.2066	.9479	.2223
14	.9551	.2071	.9476	.2228
16	.9549	.2076	.9473	.2234
18	.9546	.2081	.9471	.2239
20	.9544	.2087	.9468	.2244
22	.9541	.2092	.9466	.2249
24	.9539	.2097	.9463	.2254
26	.9536	.2103	.9460	.2260
28	.9534	.2108	.9458	.2265
30	.9532	.2113	.9455	.2270
32	.9529	.2118	.9452	.2275
34	.9527	.2124	.9550	.2280
36	.9524	.2129	.9447	.2285
38	.9522	.2134	.9444	.2291
40	.9519	.2139	.9442	.2296
42	.9517	.2145	.9439	.2301
44	.9514	.2150	.9436	.2306
46	.9512	.2155	.9434	.2311
48	.9509	.2160	.9431	.2316
50	.9507	.2166	.9428	.2322
52	.9504	.2171	.9426	.2327
54	.9502	.2176	.9423	.2332
56	.9499	.2181	.9420	.2337
58	.9497	.2187	.9417	.2342
60	.9494	.2192	.9415	.2347

,	14°		15°	
	D.H.	D.V.	D.H.	D.V.
0	.9415	.2347	.9330	.2500
2	.9412	.2352	.9327	.2505
4	.9409	.2358	.9324	.2510
6	.9407	.2363	.9321	.2515
8	.9404	.2368	.9318	.2520
10	.9401	.2373	.9316	.2525
12	.9398	.2378	.9313	.2530
14	.9395	.2383	.9310	.2535
16	.9393	.2388	.9307	.2540
18	.9390	.2393	.9304	.2545
20	.9378	.2399	.9301	.2550
22	.9384	.2404	.9298	.2555
24	.9381	.2409	.9295	.2560
26	.9379	.2414	.9292	.2565
28	.9376	.2419	.9289	.2570
30	.9373	.2424	.9286	.2575
32	.9370	.2429	.9283	.2580
34	.9367	.2434	.9280	.2585
36	.9365	.2439	.9277	.2590
38	.9362	.2444	.9274	.2595
40	.9359	.2449	.9271	.2600
42	.9356	.2455	.9268	.2605
44	.9353	.2460	.9265	.2610
46	.9350	.2465	.9262	.2615
48	.9347	.2470	.9259	.2620
50	.9345	.2475	.9256	.2625
52	.9342	.2480	.9253	.2630
54	.9339	.2485	.9249	.2635
56	.9336	.2490	.9246	.2640
58	.9333	.2495	.9243	.2645
60	.9330	.2500	.9240	.2650

,	16°		17°	
	D.H.	D.V.	D.H.	D.V.
0	.9240	.2650	.9145	.2796
2	.9237	.2655	.9142	.2801
4	.9234	.2659	.9139	.2806
6	.9231	.2664	.9135	.2810
8	.9228	.2669	.9132	.2815
10	.9225	.2674	.9129	.2820
12	.9222	.2679	.9126	.2825
14	.9219	.2684	.9122	.2830
16	.9215	.2689	.9119	.2834
18	.9212	.2694	.9116	.2839
20	.9209	.2699	.9112	.2844
22	.9206	.2704	.9109	.2849
24	.9203	.2709	.9106	.2854
26	.9200	.2713	.9102	.2858
28	.9197	.2718	.9099	.2863
30	.9193	.2723	.9096	.2868
32	.9190	.2728	.9092	.2873
34	.9187	.2733	.9089	.2877
36	.9184	.2738	.9086	.2882
38	.9181	.2743	.9082	.2887
40	.9177	.2748	.9079	.2892
42	.9174	.2752	.9076	.2896
44	.9171	.2757	.9072	.2901
46	.9168	.2762	.9069	.2906
48	.9165	.2767	.9066	.2911
50	.9161	.2772	.9062	.2915
52	.9158	.2777	.9059	.2920
54	.9155	.2781	.9055	.2925
56	.9152	.2786	.9052	.2930
58	.9148	.2791	.9048	.2934
60	.9145	.2796	.9045	.2939

,	18°		19°	
	D.H.	D.V.	D.H.	D.V.
0	.9045	.2939	.8940	.3078
2	.9042	.2944	.8936	.3083
4	.9038	.2948	.8933	.3087
6	.9035	.2953	.8929	.3092
8	.9031	.2958	.8926	.3097
10	.9028	.2962	.8922	.3101
12	.9024	.2967	.8918	.3106
14	.9021	.2972	.8915	.3110
16	.9018	.2976	.8911	.3115
18	.9014	.2981	.8908	.3119
20	.9011	.2986	.8904	.3124
22	.9007	.2990	.8900	.3128
24	.9004	.2995	.8896	.3133
26	.9000	.3000	.8893	.3138
28	.8997	.3004	.8889	.3142
30	.8993	.3009	.8886	.3147
32	.8990	.3014	.8882	.3151
34	.8986	.3019	.8878	.3156
36	.8983	.3023	.8875	.3160
38	.8979	.3028	.8871	.3165
40	.8976	.3032	.8867	.3169
42	.8972	.3037	.8864	.3174
44	.8969	.3041	.8860	.3178
46	.8965	.3046	.8856	.3183
48	.8961	.3051	.8853	.3187
50	.8958	.3055	.8849	.3192
52	.8954	.3060	.8845	.3196
54	.8951	.3065	.8841	.3201
56	.8947	.3069	.8838	.3205
58	.8944	.3074	.8834	.3209
60	.8940	.3078	.8830	.3214

,	20°		21°	
	D.H.	D.V.	D.H.	D.V.
0	.8830	.3214	.8716	.3346
2	.8826	.3218	.8712	.3350
4	.8823	.3223	.8708	.3354
6	.8819	.3227	.8704	.3359
8	.8815	.3232	.8700	.3363
10	.8811	.3236	.8696	.3367
12	.8808	.3241	.8692	.3372
14	.8804	.3245	.8688	.3376
16	.8800	.3249	.8684	.3380
18	.8796	.3254	.8680	.3384
20	.8793	.3258	.8677	.3389
22	.8789	.3263	.8673	.3393
24	.8785	.3267	.8669	.3397
26	.8781	.3272	.8665	.3401
28	.8777	.3276	.8661	.3406
30	.8774	.3280	.8657	.3410
32	.8770	.3285	.8653	.3414
34	.8766	.3289	.8649	.3418
36	.8762	.3293	.8645	.3423
38	.8758	.3298	.8641	.3427
40	.8754	.3302	.8637	.3431
42	.8751	.3307	.8633	.3435
44	.8747	.3311	.8629	.3440
46	.8743	.3315	.8625	.3444
48	.8739	.3320	.8621	.3448
50	.8735	.3324	.8617	.3452
52	.8731	.3328	.8613	.3457
54	.8727	.3333	.8609	.3461
56	.8724	.3337	.8605	.3465
58	.8720	.3341	.8601	.3469
60	.8716	.3346	.8597	.3473

,	22°		23°	
	D.H.	D.V.	D.H.	D.V.
0	.8597	.3473	.8473	.3597
2	.8593	.3477	.8469	.3601
4	.8589	.3482	.8465	.3605
6	.8585	.3486	.8461	.3609
8	.8580	.3490	.8457	.3613
10	.8576	.3494	.8452	.3617
12	.8572	.3498	.8448	.3621
14	.8568	.3502	.8444	.3625
16	.8564	.3507	.8440	.3629
18	.8560	.3511	.8435	.3633
20	.8556	.3515	.8431	.3637
22	.8552	.3519	.8427	.3641
24	.8548	.3523	.8423	.3645
26	.8544	.3527	.8418	.3649
28	.8540	.3531	.8414	.3653
30	.8536	.3536	.8410	.3657
32	.8531	.3540	.8406	.3661
34	.8527	.3544	.8401	.3665
36	.8523	.3548	.8397	.3669
38	.8519	.3552	.8393	.3673
40	.8515	.3556	.8389	.3677
42	.8511	.3560	.8384	.3680
44	.8507	.3564	.8380	.3684
46	.8502	.3568	.8376	.3688
48	.8498	.3572	.8372	.3692
50	.8494	.3576	.8367	.3696
52	.8490	.3580	.8363	.3700
54	.8486	.3585	.8359	.3704
56	.8482	.3589	.8354	.3708
58	.8477	.3593	.8350	.3712
60	.8473	.3597	.8346	.3716

,	24°		25°	
	D.H.	D.V.	D.H.	D.V.
0	.8346	.3716	.8214	.3830
2	.8341	.3720	.8209	.3834
4	.8337	.3723	.8205	.3838
6	.8333	.3727	.8201	.3841
8	.8328	.3731	.8196	.3845
10	.8324	.3735	.8192	.3849
12	.8320	.3739	.8187	.3853
14	.8315	.3743	.8183	.3856
16	.8311	.3747	.8178	.3860
18	.8307	.3751	.8174	.3864
20	.8302	.3754	.8169	.3867
22	.8298	.3758	.8165	.3871
24	.8293	.3762	.8160	.3875
26	.8289	.3766	.8156	.3878
28	.8285	.3770	.8151	.3882
30	.8280	.3774	.8147	.3886
32	.8276	.3777	.8142	.3889
34	.8272	.3781	.8138	.3893
36	.8267	.3785	.8133	.3897
38	.8263	.3789	.8128	.3900
40	.8258	.3793	.8124	.3904
42	.8254	.3796	.8119	.3908
44	.8249	.3800	.8115	.3911
46	.8245	.3804	.8110	.3915
48	.8241	.3808	.8106	.3918
50	.8236	.3811	.8101	.3922
52	.8232	.3815	.8097	.3926
54	.8227	.3819	.8092	.3929
56	.8223	.3823	.8087	.3933
58	.8218	.3826	.8083	.3936
60	.8214	.3830	.8078	.3940

,	26°		27°	
	D.H.	*D.V.*	*D.H.*	*D.V.*
0	.8078	.3940	.7939	.4045
2	.8074	.3944	.7934	.4049
4	.8069	.3947	.7930	.4052
6	.8065	.3951	.7925	.4055
8	.8060	.3954	.7920	.4059
10	.8055	.3958	.7915	.4062
12	.8051	.3961	.7911	.4066
14	.8046	.3965	.7906	.4069
16	.8041	.3969	.7901	.4072
18	.8037	.3972	.7896	.4076
20	.8032	.3976	.7892	.4079
22	.8028	.3979	.7887	.4082
24	.8023	.3983	.7882	.4086
26	.8018	.3986	.7877	.4089
28	.8014	.3990	.7873	.4092
30	.8009	.3993	.7868	.4096
32	.8004	.3997	.7863	.4099
34	.8000	.4000	.7859	.4102
36	.7995	.4004	.7854	.4106
38	.7990	.4007	.7849	.4109
40	.7986	.4011	.7844	.4112
42	.7981	.4014	.7839	.4116
44	.7976	.4018	.7834	.4119
46	.7972	.4021	.7830	.4122
48	.7967	.4024	.7825	.4126
50	.7962	.4028	.7820	.4129
52	.7958	.4031	.7815	.4132
54	.7953	.4035	.7810	.4135
56	.7948	.4038	.7806	.4139
58	.7944	.4042	.7801	.4142
60	.7939	.4045	.7796	.4145

BIBLIOGRAFIA

ANUARIO DEL OBSERVATORIO ASTRONOMICO NACIONAL
UNAM Instituto de Astronomía (1975)

APUNTES DE ASTRONOMIA DE POSICION
Ing. Manuel Medina Peralta (1952)

INGENIERIA DE CARRETERAS
Clarkson H. Oglesby — Laurence I. Hewes
Compañía Editorial Continental, S.A. (1972)

MANUAL DE CAMINOS VECINALES
René Etcharren Gutiérrez
Representaciones y Servicios de Ingeniería, S.A. (1979)

MANUAL DE PROYECTO GEOMETRICO DE CARRETERAS
S.A.H.O.P. (1977)

METODOS TOPOGRAFICOS
Ing. Ricardo Toscano
Editorial Porrúa (1976)

TOPOGRAFIA
Miguel Montes de Oca
Representaciones y Servicios de Ingeniería, S.A. (1979)

TOPOGRAFIA ELEMENTAL
Raymond E. Davis — Joe W. Kelly
Compañía Editorial Continental, S.A. (1971)

TOPOGRAFIA MODERNA
Russell C. Brinker — Paul R. Wolf
Harla, S.A. de C.V. (1972)

Esta obra se terminó de imprimir
en octubre de 2015, en los Talleres de

IREMA, S.A. de C.V.
Oculistas No. 43, Col. Sifón
09400, Iztapalapa, D.F.